한국의 기업문화와
경쟁력강화를 위한
새 기업문화개발

기업문화와 기업경쟁력

이 학 종

博 英 社

머 리 말

우리나라의 많은 기업들이 세계적인 우수기업이 되기 위하여 경쟁력 강화에 많은 노력을 기울이고 있다. 세계적인 우수기업이 되는 것은 점점 치열해지는 세계경쟁 속에서 그리고 특히 일등만이 살아남을 수 있는 현실 속에서 성장을 추구하는 모든 현대기업의 당연한 목적일 것이다.

이 책은 기업문화와 기업경쟁력에 관하여 연구한다. 과거 우리나라 기업경쟁력에 핵심요소로 작용한 전통적 사회 및 기업문화 특성을 연구하고, 세계 우수기업들의 기업문화 사례연구와 더불어 이들 기업의 문화적 특성 그리고 세계화(globalization), 무한계화(boundaryless)의 새로운 기업환경을 중심으로 경쟁력 강화 관점에서 우리나라에서 요구되는 바람직한 기업문화와 이의 개발전략을 연구한다.

기업문화는 경영학에서 비교적 새로운 관심 토픽인 만큼, 이 책이 경영학도는 물론 세계적인 우수기업을 목적으로 기업변신과 경쟁력 강화에 노력하고 있는 우리나라 기업에게 조금이라도 도움이 되는 것이 저자의 바람이다. 이 책을 출판하는 데 많은 관심과 성의를 베풀어 준 박영사의 안종만 회장, 황인욱 전무와 편집부 여러분, 원고정리과정에서 여러 가지 편의를 제공한 연세대 상남경영원(원장 윤세준 교수, 부원장 엄영호 교수), 그리고 원고 입출력작업에 수고한 연세대 나동만 경영학과 대학원 조교에게 감사한다.

2008년 2월

저 자

차 례

제 I 부 기업문화의 이해

제 1 장
기업문화개념

제 2 장
기업문화의 형성과 유형

제 3 장

기업문화와 기업체성과

제Ⅱ부 한국의 기업문화

제 4 장
한국의 기업문화환경

제 5 장
한국의 기업문화특성

제Ⅲ부 경쟁력 강화를 위한 기업문화개발

제 6 장
계획적 기업문화개발

제 7 장
한국기업의 새 기업문화개발

제Ⅳ부 세계 우수기업의 기업문화 사례연구

제 I 부

기업문화의 이해

01장

기업문화개념

일본의 도요다(豊田)자동차회사는 2007년에 약 950만대의 자동차를 생산 · 판매하여 세계 최대의 자동차 제조업체가 되었다. 1957년 처음으로 미국시장에 진출한 도요다의 미국 시장점유율은 1980년대까지도 2~3%에 불과했지만, 도요다의 품질이 인정받게 되면서 2000년대에는 9%로 증가했고, 2006년에는 13%로 급격히 증가하였다. 그 과정에서 도요다는 미국의 3대 자동차 제조업체인 다임러크라이슬러(DaimlerChrysler)와 포드(Ford), 그리고 2007년에는 제너럴 모터스(General Motors)를 제치고 드디어 세계 최대의 자동차 제조업체가 된 것이다.

수익면에 있어서도 GM과 Ford는 2006년에 각기 19.7억 달러와 126.1억 달러의 적자를 기록한 반면에, 도요다는 2007년에 137억 달러의 순이익을 달성하였다. 또한 기업의 시장가치에 있어서 2007년 5월 현재 도요다의 시장자본가치(market capitalization value)는 1867.1억 달러로서 GM(166억 달러)과 Ford(157억 달러), 그리고 DaimlerChrysler(817.7억 달러)의 총 시장자본가치 1140.7억 달러의 1.5배를 넘는 것으로 평가되었다. 그리하여 도요다는 이제 세계 제일의 자동차 제조업체임은 물론 세계 최강의 경쟁력을 가진 기업의 하나로 인정받고 있다.

도요다의 경쟁력은 도요다가 미국시장에서 미국의 3대 자동차 제조업체에 도전하면서 과거 30여년에 걸쳐서 꾸준히 길러져 왔다. 도요다의 경쟁력은 생산 효율성과 품질을 높이기 위한 Lean Production System, Just-in-Time, 노사협력과 팀워크 등 Toyota Way라고 불리는 도요다 고유의 경영방식에 의하여 발휘되고 있다(Liker, 2004, pp. 3~14). 그리고 Toyota Way는 항상 보다 높은 수준의 성과를 달성하기 위하여 천천히, 점진적으로, 그리고 꾸준히 끊임없이("Jojo": slowly, gradually, and steadily) 노력하는 도요다 고유의 가이젠(改善: Kaizen)문화 속에서 실천되어 나가고 있다(*Harvard Business Review*, 2007. 7. 8, pp. 74~76). 근래에 세계의 많은 기업체들이 Toyota Way를 모방하여 높은 성과를 얻으려 하지만 만족한 성과를 얻지 못하는 것을 보더라도(Liker, 2004, pp. 10~14, 35~41) 도요다 고유의 가이젠 문화와 "죠죠"방식의 구성원 행동이 도요다 경쟁력에 얼마나 중요한 역할을 하고 있는지를 알 수 있다.

세계 최강의 경쟁력을 가진 또 하나의 기업으로 제너럴 일렉트릭(General Electric)을 들 수 있다. GE는 포춘(Fortune)지가 매년 전세계의 전문경영인을 대상으로 설문, 조사하는 가장 존경받는 미국기업(America's Most Admired Companies)과 세계기업(World's Most Admired Companies)평가에서 오랫동안 제일 많이 제 1 위의 영예를 차지해 왔다. GE가 이와 같이 높은 평가를 받고 있는 것은 심화되는 세계화의 변화와 치열한 경쟁 속에서 높은 성과를 지속적으로 달성하고 있는 GE의 막강한 경쟁력 때문이다.

GE의 경쟁력은 전통적으로 모든 사업분야에서 오랫동안 축적해 온 막강한 기술력과 우수한 인력을 바탕으로 전략적 사업부(SBU) 중심의 철저한 분권경영, 6-시그마, 워크아웃(Workout), 과정지도화(Process Mapping)와, 수익성요인분석(PIMS) 등 각종 선진 경영기법, 그리고 각 사업별로 최고 수준의 성과를 달성하려는 의욕적인 경영과 끊임없는 사업 및 조직 구조조정에 의하여 발휘되고 있다. 그리고 이러한 GE의 경쟁력은 내부적으로는 계층간, 기능·사업분야간, 노사간, 그리고 외부적으로는 모든 이해관계자들간, 국가·문화간의 장벽을 허물고 보다 높은 수준의 성과달성을 목적으로 자유롭게 상호작용하는 무한계(boundaryless) 문화에 의하여 유지되고 있다(Tichy and Sherman, 1993; Slater, 1999)(예시 1-1 참조).

예시 1-1 GE의 무한계 문화

무한계(boundaryless) 문화는 GE의 잭 웰치(Jack Welch) 회장의 경영이념으로서 GE기업문화의 핵심이며 GE를 세계 최강의 경쟁력있는 기업으로 만든 주역이다. 1879년 창설 이후 GE는 각종 전기관련 제품으로부터 시작하여 우주, 통신, 제트엔진, 의료기기, 플라스틱, 그리고 각종 서비스 분야로 진출하여 세계에서 단일기업으로는 가장 다각화된 기업으로 고도의 성장을 달성하였다. 그러나 기업규모가 대형화되고 사업구조가 극도로 다각화, 복잡화됨에 따라서 1960년대부터 관료화의 경향과 더불어 기업의 기동성이 둔화되고 성과가 저하되는 등 전반적으로 경쟁력이 약해지는 증상이 현저하게 나타나기 시작하였다. 게다가 구성원들은 오랫동안의 성장 속에서 '우리들이 제일'이라는 헛된 우월감과 안일감에 젖어 있었다.

1981년에 취임한 웰치 회장은 심화되는 세계화와 점점 치열해지는 국제경쟁 속에서 GE의 당면한 위기상황에 대처하여 무한계의 경영이념을 제시하고 GE의 경쟁력 강화를 위한 획기적인 개혁에 나섰다. 웰치 회장의 무한계 이념은 한편으로는 전세계가 국가간의 국경이 무너지면서 하나의 시장으로 변하고 있는 상황 속에서 새로운 사업기회를 적극 탐색하려는 의지를 의미하고, 또 한편으로는 조직체의 대내외적으로 상하 계층간, 부서 · 사업부간 그리고 관련 이해관계자들간에 존재하는 모든 장벽을 허물겠다는 의지를 표명한 것이다. 따라서 웰치 회장의 무한계 이념은 적극적인 세계화전략과 더불어 내부적으로는 완전히 개방된 열린 경영과 지식경영, 그리고 자원의 공유를 통하여 경쟁력을 강화하려는 것이다.

웰치 회장의 무한계 이념은 강력한 사업구조조정과 적극적인 세계시장 진출로 이어지고, 내부적으로는 획기적인 조직구조조정과 다운사이징, 그리고 워크아웃(Workout) 경영참여로 각각 이어졌다. 워크아웃은 작업현장 구성원들이 실무문제에 자유롭게 참여하여 자율적으로 문제를 해결해 나가는 구성원 경영참여 프로그램이다(제 3 장 예시 3-7, 제Ⅳ부 GE사례 참조). 또한 무한계 이념을 핵심으로 한 가치중심적 인적자원관리를 선발, 평가, 보상, 승진, 교육훈련 등 모든 인사분야에 걸쳐 철저히 적용하여 이를 GE의 새로운 기업문화로 정착시켰다. 경쟁력을 되찾은 GE는 높은 성과를 달성하면서 2000년대에 들어 Fortune지의 가장 존경받는 미국기업과 세계기업평가에서 매년 제 1 위를 차지하였고 세계에서 가장 강한 경쟁력을 가진 기업의 하나로 인정받게 되었다.

우리나라의 삼성그룹도 2006년도에 전자, 생명, 물산 등 3개의 계열사가 세계 500대 기업 대열에 올라가 있는 세계적인 기업으로서, 특히 삼성전자는 D-RAM 분야에서 세계 정상의 경쟁력을 과시하고 있다. 국내에서 삼성은 전통적으로 우수성에 입각한 제일주의와 완벽한 관리제도, 그리고 깨끗하고 분명한 상인정신을 경쟁력의 바탕으로 하여 높은 성과를 달성해 왔다(삼성경제연구소, 1989; 「이코노미스트」, 1985. 10. 6, 32~35면). 현대그룹도 역시 세계적인 우리나라 주력기업으로서 특히 대외적으로 "하면 된다"(Can Do)라는 강한 의지로(정주영, 1991; *Time*, 1984. 9. 10, pp. 6~11) 무(無)에서 유(有)를 만들어 내려는 창조정신과 진취적 기상, 그리고 검소한 기풍 등이 일반적으로 널리 알려진 특징들이며 현대의 중요 성과요인들이다.

이와 같이 도요다의 가이젠 문화와 GE의 무한계 문화, 삼성의 제일주의와 현대의 행동주의는 오랜 기간에 걸쳐서 이들 기업구성원들의 가치관과 행동에 의식화 내지는 체질화된 전통적 그리고 문화적 특징으로, 이들 기업의 경쟁력으로 작용하면서 기업의 성장과 높은 성과에 크게 기여해 왔다. 이들 기업 이외에도 모든 기업체는 규모의 대소를 막론하고 오랜 기간 동안에 개발 · 정착된 각기의 독특한 문화적 특성이 있고, 이 문화적 특성은 경쟁력과 밀접한 관계 속에서 각 기업체의 조직행동과 기업성과(business performance)에 지배적인 영향을 준다. 기업체의 이러한 문화적 특성을 우리는 흔히 기업문화(corporate culture)라고 부른다.

이 책은 기업문화와 기업경쟁력에 관하여 연구한다. 제 I 부 (제 1, 2, 3 장)에서는 기업문화의 일반적인 개념을 정리하고 기업문화와 기업체 성과와의 관계를 분석한다. 제 Ⅱ 부(제 4, 5 장)에서는 우리나라 기업의 문화적 특성을 연구하고 우리나라의 기업문화를 세계 주요 문화권의 기업문화와 비교한다. 제 Ⅲ 부(제 6, 7 장)에서는 기업문화개발의 이론적 기초를 조직개발관점에서 정리하고 우리나라 기업의 경쟁력강화를 위한 기업문화개발을 연구한다. 그리고 제 Ⅳ 부에는 우리나라 기업에 참고가 되는 세계 우수기업의 기업문화 사례연구 7편을 소개한다.

기업문화개념을 정리하는 데 있어서 이 장은 제 1 절에서 기업문화가 현대적 기업경영관점으로 발전하게 된 배경을 알아보고, 제 2 절에서 기업문화개념을 정리하며, 제 3 절에서 기업문화의 중요 구성요소들을 자세히 설명한다.

제 1 절 기업문화관점

기업문화는 1980년대 초부터 재계와 학계에서 많은 관심을 보이기 시작하였는데, 그 배경과 과정을 살펴보는 것이 기업문화개념을 이해하는 데 많은 도움이 된다.

1. 기업경영의 현대적 관점

사회에는 문화(culture)가 있고 개인에게는 개성(individual personality)이 있는 것과 같이, 기업체에도 각기의 독특한 문화적 특성, 즉 기업문화가 있다. 그리고 사회를 이해하려면 그 사회의 문화를 알아야 하고 개인을 이해하려면 그 개인의 성격을 알아야 하는 것과 마찬가지로, 기업체를 이해하려면 그 기업체의 기업문화를 알아야 한다(Smircich, 1983, p. 344). 그뿐 아니라, 사회가 얼마나 발전하였는지는 그 사회의 문화적 특성을 중심으로 평가할 수 있고 개인이 얼마나 우수한지는 그 개인의 성격과 능력에 따라 평가할 수 있는 것과 마찬가지로, 기업체가 얼마나 우수한지도 그 기업의 경영과 조직행동을 지배하는 기업문화적 특성을 중심으로 평가할 수 있다. 따라서 사회는 문화발전을 위하여 그리고 개인은 우수한 인간이 되기 위하여 노력하는 것과 같이, 기업체도 우수한 성과를 달성하기 위하여 이에 관련된 기업문화적 특성을 개발할 수 있다.

이와 같이 기업의 문화적 관점은 현대기업을 이해하고 기업경영문제를 해결하는 데에 도움이 되는 근대적 접근방법이다. 기업문화란 단어는 사실상 1970년대만 하더라도 주로 경영학자와 행동과학자들이 학문적으로만 사용하였을 뿐, 일반 경영자나 보통 사람들에게는 듣기에 어색할 정도로 그 개념이 자연스럽게 받아들여지지 못하였다. 그러나 1980년대에 들어와서 기업문화개념은 전세계적으로 급속히 확산되기 시작하여, 이제 학계는 물론 기업계에서도 일상적으로 통용되는 일반적인 개념으로 보편화되었다.

기업문화개념이 이와 같이 빠른 속도로 기업경영의 현대적 관점으로 인정된 데에는 기업체를 연구하는 경영학의 학문적 접근방법이 점차 다양해지고 학제화(inter-disciplinarization)되어 가는 과정에서 문화를 전문적으로 연구하는 인류학(anthropology)과 사회학(sociology)의 관점이 경영학 연구에 기여하고 있다는 것을 알 수 있다. 기업경영연구는 1900년대부터 공학(engineering), 시스템이론(system theory) 그리고 경제학 · 심리학 · 사회학 등 사회과학 및 행동과학(social and behavioral sciences)의 지식과 이론 그리고 연구방법에 많이 의존해 왔다. 따라서 기업의 문화적 관점은 경영학이 점차 학제화되는 과정에서 인류학과 사회학의 영향을 받으면서 학제적 성격을 한층 더 증가시켜 나가는 결과로 볼 수 있다(표 1-1 참조).

그러나 보다 실질적인 면에서, 기업문화개념이 급속히 발전하게 된 것은 점차 다변화 · 무한계화(boundaryless)되어 가는 기업환경 속에서 현대기업의

표 1-1 기업문화관점

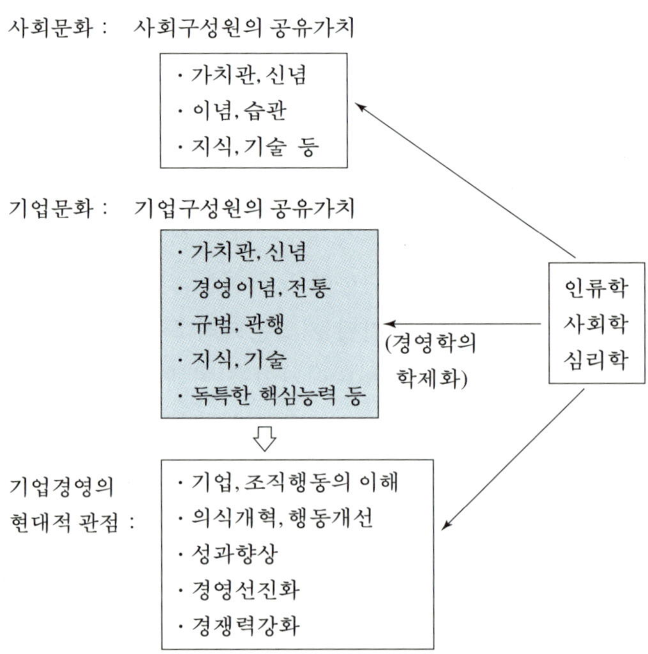

문제를 보는 관점과 문제해결에 접근하는 방법에 있어서 많은 변화가 일어나고 있다는 것을 의미하고 있다. 근래에 와서 환경변화에 대한 기업의 적응능력은 기업역사의 그 어느 때보다도 더 절실히 요구되고 있다. 기업의 경영혁신, 조직의 활성화, 체질개선, 구조조정(restructuring), 변신(transformation) 등은 모두가 다변화·무한계 환경 속에서 현대기업이 당면하고 있는 적응문제들을 말해 주고 있고, 이들 문제를 해결하고 기업경쟁력을 강화하는 데 있어서 기업문화가 새로운 기업경영 관점과 개념으로 강조되고 있는 것이다.

2. 기업문화에 관한 학문적 연구

기업문화적 관점과 개념의 발전에는 점차 심화되는 기업환경변화와 경영학연구의 학제화 이외에도 일본과 미국 등 선진국 우수기업에 관한 연구결과가 그 배경으로 크게 작용하였다.

(1) 일본 기업경영에 관한 연구

기업문화개념을 발전시키는 데 직접적으로 작용한 가장 중요한 요소는 일본기업경영에 관한 연구결과이다. 일본기업은 한국동란이 일어난 1950년 이래 수십년간 고도의 성장을 달성하였다. 특히 1970년대에는 석유파동과 산유국을 제외한 전세계적인 경제침체 그리고 선진국들의 보호무역주의 등 일본기업에게는 극도로 불리한 경제환경 속에서도 비약적인 성장을 달성하였다. 그리하여 철강, 조선, 전기, 전자, 자동차 등 여러 산업분야에서 세계정상의 수준으로 발전하였다.

이러한 일본기업의 놀라운 성장은 천연자원이나 원자재 등 물질적인 생산자원보다는 효율적인 인력관리와 경영조직관리에 기인했다는 점에서 일본의 기업경영에 대한 관심이 높아졌고, 이에 관한 연구도 많이 전개되었다. 일본기업에 관한 연구들은 일본기업의 높은 성과를 설명하는 데 있어서 대체로 구성원들간의 신뢰감과 공동체의식에 바탕을 둔 온정적이고 집단주의적인 기업문화(Z조직문화), 그리고 합의(consensus)중심의 공유가치(shared value)를 중요시하는 일본기업의 문화적 특성을 강조하였다(Ouchi, 1981; Pascale and Athos,

1981). 특히 이러한 일본기업의 특성은 합리성과 개인능력 그리고 개인의 성취동기를 강조하는 서구식 경영방법과는 매우 대조적이라는 점에서 일본기업의 경영관리에 더욱 많은 관심이 모아졌다. 그리하여 조직체연구에서 능률과 합리성보다는 구성원들의 행동을 지배하는 의식과 가치관 등 문화적 측면을 더욱 강조함으로써 기업문화에 대한 관심을 증대시키고 기업문화연구를 촉진시키는 데 크게 기여하였다(표 1-2 참조).

(2) 미국 우수기업에 관한 연구

일본기업뿐만 아니라 미국의 우수기업에 관한 연구도 기업문화개념을 발전시키는 데 크게 공헌하였다. 1970년대에 일본기업이 급속히 성장하는 동안에 미국기업들은 석유파동과 대폭적인 경제구조의 변화 그리고 외국기업의 강력한 도전으로 말미암아 많은 고난을 겪게 되었다. 그리하여 1980년대에 들어와서 미국기업들은 점차 치열해지는 시장경쟁 하에서 저하된 그들의 경쟁력을 되살리기 위한 새로운 전략을 모색하는 데 많은 노력을 기울였고, 그 과정에서 근래의 기업환경동향과 기업경영에 대한 새로운 관점과 전략에 관하여 많은 연구가 실시되었다.

이들 연구 중 특히 주목을 끈 것은 피터스와 워터만의 연구로서, 그들의 연구는 1960년대의 성장기와 1970년대의 고난기를 통하여 강한 경쟁력을 발휘

표 1-2 선진국 우수기업의 조직문화 특성

일본기업 :	미국기업 :
Z조직문화 : 신뢰감 공동체의식 책임감 평등감 등	독특한 실력 경쟁적 비교우위요소 강한 공유가치: 고객서비스 개인존중 창의성 개방성 등

하여 지속적인 성장을 해 온 미국 우수기업들의 공통된 특성을 분석하였다. 그 연구결과, 미국의 우수기업들 모두가 다변화 · 무한계 환경에 신속히 적응하여 지속적인 성장을 달성할 수 있었던 것은 이들 우수기업이 각기 고유의 문화적 특성을 지니고 있어서 이러한 특성이 이들 기업으로 하여금 환경변화에 잘 적응하고 시장경쟁에서 비교우위(comparative advantage) 또는 핵심능력(core competence)을 계속 유지해 나갈 수 있도록 하는 경쟁력의 바탕이 되었다는 것이다(Peters and Waterman, 1982; Deal and Kennedy, 1982). 즉, IBM(International Business Machines)의 고객서비스, HP(Hewlett Packard)의 배회관리(Management By Wandering Around; MBWA), P&G(Proctor & Gamble)의 우수품질, 3M(Minnesota Mining & Manufacturing)의 창의성, Boeing의 기술개발, 그리고 Nordstrom의 고객가치창조 등이 이러한 문화적 특성의 좋은 예이다(Peters and Waterman, 1982, pp. 103, 159, 195; Deal and Kennedy, 1982, pp. 8~13; Spector and McCarthy, 1995, pp. 15~35).

피터스와 워터만의 연구 이후, 콜린스와 포라스는 18개의 초우수 또는 비전기업(visionary company)을 대상으로 심층 연구하여 이들 기업의 공통된 특징을 분석하였다(Collins and Porras, 1994). 이들의 연구는 피터스와 워터만의 연구와는 달리 비전기업들을 이와 대등한(설립시기, 산업제품 등) 우수기업과 각기 일조비교하여 연구했다는 점에서 초우수기업 또는 소위 초일류기업의 공통된 특징을 연구하는 데 초점이 맞추어졌다(제 2 장 제 3 절; 이학종, 1995, 429~432면 참조).

그 이외에 킬만, 코터와 헤스켓, 파스칼, 대니슨, 햄든-터너, 지몬 등의 연구와 딜과 케네디 그리고 콜린스의 후속 연구도 미국과 유럽의 우수기업들의 문화적 특성, 기업문화와 성과간의 관계 그리고 기업문화 혁신전략 등의 연구에 크게 기여하였다(Kilmann et al., 1986; Kotter and Heskett, 1991; Pascale, 1990; Denison, 1996; Hampden-Turner, 1992; Simon, 1996; Deal and Kennedy, 1999; Collins, 2001). 그리고 CocaCola, GE, HP, IBM, Intel, McKinsey, Microsoft, Nordstrom, Wal-Mart, Xerox, ABB, Nokia, Honda, Matsushita, Sony, Toyota 등 세계 우수기업들에 관한 개별적인 연구도 기업문화에 관한 많은 자료를 제공하였다(Greising, 1997; Slater, 1998; Packard, 1995; Jackson, 1997; Raisel, 1999;

Stross, 1997; McCarthy, 1995; Slater, 2003; Kearns and Nadler, 1992; Ghoshall and Bartlett, 1999; Steinbeck, 1999; Shook, 1988; Kotter, 1997; Nathan, 1999; Liker, 2004; Liker and Hoseus, 2008). 이들 우수기업에 관한 연구는 모두 기업문화에 대한 관심을 증진시킴은 물론 기업에서의 성과향상과 경쟁력강화에도 직·간접적으로 많은 도움을 주었다.

(3) 경쟁력 강화와 기업문화관점

우리나라에서도 1970년대 하반기부터 일본의 기업경영에 대한 관심이 커지기 시작하면서 기업문화에 관한 관심도 점차 높아져 왔다. 특히 1980년대 이래 우리나라 기업이 다변화·무한계 환경에 대응하기 위하여 체질개선과 의식구조개혁 그리고 조직활성화 등 많은 변화를 거쳐 나가는 과정에서 기업문화는 모든 기업체에서 중요한 경영개념으로 인식되어 왔다. 1987년부터 시작된 민주화운동은 노사관계와 직장인의 직업윤리 등 우리나라 기업경영에 큰 변화를 가져 왔고, 특히 1997년 이후 더욱 치열해지는 국제경쟁하에서 우리나라 기업의 경쟁력이 저하되면서(IMD, 1995~2005) 획기적인 경영혁신과 구조조정, 그리고 기업구성원들의 근본적인 의식개혁이 절실히 요구되는 상황에 도달하게 되었다. 따라서 우리나라 기업은 약화된 국제경쟁력을 강화하고 우수한 기업으로서의 기업문화를 개발하기 위하여 기업문화에 한층 더 많은 관심을 갖게 되었다(표 1-3 참조).

표 1-3 환경, 기업문화, 기업성과간의 관계

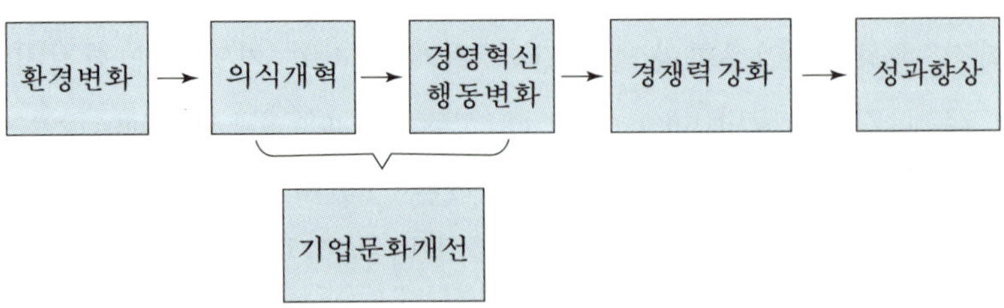

제 2 절 기업문화의 기본개념

우리 사회에는 기업체, 은행, 학교, 연구소, 정부기관, 의료기관, 종교 및 사회단체 등 각양각색의 다양한 조직체가 존재하고 있고, 이들 조직체는 모두가 각기의 독특한 문화적 특성을 가지고 있다.

1. 기업체의 내외적 특성

기업체의 경우, 기업문화는 기업체가 주어진 환경하에서 오랜 기간 동안에 자체의 목적을 달성해 나가는 과정에서 형성된다. 우리 사회의 문화가 오랜 기간에 걸쳐서 형성되고 우리들의 개성도 오랜 기간 동안에 형성되는 것과 마찬가지로, 기업문화도 오랜 기간에 걸쳐서 형성된다. 그리고 사회문화와 우리들의 개성은 일단 형성되면 쉽사리 변하지 않고 계속 유지되는 것과 마찬가지로, 기업문화도 일단 형성되면 쉽사리 변하지 않고 계속 유지되면서 기업구성원의 행동에 영향을 주고 나아가서는 기업체의 경쟁력과 성과에도 많은 영향을 준다.

우리들은 일상생활에서 여러 분야의 많은 기업체와 접촉하고 있다. 그 과정에서 우리들은 기업체로부터 각기의 독특한 인상을 받게 된다. 어느 기업체는 구성원들이 모두 똑같은 옷차림과 머리스타일을 하고 있고 작업장도 질서정연하며, 하루의 일과도 조회로부터 시작하여 정확한 일정에 의하여 진행되고 있다. 그 반면에, 어느 기업체는 구성원들이 모두 자유스러운 옷차림과 각기 다른 머리스타일을 하고 있고, 작업장에는 각종 기구와 자재가 흩어져 있으며, 작업도 각기 불규칙적인 시간에 이루어지고 있다.

이와 같이 외적으로 나타나는 특징과 더불어 내적으로도 기업체마다 다른 특징들을 지니고 있다. 어느 기업체는 구성원들이 보수적이고 무사안일하며, 구성원들간의 상호관계가 공식적이고 권위적이며 대체로 냉정하고 어느 면으로는 관료적인 특성을 보이는 반면에, 또 어느 기업체는 구성원들이 적극적이고 창의적이며 구성원들간의 상호관계도 유기적이고 신뢰적인 바탕에서 이루어지고 있어 대체로 개방적이고 상호협조적인 특성을 보인다. 이와 같이 모든 기업체는 외적으로나 내적으로 각기의 독특한 특징을 가지고 있고, 이것이 바로 각기의 기업문화적 특성의 한 부분으로서 구성원들의 행동과 기업체 전체의 행동형성에 많은 영향을 주고, 나아가서는 기업체의 성과에도 큰 영향을 준다.

2. 사회문화와 기업문화

그러면 구체적으로 기업문화란 무엇인가? 시스템관점에서 기업체는 사회의 하위시스템(subsystem)인 만큼, 기업문화를 이해하는 데에는 이의 상위시스템인 사회문화를 이해할 필요가 있다.

(1) 사회문화의 기본개념

문화라는 단어는 우리들이 일상생활에서 흔히 사용하고 있지만, 문화가 무엇인지에 대해서는 사람마다 각각 견해가 달라서 공통된 정의를 내리기가 매우 어렵다. 따라서 문화를 전문적으로 연구하는 사회과학자들도 문화를 사회구성원들의 공통된 생활양식(Hampden-Turner, 1992, p. 12), 후천적으로 습득된 사회구성원들의 집단적인 심적 프로그래밍(collective mental programming)(Hofstede, 1983, pp. 76~77), 모든 일에 대한 사회구성원들의 관점(Ronen, 1986, pp. 17~18) 등 다양하게 정의내리고 있다. 그러나 일반적으로 문화란 사회를 구성하고 있는 모든 사람들이 공통적으로 가지고 있는 가치관과 신념, 이념과 관습 그리고 지식과 기술을 포함한 거시적이고 종합적인 개념으로서 사회구성원의 행동형성에 영향을 주는 중요한 요소로 인식되고 있다. 따라서 문화는 사회구성원의 행동과 사회체계를 형성하고 이들을 연결 · 조정하는 총합요소라고 할 수 있다(Parsons, pp. 76~77). 이러한 문화개념은 전통적으로 거시적인 사회체계를 분석대상으로 하고 있는 인류학이나 사회학에서 중점적으로 연구되어 왔다.

(2) 기업문화의 정의

이러한 거시적인 사회문화개념을 사회체계를 구성하고 있는 미시적인 기업체 수준에 적용한 것이 기업문화개념이다. 그러므로 사회문화적 관점에서 볼 때, 기업문화는 한 기업체의 구성원들이 모두 공유하고 있는 가치관(value)과 신념(belief), 이념(ideology)과 관습(habit), 규범(norm)과 전통(tradition) 그리고 지식(knowledge)과 기술(skill) 등을 모두 포함한 종합적인 개념으로서 기업 구성원과 기업체 전체의 행동에 영향을 주는 기본요소라고 할 수 있다. 그러나 기업문화에 대한 보다 정확한 개념은 학자들의 관점과 연구초점에 따라서 약간의 차이를 보인다. 어느 학자는 구성원의 행동을 지배하는 기본전제(basic assumption)를 강조하고, 어느 학자는 기업체의 분위기를 그리고 또 어느 학자는 행동형성의 사회화(socialization)과정을 강조한다(Schein, 1985, pp. 7~15).

이와 같이 기업문화개념에서 학자들이 강조하는 요소들은 다소 다르다. 그러나 이들 개념과 정의를 종합해 볼 때, 기업문화는 기업구성원들이 공유하고 있고 구성원행동과 전체 기업체행동에 기본전제로 작용하는 기업체 고유의 가치관과 신념, 규범과 관습 그리고 행동패턴 등의 거시적 총체라고 할 수 있다.

3. 기업문화와 경쟁적 비교우위

기업문화는 기업체의 기본가치와 신념으로서 경영전략과 조직경영에 반영되는 것은 물론, 구성원들에게도 그들의 규범과 습관으로 작용하면서 그들의 사고방식과 태도 그리고 행동형성에 영향을 준다. 기업체의 기본가치가 경영전략, 조직구조, 관리제도, 그리고 경영관리자들의 리더십에 잘 반영되고 구성원들에게도 철저히 의식화 및 체질화되어 있을수록 기업문화는 강하고 뚜렷하게 나타난다.

(1) 우수기업의 기업문화와 성과

기업체는 자체의 목적달성을 추구하는 과정에서 주어진 환경과 목적달성에 적합한 경영이념과 전략을 설정하게 되고 이에 따라 조직관리를 해 나가며, 그 과정에서 오랜 기간에 걸쳐 자체의 독특한 기업문화를 형성하게 된다. 따라서 기업의 경영이념과 사업목적 그리고 경영전략과 조직경영을 주도하는 창업자나 경영주 그리고 그의 측근들이 기업문화형성에 결정적인 역할을 한다.

선진국에서는 기업체의 뚜렷한 기본가치를 중심으로 독특한 기업문화를

예시 1-2 사우스웨스트 항공의 인간존중문화

근래에 미국 항공업계는 규제완화(deregulation) 이후 계속 적자를 기록하고 있는데도 불구하고 택사스주에 본부를 둔 사우스웨스트항공(Southwest Airlines)사만은 예외로 매년 흑자를 내면서 2007년에도 98.6억 달러의 매출과 6.5억 달러의 순이익을 기록하면서 계속 높은 성과를 달성하였다. 따라서 학계와 재계는 사우스웨스트항공의 성공비결에 많은 관심을 보이고 있는데, 그들은 무엇보다도 인간존중의 공유가치와 신바람나는 직장문화를 사우스웨스트항공의 높은 성과의 원동력이라고 보고 있다.

1971년 창설이래 사우스웨스트항공은 최고의 승객서비스, 인간존중, 창의성의 세 가지 경영이념으로 미국 서남부지역으로부터 시작하여 서부와 중서부, 그리고 동부와 동남부로 항로를 점차 확장해 왔다. 최고의 승객서비스는 무엇보다도 승객을 염가에 제시간에 즐겁게 모시는 것을 의미하고, 인간존중은 구성원 성장을 위한 균등한 기회와 경영자나 구성원들간의 존경과 지지를 의미하며, 창의성은 성과향상에 기여를 의미한다.

특히 구성원 개개인의 창의성과 아이디어를 존중하고 구성원의 만족을 최대로 중요시하는 것은 사우스웨스트항공의 가장 뚜렷한 가시적 문화 특성이다. 경영진은 항상 구성원들이 회사의 가장 중요한 고객이라는 점을 강조하고 그들의 주인의식을 제고시켜 조직의 효율성을 꾀한다. 급여수준은 다른 항공사에 비해 낮은 편인데도 불구하고, 필요하면 파일럿이 체크

성공적으로 개발 · 정착시킨 기업체들을 많이 볼 수 있다. 앞 절에서 이미 언급한 바와 같이 GE의 무한계 가치관(예시 1-1 참조), 도요다의 가이젠, IBM의 고객서비스, HP의 배회관리(MBWA), P&G의 우수품질, 그리고 3M의 창의성 등은 각기 이들 기업의 기본가치로서 이들 기업문화의 핵심을 이루고 있다. 사우스웨스트항공(Southwest Airlines)의 개인존중(예시 1-2 참조), Wal-Mart의 고객가치창조, Microsoft의 조직학습(예시 1-3 참조) 등도 이들 기업의 핵심적인 문화가치이다. 이러한 기본가치는 독특한 핵심능력으로서 각기 이들 기업의 경영전략에 반영되어 경쟁적 비교우위의 요소로 작용하면서 오랫동안 높은 기

인을 도와주고 기내 승무원들이 수화물처리를 돕는 등 구성원들간에 그리고 직간에까지 자발적인 협력이 잘 이루어진다. 전체 구성원의 84%가 노조에 가입했고 노조활동도 매우 활발하지만 과거 15년간 단 한건의 파업 없이 노사화합이 잘 유지되고 있다.

사우스웨스트항공의 또 하나의 가시적 특성은 즐겁고 신바람나는 직장문화이다. 공동창업자인 켈러허(H. Kelleher) 회장은 구성원으로 하여금 열심히 일하도록 만들려면 그러한 환경을 만들어 주어야 한다는 신념하에 '재미있는 일터' 의 경영철학을 주장하고 이를 적극적으로 추진하였다. 그리하여 신입사원선발에 있어서도 팀워크에 대한 관심이나 개인적 성취보다 팀 결과에 즐거움을 찾는 성향 이외에 특히 유머감각을 중요한 자질로 강조한다. 켈러허 회장 자신이 사업상의 분쟁을 팔씨름으로 해결하고, 오찬석상에서 가수 엘비스 프레슬리의 복장차림으로 나타나는 등 '재미있는 일터' 의 분위기를 직접 조성하는 데 힘쓰기도 하였다.

이와 같이 구성원 개개인을 인정해 주는 개인존중과 재미있는 일터로의 신바람 나는 직장문화로 사우스웨스트항공은 승무원당 고객수, 고객불평수, 신속한 수화물처리, 정시도착률 등 각종 평가 척도에서 계속 업계 선두를 기록하고 있다. 그리하여 사우스웨스트항공은 미국 포춘(Fortune)지의 '가장 존경받는 미국기업(America's Most Admired Company)' 평가에서 1998년 이후 계속 톱 10위에 올랐고, 2007년에도 GE, Starbucks, Berkshire Hathaway 등에 이어 제 5 위로 평가되는 영예를 차지하였다.

예시 1-3 마이크로소프트의 학습문화

마이크로소프트(Microsoft)는 1975년에 빌 게이츠(Bill Gates)와 대주주 폴 알렌(Paul Allen)이 컴퓨터 프로그램언어 판매업으로 사업을 시작한 이래 급성장하여 세계 제일의 PC OS 및 응용소프트웨어개발회사로 발전하였다(2006년 매출 442.8억 달러, 순이익 126억 달러). 마이크로소프트의 성공비결의 하나는 우수한 젊은 인재와 예리한 미래시장감각으로 새로운 대중시장을 개척하고 소프트웨어 프로그램의 표준화를 통하여 경쟁력과 시장 지배력을 확대해 나가는 데 있는 것으로 널리 알려져 있다.

이와 같이 마이크로소프트는 우수한 젊은 인재와 지식인력에 의존하고 있는데, 우수한 인력은 흔히 자신의 능력만 믿고 도도하고 개인주의적이며 자기의 지식과 기술을 다른 구성원들과 공유하는 데에는 다소 비협조적인 경향이 있다. 우수인력의 이러한 행동경향은 구성원들간 그리고 팀간의 상호교류가 매우 중요한 소프트웨어개발에 있어서는 치명적인 장애요인이 될 수 있다. 따라서 마이크로소프트는 소규모 복합전문기능(overlapping functions)의 팀 조직체계하에서 팀간의 긴밀한 상호연계관계를 강조하면서 구성원들간의 신뢰와 개방성 그리고 공유의식을 기르는 데 많은 노력을 기울여 왔다. 그리하여 마이크로소프트 구성원들은 각기의 프로젝트에서 얻은 경험을 서로 나누고, 특히 고객들에게 귀를 기울이며, 자기비판과 피드백을 통하여 끊임없이 배우는 분위기를 정착시켜 왔다. 이와 같은 학습조직(learning organization)문화는 첨단 소프트웨어의 효율적인 개발은 물론, 마이크로소프트의 기술력과 경쟁력을 끊임없이 강화해 나가는 데 크게 기여하고 있다.

업성과를 올리는 데 크게 기여해 왔다. 그뿐 아니라 이들 기본가치는 구성원들에게 의식화 · 체질화되어 그들의 가치중심적 행동을 조성하고, 조직관리체계와 경영관리자의 리더십에도 반영되어 구성원들의 바람직한 행동을 강화하면서, 각기의 기업문화를 계속 유지시켜 나간다(제 3 절 표 1-4 참조).

일본기업의 경우 도요다의 가이젠문화 이외에도 마쓰시다전기는 사업보국의 기본가치를 핵심으로 한 마쓰시다정신문화를 정착시켰고(표 1-8 참조),

혼다(本田)자동차회사는 구성원들의 창의성과 진취성 그리고 개방성을 강조하는 혼다문화(Hondaism)를 개발하여 실무현장을 중요시하는 자율적 경영을 성공적으로 실시해 왔다(Pascale and Athos, 1982; Shook, 1988). 우리나라에서도 삼성의 제일주의와 현대의 행동주의 이외에도 LG의 인화와 SK의 패기 등이 이들 기업의 전통적인 문화가치로 오랫동안 강조되어 왔다. 특히 현대그룹의 '하면 된다' 라는 행동중심의 기업문화는 외국인들로 하여금 우리나라의 기업문화를 'Can Do Culture' 라고까지 부르게 한 요인이 되기도 하였다.

(2) 기업문화와 기업경쟁력의 강화

기업문화는 기업체의 총체적 특성으로서, 내적으로는 구성원들의 공통된 가치관과 사고방식(또는 기본전제)이 그리고 외적으로는 그들의 실제 행동이 중요한 부분을 차지하고 있다. 이와 같이 기업문화의 주체는 어디까지나 구성원들인 만큼, 그들의 가치중심적 사고방식과 행동은 강한 기업문화를 개발하고 이를 유지하는 데 매우 중요하다. 따라서 높은 기업성과에 기여하는 핵심문화가치의 탐색은 물론, 이를 항상 구성원들의 공유가치로 의식화시키고 그들의 가치중심적 행동을 조장하여 체질화시키는 인적자원관리제도와 관리자의 리더십행동이 모두 시너지(synergy)적으로 작용함으로써 전체적으로 강한 기업문화가 개발 · 강화 · 유지되어 나갈 수 있고 기업의 경쟁력도 동시에 강화될 수 있다. 앞에서 설명한 경쟁력이 강한 선진국 우수기업에서도 이러한 기업문화 개발활동이 실제로 이들 기업의 성공적인 기업문화개발과 경쟁력강화에 크게 기여하였다.

제 3 절 기업문화의 구성요소

기업문화에 대한 이해는 기업문화가 구체적으로 무엇으로 구성되었는지를 알아봄으로써 더욱 증진될 수 있다. 기업문화의 구성요소에 관해서도 학자들의 견해에 차이가 있다. 그러나 기업문화를 이해하는 데 있어서는 특히 기업문화의 7S구성요소개념과 의식수준 구성요소개념이 많은 도움을 준다.

1. 기업문화의 7S요소

기업문화의 7S개념은 기업문화를 이해하는 데 가장 실질적인 도움을 주는 개념이다. 이 개념은 일본기업과 미국 우수기업의 기업문화연구에서 제시되었는데, 기업문화를 구성하고 있는 일곱 가지의 중요요소들이 모두 S자로 시작되기 때문에 기업문화의 7S개념으로 불린다. 이들 일곱 가지 구성요소를 요약한다(Pascale and Athos, 1981, pp. 200~206)(표 1-4 참조).

(1) 공유가치(Shared Value)

기업문화의 첫째 구성요소는 기업체의 구성원들 모두가 공동으로 소유하고 있는 가치관과 이념 그리고 전통가치와 기업의 기본목적 등 기업체의 공유가치이다. 〈표 1-4〉에 나타나 있는 바와 같이 공유가치는 다른 기업문화 구성요소에 지배적인 영향을 줌으로써 기업문화형성에 가장 중요한 위치를 차지한다.

(2) 전략(Strategy)

기업문화의 둘째 구성요소는 기업체의 장기방향과 기본성격을 결정하는 경영전략으로서, 기업체의 장기적인 목적과 계획 그리고 이를 달성하기 위한 장기적인 자원배분패턴을 포함한다. 기업체의 전략은 기업의 이념과 목적 그리고 기본가치를 중심으로 이를 달성하기 위한 기업체 운영에 장기적인 방향을 제공함으로써 다른 기업문화 구성요소들에 많은 영향을 준다.

(3) 구조(Structure)

구조는 기업체의 전략을 수행하는 데 필요한 틀로서 조직구조와 직무설계 그리고 권한관계와 방침 등 구성원들의 역할과 그들간의 상호관계를 지배하는 공식요소들을 포함한다. 따라서 구조는 관리시스템과 더불어 구성원들의 일상업무수행과 행동에 많은 영향을 준다.

표 1-4 기업문화의 7S구성요소

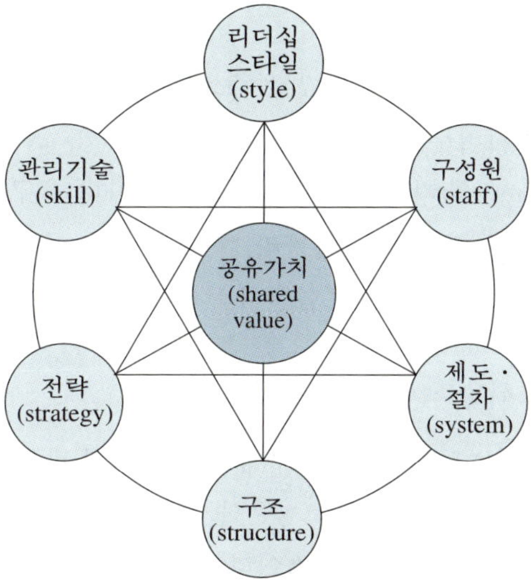

자료 : Pascale and Athos, 1991, p. 203; Peters and Waterman, 1992, p. 10.

(4) 관리시스템(System)

기업문화를 구성하는 또 하나의 중요요소는 기업체경영의 의사결정과 일상운영에 틀이 되는 관리제도와 절차 등 각종 시스템이다. 따라서 시스템은 기업체의 기본가치와 일관성 있고 장기적인 전략목적달성에 적합한 보상제도와 인센티브, 경영정보와 의사결정시스템, 경영계획과 목표설정시스템, 결과측정과 조정 · 통제 등 경영 각 분야의 관리제도와 절차를 포함한다.

(5) 구성원(Staff)

기업문화는 기업체 구성원들의 행동을 통하여 실제로 나타난다. 따라서 구성원은 기업문화의 구성요소로서 기업체의 인력구성과 구성원들의 능력, 전문성, 가치관과 신념, 욕구와 동기, 지각과 태도 그리고 그들의 행동패턴 등을 의미한다. 구성원들의 가치관과 행동은 기업체가 의도하는 기본가치에 의하여, 그리고 인력구성과 전문성은 기업체가 추구하는 경영전략에 의하여 각각 많은 영향을 받는다.

(6) 기술(Skill)

기술도 기업문화를 형성하고 있는 중요요소로서 각종 기계 · 장치와 컴퓨터 등 생산 및 정보처리분야의 물리적 하드웨어(hardware)는 물론, 이를 사용하는 소프트웨어(software)기술을 포함한다. 그뿐 아니라 구성원들에 대한 동기부여와 행동강화, 갈등관리와 변화관리, 목표관리와 예산관리 등 기업체경영에 적용되는 관리기술과 기법도 포함한다.

(7) 리더십 스타일(Style)

기업문화의 마지막 구성요소는 구성원들을 이끌어 나가는 전반적인 조직관리 스타일로서 구성원들의 행동조성은 물론, 그들간의 상호관계와 조직분위기에 직접적인 영향을 주는 중요요소이다. 기업체의 개방적, 참여적, 온정적, 유기적 성격 등은 일상경영에 적용되는 관리 및 리더십 스타일로부터 많은 영향을 받으면서 형성된다.

이상의 일곱 가지 요소들은 밀접하게 상호연결되고 상호의존적인 관계하에서 전체적으로 기업체의 독특한 특성을 나타내면서 기업문화를 형성한다. 이들 요소간의 상호연결성과 상호의존성이 높을수록 강하고 뚜렷한 기업문화가 형성되고(표 1-7, 1-8 참조), 상호연결성과 상호의존성이 결여될수록 약하고 애매하며 일관성이 없는 기업문화가 형성된다. 따라서 바람직한 기업문화의 개발은 이들 요소를 바람직한 방향으로 개발함으로써 이루어질 수 있다. 그리고 기업문화를 이해하는 데 있어서도 이들 요소를 이해해야 하는데, 이들 요소간의 밀접한 상호연결성과 상호의존관계 때문에 기업문화에 대한 전체적인 관점 없이 어느 한 요소의 개별적인 분석은 매우 어려우며, 따라서 전체적인 기업문화관점에서 이들 요소가 이해되어야 한다.

2. 의식수준상의 구성요소

기업문화의 7S개념과 더불어 기업문화의 구성요소를 기업구성원과 전체 기업체행동에 영향을 주는 의식체계를 중심으로 설명할 수 있다. 기업문화를 기업구성원과 기업체 전체의 행동에서 나타나는 전체적인 개념으로 볼 때, 구성원행동과 기업체행동에는 가시적 수준과 인식적 수준 그리고 잠재적 수준 등 세 가지 수준에서의 의식체계가 작용하고 있다. 이들 세 가지의 의식수준과 이에 관련된 요소들간의 상호관계를 설명한다(Schein, 1984, pp. 3~7)(표 1-5 참조).

(1) 가공품과 창조물(Artifacts and Creations)

기업문화를 인식할 수 있는 첫째 수준은 표면적으로 나타나고 눈으로 볼 수 있는 물질적, 상징적 그리고 행동적 인공창조물이다. 기업체의 제품과 기술, 기구와 도구, 방침과 규율, 서류와 문서, 전통과 일화, 의례 · 예식 그리고 구성원들의 행동패턴 등이 이에 속한다. 이들 가시적 '작품'은 기업체에 대한 전체적인 인상과 이미지 그리고 기업체의 외적인 문화특성을 형성하는 데 직

표 1-5 기업문화의 의식적 구성요소

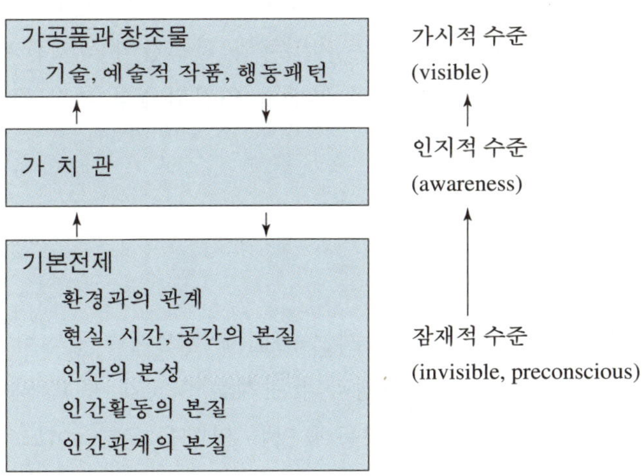

자료 : Schein, 1989, p. 4.

접적이고 결정적인 요소로 작용한다.

(2) 가치관(Value)

기업문화의 의식체계상의 둘째 구성요소는 인식적 수준에서의 구성원의 가치관이다. 가치관은 기업체의 구성원들이 일반적으로 인식하고 있는 행동의 지침으로서 가시적 수준의 인공적 창조물을 지배하는 요소들이다. 가치는 기업구성원들이 소중히 여기는 요소로서 개인에 대한 존중, 창의성에 대한 중요성, 개방적 의사소통, 참여와 합의에 대한 중요성 등을 들 수 있다.

(3) 기본전제(Basic Assumptions)

의식수준별로 본 기업문화의 셋째 구성요소는 잠재적 수준에서의 기본전제인데, 이것은 가치관과 밀접하게 연관된 개념으로서 일반적으로 조직구성원들이 인식하고 있지 않은 선의식적 가치관(preconscious value)이라고도 할 수 있다. 기본전제는 기업체는 이익을 내야 한다든가, 학교는 학생을 교육시켜야 한다든가 또는 병원은 병을 고쳐야 한다는 등의 당연하고 엄연하며 또 분명한 사실들이다. 이와 같이 기본전제는 조직구성원들이 너무나 자연스럽게 받아들이는(taken for granted) 가정이기 때문에 구성원들 사이에 아무런 논의를 필요로 하지 않으며, 이것이 바로 기본전제와 가치관의 차이점이다.

선의식적 요소로서 기본전제는 기업체와 환경간의 상호관계와 현실과 시간, 공간, 인간의 본성, 인간활동의 본질과 인간관계의 본질 등 몇 가지 측면에 적용된다.

3. 선의식적 기본전제

첫째로 기업체와 환경과의 관계는 기업체의 성패를 결정하는 중요요소로서, 기업체의 구성원들이 외부환경과의 관계를 어떻게 보고 외부환경을 어떻게 전제하는지는 그들의 의욕과 행동에 많은 영향을 준다. 어느 기업체의 구성원들은 근본적으로 환경을 지배할 수 있다고 전제하고 환경에 적극적으로 대응하는 반면에, 또 어느 기업체의 구성원들은 환경에 항상 지배당하고 있다는 전제하에 환경에 수동적인 태도를 취한다. 또 어느 기업체는 환경과의 상호 영향관계를 전제하고 서로 조화를 이루는 데에 치중한다. 이와 같이 환경에 대한 기본전제는 기업구성원들의 진취성과 도전성 그리고 적극성과 모험성 등 그들의 행동형성과 나아가서는 기업문화형성에 많은 영향을 준다.

구성원들의 행동과 기업문화에 영향을 주는 둘째 기본전제는 조직체생활에서 당면하는 모든 현실(reality)과 사실(truth) 그리고 시간(time)과 공간(space)에 대한 구성원들의 관점이다. 다시 말해서, 기업체에서 일어나고 있는 사건과 상태에 대하여 구성원들이 어떻게 보고 어떻게 생각하는지는 그들의 태도와 행동형성에 많은 영향을 준다. 특히 구성원들의 문제해결과 의사결정에 있어서 당면한 상황과 문제에 대한 기본전제는 그들의 의욕과 동기 그리고 태도와 행동형성에 결정적인 역할을 한다.

구성원들이 각기의 업무를 수행하는 과정에서 시간개념이 얼마나 철저히 지켜지고 있고 일의 결과피드백을 얼마나 빨리 그리고 자주 기대하는지도 그들의 태도와 행동형성의 매우 중요한 영향요소이다. 어느 기업체에서는 구성원들의 업무진행이나 의사결정이 지연되는 것이 받아들여지지 않는 반면에, 또 어느 기업체에서는 업무와 결재과정이 지연되는 것이 정상적인 것으로 인식되고 있다. 그리고 공간에 대한 개념에 있어서도 대규모와 소규모 그리고 다량과 소량에 대한 선호경향이 구성원들의 태도와 행동형성에 많은 영향을 준다. 일상 조직체생활에서 구성원들의 행동은 본질적으로 현실과 사실 그리고 시간이나 공간과 밀접한 관계를 맺고 있으므로, 이에 대한 구성원들의 기본전제는 그들의 행동형성은 물론 나아가서는 기업문화형성에 있어서 매우 중요한 요소라고 할 수 있다.

구성원들의 행동과 기업문화형성에 영향을 주는 셋째 기본전제는 인간의 본성에 대한 것이다. 인간의 본성이 무엇인지에 대해서는 여러 가지의 관점이 있고, 여러 학문분야에서도 오랫동안 논의의 대상이 되어 왔다. 경영학에서도 특히 인사·조직분야에서 연구의 초점이 조직을 구성하고 있는 인간인 만큼, 인간의 본성에 대한 관점과 기본전제는 개인과 집단의 행동이론은 물론 인적자원관리와 조직론의 중요한 이론적 기초로서, 특히 리더십과 동기부여 그리고 목표관리(MBO)와 행동수정(behavior modification) 등 여러 경영관리기법의 이론적 기반이 되어 왔다. 이와 같이 인간의 본성에 대한 구성원들의 전제는 그들의 행동과 특히 관리자의 행동에 많은 영향을 주고, 나아가서는 기업문화에도 영향을 주게 된다.

인간의 본성에 대한 기본전제를 잘 정리한 것이 맥그레거의 X론과 Y론이다(McGregor, 1957, pp. 22~28). 〈표 1-6〉에서 보는 바와 같이 X론은 개인을 본질적으로 경제적 인간(economic man)으로 전제하는 반면에, Y론은 인간을 자아실현적 인간(self-actualizing man)으로 전제한다. 즉 X론적 인간모형에서는 인간은 근본적으로 일을 싫어하고 게으르며, 이기적(self-centered)이고 기업체 목적에 무관심하며, 책임을 회피하고 통제받기를 원하며, 주로 안정과 경제적 만족을 추구한다고 전제하고 있다. 그 반면에 Y론적 인간모형에서는 인간은 일을 즐길 수 있고 조직체목적에 적극적으로 참여하여 자아실현을 추구하며,

표 1-6 인간에 대한 전제와 경영행동

X 론	Y 론
인간에 대한 전제 :	
1. 인간은 근본적으로 일을 싫어하고 되도록 일을 피하려고 한다. 2. 인간은 야망이 없고 책임을 회피하며 안정만을 원하고 통제되기를 바란다. 3. 인간은 조직체 목적에 관심이 없고 변화에 저항하며, 자기의 이기적인 욕구충족만을 추구한다.	1. 일은 자연적인 것이며 인간은 일을 즐길 수 있다. 일을 싫어하게 되는 것은 조직체가 그렇게 만들었기 때문이다. 2. 인간은 책임있는 일을 원하며, 주어진 환경에 따라 의욕과 자질을 개발할 수 있는 잠재능력을 갖고 있다. 3. 인간의 본성은 수동적이 아니며 행동의 결과에서 오는 만족감에 따라서 조직체 목적에 몰입(commitment)할 수 있다.
경영에 대한 접근 :	
4. 조직의 목적을 달성하기 위하여 조직체는 수동적 인간을 조직체 목적에 강제로 맞추어 적극적인 개입과 통제 그리고 보상에 대한 위협과 벌칙을 중심으로 경영해 나간다.	4. 인간의 자기통제와 자아실현욕구 그리고 잠재능력개발을 중심으로 개인의 목적과 조직체 목적이 통합될 수 있는 환경적 여건을 조성한다.

책임과 자율성 그리고 창의성을 발휘하기를 원하고 자기자신을 통제할 수 있는 능력을 갖고 있다고 전제한다. 따라서 인간의 본성에 대한 X론적 전제는 통제적이고 독재적인 경영행동을 나타내는 반면에, Y론적 전제는 참여적이고 집단중심적인 경영행동을 나타내게 된다.

기업문화에 영향을 주는 마지막 기본전제는 모든 인간활동과 인간관계에 대한 구성원들의 관점이다. 구성원들은 그들의 직무를 집행하는 과정에서 여러 가지의 활동을 수행하게 되고, 그 과정에서 다른 구성원들과 상호작용을 하게 된다. 여기서 구성원들은 자신의 활동과 다른 구성원들의 활동에 대하여 무엇이 올바른 행동이고 무엇이 그릇된 행동인지에 대한 기본전제를 적용하게 된다. 그리고 인간관계에서도 구성원들은 그들 상호간의 권력관계와 영향관계 그리고 협조적 또는 경쟁적 관계를 중심으로 역시 올바르고 그릇된 관계에 대한 기본전제를 적용하게 된다.

인간활동과 인간관계에 대한 기본전제는 물론 구성원들의 가치관과 윤리도덕적 개념에 의하여 많이 지배된다. 구성원들의 가치관과 윤리도덕적 기준은 사회의 규범과 그들의 일상생활을 통하여 형성되는 것이 사실이다. 그러나 그 이외에도 구성원들의 가치관과 윤리도덕개념은 기업체 내에서 학습의 산물로서 구성원들간의 상호작용과 경영층으로부터의 강화작용 그리고 사회화과정과 교육훈련을 통하여 많은 영향을 받는다. 이러한 가치관과 윤리도덕개념은 결국 인식적 수준을 초월하여 의식화 또는 체질화되어 구성원들의 기본전제로 변형되면서 구성원들의 모든 활동과 인간관계의 무의식적인 행동기준으로 작용하게 되는 것이다. 기업체에서 업무처리와 외부업체와의 관계에 있어 공과 사를 분명히 하고, 청렴과 정도(正道)를 강조하며, 구성원들을 정당한 이유 없이 절대로 해고하지 않는 방침 등은 인간활동과 인간관계와 관련된 가치기준의 좋은 예이다.

이상 가시적, 인식적 그리고 잠재적 수준에서 작용하는 기업문화의 구성요소들을 살펴보았다. 그리고 잠재적 수준에서의 중요 기본전제 세 가지를 자세히 설명하였다. 이들 세 가지 의식수준상의 기업문화 구성요소들은 7S개념과 비교할 때, 가시적 수준의 가공품과 창조물은 7S개념의 외부 여섯 개 구성요소(표 1-4 참조)에 해당되고, 인식적 수준의 가치관과 잠재적 수준의 기본전제는 7S개념의 공유가치에 해당된다고 볼 수 있다. 따라서 의식수준상의 기업문화요소들은 7S개념에 비하여 구성원들의 태도와 행동형성에 작용하는 요소들을 가치관과 기본전제로 분류하여 보다 자세히 분석하고 있다.

의식수준개념에 있어서도 7S개념과 마찬가지로 가시적, 인식적 그리고 잠재적 구성요소들이 모두 일관성 있고 밀접하게 연결되어 있을수록 기업문화는 전체적으로 강하고 분명하게 나타나는 반면에, 이들 의식수준에 일관성이 없고 상호간의 관계가 산만할수록 전체적인 기업문화는 약하고 애매하게 나타난다는 것을 알 수 있다.

4. 강한 기업문화사례

기업문화는 구성원들이 공동으로 가지고 있는 기본전제 그리고 그들의 실제 행동을 중심으로 전체적으로 나타나는 기업체의 특성으로서, 기업체의 기본가치가 구성원들에게 얼마나 강하게 의식화 또는 체질화되었느냐에 따라서 기업문화도 얼마나 강하고 뚜렷하게 형성되느냐가 결정된다. 강한 기업문화가 반드시 높은 기업성과를 가져온다고 할 수 없다(제 3 장 제 3 절 참조). 그러나 경쟁력이 강한 기업체를 보면 강한 기업문화가 개발 · 정착되어 있는 것이 일반적이다.

강한 기업문화를 바탕으로 오랫동안 강한 경쟁력을 발휘한 기업체로 미국의 GE와 일본의 마쓰시다전기를 들 수 있다. 이들 회사가 어떻게 강한 기업문화를 형성하고 있는지를 7S개념과 의식수준개념을 적용하여 알아본다.

(1) General Electric 회사

GE는 단일기업으로는 세계에서 가장 다각화된 초대형 기업으로서 1980년대 이후 지속적으로 높은 성과를 달성함으로써 근래에 세계 최강의 경쟁력을 가진 기업의 하나로 인정받고 있다(2006년도 매출규모 1,683억 달러, 순이익 208억 달러). GE의 중요 공유가치는 무한계(boundaryless)의 가치관(예시 1-1 참조)과 개인존중(respect for the individual), 성실성(integrity) 등이며, 그중에서도 무한계의 가치관은 잭 웰치(Jack Welch) 전 회장의 경영이념으로서 GE의 경영전략과 조직구조, 관리시스템과 기술, 그리고 리더십과 구성원 행동 등 7S 전반에 직접 반영되어 전체적으로 강한 기업문화를 형성하면서 경쟁력 발휘에 가장 중요한 역할을 한다.

무한계 이념에 따라 GE는 첫째로 경영전략에 있어서 모든 사업분야에서 각기 제 1, 또는 제 2의 경쟁력을 목표로 무한계의 세계시장에서 새로운 기회를 적극 추구하는 의욕적인 사업전략을 전개한다. 또한 극도로 사업이 다각화된 상황하에서 사업부간 그리고 분야간의 장벽 없는 개방된 상호교류를 통하여 다양한 기술과 자원을 공유하는 지식경영전략을 추구한다. 조직구조에 있어서 무한계 이념은 전통적인 사업별 분권 · 자율경영을 한층 더 강화하고, 관료화의 요인이 되고 있는 수직적 조직계층의 수를 줄여 조직구조를 수평화하며 스테프 조직도 간소화하여 보다 장벽 없는 열린 조직구조를 위하여 끊임없

표 1-7 GE의 기업문화

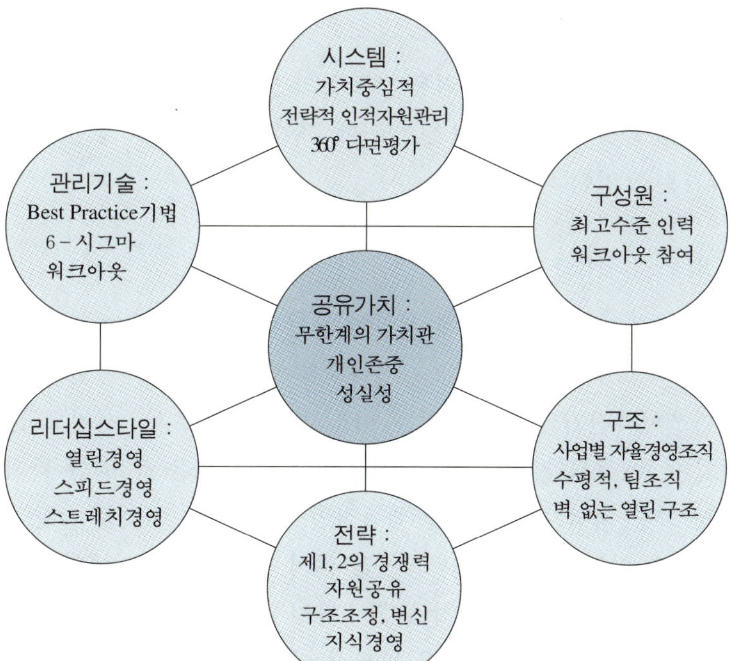

이 구조조정을 전개한다.

경영 시스템과 관리에 있어서 무한계 의식은 GE의 가치중심적 인적자원 관리의 핵심으로서 신입사원 선발, 교육훈련, 인사고과, 보상, 승진 등 모든 인사분야에서 가장 중요한 의사결정기준으로 적용된다. 또한, 선진경영기법으로 유명한 오랜 전통에 힘입어 열린 마음으로 6-Sigma, Process Mapping 등 세계 우수기업의 Best Practice 기법들을 도입 · 적용하여 자체의 경쟁력을 끊임없이 강화해 나간다.

보다 신속한 경영을 추구하는 스피드 경영(Speed Management)과 구성원행동에 있어서 무한계 의식은 보다 높은 수준의 성과를 추구하는 Stretch Management를 조장하여 더욱 높은 성과에 기여한다. 그리고 작업현장에서 구성원들이 특정 문제에 대하여 계층과 분야의 장벽 없이 자유롭게 참여하고 관리자의 의견과 해결책을 추구하는 워크아웃(Workout)은 관리자와 구성원이 함께 무한계 의식을 실제로 실천하는 가장 중요한 기회로서 무한계 가치를 직접 체질화하고 이를 공유가치로 하여, 바람직한 행동으로 정착 · 유지시켜 나가는 데 중요한 역할을 한다.

이와 같이 GE의 무한계 이념은 7S모형의 모든 측면을 연결, 통합시켜 GE의 강한 기업문화를 형성하고 높은 성과에 기여하면서 GE의 강한 경쟁력을 지속시켜 나가는 요인이 되고 있다.

(2) 마쓰시다(松下)전기회사

일본의 마쓰시다전기도 세계 제일의 가전제품업체로서(2006년도 매출 778.7억 달러, 순이익 18.6억 달러), 강한 기업문화를 성공적으로 개발한 대표적인 회사이다. 마쓰시다전기의 공유가치는 마쓰시다정신으로서, 사업보국, 공명정대, 화친일치, 예절겸양, 역투향상, 순응동화, 감사보은 등 일곱 가지로 구성되어 있다. 그중 사업보국이 가장 핵심적인 가치로서, 이것은 모든 사람들이 긴요하게 쓸 수 있는 좋은 품질의 제품을 많이 생산하여 국민에게 보답하고 풍요로운 사회를 만드는 데 기여하겠다는 창업자 마쓰시다 고노스케(松下 幸之助) 회장의 이념이다. 또한, 기업은 반드시 이익을 내야만 하고 구성원들로 하여금 기업체에서 각기의 능력을 최대로 발휘하여 자아실현을 하도록 하는 것도 그의 확고한 사회책임이념이다.

이러한 마쓰시다전기의 기본가치는 경영전략에 있어서 저가격 · 고품질의 제품을 중심으로 한 시장점유와, 신제품개발에 있어서 선두의 위치보다는 제 2의 위치를 추구하는 추종자(followership)전략에 직접적으로 반영되고 있다. 그리고 저가생산을 위한 경제규모의 생산구조, 시장확대를 위한 사업부조직체계, 높은 목표달성을 위한 장 · 중 · 단기 계획과 컨트롤러(controller)를 활용한 철저한 통제 · 관리시스템 그리고 효율적인 계획 · 통제를 위한 경영정보시스템도 치밀한 조직과 관리를 강조하는 마쓰시다전기의 기본가치를 반영하고 있다.

또한, 우수한 인력보다는 평범한 인력에 마쓰시다정신을 주입시키는 철저한 교육훈련과 직무순환, 특히 중간관리층과 최고경영층에서 업적위주의 보상제도, 실무현장에서 마쓰시다정신에 입각한 관리자의 철저한 리더십행동과

표 1-8 마쓰시다전기의 기업문화

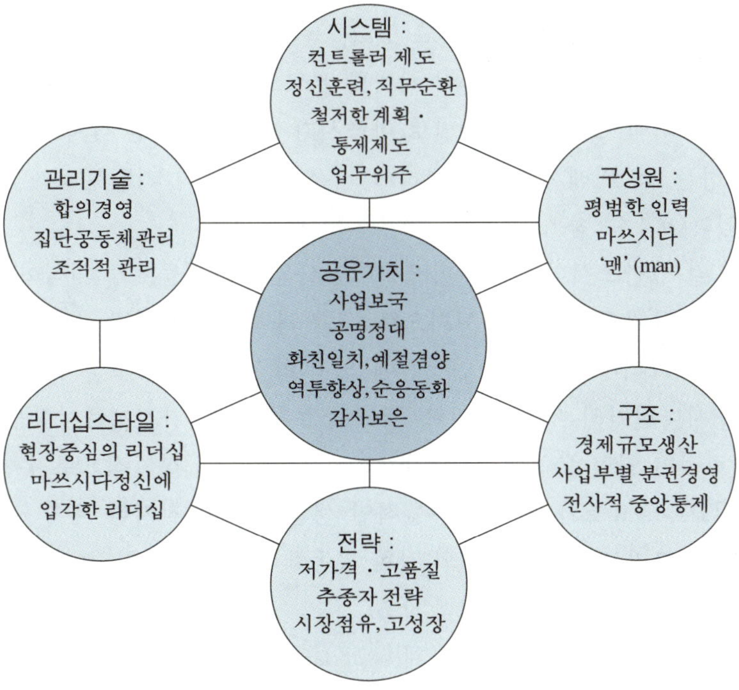

관리기술의 적용 그리고 개인보다 작업집단과 회사를 앞세우는 구성원들의 공동체의식과 협동정신도 마쓰시다전기의 보국사업과 자아실현의 정신을 반영하는 좋은 예이다.

이와 같이 마쓰시다전기는 창업자의 보국사업과 기업의 사회책임이념을 공유가치화하고 능률과 생산성 그리고 구성원들간의 공동체의식을 바탕으로 강한 기업문화를 형성하고 있다. 특히 마쓰시다전기의 기업문화는 기본 공유가치에 있어서 보국사업정신은 외적으로 사회와 기업체간의 통합을 추구하고, 그 이외의 마쓰시다정신(공명정대, 화친일치, 역투향상, 예절겸양, 순응동화 등)은 내적으로 구성원들간의 통합을 추구한다는 점에서 전체적으로 더욱 강한 특징을 지니고 있다.

그뿐 아니라 마쓰시다전기는 한편으로는 치밀한 조직과 철저한 통제시스템 그리고 또 한편으로는 구성원들간의 강한 애사심과 소속감이 공존한다는 점에서 마쓰시다전기의 기업문화가 높은 평가를 받고 있다. 치밀한 조직과 철저한 통제시스템 속에서도 합의에 의한 경영과 실무현장을 중요시하는 본사관리시스템의 지원기능이 발휘되고 있고, 높은 성과달성의 압박 속에서도 매일 거행되는 조회에서 구성원들이 사가를 부르고 일곱 가지의 마쓰시다정신을 암송하며, 주기적으로 작업집단별로 마쓰시다정신과 구성원 각자의 관계를 발표 · 토의하는 등 의례 · 예식을 통하여 마쓰시다전기의 기업문화가 강화되어 나가고 있다(표 1-8 참조).

이와 같이 마쓰시다전기는 마쓰시다정신을 구성원들에게 의식화 · 체질화하고 이를 공유가치화하여 전체적으로 강한 기업문화를 개발 · 정착시키는 데 성공하였다. 그리하여 보국사업정신에 입각한 저가격 · 고품질의 대량생산전략은 마쓰시다전기의 경쟁적 비교우위요소로서 세계 가전제품시장을 장악하는 데 결정적인 역할을 하였다. 저가격 · 고품질전략이 장기적으로 유지가능한 경쟁적 비교우위요소가 되려면 능률적인 생산시스템, 철저한 계획 · 통제시스템과 리더십 그리고 구성원들간의 강한 공동체의식이 뒷받침되어야 하는 것은 물론이다(제Ⅳ부 마쓰시다전기 사례 참조).

근래에 마쓰시다전기는 무한계(boundaryless) 환경에 대응하여 소규모의 보다 간소화된 조직구조와 보다 신속한 의사결정시스템의 설계를 목적으로 강력한 3S전략(small, simple, speed)을 전개하여 조직구조와 관리시스템 그리고 경영행동에 획기적인 혁신을 시도하고 있다. 그리고 2007년에는 가속화되는 세계화에 대응하여 회사이름을 파나소닉(Panasonic)으로 개칭하였다. 그러나 앞으로 마쓰시다정신에 입각한 강한 기업문화를 기반으로 강한 경쟁력을 계속 유지해 나가고 있는 데에는 변함이 없을 것으로 보인다.

장을 맺으며

이 장은 기업문화의 개념을 연구하는 데 있어서 기업문화개념의 발전배경을 살펴보고 사회문화관점에서 기업문화개념을 정리하였으며, 기업문화의 구성요소로서 7S개념과 의식수준개념을 설명하였다. 그리고 이들 구성요소들을 적용하여 강한 기업문화의 예로서 GE와 마쓰시다전기의 기업문화를 간단히 살펴보았다.

기업문화는 기업구성원들의 공유가치로서 그들의 사고방식과 태도 그리고 실제 행동에 영향을 주는 것은 물론, 기업의 경영전략과 조직구조 그리고 관리시스템과 관리자의 리더십을 통하여 기업체의 경영에 많은 영향을 준다. 그뿐 아니라 기업문화는, 특히 선진국의 많은 우수기업에서 볼 수 있는 바와 같이, 기업의 독특한 핵심능력으로서 기업의 경쟁적 비교우위요소로도 작용한다.

우리나라 기업은 과거 1960년대부터 고도의 성장을 달성해 왔다. 그 과정에서 기본적인 경영체계를 갖추기 위한 경영의 합리화와 기업의 성장을 위한 경영전략이 강조되었고, 근래에 와서는 심화되는 환경변화 속에서 기술개발과 구조조정 및 조직개발 그리고 기업의 세계화가 점차 강조되는 가운데 기업문화에 대한 관심이 고조되어 왔다.

기업문화는 기업경영의 현대적인 관점 또는 개념으로서, 현대기업을 이해하고 현대기업의 문제해결에 도움을 주며, 특히 우리나라의 경우에는 노사간의 협동의식을 기르고 기업의 선진화를 가속화시키며 국제경쟁력을 강화하는 데 많은 도움을 줄 수 있다. 기업문화의 기본개념에 이어서 이제 우리는 제2장에서 기업문화의 형성과 중요 영향요소, 그리고 기업문화유형을 연구한다.

02장

기업문화의 형성과 유형

마쓰시다(松下)전기회사와 혼다(本田)자동차회사는 세계적으로 널리 알려진 우수기업체들이다. 그러나 이들 기업체는 똑같은 일본 회사이지만, 경영방식과 구성원들의 행동에 있어서는 많은 차이를 보인다. 앞 장에서 설명한 바와 같이, 마쓰시다전기는 마쓰시다정신을 기반으로 하여 조직적이고 체계적이며 뚜렷한 목적과 규율 그리고 질서정연한 분위기 속에서 조직이 움직인다. 그리고 구성원들의 행동에서도 '마쓰시다 신도' 라고 불릴 정도로 그들의 용모와 행동이 통일되고 그들 개개인보다는 회사를 더 중요시하는 강한 애사심과 공동체의식이 뚜렷하게 나타나고 있다.

그 반면에, 혼다자동차를 방문하는 사람들은 마쓰시다전기와는 달리 규율과 질서보다는 구성원들 개개인 중심의 자유스러운 분위기에 놀라지 않을 수 없다. 외적으로는 구성원들의 긴머리와 청바지 등 다양한 용모와 옷차림이 허용되고 있을 뿐 아니라, 행동면에 있어서도 작업수행에 신축성이 있고 작업중에 구성원들간의 사적인 대화도 많이 이루어지고 있는 것을 볼 수 있다. 그리하여 마쓰시다전기에서와 같은 통일된 인상보다는 구성원마다 개성이 살아 있는 인상을 준다. 그러나 이러한 자유스러운 분위기 속에서도 어딘가 활기찬 느낌에 감동을 받는다. 그리고 조직경영에 있어서도 생산현장위주의 분권 조직과 유기적 관리체계를 중심으로 구성원들 개인의 목표설정과 자율적인 재량을 강조하면서 높은 기업성과를 지향하고 있다. 그리하여, 구성원들의 창의성과 진취성 그리고 그들의 독창성과 개방성을 중요시하는 개인존중의 혼다이즘(Hondaism)을 작업장에서 실제로 느낄 수 있다.

또한, 세계 제일의 자동차제조업체인 도요다(豊田)자동차회사(2006년도 매출액 2,047억 달러, 순이익 141억 달러)도 혼다자동차와 비교할 때, 경영방식과 구성원들의 행동에 있어서 많은 차이를 보인다. 도요다의 가이젠 문화와 Toyota Way는 구성원들의 충성심과 집단주의 그리고 온정주의를 기반으로 하여 능률과 생산성 그리고 치밀한 조직과 통제의 경영방식을 강조하여 '검소하고 은둔한 산업군단'이라고까지 불리운다(*Business Week*, 1985. 11. 6, pp. 45~46; *Business Week*, 1985. 9. 30, pp. 76~78). 그리하여 도요다는 같은 자동차제조업체인 혼다자동차보다는 오히려 가전제품제조업체인 마쓰시다전기와 더 유사한 기업문화 특성을 보이고 있다.

이와 같이 마쓰시다와 혼다 그리고 도요다는 모두 세계적으로 널리 알려진 우수기업으로서 각기의 독특한 기업문화를 가지고 있다. 물론 이들 기업체의 기업문화는 외부 산업환경으로부터 많은 영향을 받겠지만, 그 이외에 기업체 내부로부터도 영향을 받으면서 각기의 독특한 특성을 개발해 나간다. 같은 일본 자동차 제조업체인 혼다와 도요다가 각기 서로 다른 기업문화를 가지고 있는 것을 보더라도 기업문화의 형성에 있어서 기업체의 내부요소가 많이 작용하고 있다는 것을 알 수 있다. 이 장은 기업문화가 어떻게 형성되는지 그 과정에서 작용하는 중요 요소들을 연구하고, 기업문화에는 어떠한 형태가 있는지 그 유형들을 분석한다. 제 1 절에서는 기업문화가 어떻게 형성되는지를 학습이론관점에서 살펴보고, 제 2 절에서는 기업문화형성에 작용하는 기업체의 내외환경 영향요소들을 요약한다. 그리고 제 3 절에서는 기업문화의 상·하위 계층구조를 알아보고, 마지막으로 제 4 절에서는 기업문화의 몇 가지 분류기준을 중심으로 여러 가지의 기업문화 유형들을 살펴본다.

제 1 절 학습과 기업문화형성

사회문화는 사회를 구성하고 있는 사람들이 주어진 사회환경에 적응해 나가는 과정에서 형성되고, 개인의 성격은 개인이 주어진 생활환경 속에서 생활해 나가는 과정에서 형성되는 것과 마찬가지로, 기업문화도 기업체가 주어진 환경하에서 기업을 이끌어 나가는 과정에서 형성된다. 또한 사회문화는 사회의 오랜 역사를 통하여 형성되고, 개인의 성격은 그의 일생을 통하여 형성되며, 기업문화도 역시 기업체가 존속되는 동안 오랜 기간에 걸쳐서 형성된다. 이와 같이 사회의 문화와 개인의 개성 그리고 기업체의 문화는 모두가 주어진 환경과 상호작용을 하면서 학습(learning)을 통하여 형성된다.

그러므로 사회문화를 이해하려면 무엇보다도 먼저 사회 전체의 관점에서 학습과정에 작용한 사회의 내외환경과 사회의 역사적 배경을 이해해야 하고, 개인의 성격을 이해하려면 역시 그의 가정과 교육 등 그의 학습과정에 작용한 환경과 배경을 이해해야 한다. 이와 마찬가지로 기업문화를 이해하려면 기업문화의 주체인 구성원들의 학습과정과 그들의 학습과정에 작용한 내외환경요소들을 이해해야 한다. 먼저 학습의 기초이론을 요약한 다음에 학습을 통한 기업문화의 형성과정을 설명한다.

1. 학습의 기초이론

학습은 개인의 행동이 형성되는 데 작용하는 근본적인 과정으로서, 간단히 말해서 어떤 경험이나 연습을 통하여 이루어진 비교적 영구적인 행동변화를 의미한다(Gibson et al., 1982, pp. 63~64). 앞 장에서 설명한 바와 같이, 개인의 행동은 그의 가치관과 기본전제에 달렸고, 그의 가치관과 기본전제는 고정되어 있지 않고 그의 일상생활을 통하여 변해 나간다. 이와 같이 개인은 모두가 의식적이든 무의식적이든 항상 학습과정을 거쳐 나가고 있다. 따라서 개인의 지식과 기술은 물론, 그의 신념과 가치관 그리고 정서적 감정과 태도 등도 모두가 학습을 통하여 얻어진 결과라고 할 수 있다.

기업문화는 기업구성원들의 가치관과 기본전제 그리고 행동의 총체로서 그들의 조직체생활과 일상생활을 통하여 형성되는 만큼, 학습의 기초이론은 개인의 행동형성뿐만 아니라 기업문화의 형성과정을 이해하는 데에도 많은 도움을 준다. 학습의 기본개념과 학습의 중요 이론 및 원리를 간단히 요약한다.

(1) 영구적인 행동변화

앞에서 언급한 바와 같이 학습은 개인의 경험이나 연습을 통하여 이루어진 비교적 영구적인 행동변화로서, 개인의 자연적인 성숙이나 일시적인 조작 행동과는 구분되어야 한다. 즉 개인의 신체적 발육이나 본능적 행동은 자연발생적인 행동이므로 학습에 의한 행동변화라고 할 수 없다. 그리고 신체상의 피로현상이나 약물의 복용으로 인한 일시적인 행동도 학습의 결과라고 할 수 없다. 이와 같이 학습은 자연적인 행동변화나 일시적인 조작에 의한 행동변화가 아니라 실제 연습과 경험 등 반복적인 행동에 의하여 이루어진 영구적인 행동변화를 의미한다.

(2) 자극-반응이론과 효과의 원리

학습에 의한 개인의 행동형성은 19세기 러시아 심리학자인 파블로프(I. Pavlov)의 고전적 조건화(classical conditioning)에서 이론적 기초를 찾아볼 수 있다. 파블로프는 그의 유명한 개실험에서 개는 고기(무조건자극, unconditioned stimulus)를 보고 반사적인 행동으로 타액(무조건반응, unconditioned response)을 분비하는데, 고기를 줄 때마다 종(조건자극, conditioned stimulus)을 울리면 나중에는 종만 울려도 타액을 분비하게 된다(조건반응, conditioned response)는 것을 증명하였다. 즉 고기라는 무조건자극과 타액분비라는 무조건반응에 아무 관계가 없는 종이라는 조건자극을 통하여, 타액분비라는 무조건반응을 학습을 통하여 조건반응으로 유도해 낼 수 있는 것이다. 이와 같이 무조건자극(고기)을 조건자극(종소리)과 짝지워서 학습에 의한 행동(타액분비)을 유도해 내는 과정이 바로 고전적 조건화이다(Pavlov, 1927; Guthrie, 1952).

파블로프의 고전적 조건화이론은 개인의 행동을 선천적인 본능을 중심으로 설명해 온 본능주의적인 심리학 연구(Freud, 1949; James, 1890)로부터 자극에 의한 반응행동으로 연구의 초점을 전환시켰다. 그리하여 20세기에 들어와서 행동주의(behaviorism)의 개척자인 미국의 심리학자 왓슨(J. Watson) 등이 자극 – 반응이론(stimulus–response theory)을 정리하여, 개인의 행동형성과정을 근본적으로 후천적인 학습과정으로 보고 행동형성과정에 작용하는 환경적 자극요인을 강조하기 시작하였다(Watson and McDougall, 1929; Watson, 1914). 이와 때를 같이하여, 손다이크는 개인은 자극에 대한 반응행동에 있어서 그에게 만족스러운 결과를 가져온 반응행동은 되풀이하고 불만족스러운 결과를 가져온 반응행동은 지양한다는 효과의 원리(law of effect)를 발표하여(Thorndike, 1913) 학습과정에서 강화(reinforcement)의 개념을 제시하였다. 그리하여 자극 – 반응이론의 조건화와 효과의 원리는 학습이론의 기초로서 기업체에서 개인의 바람직한 행동개발에 크게 기여하였다.

(3) 작동적 조건화이론과 강화의 원리

개인으로부터 바람직한 행동을 유도하고 이를 정착시키는 데 실질적인 도움을 주는 학습이론이 작동적 조건화와 강화의 원리이다. 작동적 조건화는 미국의 심리학자 스키너(B. F. Skinner)에 의하여 발표되었다. 스키너는 왓슨의 자극 – 반응이론에서 자극에 대한 반응행동을 자연반사적인 행동(respondent behavior)과 학습에 의한 작동적 행동(operant behavior)으로 구분하여 개인의 행동형성과정에서 학습의 중요성을 한층 더 강조하였다. 그리하여 그는 개인의 행동형성과정에서 반응행동의 결과를 중요시하고, 환경으로부터의 자극을 조건화하여 그 조건화과정에서 개인의 반응행동으로부터 만족스러운 결과를 작

표 2-1 작동적 조건화과정

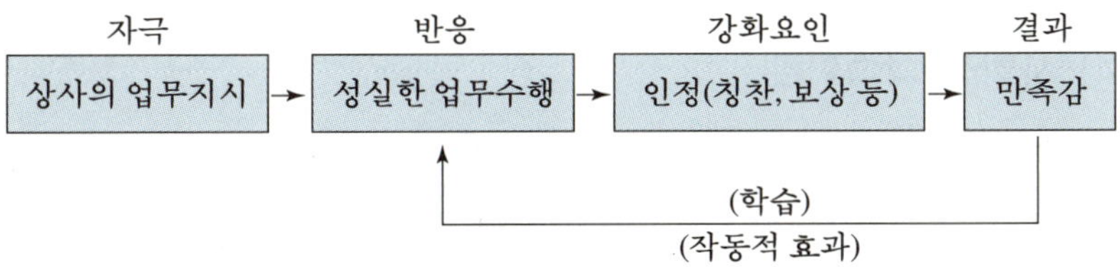

동시킴으로써 반복적인 행동을 유도해 낼 수 있다는 작동적 조건화(operant conditioning)이론을 발표하였다(Skinner, 1938; 1948; 1953).

작동적 조건화는 기업체나 일상생활에서 흔히 볼 수 있다. 기업체에서 열심히 일한 데 대하여 인정을 해주면 개인은 여기서 만족감을 얻게 되고, 따라서 그는 그의 만족감을 작동시키기 위하여 더욱 열심히 일하게 된다. 그리하여 〈표 2-1〉에서 보는 바와 같이, 환경으로부터의 자극(상사의 업무지시)에 대한 반응행동(개인의 성실한 업무수행)은 강화요인(인정, 칭찬 등)을 통하여 만족스러운 결과(만족감, 보람 등)를 가져오게 되어, 개인은 반응행동(성실한 업무수행)을 반복함으로써 작동적 조건화와 학습의 효과가 발생하게 된다.

바람직한 행동을 연습이나 경험 또는 작동적 효과를 통하여 영구적인 행동으로 정착시키려면 이러한 반복적인 행동을 되풀이시키는 강화작용이 필요하다. 이러한 강화작용이 없으면 바람직한 행동이 지속되지 못하고 곧 소거되어 버린다. 반복적인 행동을 작동시키는 요인을 강화요인(reinforcer)이라고 부르는데, 강화요인에는 적극적 강화요인과 부정적 강화요인이 있다.

적극적 강화요인(positive reinforcer)은 자극과 반응과의 관계에 있어서 반응행동의 결과가 만족스러울 때 자극과 반응의 관계를 강하게 해주는 강화요인을 말한다. 열심히 일한 데에 대한 칭찬과 보상 등의 긍정적인 인정이 전형적인 예이다. 이러한 적극적 강화요인이 학습과정에 적용될 때 이것을 적극적 강화(positive reinforcement)라고 부른다. 그리고 부정적 강화(negative reinforcement)는 반응행동의 불만스러운 결과를 방지하고 만족스러운 결과를 가져오는 반응행동을 강화시키는 것을 말한다. 즉 늦게 출근할 경우 상사가 야단을 치거나 괴롭힌다는 것을 알면 부하는 이러한 불만족스러운 결과를 피하기 위하여 출근시간을 지키게 된다. 따라서 부정적 강화는 회피학습(avoidance learning)과 밀접한 관계가 있다.

(4) 사회적 학습이론

개인의 행동을 자극에 대한 반응으로 볼 때, 개인의 행동은 자극에 대한 지각과 기대하는 결과에 대한 인지에 의하여 많은 영향을 받고 그 과정에서 학습이 이루어 지게 된다. 지각이란 개인이 자기가 접하는 환경 또는 주어진 자극에 어떠한 의미를 부여하는 과정으로서 인지과정과 행동형성에 중요한 역할을 한다. 똑같은 환경상황이나 자극도 개인마다 지각하는 바가 모두 다르고 그 결과로 나타나는 행동도 개인마다 모두 다른 것을 보면, 개인의 행동형성에 있어서 지각과 인지가 얼마나 중요한지를 잘 알 수 있다.

이러한 개인의 지각과 인지과정에서 학습에 작용하는 사회적 요소를 개인의 행동형성에 강조하는 것이 사회적 학습(social learning)이론이다. 사회적 학습이론에 의하면, 학습은 개인 자신의 인지와 행동 그리고 환경과의 계속적이고 복합적인 상호작용을 통하여 이루어진다. 사회적 학습과정에서 강조되고 있는 세 가지 요소를 요약한다(Bandura, 1977).

① 모방학습(Vicarious Learning) : 사회적 상호작용에서 개인은 특히 복잡한 행동을 습득하는 데 있어서 바람직한 행동을 관찰하고 이를 모방하여 자신의 새로운 행동으로 습득해 나간다.

② 자아통제(Self-Control) : 개인은 환경으로부터의 자극에 단순히 기계적

표 2-2 사회적 학습과정

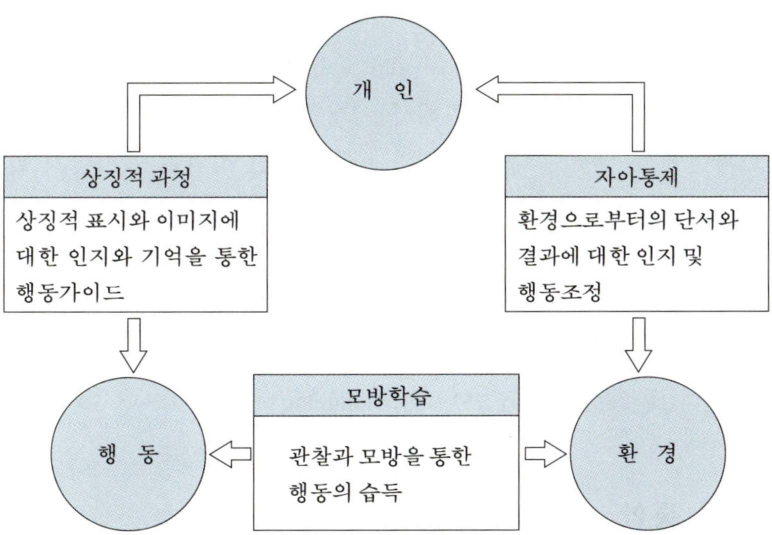

자료 : Robert Kreitner and Fred Luthans, 1984, p. 55.

으로 반응하지 않고 자신의 인지체계를 통하여 자기의 환경상황을 통제 또는 조정해 나간다. 즉, 개인은 자기가 원하는 운명을 개척해 나가는 과정에서 환경으로부터의 모든 단서와 환경으로부터 기대되는 결과에 대한 자신의 인지를 기반으로 자기 자신을 적절히 통제하면서 행동을 형성해 나간다.

③ 상징적 인지과정(Symbolic Process) : 개인은 적절한 행동을 형성해 나가는 과정에서 숫자, 언어 또는 이미지상의 상징적 표시(symbolic representation)를 사용하여 이를 자신의 인지체계와 기억시스템에 정리 · 저장하면서 자신의 행동형성에 적용해 나간다.

〈표 2-2〉에서 보는 바와 같이 이들 세 가지의 학습은 각각 단독적으로 이루어지지 않고 상호 복합적인 관계에서 이루어진다. 따라서 사회적 학습은 자극-반응-강화-결과를 중심으로 학습의 외적 요소(자극, 강화 등)를 중요시하는 작동적 조건화이론에 개인의 내적 요소(인지과정과 동기요소 등)를 보완하여 특히 사회적 상호작용에서의 학습과정을 보다 현실적으로 설명해 주고 있다는 것을 알 수 있다.

(5) 학습효과에 대한 피드백

개인의 행동은 목적지향적(goal-directed) 성격을 지니고 있기 때문에, 효율적인 행동개선과 행동변화를 위해서는 개인에게 바람직한 행동이 무엇이고 행동변화과정에서 실제로 나타나고 있는 구체적인 성과는 어떠한지 알려주는 등 학습과정에 도움이 되는 모든 정보와 자료를 피드백(feedback)시켜 주어야 한다. 학습과정에서의 정확한 정보피드백은 행동변화에 있어서 단계적인 행동변화목표를 설정하는 데에도 많은 도움을 준다. 학습과정에서 정확한 정보피드백이 학습효과를 높여 주고 있다는 사실은 여러 연구결과를 통하여 실제로 입증되고 있다(Locke, 1968, pp. 157~189; Cumming et al., 1971, pp. 526~530).

2. 학습을 통한 기업문화의 형성

기업문화의 형성은 개인의 성격형성과 비교할 수 있다는 전제하에 개인의 행동과 성격형성에 작용하는 학습의 중요이론들을 설명하였다. 이들 학습이론은 개인의 행동형성은 물론, 기업문화의 형성과정을 이해하는 데 많은 도움을 준다. 기업문화가 어떻게 형성되는지를 이들 학습이론을 중심으로 설명한다.

(1) 적극적 강화에 의한 기업문화형성

우리들은 일상생활에서 의식적으로나 무의식적으로 당면한 상황하에서 우리들 자신(자아)을 보호하고 유지하며 나아가서는 향상시키는 데 적절한 행동을 취해 나간다. 여기서 우리는 항상 과거경험(또는 준거체계)에 비추어 우리들 자신에게 만족한 결과를 가져오리라고 기대하는 행동을 택하고, 이러한 행동형성과정이 반복됨에 따라서 우리들의 경험(준거체계)이 축적되면서 우리들의 성격이 형성되어 나간다. 우리들의 성격이 이와 같은 적극적 강화에 의하여 형성되는 것과 마찬가지로, 기업문화도 구성원들이 그들에게 만족한 결과를 가져오는 행동을 반복하는 과정에서 형성된다.

기업체의 구성원들은 함께 업무를 수행하고 상호작용을 하는 과정에서 서로 적응하고 배우면서 서로 마음에 맞는 업무처리방법과 문제해결방법을 개발하고 상호간의 관계를 형성해 나간다. 그리하여 그들의 행동과 관계가 높은 성과를 가져오고 또 그 결과가 그들에게 만족스러운 경우에, 적극적 강화가 작용하여 똑같은 행동이 반복되고 상호간에 똑같은 관계가 유지되어 그들간에 공통된 문화가 정착된다. 그 과정에서 구성원들 상호간에 사회적 학습이 작용하는 것은 물론이다. 이와 같이 형성된 작업집단수준에서의 하위문화는 모두가 모여서 총체적으로 기업체 전체의 문화를 형성하게 된다.

적극적 강화를 통한 학습은 업무환경이 변하고 구성원들이 바뀜에 따라서 문화의 정착과정에 오랜 기간을 요구하게 된다. 업무환경에 일관성이 없는 경우에는 업무처리와 문제해결방법이 자연히 불규칙적이고 반복가능성이 적어서 구성원들간에 뚜렷한 공동행동이 형성되기가 어렵다. 그리고 구성원들이 자주 바뀌는 경우에도 새로운 구성원과의 적응이 필요하므로 공통된 문화의 정착이 어려워진다.

(2) 부정적 강화(회피학습)에 의한 기업문화형성

우리들은 일상생활에서 만족스러운 결과를 가져오는 행동을 되풀이하는 한편, 불만족스러운 결과가 기대되는 경우에는 이를 피하기 위하여 이에 적절한 행동도 취해 나간다. 출근시간을 안 지켰을 때 관리자로부터 꾸중을 들을 것이 예상되어 출근시간을 지키게 되고, 이러한 행동이 되풀이되면서 출근시간을 지키는 행동이 영구적인 행동으로 정착되어 나간다. 기업체에서도 구성원들의 행동은 그들에게 항상 좋은 성과와 만족스러운 결과만을 가져오지 않는다. 사실상 나쁜 성과로 인하여 기대하지 않은 불만족스러운 결과를 가져오는 경우가 많이 있고, 따라서 이러한 불만족스러운 결과를 피하기 위한 부정적 강화와 회피학습이 자주 일어난다.

나쁜 성과와 불만족스러운 결과는 구성원들로 하여금 새로운 업무처리와 문제해결방법을 모색하게 하고, 이러한 모색행동은 나쁜 성과와 불만족스러운 결과를 방지할 수 있을 때까지 반복된다. 그리하여 구성원들간에 불만족스러

표 2-3 학습에 의한 기업문화형성

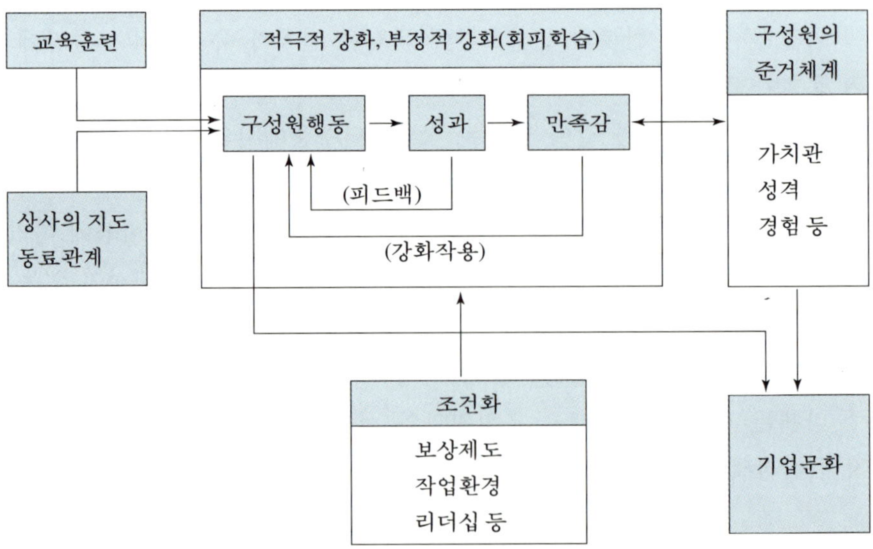

운 결과를 방지할 수 있는 공동행동이 영구적인 행동으로 정착된다.

(3) 조건화에 의한 기업문화형성

우리들은 적극적 강화와 회피학습이 효과적으로 이루어질 수 있도록 우리들의 학습환경을 조성함으로써 우리들의 성격형성과정을 촉진시킬 수 있다. 이와 마찬가지로 기업체는 구성원들로부터 바람직한 행동을 유도하기 위하여 작업환경과 관리환경을 조건화함으로써 적극적 강화와 부정적 강화(회피학습)에 박차를 가할 수 있다. 즉, 기업체는 구성원들로부터 바람직한 행동을 유도하기 위하여 이에 적합한 작업환경과 조직구조 그리고 관리시스템을 설계하고(제 1 장 표 1-3 참조) 관리자들의 리더십을 통하여 이를 실천하며, 구성원들의 바람직한 행동과 성과에 대해서는 적절한 보상과 인정으로 성과지향적 행동을 반복시키는 한편, 기대수준 이하의 행동과 성과에 대해서는 부정적 평가를 적용하여 보다 바람직한 행동과 성과를 유도할 수 있다.

이와 같이 기업문화는 적극적 강화와 부정적 강화(회피학습)의 학습과정을 통하여 형성되는데, 부정적 강화가 적용되는 경우에는 구성원들이 경영층으로부터의 부정적 평가에 반항하여 이를 피하기 위하여 불건전한 방어적 행동을 형성할 위험성이 있다. 따라서 구성원들의 보다 적극적이고 자발적인 행동형성에 기초한 적극적 강화와 이를 위한 관리환경의 조건화가 더 바람직하다고 할 수 있다.

(4) 지속적인 강화작용과 결과피드백

적극적 강화나 회피학습에 의한 반복적인 행동이 지속적으로 되풀이되지 않으면 개인의 영구적인 행동변화와 성격형성은 이루어지지 않고 곧 소거되어 버린다. 따라서 영구적인 행동과 성격의 형성을 위해서는 환경의 조건화와 강화작용이 지속적으로 이루어져야 한다. 이것은 마치 어떠한 기술을 습득하려면 많은 연습을 되풀이해야 하는 것과 같다. 기업문화개발에 있어서도 관리환경의 조건화와 구성원들로부터의 바람직한 행동의 작동은 바람직한 기업문화가 정착될 때까지 계속적으로 강화되어야 한다. 그 과정에서 기업체는 구성원들에게 그들의 행동변화와 성과개선에 대한 정보피드백을 주기적으로 제공하여, 그들 자신의 행동변화가 기업체성과에 어떻게 기여하고 있는지를 알려주고 기업문화개발의 중요성을 계속 인식시켜 줌으로써, 그들의 행동개선과 기업문화 개발과정을 효율화시킬 수 있다.

바람직한 행동을 위한 강화작용은 위에서 설명한 작업환경과 조직구조 그리고 관리제도의 조건화 이외에도 교육훈련과 기업체 내의 각종 의례 · 예식(rites and rituals)을 통하여 더욱 활발히 이루어질 수 있다. 이와 같은 여러 형태의 강화작용은 상위경영층으로부터 상의하달식의 일방적이고 강압적인 방법이 아니라 구성원들 중심의 참여적이고 자생적인 방법에 의존할수록 보다 영구적인 행동변화를 유도할 수 있다. 이것은 마치 우리들의 학습방법에 있어서 보다 자발적이고 자연스러운 학습을 통한 가치관 및 행동의 변화가 강제적 또는 주입식 학습을 통한 학습효과보다 우리들에게 더 영구히 남아 있는 것과도 같다. 조직구조와 관리제도 등 경영환경의 조건화와 교육훈련, 의례 · 예식 등 각종 강화작용은 제Ⅲ부(제 6, 7 장)에서 기업문화개발과 관련하여 더 자세히 설명한다.

제 2 절 기업문화형성의 영향요소

기업체는 사회와 산업의 한 부분으로서 이들 외적 환경으로부터 많은 영향을 받는다. 그뿐 아니라 기업체는 주어진 환경하에서 자체의 목적달성을 추구하는 과정에서 내적 환경으로부터도 많은 영향을 받는다. 따라서 외부환경의 특성과 기업체 내부의 환경요소는 기업문화형성에 중요한 영향요소로 작용한다. 기업문화형성에 작용하는 중요한 외적 환경요소와 기업체 내적 요소들을 설명한다.

1. 외부환경적 영향요소

시스템관점에서 볼 때, 기업체는 사회의 한 부분일 뿐만 아니라 업종과 관련된 산업의 한 부분이다. 이와 같이 사회와 산업은 기업체의 상위시스템

(superordinate systems)이고, 따라서 기업문화의 형성은 이들 상위시스템으로부터 많은 영향을 받는다.

(1) 사회문화

사회문화가 사회구성원과 집단 그리고 각종 조직체의 행동에 영향을 준다는 것은 설명할 필요가 없다. 사회문화와 기업문화간의 관계는 비교문화관점에서 사회의 구조적 · 제도적(institutional) 측면과 사회문화적 가치(cultural value)를 중심으로 많이 연구되어 왔다(Hofstede, 1980; Ronen, 1986). 근래에는 특히 일본과 미국의 사회문화적 비교연구가 이들 나라의 기업문화를 이해하는데 많은 도움을 주고 있다. 즉, 일본사회의 전통적인 집단주의와 옛날 봉건사회의 역사적 배경은 일본기업의 집단주의와 온정 그리고 신뢰와 충성심을 강조하는 문화적 특징을 잘 설명해 준다. 그 반면에, 미국사회의 개인주의와 인권존중 그리고 자유경쟁을 중요시하는 전통적인 가치관은 미국기업의 능력주의와 성취지향성 그리고 성과에 의한 보상제도에 직접적으로 반영되고 있다.

그리고 사회조직구조에 있어서도 특히 정치 · 경제단체와 교육기관의 역할이 기업문화형성에 큰 영향을 주고 있는 것을 볼 수 있다. 일본의 전통적으로 계획적이고 보호적인 경제정책과 미국의 자유경쟁적이고 개방적인 경제정책은 서로 대조적인 것은 물론, 일본과 미국기업의 전략계획과 목표달성 그리고 이들 기업의 정부와 금융기관과의 관계에 있어서도 많은 차이의 원인이 되고 있다. 특히 기업전략에 있어서 일본정부의 역할이 매우 크고 일본기업들간의 관계도 매우 긴밀하여 외국에서는 일본기업을 오랫동안 일본주식회사(Japan, Inc.)라고까지 불러왔다.

우리나라에서도 사회문화적 가치와 사회조직 구조체계가 일반적인 기업문화에 많이 반영되어 있는 것을 볼 수 있다. 즉, 우리나라의 가부장적 가족제도와 충, 효, 친, 애에 바탕을 둔 전통적인 윤리 · 도덕적 가치관은 우리나라 기업의 권위적 위계체계와 연공서열 그리고 인화와 연장자 · 상급자에 대한 복종심 등 기업의 전통적인 특성을 설명해 준다. 그리고 전통적으로 중앙집권적인 정치체계와 경제발전에 있어서 정부기관의 강력한 역할도 우리나라 기업의 일반적인 집권화 경향과 관주도의 기업행동을 설명해 준다.

표 2-4 기업문화의 외부 영향요소

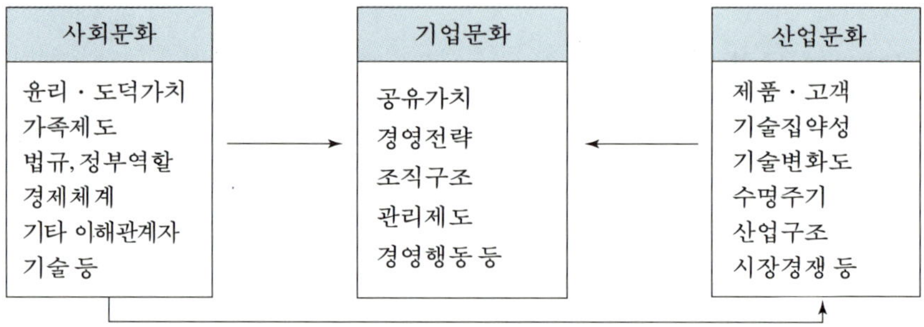

이와 같이 정치, 경제, 법규, 이해관계자, 기술 등 사회문화요소는 기업체의 상위시스템으로서 기업체의 행동과 기업문화형성에 많은 영향을 주고 있고, 따라서 사회문화환경을 이해하지 않고서는 기업문화를 이해하기가 어렵다.

(2) 산업문화

산업은 사회의 한 부분이며, 시스템관점에서 볼 때, 기업체의 상위시스템으로서 역시 기업문화에 많은 영향을 준다. 제조업과 서비스업은 조직구조와 기술 그리고 경영관리체계와 조직행동에 있어서 본질적으로 차이가 있고, 같은 제조업 중에서도 건설업체와 섬유업체, 반도체업체와 식품업체 등 사업성격에 따라서 기업행동과 문화가 매우 다르다. 이와 같이 산업은 각기 독특한 문화를 가지고 있고, 이러한 산업문화적 특성은 기업체의 행동과 문화에 많이 반영되고 있다. 이미 설명한 바와 같이, 우리나라의 삼성과 현대의 기업문화가 서로 다른 것은 이들 기업 창업주의 경영이념과 전략이 서로 다른 데에도 이유가 있겠지만, 이들 기업이 서로 다른 업종으로부터 시작하였고 따라서 서로 다른 기업환경 속에서 성장해 온 데에도 그 원인을 찾아볼 수 있다. 따라서 기업문화를 이해하려면 기업체의 산업환경과 산업문화(industry culture)를 이해할 필요가 있다.

산업문화는 상품과 고객의 성격은 물론, 상품생산과 조직경영에 적용되는 기술과 기술의 변화도 그리고 산업구조체계와 산업의 수명주기(life cycle) 등 몇 가지 요소에 의하여 그 특성이 결정된다. 첫째로 상품과 고객은 산업의 성격을 결정하는 기본요소로서 제조업과 서비스업, 금융업과 의료업 등 상품과 서비스 그리고 고객이 다름에 따라서 이들 산업이 추구하는 목적과 행동 등 문화적 특징이 각기 다르다는 것은 너무나 명백한 사실이다.

둘째로 기술(technology)도 역시 산업문화형성에 중요한 역할을 한다. 같은 제조업 중에서도 반도체와 컴퓨터 제조산업은 고도의 기술과 자본투입 그리고 연구개발을 요구하는 한편, 자동차 · 전자 · 전기 등의 조립산업은 고도의 기술보다는 고도의 기계화 그리고 연구개발보다는 능률적인 생산을 중요시한다. 기술뿐만 아니라 기술의 발전과 변화도 산업문화를 결정하는 중요요소이다. 반도체와 같은 첨단산업은 기술변화가 심하여 연구개발과 창의성 그리고 도전과 모험성을 강조하는 반면에, 고정기술에 의존하는 컨테이너나 식품산업은 원가절감과 안전위주의 경영을 강조하는 경향이 있다(Lawrence and Lorsch, 1969; Perrow, 1987, pp. 194~208).

셋째로 시장구조와 경쟁 그리고 정치 · 경제 · 사회단체와의 관계 등 산업구조와 체계도 산업문화의 중요요소이다. 섬유와 식품 그리고 제약 등 경쟁이 심한 산업에서는 유통시스템과 마케팅이 강조되고, 중화학공업과 첨단산업 등 기술집약적 산업(또는 전략산업)에서는 정부기관과 긴밀한 상호관계를 유지하고 산업단체활동을 활발히 전개하는 것을 중요시한다. 마지막으로 산업의 수명주기에 있어서 컴퓨터와 반도체 등 성장단계의 산업은 비교적 시장개척적이고 성장 · 개발적인 반면에, 섬유와 조선 등 성숙 또는 쇠퇴기에 접어드는 산업은 비교적 보수적이고 방어적인 행동을 많이 보이는 것이 일반적인 경향이다.

2. 기업체의 내적 영향요소

이상 기업문화에 영향을 주는 외부환경요소로서 사회문화와 산업문화를 살펴보았다. 사회와 산업은 기업체의 상위시스템으로서 이에 소속되어 있는 기업체의 행동과 문화형성에 일반적인 외부환경 영향요소로 작용한다. 따라서 기업문화를 이해하려면 이들 상위시스템의 문화적 특성을 이해해야 한다. 그러나 같은 사회환경과 같은 산업환경에 속해 있는 기업체가 모두 똑같은 기업문화를 가지고 있는 것은 결코 아니다. 똑같은 사회문화환경하에서 똑같은 업종에 종사하는 기업체들이라도 기업체내부에 작용하는 영향요소에 따라서 기업체마다 각기 다른 기업문화를 형성할 수 있다. 기업문화형성에 영향을 주는 기업체 내부요소로서 창업자 등 중심인물의 역할과 기업체의 기술 및 인적자원 그리고 제품의 수명주기를 들 수 있다.

(1) 창업자와 핵심인물의 역할

기업문화는 구성원들의 공유가치를 의미하는 만큼, 기업체가 무엇을 어떻게 공유가치로 개발할 것인지는 창업자와 경영주 그리고 그들의 측근자 등 기업의 핵심인물의 경영이념과 욕구동기에 달렸다. 앞에서 설명한 마쓰시다전기의 마쓰시다정신과 도요다자동차의 개혁(Kaizen)정신은 각각 창업자 마쓰시다 고노스케(松下 幸之助) 회장과 도요다 가문의 경영이념이고, IBM의 고객서비스와 HP의 배회관리(MBWA)도 역시 창업자 왓슨(T. Watson) 회장과 휴렛 및 팩커드(W. Hewlett and D. Packard) 회장의 경영이념이며, 3M, GE, Wal-Mart 등 기업문화개발에 성공한 많은 기업체들도 모두가 창업자나 경영주 등 중심인물의 경영이념과 그들의 끈질긴 노력이 결정적인 역할을 하였다.

또한, 창업자나 경영주는 그들의 일상적인 의사결정을 통하여 그들의 경영이념을 반영시키고 그들의 의사결정은 기본가치의 상징적 행동으로서 바람직한 행동과 기업문화 분위기를 조성하는 데 중요한 역할을 한다(예시 2-1 참조). 우리나라에서도 기업문화는 각기 창업자나 경영주의 경영이념을 그대로 반영하고 있는 것은 물론 그들의 일상 의사결정이 각기의 기업문화를 형성하는 데 결정적인 역할을 한 것을 볼 수 있다.

(2) 기술과 인적자원

기술을 기업체가 입력(input)자원을 출력(output)자원으로 전환시키는 데 사용되는 물질적 도구와 기계·설비 그리고 구성원들의 모든 지식과 기술(skill) 등을 모두 포함한 포괄적인 개념(Perrow, 1987, pp. 194~195)으로 볼 때, 기술은 구성원들에게 매우 중요한 과업환경(task environment)이고(Scott, 1992, pp. 226~230) 따라서 그들의 사고방식과 행동에 많은 영향을 준다. 특히 생산기술

예시 2-1 핵심인물의 상징적 행동

토마스 왓슨 2세(Thomas Watson, Jr.)는 IBM의 창업자인 그의 아버지 토마스 왓슨 1세로부터 IBM의 경영을 물려받아 1956년부터 그가 은퇴한 1970년까지 IBM에 분권경영체계를 정착시키고 IBM 360기종 등 획기적인 컴퓨터 개발을 성공시키면서 IBM의 시장점유율을 25%에서 70%로 증가시켰다. 그 과정에서 IBM은 미국 37대 기업에서 10대 기업으로 성장하였고 그 후 오랫동안 미국에서 가장 존경받는 기업체(America' s Most Admired Corporation)의 영예를 누릴 수 있는 기반을 만들었다.

그는 매우 강한 성격을 가지고 있어서 그의 아버지 왓슨 1세와도 의견충돌이 잦아서 가끔 주위의 임원들을 거북하게 만들기도 하였다. 기업승계당시 왓슨 1세가 IBM을 국내사업과 국제사업으로 나누어 국내사업은 큰아들 왓슨 2세에게 그리고 국제사업은 둘째 아들 리차드 왓슨(Richard Watson)에게 각각 물려준 것도 아들 형제간의 갈등을 최대한 피하기 위한 것이었다. 왓슨 2세의 강한 성격은 그의 리더십스타일에 나타나 많은 임원들이 그를 매우 무서워했지만, 또 한편으로는 관대하고 온정적인 성격을 보이기도 하였다. 그는 집권화된 조직구조와 의사결정체계를 과감히 분권화하여 책임경영을 실현시켰고, 위원회를 활용하여 합의경영을 증진시켰으며, 하위구성원들이 그들의 좋은 아이디어를 발표하고 이를 주장할 수 있는 컨텐션 시스템(contention system)을 도입하여 그들로 하여금 창의력을 발휘하고 모험적 행동을 취하도록 하였다.

그리고 왓슨 2세는 항상 높은 성과를 지향하면서 저조한 성과에 대하여는 철저히 질책하면서도, 또 한편으로는 실패에 대하여 관용을 베푸는 대범한 성격도 가지고 있었다. 한번은 왓슨 2세가 1,000만 달러의 큰 손실을 낸 한 프로젝트의 담당 임원을 회장실로 불러서 "내가 왜 당신을 불렀는지 아시오?" 하고 물었다. 그 임원은 고개를 들지도 못하고 위축된 목소리로 "사표를 받기 위해서 부르셨겠지요. 책임을 지고 물러나겠습니다"라고 대답하였다. 그러자 왓슨 2세는 "그게 아니라, 방금 당신의 교육훈련비로 1,000만 달러를 지불했다는 사실을 알려 주기 위해서 부른거요. 그렇게 알고 돌아가 열심히 일하시오"라고 말하였다.

표 2-5 기업문화의 내적 영향요소

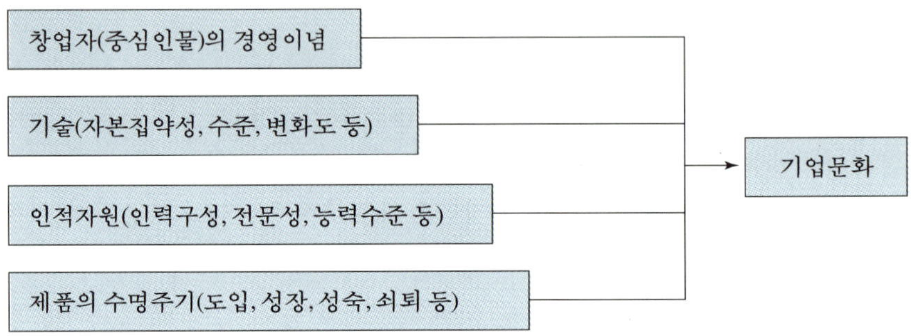

과 정보기술(information technology)은 기업성과에 영향을 주는 경영자원으로서, 이들 기술의 성격과 수준은 인적자원의 구성과 능력에 많은 영향을 주고 나아가서는 기업문화에도 영향을 준다.

(3) 제품의 수명주기

제품의 수명주기(life cycle)도 기업체의 기업문화형성에 중요한 영향요소로 작용한다. 즉, 기업체의 중요제품이 도입단계나 성장단계 등 비교적 수명주기 초기에 처해 있는 경우에는 창업주나 중심인물의 경영이념을 중심으로 기업환경에 적합한 기업문화를 형성해 나갈 수 있다. 창업초기의 기업체도 마찬가지이다. 그러나 제품의 수명주기가 성숙기나 쇠퇴기에 처해 있는 기업체는 기업문화에 있어서 대체로 집권적이고 관료적이며 보수적이고 내향적(inward-looking)인 특성을 보인다.

제 3 절 기업문화의 계층구조

기업문화가 어떻게 형성되는지를 연구하는 데 있어서 이 장은 제 1 절에서 학습을 통한 기업문화의 형성과정을 알아보고, 제 2 절에서 기업문화형성에 작용하는 외부환경요소로서 사회문화와 산업문화를, 그리고 기업체 내부의 영향요소로서 중심인물의 역할과 기업체의 기술 그리고 제품의 수명주기를 살펴보았다. 지금까지 우리는 기업문화를 기업체 전체의 거시적인 그리고 총체적인 특성으로 보았다. 그러나 사실상 기업문화는 한 기업체 내에서도 사업이나 기능분야 그리고 계층에 따라서 다양한 형태의 상 · 하위문화로 구성되어 있다.

1. 상 · 하위 기업문화

시스템관점에서 볼 때, 사회문화는 정치, 경제, 기술, 법규, 종교, 교육 등 여러 부문에 걸친 하위문화(subculture)로 구성되어 있다. 이와 마찬가지로, 기업문화도 그룹기업의 경우에는 전체 그룹수준의 상위문화와 더불어 계열사와 사업단위(SBU) 그리고 사업장과 전문기능분야에 걸쳐서 다양한 하위문화로 구성되어 있다. 이들 상 · 하위 기업문화는 사업의 성격과 기능분야에 따라서 각기 다른 내외환경과 접하고 있고, 따라서 가치관과 경영행동 등 문화적 특징에 있어서 상 · 하위 기업문화간에 차이를 보이고 있다.

예를 들면, 이미 설명한 바와 같이 삼성그룹의 제일주의 · 완벽주의와 현대그룹의 행동주의('하면 된다')에서 볼 수 있듯이 그룹차원의 전체적인 기업문화에는 많은 차이가 있다. 그러나 그룹 내 계열회사들의 기업문화는 업종에 따라서 상호간에 공통적인 특성을 지니고 있다. 즉 삼성과 현대의 건설회사들은 이들 그룹의 계열회사로서 업종과 기술 그리고 작업장의 환경이 똑같고, 따라서 이들 기업간에는 건설회사로서의 공통된 문화적 특징을 많이 찾아볼 수 있다.

전문기능분야에 있어서도 서로 다른 기업체들간에 공통적인 특성을 많이 볼 수 있다. 특히 재무 · 회계분야는 업종과 기업체소속을 막론하고 대체로 공식적인 방침 · 절차에 의하여 업무를 수행하고 정확한 통제와 안전하고 보수적인 가치를 중요시하는 반면에, 마케팅분야는 적극성과 인간관계 그리고 신축적인 업무수행절차를 강조하는 경향이 있다. 이와 같이 같은 기업체 내에서도 상 · 하위 구조계층의 내외환경에 따라서 다양한 형태의 상 · 하위 기업문화가 형성되어 있고, 이들 상 · 하위 기업문화가 모여서 기업체 전체의 기업문화를 형성하고 있는 것이다. 그러므로 기업문화의 상 · 하위 계층구조는 기업문화를 이해하는 데 많은 도움이 된다.

표 2-6 기업문화의 상 · 하위 계층구조

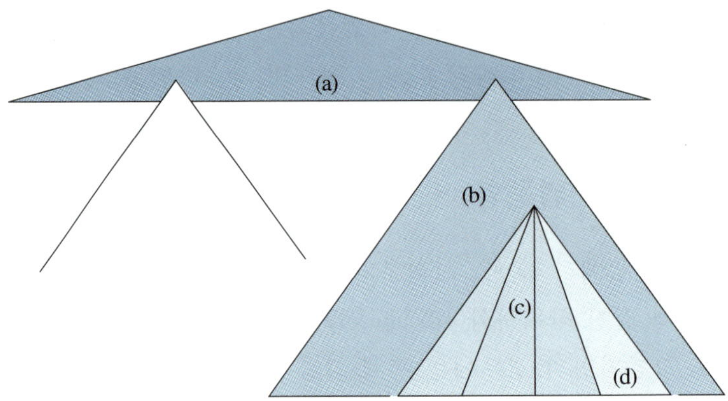

(a) 그룹의 문화(group level culture)
(b) 기업체단위 문화(corporate level culture)
(c) 사업단위 문화(business level culture)
(d) 기능분야별 문화(functional or departmental culture)

(1) 상위계층의 기업문화

기업문화의 상 · 하위 계층구조는 기업체의 규모에 따라서 모두 다르다. 그룹기업의 경우에는 그룹전체를 통한 기업문화(group level culture)를 최상위 계층의 기업문화로 볼 수 있고, 각 계열회사의 기업문화를 사업단위별 기업문화(business level culture)로 볼 수 있다. 그러나 그룹의 규모가 거대하고 계열사 각기의 규모도 매우 커서 계열회사 내부에 사업단위가 형성되어 있는 경우에는 계열회사의 기업문화를 단독의 기업문화(corporate level culture)로 볼 수 있다. 따라서 구조적으로 상위계층의 기업문화는 그룹회사인 경우에는 그룹수준이나 대규모의 계열기업체 수준의 기업문화를 의미하고, 단일기업의 경우에는 전체 기업체 수준의 기업문화를 의미할 수 있다(표 2-6 참조).

(2) 하위계층의 기업문화

하위계층의 기업문화는 상위계층에 소속된 하위문화로서 소규모 그룹회사의 경우에는 각 계열회사를 사업단위로 보고 이 수준의 기업문화를 포함할 수 있다. 그러나 대규모 계열회사로 형성된 대규모 그룹회사의 경우에는 각 계열회사를 상위계층의 기업문화로 보고 하위기업문화로서 계열회사 내의 사업부를 사업단위별 기업문화(business level culture)로 포함시킬 수 있다. 따라서 조직구조계층에 따른 상 · 하위 기업문화의 개념상 구분은 기업체의 규모와 사업별 다각화의 정도 등 기업체의 상황에 따라 신축적으로 적용되어야 할 것이다.

또 하나의 기업문화는 기업체 내의 중요기능분야와 각 부서수준에서 형성되는 기능별 또는 부서단위의 문화(functional or departmental culture)이다. 기능별 기업문화는 생산, 마케팅, 재무 · 회계, 인사, 연구개발 등 중요기능분야를 중심으로 형성되는 문화적 특성을 의미한다. 기능별 기업문화도 규모와 기능의 세분화정도에 따라 여러 계층에 걸친 부서단위의 기업문화로 형성되어 있다. 부서단위의 문화는 구성원 각자의 의식과 행동에 영향을 주는 가장 중요한 요소로서, 구성원 각자의 성과는 물론 기업체 전체의 성과에 영향을 미치므로 기업문화의 계층구조 중에서 매우 중요한 위치를 차지하고 있다.

2. 기업환경과 상 · 하위 기업문화

이러한 상 · 하위 계층의 기업문화는 외부환경과 사업의 성격에 따라서 그 형태가 다양하게 나타난다. 우리나라의 그룹기업을 보더라도 섬유, 건설, 전자, 식품 등 그룹내 계열회사의 기업문화는 그룹 전체의 기업문화보다도 산업간의 환경적 특징을 중심으로 같은 업종의 다른 기업체와 더 유사한 기업문화를 형성하고 있는 경우를 많이 볼 수 있다. 이와 마찬가지로 기능분야의 문화도 기업체나 그룹수준의 상위 기업문화보다도 전문기능분야의 독특한 문화로부터 더 많은 영향을 받고 있는 경우를 볼 수 있다.

상 · 하위 기업문화는 기업체의 규모와 사업의 다각화 정도 그리고 기업환경과 경영이념에 따라서 그 차이가 다르게 나타난다. 즉 기업체의 규모가 비교적 작고 단일업종의 본업 또는 전업형(single product or dominant product)(Rumelt, 1996, pp. 29~32)이거나 또는 다각화의 정도가 관련제품에 제한되어 있는 경우(related product diversification)에는 기업체 전체의 상위문화와 사업단위별 문화 그리고 기능부서별 하위문화간의 차이가 비교적 적게 나타난다. 이러한 경향은 특히 기업환경이 안정되어 변화가 심하지 않은 경우에도 흔히 나타난다. 안정된 환경하의 국영기업체를 좋은 예로 들 수 있다.

그러나 기업체의 규모가 크고 사업이 비관련제품으로 크게 다각화(unrelated product diversification)되었으며 기업환경도 동태적이어서 변화가 심한 경우에는, 사업단위와 기능부서별로 다양한 하위문화가 형성되어 상·하위 문화간의 차이가 비교적 크게 나타나는 경향이 있다. 이것은 동태적 환경하에서 다각화된 대규모 기업체는 다변화·무한계 환경에 대한 효율적인 적응을 목적으로 사업단위별로 자율적 전략경영을 강조해야 하고, 따라서 사업수준과 기능분야수준에서 각기의 주어진 환경에 적합한 기업문화형성을 조장해야 되기 때문이다. 비관련다각화가 심한 재벌그룹기업들이 좋은 예이다.

기업체의 경영이념도 상·하위 기업문화형성에 많은 영향을 준다. 어떤 기업체는 비관련다각화의 정도가 크지만 계열기업체나 사업단위 그리고 기능분야 등 상·하위 계층간에 공통된 기업문화를 강조하는 반면에, 또 어떤 기업체는 주로 관련다각화의 사업성격을 띠고 있지만 사업단위별로 자율적인 문화형성을 허용하여 상·하위 계층간에 많은 문화적 차이를 보이고 있다. 상·하위 계층간에 공통된 문화가 존재할수록 전체적인 기업문화는 강하고 분명하게 나타나는 반면에, 상·하위 계층간에 문화적 차이가 큰 경우에는 다양한 문화를 통합하는 전체적인 기업문화의 형성이 매우 어려워지는 것이 사실이다. 상·하위 계층간에 공통된 강한 문화를 형성하는 것이 기업성과면에서 바람직한지에 대해서는 간단한 결론을 내리기가 어렵다. 따라서 이 문제는 제 3 장에서 좀더 자세히 분석한다.

제 4 절 기업문화유형

기업문화는 기업체가 주어진 환경하에서 자체의 목적달성을 추구하는 과정에서 오랜 기간에 걸쳐 형성된다. 그 과정에서 기업체는 자체의 사업성격과 기업환경에 알맞은 조직행동과 기업문화를 형성해 나간다. 따라서 기업체의 사업과 기업환경 그리고 기업문화에 영향을 주는 중심인물들의 역할이 다양한 만큼, 기업문화도 매우 다양하다. 그러므로 기업문화를 어떤 기준에 의하여 분류하고 이를 유형화하는 것은 기업문화를 이해하는 데 많은 도움을 준다. 기업문화는 비교적 새로운 연구분야로서 기업문화의 분류에 있어 아직 보편화된 방법은 없지만, 기업문화연구에서 제시된 몇 가지의 분류방법과 기업문화유형을 요약한다.

1. 딜과 케네디의 기업문화분류

기업문화연구의 선구자들인 딜(T. Deal)과 케네디(A. Kennedy)는 기업문화 형성에 있어서 기업체의 사회문화적 그리고 산업환경을 가장 중요한 영향요소로 보고, 그러한 기업환경 속에서 기업체는 성과달성을 위한 적절한 의사결정을 하며, 그 과정에서 기업문화가 형성된다고 보고 있다. 따라서 딜과 케네디는 기업환경과의 상호관계에서 기업체가 성과달성을 위하여 얼마나 모험적인 활동을 전개하고 그 결과로서 얼마나 빨리 피드백을 받느냐의 두 가지 기준을 중심으로 기업문화를 네 가지의 유형으로 분류한다(표 2-7 참조). 이들 네 가

표 2-7 딜 · 케네디의 기업문화 분류

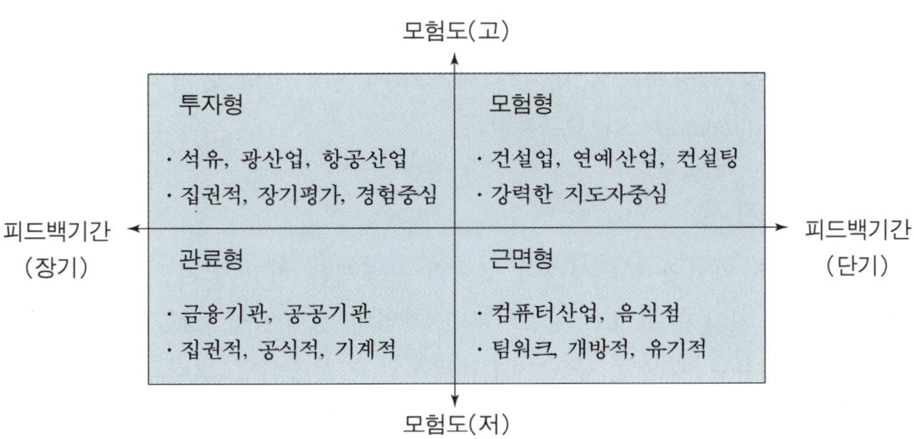

지의 기업문화유형을 간단히 설명한다(Deal and Kennedy, 1982, pp. 107~127).

(1) 모 험 형

모험형은 기업의 사업성격이 고도의 모험성을 띠고 있고, 성공여부를 곧 알 수 있으며 성패의 차이도 크고 분명하게 나타나는 것이 특징이다. 큰 돈이 걸려 있는 운동시합이 가장 좋은 예이며, 건설업과 영화제작업 그리고 컨설팅 사업과 광고사업 등도 이에 속한다. 큰 모험을 걸기 때문에 강력한 지도자를 중심으로 모든 기업활동과 조직행동이 전개되며, 따라서 그의 경영이념과 행동스타일이 전체적인 기업문화에 어느 기업문화유형보다도 더 강하게 반영된다. 그러므로 이 기업문화유형은 강력한 지도자형(Tough-Guy, Macho Culture)이라고도 불린다(Deal and Kennedy, 1982, pp. 108~115).

(2) 근 면 형

근면형은 기업체가 어느 한 사업에 큰 모험을 걸지 않고, 일상업무를 충실히 그리고 열심히 수행하면서 그 결과에 따라 기업환경에 적절히 대처해 나가는 유형이다. 음식점(McDonald Hamburger 등)이 가장 좋은 예이며, IBM과 HP 등 컴퓨터업체들도 이에 속한다. 사업의 성패는 시장에서 결정되므로 고객중심성이 강하고 영업활동이 활발하며, 질좋은 제품과 서비스를 강조하고, 구성원들간의 팀워크와 개방적인 상호작용 그리고 환경변화에 대한 신속한 적응을 성과지향적 행동으로 인식하고 있는 것이 이 기업문화유형의 특징이다. 시장경쟁에 항상 적극적으로 대처해 나가기 때문에 일명 근면 · 적극형(Work Hard/Play Hard Culture)이라고도 불린다.

(3) 투 자 형

투자형은 기업의 사업성격이 고도의 모험성을 띠고 있지만, 성공여부를 알려면 오랜 기간이 걸리고 성공여부가 기업의 성패에 큰 영향을 주는 것이 특징이다. 석유나 광산업 등의 자원개발사업과 항공산업 그리고 중장비산업 등이 이에 속한다. 사업이나 제품개발에 막대한 자원이 장기간에 걸쳐서 투입되므로 중요한 의사결정은 상위계층에 집중되어 있는 반면에, 일상적인 결정은 잘못되더라도 시간적인 여유를 두고 고쳐 나갈 수 있기 때문에 하위계층에 위임되어 있다. 그리고 장기간의 피드백으로 인하여 구성원들의 업적도 장기평가를 강조하고 상급자의 경험을 중시하는 경향이 있다. 큰 사업에 회사의 성패를 걸기 때문에 투기형(Bet-Your-Company Culture)이라고도 불린다.

(4) 관 료 형

관료형은 사업성격이 모험성이 없고 비교적 안전하지만 사업의 결과를 잘 알 수 없는 것이 특징이다. 은행과 기타 금융서비스기관 그리고 정부와 국영기업체 등의 공공기관들이 이에 속한다. 결과피드백이 없으므로 안전에 치중하여 모든 세부적인 사항을 서류 · 문서화하고, 계량적 방법 등을 사용하여 업무처리의 정확성과 객관성 그리고 완벽주의를 강조한다. 또한, 구성원들은 일보다는 형식 그리고 공식적인 지위신분과 계층적 서열관계에 많은 관심을 보인다. 직무설계는 극도로 세분화되어 있고, 조직구조와 의사결정체계는 집권화되어 있다. 이 기업문화유형은 결과(성과)보다는 형식에 치중되어 있기 때문에 과정형(Process Culture)이라고도 불린다.

2. 해리슨의 기업문화분류

기업문화의 또 한 가지 분류방법은 기업체의 공식화(formalization) 정도와 집권화(centralization) 정도를 기준으로 하여 기업문화를 역시 네 개의 유형으로 구분하는 것이다. 공식화는 조직체 내에서 구성원들의 행동과 상호간의 관계가 직무나 역할의 명세 또는 업무수행상의 규율 · 규정이나 절차에 의하여 지배되는 정도를 의미하고(Scott, 1992, pp. 261~262), 집권화는 조직체 내의 의사결정이 상위계층에 집중되어 있는 정도를 의미한다. 공식화와 집권화를 중심으로 기업문화를 분류할 때, 〈표 2-8〉에서 보는 바와 같이 공식화와 집권화가 모두 강한 관료조직문화와 공식화와 집권화가 모두 약한 핵화조직문화를 양극으로 하여 그 중간에 권력조직문화와 행렬조직문화 등 네 가지의 기업문화로 유형화할 수 있다(Harrison, 1972, pp. 43~48).

해리슨(R. Harrison)은 탄넨바움과 슈미트의 권력모형을(Tannenbaum and

표 2-8 해리스의 기업문화분류

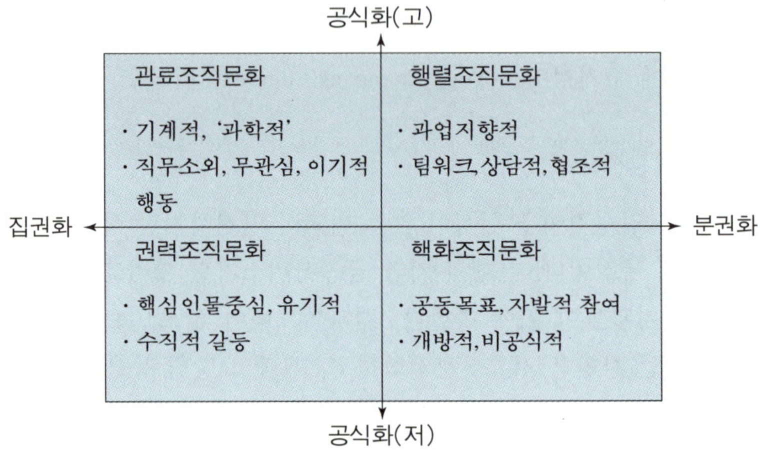

Schmidt, 1973, pp. 162~180) 활용하여 기업문화를 이와 같이 네 가지의 유형으로 분류하였는데, 관료조직문화(bureaucratic culture)에서는 구성원들의 역할이 구체화되고 모든 업무절차가 '과학적' 인 방법을 통하여 결정되어 기계적으로 움직이는 것이 특징이다. 따라서 조직체의 목적달성에 대한 구성원들의 커미트먼트 수준이 일반적으로 낮은 것은 물론, 그들의 직무소외가 심하고 그들의 이기적인 행동이 많이 나타나는 것이 일반적인 경향이다. 정부 및 공공기관이 좋은 예이다.

집권화는 강하지만 공식화는 비교적 약한 권력조직문화(power culture)에서는 구성원들의 역할과 업무수행절차가 구체화 또는 명세화되지 않아서 강력한 실력자와 그의 측근자 등 소수 핵심인물들이 상황에 따라 구성원들에게 역할을 배정하고 조직을 이끌어 나가는 것이 특징이다. 따라서 구성원들간의 갈등, 특히 계층간의 갈등이 심한 것이 이 유형에서 흔히 볼 수 있는 문제이다. 컨설팅회사나 전문금융서비스업(brokerage firms) 그리고 창업초기의 기업체들이 좋은 예이다.

집권화는 약하지만 공식화가 강한 행렬조직문화(matrix culture)에서는 구성원들의 역할과 업무수행이 조직체의 과업(task)을 중심으로 이에 관련된 전문기능들이 한 팀이 되어 목적을 달성하는 것이 특징이다. 따라서 구성원들과 전문기능간의 상담과 교섭 및 포섭(cooptation)이 많이 이루어지고 그 과정에서 창의력도 많이 발휘될 수 있다. 집권화와 공식화가 모두 약해서 분권성과 비공식성이 강한 핵화조직문화(atomized culture)에서는 구성원들의 역할과 상호관계가 공동목표를 중심으로 자발적인 관심과 협조에 의하여 이루어지는 것이 특징이다. 따라서 구성원들간의 참여와 상담이 업무수행의 중요한 부분을 차지한다.

행렬조직문화와 핵화조직문화는 고객과 시장중심성이 강조되는 조직체에서 많이 볼 수 있다. 따라서 조직체에서 고객과 시장중심성이 강조될 때에는 행렬조직문화나 핵화조직문화를 유지하다가, 고객중심성이 덜 강조됨에 따라서 기업문화도 점차 관료조직문화나 권력조직문화로 변해 가는 것을 많이 볼 수 있다(Graves, 1981, pp. 89~113). 또한, 행렬조직문화와 핵화조직문화는 상호간의 전환이 비교적 용이하고, 관료조직문화와 권력조직문화간의 전환도 비교적 용이하다. 그러나 관료조직문화에서 행렬조직문화나 핵화조직문화로, 또는 권력조직문화에서 역시 행렬조직문화나 핵화조직문화로의 전환은 비교적 어려운 것이 일반적인 경향이다.

3. 햄든-터너의 기업문화분류

기업문화는 기업체가 기업경영과정에서 당면하는 중요한 전략적 또는 가치중심적 이슈(value issue)들을 해결해 나가는 과정에서 형성된다. 이들 이슈는 단순히 대안의 선택만으로는 문제가 해결되지 않는 성격을 지니고 있다. 즉, 기업의 성장 또는 안정, 장기 또는 단기성과, 품질향상 또는 원가절감, 외부환경적응 또는 내부활동의 통합, 개혁·변화 또는 전통의 보존 등이 흔히 기업체가 당면하는 전략적 대안 또는 가치중심적 이슈들이다. 이들 이슈는 각기 상호배반적인 대안의 성격을 띠고 있는 동시에 기업체가 원하는 바람직한 결과의 성격도 지니고 있다. 따라서 기업체가 이러한 딜레마에 어떻게 대처해 나가느냐에 따라서 기업문화가 형성되는 것이다. 창업자나 중심인물들이 여기에서 결정적인 역할을 하는 것은 물론이다(표 2-9 참조).

표 2-9 가치이슈에 대한 접근방법

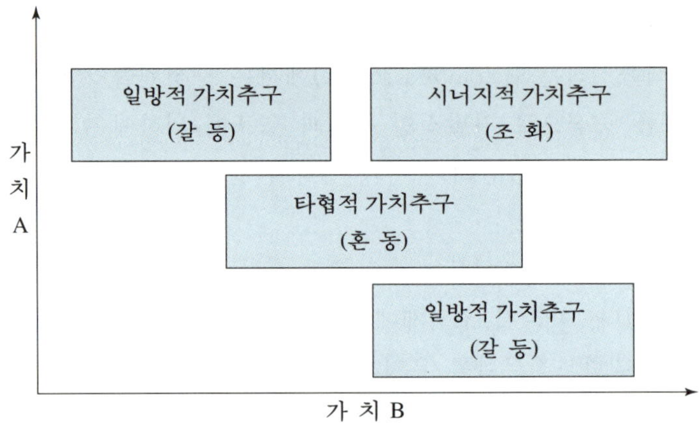

영국의 경영학자 햄든-터너(C. Hampden-Turner)는 이러한 가치이슈의 딜레마에 대처해 나가는 기업체의 접근방법과 그 과정에서 형성되는 기업문화를 중심으로 기업문화를 유형화하고 있다(Hamden-Turner, 1992, pp. 16~24). 그는 가치중심적 이슈에 대한 기업체의 접근방법을 일방적 가치추구와 시너지적(synergistic) 가치추구로 분류하고(표 2-9 참조), 그 결과로 형성되는 기업문화를 각각 갈등 · 악순환형과 조화 · 활성화형으로 분류한다.

(1) 갈등 · 악순환형

갈등 · 악순환형(vicious circle)은 기업체가 기업경영과정에서 당면하는 중요 전략적 또는 가치이슈에 대하여 어느 특정가치에만 전적으로 치중하여 경영문제를 일방적으로 해결해 나감으로써, 결과적으로 기본가치상에 갈등을 초래하고 이러한 일방적인 가치추구와 가치간의 갈등이 계속되어 악순환을 겪어 나가는 기업문화유형이다. 예를 들면, 집권화와 분권화 그리고 공식화와 비공식화는 기업체가 기업경영과정에서 항상 당면하는 중요한 이슈인데, 기업체가 이러한 이슈에 어떻게 대처해 나가느냐에 따라서 기업문화형성에 많은 영향을 준다. 기업체가 집권화와 공식화를 일방적으로 강조할수록, 많은 경우에 이에

표 2-10 갈등 · 악순환 기업문화유형

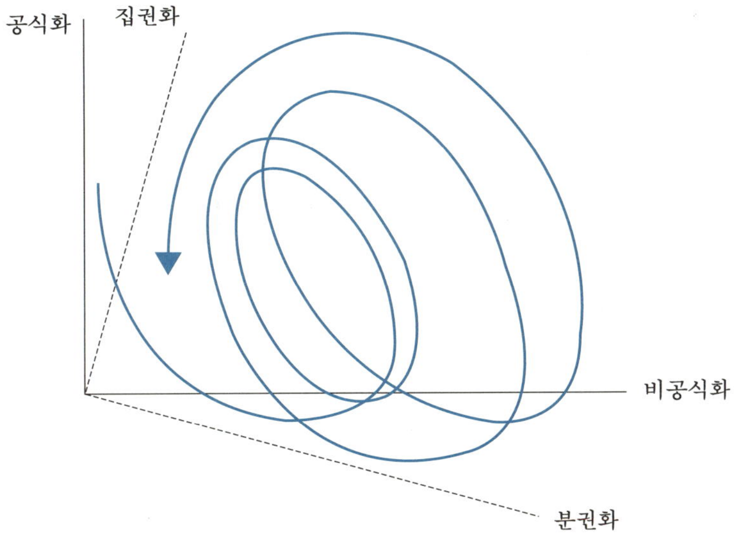

대한 구성원들의 저항은 커지고 따라서 그들은 그들 나름대로의 자율적 재량과 비공식적인 행동영역을 넓혀 나가게 된다. 이에 대응하여 기업체는 집권화와 공식화를 더욱 강화시키어 구성원들의 행동을 규제하게 되고, 따라서 분권화와 비공식화를 원하는 구성원들과의 갈등 속에서 관료조직문화는 악순환을 거듭해 나가게 된다(표 2-10 참조).

(2) 조화 · 활성화형

조화 · 활성화형(virtuous circle)은 기업체가 중요 전략적 또는 가치이슈에 시너지적으로 대처하여 당면문제를 해결해 나감으로써, 기본가치간에 조화를 이루면서 이를 확대시키고 기업경영을 활성화시켜 나가는 기업문화유형이다. 집권화와 분권화 그리고 공식화와 비공식화의 이슈에 있어서, 기업체는 이들 이슈를 통합가능한 건설적인 대안으로 보고 사업부에 자율적인 경영권한을 위임하는 동시에 전체 기업체관점에서 사업부의 전략방향과 사업부간의 관계를 조정하여 분권화와 집권화간에 조화를 이룰 수 있다. 그리고 공식화의 테두리

표 2-11 조화 · 활성화 기업문화유형

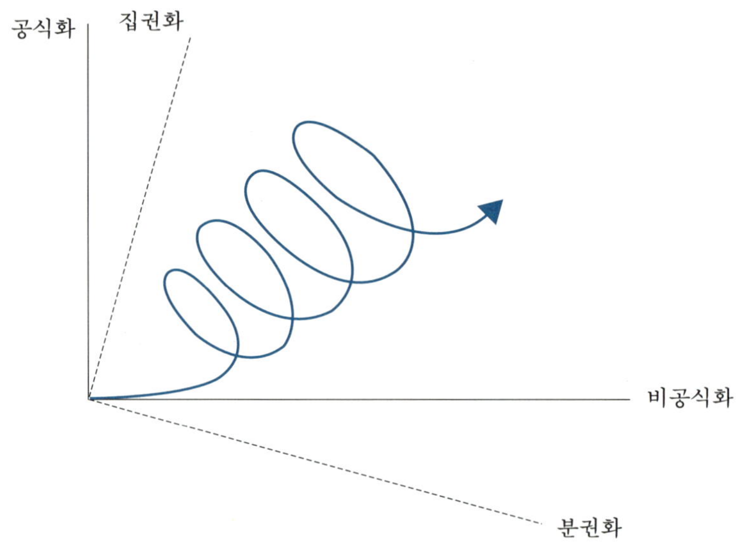

안에서 비공식적인 관행과 행동도 인정해 줌으로써, 공식화와 비공식화간에 상호보완관계를 강조하면서 역시 조화를 이룰 수 있다. 이와 같이 중요 전략적 또는 기본가치상의 조화와 시너지를 달성하면서 활성화된 기업문화를 형성해 나가는 것이 조화 · 활성화 기업문화유형이다(표 2 - 11 참조).

4. 서인덕의 기업문화분류

한국의 기업문화연구에서 서인덕은 기업환경의 동태성 - 정체성과 경영행동의 유지지향적 - 행동지향적 패턴의 두 축을 중심으로 기업문화를 다음의 네 가지 유형으로 분류한다(서인덕, 1986, 66~69, 107~112면)(표 2 - 12 참조).

(1) 친화적 문화(Affiliation Culture)

기업환경이 동태적이고 조직의 유연성이 요구되는 상황하에서 구성원들의 사기와 집단응집력의 유지를 우선적인 목적으로 할 때 나타나는 조직문화

표 2-12 서인덕의 기업문화유형 분류

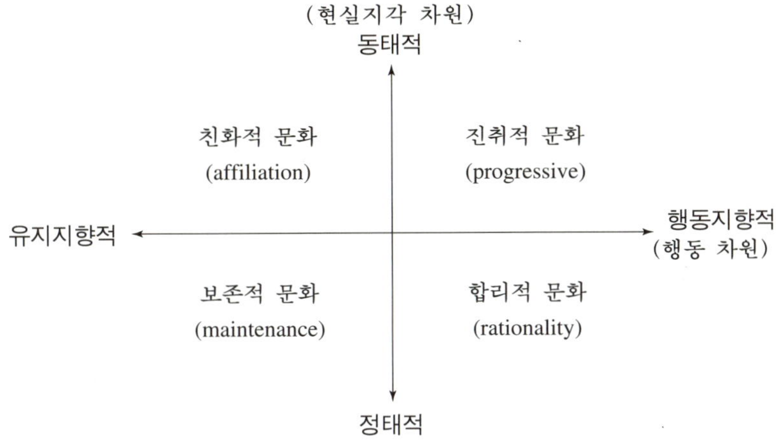

유형이다. 우의적, 개방적, 상호협조적, 상호관계지향적, 합의에 의한 의사결정 등이 문화적 특징이다.

(2) 진취적 문화(Progressive Culture)

기업환경이 동태적이고 불안전한 상황하에서 조직의 성장과 외향적 진출을 목적으로 도전적, 모험적, 창업적 행동을 지향할 때 나타나는 문화유형이다. 적극성, 창의성, 첨단성, 신속한 문제해결 행동 등이 문화적 특징이다.

(3) 보존적 문화(Maintenance Culture)

기업환경이 안정적이고 확실한 정태적 상황하에서 조직의 안정, 통제, 조정 그리고 공식적 형태를 통한 질서의 유지를 목적으로 할 때 나타나는 문화유형이다. 표준화, 관습화, 공식화, 통제, 안정 등이 문화적 특징이다.

(4) 합리적 문화(Rationality Culture)

기업환경이 확실하고 안정된 상황하에서 능률과 생산성 등 조직의 성과향상을 목적으로 적극적인 활동을 지향할 때 나타나는 문화유형이다. 결과 중시, 실적위주, 능력위주, 실리주의, 수단-목표 연계관계의 중시 등이 문화적 특징이다.

5. 한국기업의 기업문화유형

이상 모험도-성과피드백기간, 공식화-집권화, 전략적 의사결정패턴, 그리고 기업환경에 대한 경영행동패턴 등 네 가지의 기준을 사용하여 분류한 기업문화유형들을 살펴보았다. 그러면 우리나라 기업문화는 대체로 어느 유형이라고 할 수 있을까?

(1) 관료적 기업문화

우리나라 기업은 사업성격과 규모, 창업자의 이념과 경영스타일 그리고 기업경영과정에서 형성된 전통과 관행에 따라서 모두가 각기의 독특한 문화적 특성을 가지고 있다. 그러나 전체적으로 볼 때, 모험도와 성과피드백기간을 중심으로 분류한 모험형과 근면형 그리고 투자형과 관료형의 네 가지 기업문화유형 중 우리나라 기업은 대체로 모험형과 관료형에 많이 속한다고 할 수 있다. 우리나라 기업은 일반적으로 창업주나 경영주의 경영이념과 그의 강력한 지도력이 기업경영에 큰 역할을 하고 있고, 목표설정에 있어서도 매우 의욕적인 것이 일반적인 경향이다. 이러한 경향은 모두 모험형을 입증하는 문화특성이다. 또한, 우리나라 기업은 권한이 상위계층에 집중되어 있고 공식화 및 권위주의적 경향이 크다. 이러한 경향은 관료적 기업문화유형을 입증하는 특성들이다. 서인덕의 연구에서 합리적 문화와 보수적 문화가 가장 많이 나타난 것도 우리나라 기업의 관료적 문화를 뒷받침한다.

공식화-집권화를 중심으로 분류한 관료조직, 권력조직, 행렬조직, 핵화조직 등 네 가지의 기업문화유형 중 우리나라 기업은 역시 관료조직문화와 권력조직문화 유형에 많이 속한다고 할 수 있다. 그러나 앞으로 우리나라 기업에서 고객중심성을 강조하면서 시장경쟁에 보다 강력하게 대응해 나간다면 기업문화유형도 점차적으로 모험형과 관료형에서 근면형으로 그리고 관료조직문화형과 권력조직문화형에서 행렬조직문화형과 핵화조직문화형으로 전환될 것으로 기대된다.

(2) 갈등 · 악순환형

전략적 의사결정패턴에 의한 햄든-터너의 기업문화분류를 적용할 때, 우리나라 기업은 대체로 갈등 · 악순환형의 특성을 보인다고 할 수 있다. 그것은 우리나라의 많은 기업체가 전통적으로 전략적 대안을 시너지적으로 보지 않고 상호배반적으로 보면서 품질보다는 원가를, 안정보다는 성장을, 인적자원보다는 생산을, 장기투자보다는 단기성과를 그리고 내부통합보다는 대외관계를 각각 더 중요시하는 일방적인 의사결정을 해온 데에서 엿볼 수 있다. 그 과정에서 우리나라 기업의 기술기반은 빈약해지고, 노사간의 갈등은 심해졌으며, 경쟁력도 약화되는 악순환을 거듭해 왔다.

현재 우리나라의 많은 기업이 품질향상과 안정, 인적자원과 장기기술개발 그리고 원만한 노사관계에 많은 노력을 기울이고 있는 것은 이제 전략적 이슈와 대안에 대하여 상호배반적으로 보지 않고 보다 시너지적으로 보면서 갈등 · 악순환형 기업문화에서 탈피하여 조화 · 활성화형의 기업문화로 접근하고 있다는 것을 의미한다. 우리나라 기업의 문화유형에 관해서는 제 5 장 제 5 절에서 한국기업의 문화특성과 관련하여 좀더 자세히 연구하기로 한다.

장을 맺으며

기업문화를 연구하는 데 있어서 이 장은 기업문화가 어떻게 형성되는지를 학습이론을 중심으로 그리고 기업체 내외환경에 작용하는 영향요소들을 중심으로 설명하였다. 기업문화는 기업구성원들의 공유가치로서 이것을 기업체 전체의 하위문화로 볼 때, 기업체의 규모에 따라 중요 사업단위와 기능분야를 중심으로 다양한 하위문화로 구성되어 있다. 각 사업단위와 기능분야의 과업환경이 다르고 또 환경변화도 다른 만큼, 이에 적합한 하위문화가 형성되기 마련이다. 그 과정에서 중심인물들이 매우 중요한 역할을 하는 것은 물론이다. 기업체 내의 하위문화가 다양하고 하위문화간의 차이가 클수록 이들 하위문화를 통합하고 전체적으로 조화를 이룰 수 있는 공유가치 또는 상위 기업문화의 개발이 더욱 중요해진다.

기업문화는 기업체가 주어진 환경과 상호작용을 하면서 자체의 목표달성을 추구하는 과정에서 오랜 기간에 걸쳐서 형성된다. 그리하여 기업문화의 분류기준에 따라서 기업문화를 여러 가지 유형으로 나눌 수 있다. 주어진 기업환경에 어떤 기업문화유형이 가장 적합한지는 말하기가 매우 어렵다. 그러나 기업문화는 기업체의 성과와 밀접한 관계를 맺고 있다는 것을 전제할 때, 기업체의 장기성과에 기여하는 기업문화가 가장 바람직한 것만은 사실이다. 이제 우리는 다음 장에서 기업문화와 기업체성과와의 관계를 자세히 분석한다.

03장

기업문화와 기업체성과

현대기업에서 기업문화의 중요성이 고조되고 있는 것은 기업문화와 경영성과간에 그리고 나아가서는 기업경쟁력간에 밀접한 관계가 있기 때문이다. 제 1 장에서 언급한 바와 같이, 기업문화와 경영성과간의 밀접한 관계는 과거 일본기업의 고도성장과 미국 우수기업에 관한 연구결과에서 실제로 입증되었다. 이 장은 기업문화와 기업체 성과간에 구체적으로 어떤 관계가 있는지를 자세히 알아본다. 먼저 제 1 절에서 기업문화가 기업체성과에 기여하는 기능적 가치를 일반적인 관점에서 살펴보고, 제 2 절에서 성과가 높고 경쟁력이 강한 세계 우수기업의 기업문화적 특성을 알아본다. 그리고 제 3 절에서 강한 기업문화와 기업체성과간의 관계를 실증적 연구결과를 중심으로 자세히 분석하고, 마지막으로 제 4 절에서 성과지향적 기업문화가 무엇인지를 정리한다.

제 1 절 기업문화의 기능적 가치

기업문화는 구성원들의 공유가치로서 그들의 행동에 지배적인 영향을 주고, 기업체의 성과는 근본적으로 구성원들의 행동에 의하여 결정된다. 따라서 기업문화는 기업체성과에 결정적인 영향을 준다. 기업문화가 기업체성과에 얼마나 기여하고 있는지에 대한 인과관계(cause and effect relationship)를 정확하게 그리고 과학적으로 분석하기는 매우 어렵다. 그것은 기업문화와 기업체성과간에 작용하는 요인변수들이 너무나 많고 복잡하여 그 관계를 정확하게 계량화하기가 매우 어렵기 때문이다. 그러나 기업문화는 기업체성과에 긍정적으로 작용한다는 것이 일반적인 인식이고, 따라서 여기에서 기업문화의 기능적 가치가 인정되고 있다.

1. 기업선진화의 현대적 관점

기업문화는 현대기업경영의 새로운 관점으로서 현대기업의 조직행동을 이해하는 데 많은 도움을 줄 뿐 아니라, 구성원들의 가치관을 개선하고 기업성과를 높여서 우수기업으로 발전시켜 나가는 경영선진화과정도 크게 촉진시킬 수 있다.

(1) 조직행동에 대한 이해증진

사회에 대한 이해는 사회문화에 대한 이해를 통하여 그리고 개인에 대한 이해는 개인의 성격에 대한 이해를 통하여 각각 증진될 수 있는 것과 같이, 기업체에 대한 이해도 기업문화에 대한 이해를 통하여 증진될 수 있다. 제 1 장에서 설명한 바와 같이, 기업문화는 구성원들의 공유가치를 중심으로 경영이념과 전략, 규범과 관습 그리고 의례 · 예식 등 여러 가지의 형태를 통하여 조직구조와 관리시스템 그리고 구성원행동에 반영되어 총합적인 특성으로 나타난다(표 1-4 참조). 따라서 이들 기업문화요소에 대한 이해는 바로 조직행동에 대한 이해이고, 조직행동에 대한 이해가 없이는 기업체성과를 향상시킬 수 없다.

(2) 우수기업으로의 발전

우수한 인간은 그의 성격과 능력에서 그 특성이 나타나는 것과 마찬가지로, 성과가 높은 우수한 기업체도 그 기업의 경영과 조직행동을 지배하는 기업문화적 특성에서 그 우수성이 나타난다. 따라서 기업체는 성과가 높은 우수기업으로서 갖추어야 할 구성원들의 가치관과 조직행동 등 기업문화적 특성이 무엇인지를 분석하고 이를 체계적으로 개발함으로써 우수기업으로의 조직개발을 추진해 나갈 수 있다. 이와 같은 우수기업으로의 기업문화개발은 특히 기업선진화를 추진하고 있는 우리나라 기업에서 많이 강조되고 있다.

2. 기업의 경쟁적 비교우위요소

기업문화는 보다 실질적인 관점에서 기업체와 구성원들간의 연결을 통하여 기업체성과의 매개요소 또는 기업의 경쟁적 비교우위(competitive advantage)요소로 작용한다는 점에서 그 기능적 가치가 중요시되고 있다.

(1) 구성원과 기업체의 통합

기업문화는 기업체의 성과향상과 관련하여 몇 가지의 실질적인 도움을 준다. 첫째로 기업문화는 구성원들의 공유가치로서 구성원들에게 기업체의 기본가치와 전통 그리고 기업체 고유의 독특한 특성을 전달해 줌으로써 그들로 하여금 기업체와의 동일성(identification)개념을 북돋아 준다. 그리하여 기업문화는 구성원들에게 가치판단의 메커니즘으로 그리고 그들의 행동지침으로 작용하면서 그들에게 안정감을 준다. 둘째로 기업문화는 구성원들로 하여금 자기자신과 자기 집단 또는 전체 기업체와의 관계를 더욱 잘 이해하도록 하여 그들의 소속감을 강화시키고, 나아가서는 집단이나 기업체에 대한 그들 자신의 커미트먼트(commitment)가 이루어지도록 구성원들과 기업체간의 조화를 조성해 준다(Labich, 1988, p. 56).

표 3-1 기업문화의 기업성과 매개역할

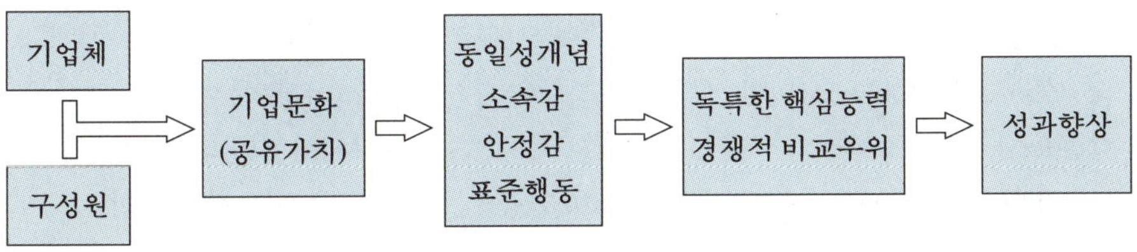

예시 3-1 우수기업 평가기준과 세계 우수기업

미국 포춘(Fortune)지는 매년 포춘 500대기업에 종사하는 13,000명의 임원급 이상의 기업인과 경영인들을 대상으로 설문조사를 통하여(경영의 질, 제품 · 서비스의 질, 진취성, 사회책임 등 8가지 평가기준 적용) '가장 존경받는 미국 기업' (America' s Most Admired Corporation)을 선정한다. 1980년대와 1990년대 초반에는 IBM과 Merck(제약회사)가, 1990년대 후반에는 Rubbermaid(고무, 플라스틱)와 CocaCola 그리고 General Electric이 각각 제 1 위의 위치를 차지하였으며, 2000년대에는 GE가 거의 매년 제 1 위의 위치를 지켜왔다. 1990년대 중반에는 스탠포드 경영대학원의 콜린스(J. Collins) 교수와 포라스(J. Porras) 교수가 우수기업에 관한 연구에서 재계 기업인과 경영자들로부터 설문조사와 기업성장과정에서의 주요 사건 및 사례를 중심으로 세계적인 비전기업(visionary companies)을 선정하였고, 2000년대에 들어서는 포춘지가 '가장 존경받는 세계 기업' (World' s Most Admired Company)을 매년 선정하기 시작하였다.

최근의 이들 평가결과를 종합하여 세계적인 우수기업으로 인정받는 그리고 우리나라에 비교적 많이 알려져 있는 세계 우수기업들을 나열해 본다.

Berkshire Hathaway(보험)	Microsoft(소프트웨어개발)
BMW(자동차)	Motorola(네트워크통신)
Boeing(항공기제조)	Nestle(소비자식품)
Citigroup(금융)	Nokia(네트워크통신)
Coca Cola(음료수)	Proctor & Gamble(비누)
General Electric(다업종)	Samsung(전자)
Hewlett Packard(컴퓨터)	Siemens(전자)
IBM(컴퓨터)	Singapore Airlines(항공)
Intel(반도체)	Sony(전자)
Johnson & Johnson(의약)	Toyota(자동차)
Merck(의약)	Wal-Mart(할인백화점)
Minnesota Mining & Manufacturing(다업종)	Walt Disney(오락 · 영화)

기업문화를 통하여 구성원들간의 동일성개념과 기업체에 대한 커미트먼트수준을 높이는 것은 기업체성과에 긍정적인 결과를 가져온다. 대체로 기업체의 기본가치가 구성원들에게 잘 전달되어 구성원들간에 공감대가 형성되고 또 잘 수용될수록 구성원들의 만족감이 높고 기업체에 대한 적극적 태도가 형성되며, 나아가서는 기업체성과에도 긍정적인 영향을 준다. 이러한 현상은 성과가 높고 경쟁력이 강한 많은 우수기업에서 실제로 나타나고 있다. 따라서 강한 기업문화는 기업의 높은 성과와 경쟁력 강화에 긍정적인 매개요소로 작용할 수 있다. 그러나 구성원들간에 강하게 공유가치화된 기업문화가 반드시 높은 기업성과를 가져오는지에 대해서는 다소 의문이 제기되고 있다. 이 점에 관해서는 제 3 절에서 자세히 분석한다.

(2) 기업의 독특한 핵심능력요소

기업체의 강한 문화는 경쟁업체들이 도저히 따라올 수 없는 기업체 고유의 독특한 핵심능력(distinct core competence)으로서(Waterman, 1987, pp. 4~12, 55~64; Selznick, 1957, pp. 130~135; Hamel and Prahalad, 1994, pp. 107~111), 기업체의 지속가능한 비교우위요소(sustainable comparative advantage)로 작용할 수 있다. 그리하여 기업체가 수시로 당면하는 난관을 극복하고 치열한 시장경쟁에서도 경쟁업자들을 제압하면서 꾸준히 성장할 수 있는 힘이 되고 있다. 제 1 장에서 설명한 바와 같이, GE의 무한계문화, Southwest Airlines의 인간존중문화, IBM의 고객서비스, 도요다의 가이젠문화와 마쓰시다전기의 마쓰시다정신 그리고 3M회사의 창의성(예시 1－1, 1－2, 3－2 참조) 등의 공유가치가 각기 그들 기업체에게 오랜 기간동안 경쟁적 비교우위로 작용하면서 높은 성과에 기여한 좋은 예이다. 기업문화가 특히 선진국의 우수기업에서 어떻게 경쟁적 비교우위로 작용하면서 기업체성과에 기여하였는지를 다음 절에서 자세히 알아본다.

제 2 절 우수기업의 문화적 특성

문화수준이 높은 사회의 구성원들은 가치관이나 사고방식에 있어서 문화

수준이 낮은 사회구성원과는 다른 어떤 공통된 특징이 있고, 우수한 인간도 역시 가치관과 능력 그리고 행동에 있어서 어떤 공통된 특징을 가지고 있다. 이와 마찬가지로 오랜 기간에 걸쳐서 높은 성과를 거두고 있는 우수한 기업체들도 구성원들의 가치관과 행동 그리고 전체적인 기업경영과 조직행동에 있어서 어떤 공통된 특징을 보이고 있다.

우수기업의 평가기준으로는 주로 장기간의 투자이익률과 자산증가율 등의 각종 경제적 성과지표가 사용되지만, 그 이외에도 경영의 질, 제품·서비스의 질, 진취성, 장기투자전망, 재무구조의 건전성, 유능인재의 확보능력, 사회와 환경에 대한 책임, 자원의 효율적 활용 등 경영수준과 기업의 사회적 역할과 관련된 기준들도 사용되고 있다. 포춘(Fortune)지의 '가장 존경받는 미국 기업' (America' s Most Admired Corporations) 평가기준이 좋은 예이다(예시 3-1 참조). 여러 연구조사에서 나타난 세계 우수기업의 문화적 특성을 요약해 본다.

1. 핵심경영이념과 강한 문화가치

경쟁력이 강한 세계 우수기업들은 업종과 규모는 제각기 다르지만, 모두가 뚜렷한 핵심경영이념과 구성원들간에 강하게 의식화·체질화된 공유가치를 가지고 있다는 점에서 공통된 특징을 지니고 있다.

(1) 핵심경영이념

세계 우수기업들의 핵심경영이념(core management ideology or value)은 대부분 창업자나 핵심인물의 경영철학으로서 오랫동안 기업경영에 적용되어 오면서 기업의 전통가치로 뚜렷하게 그리고 강하게 정착되어 있다(표 3-2 참조). 기업환경이 변함에 따라 경영전략과 방침은 바뀌더라도 이들 우수기업의 핵심경영이념과 기본가치는 바뀌지 않고 계속 실천되어 나간다(Collins and Porras, 1994, pp. 46~79).

표 3-2 세계 우수기업의 핵심경영이념

Boeing :
항공기술의 선두주자
큰 도전과 모험
안전과 품질

GE(General Electric):
삶의 질 향상
무한계(Boundaryless) 경영
개인존중(책임, 기회)
고객 · 구성원 · 사회 · 주주간의 균형
통합된 다양성, 장벽 없는 개방성

HP(Hewlett Packard):
사업분야의 과학기술적 공헌
구성원과의 공존번영
배회관리(MBWA)

IBM(International Business Machines):
개인존중(능력발휘)
고객서비스
우수성

J&J(Johnson & Johnson):
질병과 고통의 제거
우선순위: 고객, 구성원, 사회, 주주
개인존중(성과중심의 기회와 보상)

Matsushita Electric :
보국사업, 공명정대
화친일치, 예절겸양
역투향상, 순응동화
감사보은

Merck :
질병과의 전쟁에서 승리
사회책임
우수성

3M(Minnesota Mining & Manufacturing):
창의성
인간존중(솔선력, 자아실현)
문제해결

P&G(Proctor & Gamble):
우수품질, 끊임없는 자기개발
신뢰, 개방, 창의, 인간존중(인간중심)

Southwest Airlines :
최고의 고객서비스
인간존중(기회균등, 자아발전)
창의성

Sony :
소니개척정신('불가능'을 '가능케')
인간 존중(능력, 창의력)
일본문화와 국가발전에 기여

Toyota Motors :
끊임없는 개혁(Kaizen)
인간존중
이해관계자들과의 동반자관계
현장중심경영('겐지겐부츠')

Wal-Mart :
고객의 가치창조
구성원과의 파트너십
끊임없는 상위목표 추구

(2) 강하고 독특한 공유가치

세계 우수기업들은 오랫동안 핵심경영이념을 실천해 나가는 과정에서 강하게 정착시킨 각기의 독특한 공유가치를 가지고 있다. GE의 무한계의 가치관, 도요다의 가이젠정신, IBM의 고객서비스, 3M의 창의성 등이 좋은 예이다. 이들 공유가치는 각 기업의 구성원들이 오랫동안 소중히 여겨 온 전통가치로

예시 3-2 3M의 창의성문화

3M(Minnesota Mining and Manufacturing) 회사는 연평균 200개의 신제품을 개발해 내면서 2006년에는 212억 달러의 매출과 32억 달러의 순이익을 달성한 세계적인 우수기업이다. 3M의 제품은 Post-it 메모지로부터 스카치테이프와 첨단의료기기에 이르기까지 5만여 가지에 이르고 있어서 3M을 어느 산업분야로 분류해야 될지가 어려울 정도로 다양하다. 3M이 어떻게 이와 같이 많은 제품을 성공적으로 개발할 수 있는지, 그 원동력이 되고 있는 몇 가지의 기본전략과 경영방침을 요약하면 다음과 같다.

첫째, 사업부의 규모를 작게 하라. 사업부장은 사업부 소속의 구성원들을 모두 개인적으로 잘 알 수 있을 만큼 규모를 작게 설계하고, 매출이 2.5억 달러 이상으로 성장하면 사업부를 분리하라.

둘째, 실패를 관대하게 다루어라. 실험과 모험심을 조장하여 창의력을 기르고 신제품개발을 유도하여, 과거 5년간에 개발된 신제품이 사업부 매출의 25% 이상의 비중을 차지하도록 하라.

셋째, 신제품개발의 동기를 부여하라. 신제품에 대한 새로운 아이디어 창안자에게 개발팀 운영의 책임은 물론, 사업부의 책임까지도 맡을 기회를 주라.

넷째, 고객과의 접촉을 강조하라. 항상 고객과 긴밀한 관계를 유지하고, 고객과의 브래인스토밍(brainstoming)을 일상화하라.

다섯째, 새로운 아이디어를 살려라. 새로운 아이디어가 있는 구성원들에게는 근무시간의 15%까지 자율적인 시간을 제공하고 5만 달러까지의 개발지원금도 지불하라.

서, 그들의 가치체계에 의식화되고 그들의 기본전제와 행동지침으로 작용하면서 구성원들간의 연결과 구성원들과 기업체의 통합 그리고 나아가서는 기업체성과로의 매개역할을 하고 있다. 그리하여 기업체 고유의 독특한 핵심능력과 경쟁적 비교우위요소로 작용하여 기업체성과에 크게 기여하고 있다.

(3) Z조직문화가치

특히 일본기업의 경우에는 Z조직문화(Z culture)(Ouchi, 1981)라고 불리는 일본 기업구성원들의 가치관이 일본기업의 높은 성과에 크게 기여하고 있다. Z조직문화의 기본가치는 주로 ① 기업체와 구성원들 그리고 구성원들간의 신뢰감, ② 그들 상호간의 친밀감, ③ 기업체의 목적달성을 위한 구성원들의 공동참여의식, ④ 그들의 평등감과 자율의식 그리고 ⑤ 그들의 책임의식 등을 포함한다. 이들 기본가치와 의식은 온정주의와 기업구성원들의 커미트먼트, 인화와 집단주의 그리고 노사간의 공동체의식과 구성원들간의 개방적 의사소통 등 일본기업의 문화적 특성의 바탕이 되고 있다.

Z조직문화는 주로 일본기업의 문화특성을 의미하지만, 서구의 많은 기업체에서도 Z조직문화적 특성이 실제로 나타나고 있는 것이 사실이다. IBM, HP, 그리고 P&G, GE, Southwest Airlines 등 미국의 많은 우수기업체에서도 구성원들간의 강한 신뢰감과 친밀감은 그들의 개방적 상호작용과 강한 팀워크의 바탕이 되고 있다. 그들의 강한 책임감과 평등감 그리고 참여의식은 그들 직무에 대한 강한 커미트먼트와 자율적 경영의 핵심요소가 되고 있다(Ouchi, 1981, pp. 68~80; Slater, 1999, pp. 143~164; Gittel, 2003, pp. 114~123). 따라서 Z조직문화가치는 단지 일본기업뿐만 아니라 높은 성과를 달성하고 있는 서구의 많은 우수기업의 공통된 특징이라 할 수 있다.

2. 조직구조적 특성

우수기업들은 각기의 독특한 공유가치뿐만 아니라, 조직구조의 설계와 운영에 있어서도 몇 가지의 공통된 특징을 보인다.

(1) 소규모의 자율적 사업조직

지금까지 연구대상이 되어 온 세계 우수기업들은 모두가 대기업이지만, 소규모의 조직단위를 중심으로 소규모 기업체와 같이 기동성 있게 움직일 수 있도록 설계되어 있는 것이 이들 우수기업의 첫째 조직구조적 특징이다. 점차 심화되는 환경변화와 점점 치열해지는 시장경쟁에 신속히 대응하기 위해서는 대규모조직에서 흔히 볼 수 있는 관료화·복잡화된 조직체계를 탈피하고, 소규모의 기동성 있는 조직구조를 설계해야 한다는 전제하에 우수기업들은 제품, 지역, 고객 등의 사업단위를 중심으로 분권화된 조직구조 속에서 자율적으로 신속히 움직임으로써 소규모문화 'small is beautiful'의 효과를 달성하고 있다(이학종, 1987, 73~78면).

소규모조직의 설계가 기업체의 전체적인 조직규모의 축소를 의미하는 것은 결코 아니다. 기업체의 규모성장은 어떠한 환경변화 속에서도 모든 기업체가 추구하는 중요목적이다. 소규모조직의 설계는 어떠한 사업, 제품, 지역, 또는 과정(process)을 중심으로 모든 활동이 자율적으로 이루어질 수 있도록 조직구조를 설계하는 것을 의미한다. HP와 3M은 규모확장에 따른 능률은 어느 정도의 규모까지만 발생하고 그 이상의 규모확장은 오히려 능률의 체감현상을 가져온다는 전제하에 사업단위별 구성원수를 엄격히 제한하는 것을 원칙으로

표 3-3 우수기업의 조직구조 특성

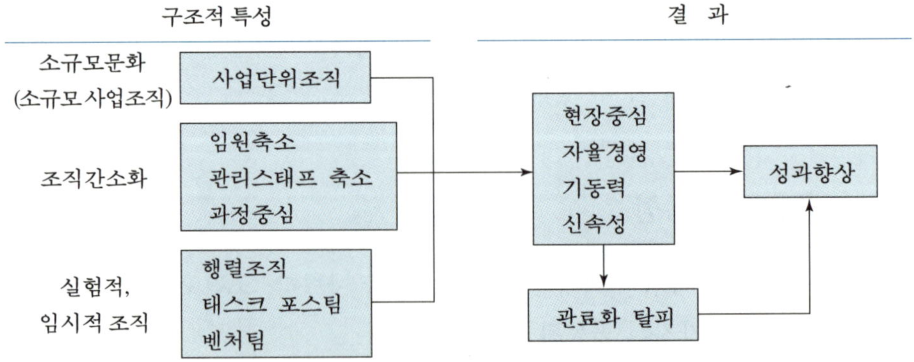

예시 3-3 ABB의 소규모 사업조직

크면서도 작은 조직과 같이 움직이는 기업체의 좋은 예로서 스위스의 ABB(Asea Broun Boveri)를 들 수 있다. ABB는 22만 명의 구성원이 세계 150개국에서 300억 달러 규모의 매출을 달성하는 거대한 중전제조업체이다. 조직규모는 거대하지만 조직구조는 지역과 사업별 행렬(matrix)조직으로 부문화되어 5,000개의 이익중심점(profit center)의 소규모 자율적 운영단위로 구성되어 있다. 각 이익중심점은 50명 정도의 구성원으로 형성되어 사업과 지역의 두 계열에 속하면서 사업본부장과 지역본부장의 관장하에 자율적 운영과 더불어 성과에 전적인 책임을 진다. 또한 사업본부장은 담당 사업영역에 대하여 세계시장에서의 성과에 책임을 지고, 지역본부장은 현지의 고객과 구성원 그리고 일상업무관리에 책임을 진다. 그리하여 세계화(globalization)와 지역화(localization) 그리고 이익중심점(profit center) 위주의 자율적 경영과 고객서비스 그리고 모든 의사결정에 있어서 기동성과 유연성을 발휘하도록 하여 고객중시의 최우선 목표를 달성하는 데 노력을 집중시키고 있다.

ABB의 조직구조

사 장
★ 최고경영위원회 ★★ 운영위원회

사 업 부			
발전 Plant	송변전, 배전	산업용기기 건설시스템	수송장비
· 가스터빈 · 제어시스템 · 발전소사업 · 오염방지사업 등 11개 사업영역	· 변압기 · 네트워크 제어 · 전력시스템 · 에너지 등 9개 사업영역	· 산업공정 · 발전기 · 냉각장치 · 건축서비스 등 18개 사업영역	· 복합수송 · 철도 · 신호시스템 등 8개 사업영역

지역	
	유 럽
	미 주
	아시아

★ Executive Committee(사장, 4명의 사업담당 부사장, 3명의 지역담당 부사장)

★★ Top Management Council(EC위원과 핵심임원)

하고 있고, J & J(Johnson and Johnson, 제약회사)도 533억 달러의 거대한 사업규모를 수많은 소규모 사업단위를 중심으로 자율적인 경영을 하고 있으며, 유럽의 ABB(Asea Broun Boveri)도 140여개국에서 50명 정도로 구성된 5,000여개의 소규모 이익센터(profit center)중심으로 운영되고 있다(예시 3-3; 제Ⅳ부 ABB사례 참조)(Burham and Heimer, 1998; Ghoshal and Bartlett, 1997). 그리하여 자율적인 경영과 더불어 신속한 의사결정으로 스피드 경영을 달성하고 있는 것이다.

근본적으로, 비대하고 복잡한 조직구조는 관리자의 책임한계를 불분명하게 만들고 직무에 대한 그들의 커미트먼트도 약화시킨다는 것이 이들 기업의 관점이다. 그리고 창의적인 아이디어도 대규모의 조직보다는 소규모의 집단에서 창출될 가능성이 높다는 신념하에 소규모의 조직단위를 강조하면서 벤처팀과 같은 소집단활동을 성공적으로 전개해 나가고 있다. 이들 소규모조직은 각기의 활동을 자율적이고 신축적으로 전개해 나가지만, 어디까지나 기업체의 한 부분으로서 정보망(information network)을 통하여 다른 부서나 사업단위와 밀접한 관계하에서 그리고 공통된 문화가치를 중심으로 모두가 통합된 기업문화를 형성하고 있다. 이러한 소규모조직은 물리학적 관점에서 마치 원자와 분자의 연결관계에도 비유할 수 있기 때문에 이들 소규모조직을 핵화조직(atomized organization)이라고도 부른다(Deal and Kennedy, 1982, pp. 182~184)(제 2 장 제 4 절 표 2-8 참조).

(2) 간소화된 조직구조와 자율적 운영

우수기업의 또 다른 특징은 간소화된 조직구조와 관리제도 그리고 단순한 목적과 업무절차이다. 간소화된 조직구조는 현장위주의 자율적 경영을 의미하고, 단순목적은 가치중심적인 중점경영을 의미한다. 즉, 우수기업들은 성과의 주체인 실무현장을 중요시하고 관리스태프의 역할에 있어서도 실무부서를 통제하기보다는 그들을 지원하는 것을 강조하며, 최고경영층도 권한을 실무부서에 대폭 위양하여 현장부서의 자율적인 경영을 조장한다. 이와 같은 특징은 우수기업의 인력구성에도 명백히 나타나고 있다. 우수기업들은 대체로 낮은 임원비율 및 관리스태프비율을 유지하여 관리층에서 감량경영을 실천하면서 '간단하고 단단하며 야무진' (simple, lean and mean) 조직구조를 형성하고 있다.

조직의 간소화는 조직구조뿐만 아니라 기업목적과 기업운영에도 적용된다. 기업목적에 있어서 우수기업들은 다양하고 복잡한 목적을 추구하려하지 않고, 기업체의 기본가치를 중심으로 단순한 단일목적에 꾸준한 노력을 기울

예시 3-4 수평적 조직의 7대 원칙

수평적 조직에서 기대되는 효과를 얻으려면 수평적 조직구조의 설계와 더불어 조직운영과 관리에 있어서 몇 가지의 요건이 갖추어져야 한다. 맥킨지 컨설팅회사(Mckinsey & Co.)의 오스트로프(Frank Ostroff)와 스미스(Douglas Smith)는 수평적 조직의 성공요건으로 다음 일곱 가지의 원칙을 강조한다.

1. 과정중심의 조직구조설계 : 조직구조를 기능중심에서 탈피하여 3~5개의 핵심적인 업무과정을 중심으로 설계하고, 업무과정마다 구체적인 성과목표와 책임자를 배정하라.

2. 계층의 수평화 : 세분화된 과업을 통합하고 부가가치가 낮은 과업은 없애든지 자동화시키며 업무과정에서 요구되는 활동들을 최소화하여 관리업무를 축소시켜라.

3. 자율적 팀관리 : 조직을 팀으로 구성하고 팀에게 공동목표의 설정과 성과달성에 대한 전적인 책임을 부여함으로써 관리업무의 필요성을 최소화시켜라.

4. 고객최우선목표 : 고객만족을 성과측정과 평가의 가장 중요한 기준으로 적용하라.

5. 팀성과중심의 보상 : 업적평가와 임금지불의 기준을 개인성과중심에서 팀성과중심으로 바꿔라.

6. 고객과의 상호작용증대 : 구성원들로 하여금 고객 및 공급업체와의 관계를 활성화시키고, 가능한 한 팀작업에 고객과 공급업체를 참여시키도록 하라.

7. 정보활용능력의 개발 : 일상적인 정보피드백 이외에 구성원들과 관리스태프가 정보자료를 잘 활용하여 자신의 의사결정을 잘할 수 있도록 교육훈련을 통하여 그들의 정보분석 및 정보활용능력을 길러라.

인다. 두 개 이상의 목적은 목적이 아니라는 관점에서 간단한 단일목적에 치중하는 것이다. 즉, 고객서비스, 기술개발, 생산성, 품질, 신제품개발 등을 목적화 · 전략화하면서 가치중심적 경영활동과 구성원행동을 조성해 나간다.

(3) 임시적, 실험적, 네트워크 조직의 활용

우수기업 조직구조의 또 한 가지 특징은 행렬조직(matrix organization), 네트워크조직(network organization), 프로젝트팀, 태스크 포스팀, 벤처팀 등 임시적, 실험적, 또는 부가가치 과정중심의 조직집단을 많이 활용하여 조직의 신축

예시 3-5 지멘스의 수평적 네트워크조직

초대형 기계장비 및 전기통신기기 제조업체인 독일의 지멘스(Siemens)는 1990년에 매출규모는 계속 증가하는데도 불구하고 경상이익은 점점 감소되는 데 심각한 위기감을 느끼고, 회사의 생산성과 수익성을 높이고 경쟁력을 강화하기 위하여 생산성향상에 성공한 HP와 모토롤라 등 우수기업들을 집중 연구한 후 TQM, JIT, TBM, 벤치마킹 등 각종 혁신기법들을 도입하였다.

그러나 전통적으로 사업별 그리고 기능별로 부문화된 수직적 조직구조화에서는 기능부분별 통제와 기능간의 갈등 그리고 집권화 · 관료화된 관리체계 때문에 이들 혁신기법들이 효과적으로 적용될 수가 없었다.

지멘스는 이들 혁신기법이 활용되기에 앞서서 먼저 조직구조가 수직적 기능조직에서 과정 및 팀중심의 다기능적(cross-functional) 네트워크조직으로 조정되지 않고서는 아무리 잘 설계된 경영혁신기법이라도 그 효과가 발휘될 수 없다는 결론을 내렸다. 그리하여 조직구조와 경영체계를 수직적 · 기능적 계층체계에서 고객을 위한 가치창조를 목적으로 부가가치과정에서의 기능간 상호작용과 피드백 중심의 수평적 팀조직으로 개혁하여 특정과정에 관련된 구성원들과 팀을 모두 연결시키는 네트워크조직을 구축해 나갔다(옆의 표 참조).

네트워크조직하에서 지멘스는 TOP(Time Optimized Process: 시간효율극

성과 기동성 그리고 창의성을 발휘하면서 급변하는 환경에 적절히 적응해 나간다(예시 3-5 참조). 특히 태스크 포스팀은 공식기능이나 직위보다는 주어진 문제에 관심을 가진 구성원들의 자발적인 참여로 운영되는 것이 특징이다. 따라서 전반적인 조직구조가 전통적인 수직적 구조에서 탈피하여 수평적 구조로 설계되어 운영되는 것이 우수기업들의 공통된 특징이다. 새로운 아이디어를 창출하고 모험적인 사업을 개발하는 데 있어서 벤처팀과 프로젝트팀은 완벽한 계획수립에 너무 오랜 시일을 소비하지 않고, 대략적인 정보자료를 토대로 하여 새로운 아이디어나 프로젝트를 실제로 실험해 보고, 그 결과에 따라 진행상

지멘스의 네트워크조직

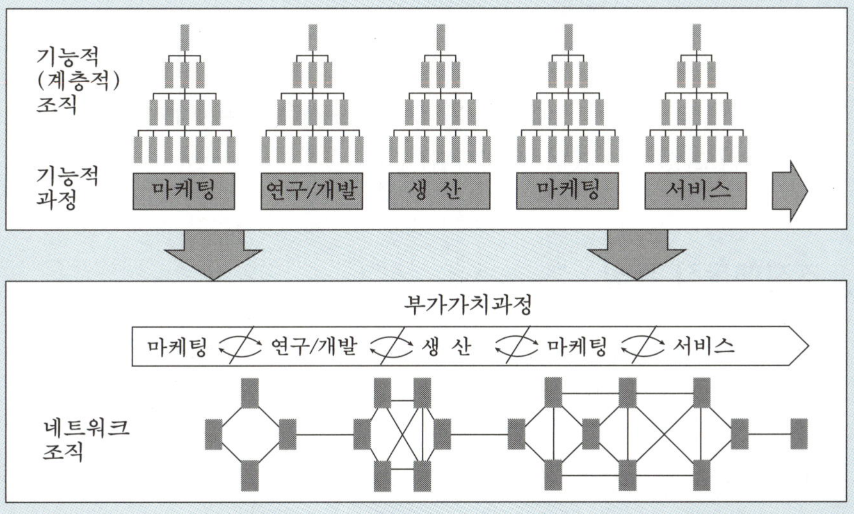

대화)이라고 불리는 생산 및 업무과정의 주기시간(cycle time)을 단축시키는 대대적인 경영혁신을 전개하여 첫 5년 동안에 생산성을 2~3배 증가시키고 신제품개발도 두 배 이상 증가시키면서 총 80억 마르크(약 50억 달러)상당의 효율성증대 효과를 가져왔다. 이와 같이 지멘스가 TOP 경영혁신으로 경쟁력을 강화할 수 있었던 것은 무엇보다도 TOP 혁신기법을 적용하는 과정에서 혁신노력에 저해되는 구조적 요소들을 조직구조조정으로 제거하고 부가가치과정 중심의 네트워크조직을 설계한 것이 가장 큰 성공요인이었다.

황을 보완 · 수정해 나가면서 새로운 아이디어나 프로젝트를 완성시키는 'do it, fix it, try it' 방식의 행동중심적 운영을 강조한다(Peters and Waterman, 1982, pp. 134~141).

(4) 조직 구조조정과 리엔지니어링

세계 우수기업들은 자율적 사업(작업)조직과 간소화된 조직구조를 설계하기 위하여 조직 구조조정(restructuring)과 과정 리엔지니어링(process reengineering), 그리고 이에 필요한 조직개발을 강력히, 끊임없이 전개해 나간다(Hammer, 1996; Hammer and Champy, 1993). ABB가 획기적인 조직 구조조정으로 그리고 Siemens가 부가가치 과정중심으로 각각 자율경영과 경영혁신 그리고 조직간소화를 성공적으로 달성한 좋은 예이며(Peters, 1994, pp. 36~38; 예시 3-3, 3-5 참조), 우리나라의 많은 기업들도 조직구조의 수평화와 팀제의 도입을 통하여 전통적 '관료조직의 파괴'를 시도하고 있다. 우수기업들이 간소화된 조직과 수평적인 조직을 성공적으로 운영한다는 것은 물론 이에 적합한 기업문화가 뒷받침하고 있다는 것을 의미한다(예시 3-3, 3-4 참조).

3. 조직행동적 특성

구성원들의 행동과 전체 조직체행동에 있어서도 세계의 우수기업들은 몇 가지 공통된 특징을 보인다.

(1) 개방적 상호작용

세계 우수기업에서는 구성원들간의 지위계층에 관계없이 개방적 의사소통이 활발히 이루어지고 있다. 개방적 의사소통을 활성화시키기 위하여 관리자의 관리한계를 제한하고 개문정책(open door policy)을 채택하며 구성원들간에 주기적으로 비공식적인 모임을 갖는 것도 많은 우수기업들의 공통된 특징이다. 특히 HP는 구성원들간의 비공식적인 접촉과 개방적인 상호작용을 일상업무에서 생활화하는 배회관리(Management By Wandering Around; MBWA)를 'HP Way'라고 부르면서 HP의 독특한 공유가치로 정착시켜 왔다(Hewlett and

Packard, 1995)(예시 3 - 6; 제Ⅳ부 HP사례 참조).

(2) 적극적인 경영참여

세계 우수기업들은 모두가 높은 생산성을 보이고 있다. 높은 생산성 없이는 경쟁력이 강한 세계 우수기업이 될 수 없다. 그러나 세계 우수기업의 생산성은 단순히 최신설비나 기계장비만으로 달성되는 것이 아니라 구성원들의 적극적인 경영참여에 의하여 달성되고 있다. 우수기업들은 공장에서의 분임조활동과 직장생활의 질(quality of work life) 개선으로부터 시작하여 사무 · 관리직에

예시 3-6 HP의 배회관리(MBWA)문화

HP(Hewlett Packard)는 2006년에 917억 달러의 매출에 6.2억 달러의 순이익을 낸 미국 제 2 의 컴퓨터 제조업체로서, 많은 학자들로부터 기업문화의 7S요소(제 1 장 표 1 - 4 참조)가 가장 조화를 잘 갖추어 모범적인 기업문화를 가지고 있는 기업으로 인정받고 있다. HP는 1937년 휴렛(William Hewlett) 씨와 팩커드(David Packard) 씨에 의하여 창설된 후 각종 실험 및 측정기기 분야에서 세계 제 1 의 제조업체로 성장하였고, 1968년에는 컴퓨터 분야에 진출하여 미니컴퓨터분야에서 오랫동안 선두위치를 유지해 왔다.

HP가 이와 같이 우수한 기업으로 발전하는 데에는 인간의 창의력을 존중하는 기업문화가 중요한 역할을 하였다. 배회관리(Management By Walking Around; MBWA)로 표현되는 HP의 기업문화는 기업은 바로 구성원들이고 구성원들의 성과는 그들의 창의력이 발휘될 수 있는 근무환경의 조성에 달렸다는 창업자들의 굳은 신념에 기초한 것이다. 배회관리는 소위 'HP 방식' (HP way)으로서 구성원들간의 개방적이고 자유스러운 접촉, 그리고 개문정책(open door policy)과 신축적 근무시간제도(flexible work hour program), 구성원들간에 상하를 막론하고 존칭을 쓰지 않고, 호칭(first name)을 사용하는 것 등으로 HP way를 강화해 나가고 있다. 또한, 관리자 사무실에는 반드시 칠판과 작업대, 의자 등이 구비되어 있는 것도 HP 구성원들간의 개방성과 창의성을 뒷받침하는 물리적인 상징이다.

서의 목표관리와 경영층에서의 자율적 의사결정, 그리고 각종 선진 경영기법에 이르기까지 조직체 각층에서 완전히 열린 상호작용하에서 구성원들의 경영참여를 유도하고 그들에게 동기를 부여하여 높은 생산성을 달성하고 있는 것이다. 이와 같이 점점 기계화 · 자동화되어 가고 있는 현대기업의 조직환경 속에서도 구성원들의 인간적 가치를 중요시하고 작업환경을 인간화하여 그들의 경영참여를 최대화시키려고 노력하는 것이 또한 세계 우수기업들의 특징이다.

(3) 내부사업가활동

구성원들의 창의적인 아이디어를 구체적인 행동계획과 프로그램으로 사업화하여 좋은 성과를 거두는 내부사업가활동(intrapreneuring)(Pinchot Ⅲ, 1985)을 조성하는 것도 우수기업들의 특징이다. 〈표 3-4〉에서 보는 바와 같이, 일반 기업체의 공통적인 문제는 일상적인 업무만을 반복할 줄 아는 관리자들과

표 3-4 내부사업가 그리드(Grid)

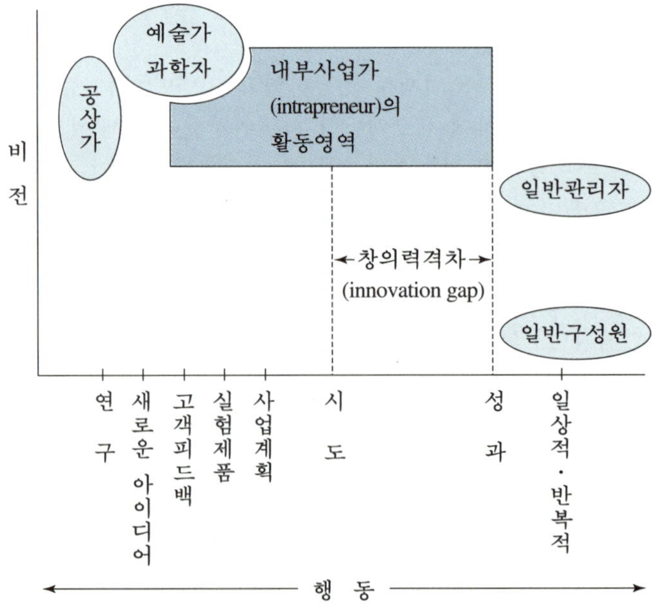

구성원들 그리고 최고경영층의 비전을 중심으로 이를 기획만 할 줄 아는 기획가들로만 구성되어 있는 것이다. 따라서 환경변화에 적극적으로 대처하기 위한 새로운 아이디어를 구체적인 행동과 사업으로 전환시켜 실제로 높은 성과를 가져오는 구성원들은 극히 드문데, 이것이 현대 기업체들이 당면하고 있는 심각한 문제이다. 새로운 아이디어와 실제 행동간의 격차를 창의력격차(innovation gap)라고 부르는데, 이 격차를 메워 주는 구성원들이 바로 내부사업가들이다. 우수기업에서는 이러한 내부사업가활동이 매우 활발히 전개되고 있고, 또 앞에서 설명한 소규모 조직구조와 실험적 조직집단을 많이 활용하면서 이러한 내부사업활동을 적극적으로 조장한다.

(4) 방임과 통제의 혼합경영행동

우수기업들의 또 한 가지 조직행동 특징은 방임과 통제를 동시에 적용하는 혼합경영행동이다. 이 혼합경영스타일은 지금까지 설명한 우수기업들의 문화가치적 그리고 조직구조적 특성에서 현저히 나타나고 있다. 즉, 조직구조와 구성원들 사이의 상호작용에 있어서는 신축성과 유동성, 개방성과 자율성 등 방임적 경영행동을 취하고 있는 반면에 고객서비스, 기술개발, 품질 등 기업의 우선목적에 있어서는 차질 없는 전략수행과 철저한 통제행동을 강조한다.

이러한 혼합경영행동은 조직구성원의 기본적인 사고방식과 가치관 차원에서 실무적인 의사결정에도 나타나고 있다. 즉 기업경영에 있어서 관리자들은 품질 대 원가(quality vs. cost), 능률 대 효율성(efficiency vs. effectiveness), 단기성과 대 장기성과(short-run vs. long-run performance) 그리고 내부조직경영 대 외부조직경영(internal vs. external management) 등의 여러 가지 전략선택문제에 당면하게 된다. 이러한 상황하에서 관리자들은 일반적으로 이들 문제의 성격에 비추어 갈등과 상호배반성을 전제하고 흔히 트레이드 오프(trade-off)의 관점에서 의사결정을 하게 된다.

그러나 우수기업들은 이러한 문제를 트레이드 오프로 보지 않고, 보다 상위적 차원에서 조직체의 우선적 가치를 중심으로 품질과 원가, 능률과 효율성 그리고 단기성과와 장기성과를 동시에 달성하도록 노력한다(Hampden-Turner, 1992, pp. 21~24; Collins and Porras, 1994, pp. 43~45). 따라서 우수기업들은 전략

선정에 있어서 전통적인 경영학 원리나 원칙을 초월하여 보다 높은 차원에서 기업체의 기본가치를 추구하는 가치중심적 사고방식과 경영행동을 강조한다 (제 2 장 제 4 절 표 2-8 참조).

(5) 협력적 노사관계

경쟁력이 강한 세계 우수기업들의 또 한 가지 공통된 특징은 노사간에 상호 협조적인 관계를 유지하고 있는 것이다. 세계 우수기업들의 개방적이고 열린 문화는 이들 기업의 노사관계에도 반영되어 노사 상호간에 신뢰감이 형성되어 있고, 이를 바탕으로 하여 노사협상은 물론 일상경영의 노사 공동의사결

예시 3-7 GE의 워크아웃

GE의 워크아웃(Workout)은 웰치 회장의 벽 없는 무한계(boundaryless) 경영문화와 학습조직의 이념을 실현시키고 GE의 사업 및 조직 구조조정에서 혁신적 경영방식을 복합시켜 시너지 효과를 발생시킴으로써 GE를 세계 최강의 경쟁력을 가진 기업체로 성장시키는 데 결정적인 역할을 한 GE 고유의 구성원 경영참여 프로그램이다. 워크아웃은 구성원들을 조직체 내부의 모든 장벽과 관리자의 권위 그리고 모든 통제제도와 절차에서 해방시켜 그들로 하여금 현장실무 문제에 자유스럽게 참여하도록 하고 그들의 건의를 그대로 받아들여 이를 실천시킨다. 워크아웃은 대체로 다음 순서에 따라 진행된다.

① 작업현장의 구성원들 자신이 워크아웃에서 토의할 문제나 과제를 선정한다.
② 선정된 문제나 과제에 관련된 모든 분야와 각계 각층의 구성원들로 워크아웃팀을 구성한다.
③ 선정된 문제나 과제에 대한 건의를 실제로 실천하기까지 이를 담당할 챔피언(팀장)을 선발한다.
④ 워크아웃팀은 약 3일간의 토의를 거쳐 문제해결 건의안을 작성한다.

정에 있어서도 노사간의 협력이 잘 이루어지고 있다. GE의 워크아웃(예시 3 - 7 참조), 도요다의 Toyota Way를 통한 생산성 향상, 사우스웨스트 항공(Southwest Airlines)의 팀워크(제 1 장 예시 1 - 2 참조) 등이 대표적인 예로서, 모두 노사간의 협력이 이들 기업의 기업문화와 경쟁력에 큰 몫을 하고 있다.

제 3 절 강한 기업문화와 기업체성과

앞 절에서 설명한 세계 우수기업들의 문화적 특성을 볼 때, 그들은 각기

⑤ 토의에서 결정된 문제해결 건의안을 사업장에게 직접 제출하여 그자리에서 그의 최종결정을 얻어낸다.
⑥ 건의안을 실천하는 데 요구되는 토의를 필요에 따라 계속한다.

워크아웃 토의는 주로 외부 호텔에서 실시되고, 토의 진행은 GE를 잘 아는 외부 대학교수나 변화전문가가 맡아 변화촉진자(facilitator)로서 변화담당자의 역할을 수행한다. 첫 날에는 40~50명의 워크아웃팀 구성원들이 자유로운 토의와 의견교환을 통하여 워크아웃에서 토의할 문제나 과제를 선정하고, 둘째 날에는 사업장이 참석하지 않은 상황하에서 워크아웃 구성원들이 8~12명의 소집단으로 나누어 세부적인 문제/과제를 심층토의한다. 그리고 마지막 셋째 날에는 사업장을 참석시키어 워크아웃 토의에서 결정된 사항을 건의하고 그의 결정을 요구한다. 여기서 사업장은 건의된 사항에 대해 채택여부를 결정하는데, 약 80%의 경우 채택여부가 그 자리에서 결정되고 추가 연구나 정보자료가 필요한 경우에만 한 달 내에 최종결정이 내려진다.

토의진행을 담당하는 변화촉진자는 중립적인 입장에서 오로지 워크아웃 팀구성원들이 자유스럽게 자신의 의견을 발표하고 문제에 초점을 맞추어 토의가 잘 이루어지도록 그들을 유도하여 워크아웃이 효율적으로 그리고 성공적으로 진행되도록 토의운영을 도와준다.

독특한 공유가치를 중심으로 고유의 기업문화를 가지고 있고, 이들 기업문화는 구성원들의 행동과 전체 기업경영에 강하게 나타나고 있다. 따라서 강한 기업문화는 일반적으로 이들 기업의 경쟁력과 기업성과에 긍정적으로 작용하는 것으로 인식되고 있다. 그리하여 많은 기업체들이 강한 기업문화를 개발하는데 많은 노력을 기울이고 있다. 그러나 강한 기업문화가 반드시 높은 성과를 가져오는지에 대해서는 의문스러운 점이 있다. 우선 강한 기업문화란 무엇인지 그 개념을 알아본 다음에 강한 기업문화와 기업체성과간에 어떤 관계가 있는지를 실증적 연구결과를 중심으로 살펴본다.

1. 강한 기업문화의 개념

기업문화는 근본적으로 구성원들의 공유가치인 만큼, 강한 기업문화는 구성원들의 강한 공유가치를 의미하는 동시에 이를 중심으로 나타나는 그들의 공통된 강한 행동을 의미한다. 강한 기업문화가 무엇을 의미하는지 좀더 자세히 설명한다.

(1) 공식화된 공유가치체계

강한 기업문화를 가진 기업체는 대부분의 경우 주로 창업자나 경영주의 경영철학을 중심으로 기업의 사명과 목적 그리고 경영신조를 이념화하여 이들 기업의 기본가치로 공식화하고, 이를 구성원들에게 전달하여 그들의 공통된 가치체계로 의식화시키고 있다. 공식화된 기본가치는 신입사원 훈련으로부터 시작하여 기업체 내에서의 사회화과정을 통하여 구성원들에게 체계적으로 주입되고 강화되면서, 이를 그들의 공유가치로 정착 · 유지시켜 나간다. 그리고 구성원들의 공유가치는 기업의 경영전략과 조직구조 그리고 관리시스템과 관리자의 리더십스타일에도 직접적으로 반영되어(제 1 장 표 1-4 참조), 전체적으로 기본가치와 전략목적 그리고 조직구조와 경영행동이 상호간에 밀접하고 일관성 있는 관계를 형성하게 된다.

(2) 규범화 · 체질화된 행동패턴

강한 기업문화를 가진 기업체에서 공식화된 공유가치체계는 구성원들의 행동지침으로 작용하여, 그들의 업무수행과 그들간의 상호작용에 있어서 서로 이해되고 있는 업무처리방식과 행동양식에 따라서 상황에 따라 적절한 행동이 자연스럽게 취해지게 된다. 구성원들간의 이러한 규범화 · 체질화된 행동은 그들간에 공통적인 선의식적 기본전제가 강하게 작용하고 있다는 것을 의미한다(제 1 장 표 1-5 참조). 기업체의 기본가치를 공식화하여 이를 체계적으로 구성원들에게 의식화시키고 그들에게 규범화된 행동을 체질화시켜서 강한 기업문화를 성공적으로 정착시킨 좋은 예로, GE(무한계 문화)와 마쓰시다전기(보국사업, 공명정대, 화친일치, 예절겸양, 역투향상, 순응동화, 감사보은)를 들 수 있다(표 3-2, 제 1 장 표 1-7, 1-8 참조).

(3) 기업문화의 지속성

강한 기업문화는 일단 형성되면 기업의 창업자나 경영주 등 중심인물들이 바뀌어도 계속 존속되어 나간다. 즉, 강한 기업문화는 구성원들간의 학습과 사회화과정을 통하여 자연스럽게 강화 · 유지되어 나가는 자생력을 가지고 있다. 강한 기업문화가 기업체의 성과와 잘 연결되어 구성원들에게 만족감을 가져오고 동기를 부여하는 경우에는 기업문화가 잘 지속되어 나가는 것은 물론이지만, 기업체의 성과와 잘 연결되지 않는 경우에도 특히 단기간에는 구성원들에게 안정감과 소속감을 줌으로써 역시 기존 기업문화를 지속시키는 강한 자생력이 발휘될 수 있다. 이와 같이 강한 기업문화는 오랫동안 지속되어 나가는 경향이 있기 때문에 강한 기업문화를 가진 기업체들은 전체 기업계나 같은 산업계, 특히 경쟁업체들간에 널리 잘 알려지게 된다.

2. 강한 기업문화의 역효과

기업문화가 기업체성과에 긍정적으로 작용하는 경우에는 구성원들에게 만족감과 동기를 부여하여 강한 기업문화가 형성되고, 강한 기업문화는 계속 높은 성과를 가져오면서 강한 기업문화와 성과간의 연결관계(goal alignment)가 더욱 강화되어 나갈 수 있다. 앞 절에서 설명한 세계 우수기업에서는 강한 기업문화가 오랫동안 높은 기업성과에 기여하고 있고, 따라서 이들 기업의 강한 기업문화가 계속 강화되어 나간다. 그러나 강하게 공식화된 기본가치가 기업체의 현실에 맞지 않거나 강한 기업문화가 기업체성과에 기여하다가도 기업환경의 변화로 말미암아 성과와의 연결관계가 없어져 버리는 경우에, 강한 기업문화는 오히려 기업체성과에 역효과를 가져올 수 있다.

좋은 예로서 1960년대와 1970년대의 타이멕스(Timex)회사를 들 수 있다(이학종, 1982, 141~150면). 타이멕스는 재래식 손목시계(mechanical watch)제조업체로서 1950년대에 획기적인 저가격 손목시계(소매가격 5달러)를 개발하는데 성공하였다. 그리하여 재래식 손목시계생산의 경쟁적 성공요인인 능률과 품질에 기본가치를 둔 강한 기업문화를 형성하여, 1960년대에 매출액으로는 세계 제일의 손목시계 제조업체로 성장하였다. 전통적으로 스위스의 시계 제조업체들이 독점해 온 손목시계시장에서 미국의 타이멕스가 세계 제일의 손목시계업체로 성장한 것은 대단한 성과였다. 그러나 1970년대에 들어와서 타이멕스의 강한 기업문화는 종래의 재래식 손목시계생산에만 적합한 기업문화로 경직되어 버렸다. 그리고 전자식 손목시계의 출현과 더불어 전자식 손목시계생산의 경쟁적 성공요인인 창의성과 기술개발 등 새로운 기업환경에 적합한 기업문화를 개발하지 못함으로써 결국 적자회사로 전락되어 오랫동안 고난을

표 3-5 강한 기업문화의 역기능적 결과

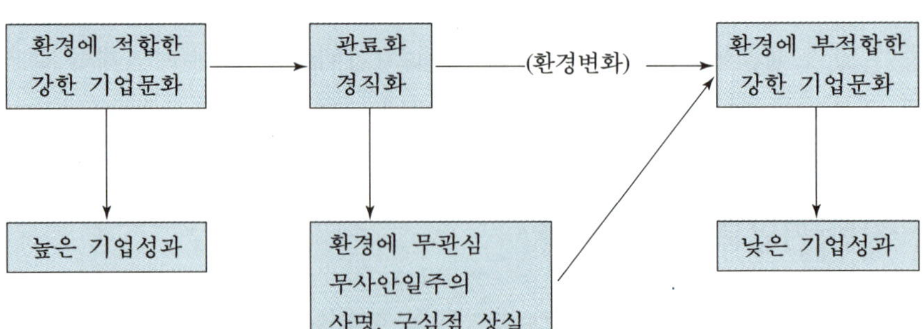

겪어 나가야만 하였다.

영국종합화학(Imperial Chemical Industries)도 오랫동안 화학산업에서 세계 최고의 첨단기술개발과 우수한 과학기술인력에 바탕을 둔 강한 기업문화를 형성하여 카르텔(cartel)로 지배되어 온 세계 화학시장에 큰 영향력을 발휘해 왔다. 그러나 근래에 화학시장의 카르텔구조가 깨지고 시장경쟁이 심해지자, 영국종합화학은 독점시장환경에 적합한 기존의 강한 기업문화 속에서 축적된 기술을 상품화하여 시장경쟁에 적극적으로 대응하는 외향적(outward-looking) 문화를 개발하기보다는 오히려 기존 문화를 보호하면서 관료적이고 외향적(inward-looking)인 기업문화를 지속시키는 악순환을 30여년간이나 거듭해 왔다(이학종, 1997, 506~515면).

이와 같이 강한 기업문화가 기업체성과에 역기능적으로 작용한 경우는 타이멕스와 영국종합화학 이외에도, General Motors와 Xerox 등 많이 있다. 특히 GM, Ford 그리고 Chrysler 등 미국의 자동차 제조업체들은 전통적으로 크고 편하고 튼튼한 승용차의 대량생산에 바탕을 둔 강한 문화를 형성해 왔다. 그리하여 1980년대까지 오랫동안 세계 자동차시장을 장악하면서 석유파동과 주차난 그리고 환경오염 등 기업환경변화에도 불구하고 기존의 경직된 강한 기업문화를 지속해 오다가, 세계 자동차시장을 일본과 유럽 자동차 제조업체에게 빼앗기면서 근래에는 엄청난 손실까지 보게 되었다.

IBM도 오랫동안 메인프레임(mainframe) 컴퓨터생산에 적합한 강한 기업문화를 개발 · 유지해 왔다. 그러나 컴퓨터시장에서 메인프레임이 차지하는 비중이 점차 줄어들고 PC 등 소형컴퓨터의 시장점유가 크게 증가되어가는 추세 속에서 IBM은 메인프레임 중심의 강한 기업문화를 이러한 시장변화에 적절히 보완 · 적응해 나가지 못함으로써 1990년대에 많은 어려움을 겪어야만 했다(예시 3-8 참조).

우리나라의 기업체도 과거에 오랫동안 정부보호하에서 저임금과 장시간의 노동 그리고 저가격 · 저기술제품의 대량생산에 적합한 강한 기업문화를 개발하여 해외수출을 중심으로 고도의 성장을 달성하였다. 그러나 1980년대부터 무한계(boundaryless)의 시대가 다가오면서 전세계적으로 점차 경제가 개방되고 시장경쟁이 치열해짐에 따라서 고임금과 고부가가치 그리고 고기술 · 고품질에 바탕을 둔 새로운 기업문화의 개발이 요구되기 시작하였다. 따라서 과거의 강한 문화는 새로운 기업환경하에서 기업체성과에 기여하기보다는 오히려 성과를 저하시키는 요인이 됨은 물론, 새로운 기업문화개발에도 장애요인이 되고 있는 경우를 많이 볼 수 있다(표 3-6 참조).

예시 3-8 IBM의 강한 기업문화

IBM은 오랫동안 세계 컴퓨터시장을 독점해 온 세계 제일의 컴퓨터 제조업체로서 1980년대 상반기에 연속 미국의 가장 존경받는 기업체(America' s Most Admired Corporation)로 평가받으면서, 그 당시에 1,000억 달러의 매출을 계획하면서 세계 제일의 제조업체가 되기를 꿈꾸기도 하였다. IBM이 이처럼 세계적인 초일류기업으로 성장하는 데에는 고객서비스(customer service)와 인간존중(respect for the individual) 그리고 우수성(excellence)의 삼대 경영이념을 공유가치로 한 IBM의 강한 기업문화가 크게 기여하였다. 특히 고객서비스 이념은 IBM을 시장지향적(market-driven)이고 공격적인 회사로 만들면서 IBM의 확고한 경쟁적 비교우위요소로 작용하였다.

그러나 1980년대부터 컴퓨터의 소형화 추세가 가속화되기 시작하여 개인용 컴퓨터(personal computer)와 워크스테이션(workstation)의 수요가 급증하면서 컴퓨터시장에 큰 변화가 일어났다. 그러나 IBM은 값싸고 사용하기 쉬운 소형컴퓨터를 원하는 일반 소비자의 욕구를 외면하고, 계속 기업체와 조직체를 대상으로 메인프레임(대형 및 중형) 컴퓨터에만 집착하였다. 소형컴퓨터시장이 확장되고 메인프레임 컴퓨터시장이 축소되자 IBM은 소형컴퓨터시장에 적극성을 보이기 시작하여 여러 가지의 전략을 시도하였다.

그러나 메인프레임에 바탕을 둔 강한 체질과 메인프레임의 높은 수익성에 도취된 강한 기업문화 속에서 IBM이 소형컴퓨터시장에 대한 전략을 성공적으로 수행하기에는 너무나 역부족이었다. 메인프레임에만 사로잡힌 IBM은 소형컴퓨터를 메인프레임의 단말기기로만 생각하려 하였고, 최고의

3. 실증적 연구결과

이와 같이 강한 기업문화는 많은 우수기업에서와 같이 높은 기업체성과의 중요요인이 되고 있는 반면에, 많은 경우에 기업체성과에 크게 기여하지 않거나 오히려 기업체성과에 장애요인이 되고 있다. 하버드 경영대학원의 코터(J. Kotter)와 헤스켓(J. Heskett) 두 교수는 미국의 22개 산업의 207개 기업체를 대

사결정기구인 운영위원회(Management Committee)는 소형컴퓨터의 수익성이 낮다는 이유로 소형컴퓨터 개발전략과 계획을 수 없이 거절하였으며, 심지어는 IBM이 컴퓨터산업에서의 소형컴퓨터개발을 방해한다는 비난까지 받을 정도로 소형컴퓨터시장을 소홀히 하였다.

컴퓨터의 소형화추세로 IBM의 시장점유가 크게 축소되자, 1990년대에 들어서 마침내 IBM은 1914년 창립 이래 처음으로 적자운영을 하게 되었고 (1992년 적자 49억 달러), 따라서 IBM은 1990년부터 대대적인 인력감축을 시작으로 40만 명의 인력을 5년 동안에 걸쳐서 20만 명 수준으로 줄이는 강력한 구조조정과 변신전략에 나섰다. 처음에는 전통적인 인간존중의 이념과 완전고용의 원칙에 따라 주로 조기은퇴에 의존하여 인력감축을 추진해 왔으나 1994년부터는 해고의 방법도 사용하게 되었다.

1993년에는 창립 이래 철저히 지켜온 내부승진의 전통에서 벗어나 새 회장 거스트너(Louis Gerstner) 씨를 시작으로 중요 임원들을 외부로부터 영입시켰고, 메인프레임 중심의 관료화된 조직을 개편하여 분사화를 추진하면서 소형컴퓨터사업을 활성화시켰으며, 마이크로소프트(Microsoft) 등 다른 회사와의 기술제휴하에 멀티미디어(multi-media)분야에 적극적으로 진출하여 소비자시장에서 하드웨어기기와 서비스가 통합된 공격적인 전략을 전개하기 시작하였다. 그리고 메인프레임과 미니 그리고 워크스테이션의 고객들을 함께 묶어 통합된 서비스를 강화하고, 나아가서는 PC를 사용하는 일반소비자까지도 정보 및 프로그래밍 서비스를 확대시켜 나가는 초고속 정보서비스('Information Superhighway')전략을 강력히 전개해 나갔다. 이와 같은 변신의 노력으로 IBM은 1993년 하반기부터 흑자경영으로 전환되기 시작하여 4/4분기부터 흑자를 기록하기 시작하였다.

표 3-6 강한 기업문화의 역기능(한국기업)

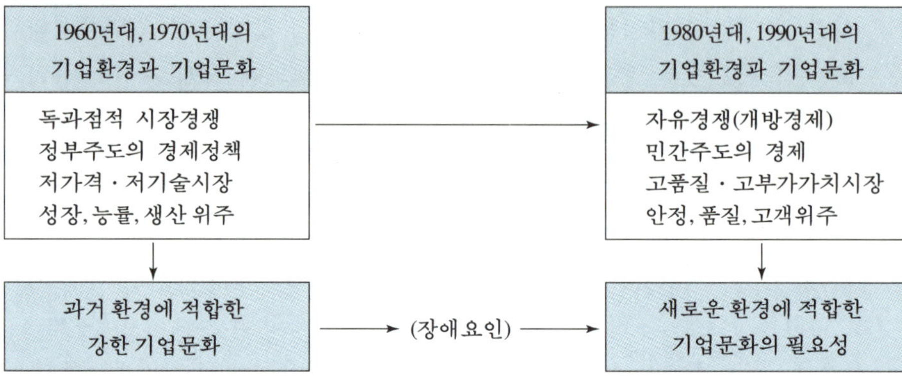

상으로 기업문화의 강도와 기업의 장기성과간의 관계를 연구하였다. 기업문화의 강도는 ① 기본가치의 공식화 및 의식화 정도, ② 기본가치가 기업경영에 반영되고 있는 정도 그리고 ③ 기업문화가 경쟁업체들에게 널리 잘 알려져 있는 정도 등을 기준으로 5점 척도에 의하여 측정되었고, 기업체성과는 1970년대와 1980년대의 연평균 시장가치 증가율과 연평균 순이익 증가율 그리고 연평균 투자이익률에 의하여 측정되었다. 그 결과 기업문화의 강도는 기업체의 시장가치 증가율이 0.26, 순이익 증가율이 0.42, 그리고 투자이익률이 0.30의 상관관계를 각각 나타냈다(Kotter and Heskett, 1991, pp. 19~20, 159~161).

IBM, HP, Wal-Mart, Anheuser-Bush(맥주회사) 등이 강한 기업문화와 높은 기업성과간의 높은 상관관계를 보인 대표적인 예이나, 그 반면에 GM, J. C. Penney(백화점), Sears Roebuck(백화점), Goodyear Tire 등이 강한 기업문화에도 불구하고 낮은 성과를 보인 대표적인 기업체들이다. 이들은 대체로 한때는 높은 성과를 올렸지만, 과거의 성공적인 기업경영을 통하여 강하게 정착된 기업문화 속에서 안주하다가 강한 기업문화가 경직된 기업문화로 변하고 환경변화에 무감각해지면서 기업의 기본사명과 구심점을 잃게 되어 결국 기업성과도 저조해진 기업체들이다. 그리고 약한 기업문화에도 불구하고 성과지표에는 높게 나타난 기업체에는 McGraw-Hill(출판), Smith Kline(제약), Pitney Bowes(사무기기) 등이 속해 있는데, 이들은 고성장 기업체의 인수전략이나 특정 제품시장의 독점적 위치 등 특수한 외적 요인에 의하여 높은 기업성과를 달성한 기업체 들이다. 따라서 이들 기업체의 성과만을 중심으로 약한 기업문화가 높은 기업체성과의 요인으로 작용한다는 결론을 내릴 수는 없다.

전체적으로 볼 때, 코터와 헤스켓의 연구결과는 강한 기업문화와 기업체성과간의 관계를 입증하고는 있지만, 그 관계는 성과지표에 따라서 0.26~0.42 정도의 상관관계로서 아주 높지도 않고 아주 낮지도 않은 중간정도의 관계라고 할 수 있다. 따라서 강한 기업문화가 반드시 높은 기업체성과를 가져온다고는 할 수 없지만, 강한 기업문화는 높은 기업성과의 중요한 요건이라는 결론은 내릴 수 있다. 다시 말해서, 강한 기업문화는 높은 기업성과의 필수조건은 되지만 충분조건이 된다고는 할 수 없다.

제 4 절 성과지향적 기업문화

강한 기업문화가 반드시 높은 기업성과를 가져오지 않는다면, 높은 기업성과를 가지고 있는 강한 기업문화와 기업성과가 높지 않은 강한 기업문화는 어떻게 다른가? 코터와 헤스켓은 강한 기업문화를 가진 22개의 기업체를 선택하여 강한 기업문화와 기업성과간의 관계를 면접과 사례연구를 통하여 심층적으로 분석하였다. 연구대상 기업체 중 12개의 기업체는 높은 기업성과를 올리고 있었고(연평균 순이익 증가율 47.3%, 연평균 투자이익률 11.1%, 연평균 시장가치 증가율 23.5%), 10개의 기업체는 낮은 기업성과를 보이고 있었다(연평균 순이익 증가율 14.2%, 연평균 투자이익률 7.7%, 연평균 시장가치 증가율 8.8%)(Kotter and Heskett, 1991, pp. 31~34). 그들의 연구결과에 의하면, 성과지향적 기업문화는 강한 기업문화 이외에 기업환경에 적합하고 환경변화에 잘 적응하는 기업문화인 것으로 나타났다. 그들의 연구결과를 좀더 자세히 설명한다.

1. 환경에 적합한 기업문화

기업은 사회와 산업의 하위시스템인 만큼(제 2 장 제 2 절 참조), 기업의 성과는 기업체가 사회 및 산업환경과 얼마나 좋은 관계를 맺고 있느냐에 달렸다. 다시 말해서, 기업체의 성과는 기업체가 기업환경에 얼마나 적합한 기업문화를 개발하고 환경변화에 기업문화를 얼마나 잘 적응시켜 나가느냐에 달렸다. 기업체의 환경은 기업체가 속해 있는 사회와 산업에 따라서 모두 다르다. 그러므로 어느 기업환경에나 모두 적합한 기업문화는 있을 수 없다. 따라서 기업체는 주어진 기업환경에 보다 적합한 기업문화를 개발할수록 장기적으로 보다 높은 기업성과를 기대할 수 있다.

시장경쟁이 심한 기업환경하에서는 신속한 의사결정과 신축적인 경영행동이 요구되고 기업의 합병이나 인수전략도 중요하지만, 금융 · 보험업과 같은 안정적인 기업환경에서는 적합하지 않다. 첨단기술의 연구개발은 컴퓨터산업에서는 매우 중요하지만 문화 · 예술단체에서는 적합하지 않다. 그리고 직감에

표 3-7 공유가치의 적용과 기업성과 : Wal-Mart와 J. C. Penney

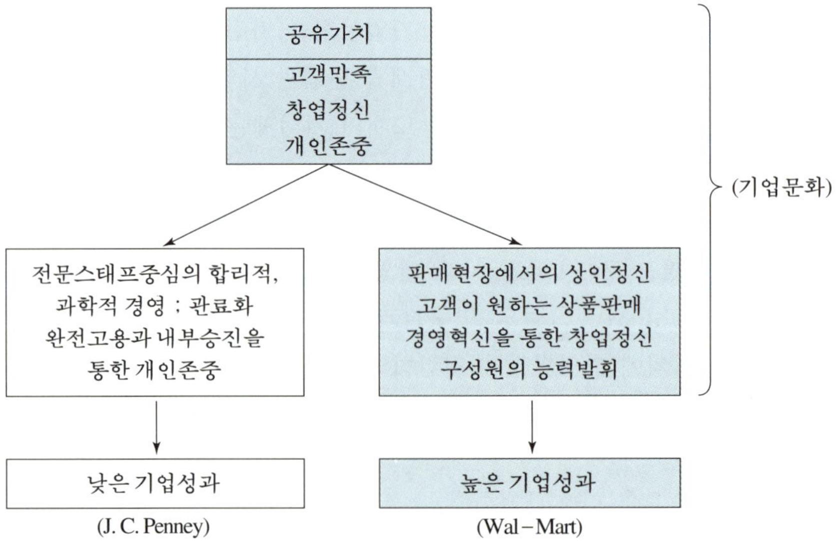

의한 의사결정스타일은 중소기업에서는 효과가 있을지 몰라도 대기업에서는 위험과 부담이 크며, 기계적 · 관료적 기업문화는 안정된 기업환경에서는 무난하더라도 변화가 많은 동태적 기업환경에는 적합하지 않다. 이와 같이 기업의 성과는 기업문화가 시장경쟁과 과학기술의 발전 그리고 인력시장과 자본시장 등 기업환경에 얼마나 적합하냐에 따라 결정된다.

그러나 똑같은 기업환경 속에서 똑같은 공유가치를 가진 기업체들도 관리자들의 리더십과 구성원들의 실제 행동에 따라서 기업성과에 많은 차이를 보일 수 있다. Wal-Mart와 J. C. Penney는 미국의 거대한 백화점으로서 전통적으로 고객만족과 창업정신 그리고 개인존중을 중시하는 강한 기업문화를 강조해 왔다. 그러나 1970년대말부터 점차 치열해지는 시장경쟁하에서 Wal-Mart는 고객가치창조에 기초한 철저한 상인정신과 끊임없는 경영혁신을 바탕으로 고객만족을 강조하면서(Walton, 1992, pp. 156~188; Slater, 1998), 높은 성과(연평균 투자이익률 18.7%, 연평균 시장가치 증가율 46.7%)를 거두어 미국 제일의 백화점으로 성장하였다. 그 반면에, J. C. Penney는 고객만족을 위하여 상인정신보다는 유능한 전문관리스태프의 기능을 중시한 결과, 조직의 관료화경향을 증진시키게 되었고 전통적인 개인존중은 내부승진중심의 인사관리를 지나치게 강조하고 경영혁신을 충분히 달성하지 못하여 결국 저조한 성과(연평균 투자이익률 8.9%, 연평균 시장가치 증가율 10.7%)를 면치 못하였다(표 3-7 참조).

2. 환경변화에 적응하는 기업문화

환경에 적합한 기업문화는 그 당시의 기업성과에 기여할 수 있지만, 장기적인 기업성과에도 계속 기여한다고는 할 수 없다. 그것은 기업환경의 변화와 더불어 기업문화에도 변화가 요구되고, 따라서 기업체가 다가오는 환경변화를 얼마나 잘 예측하고 새로운 기업환경하에서 요구되는 기업문화를 얼마나 잘 그리고 꾸준히 계속해서 개발해 나가느냐에 따라서 기업의 장기성과가 결정되기 때문이다.

근래에는 특히 세계화와 무한계의 환경 속에서 기업이 얼마나 새로운 시장환경에 적합한 기업문화를 개발하여 환경변화에 적절히 대응해 나가느냐에

표 3-8 환경-기업문화-성과의 적합성관계

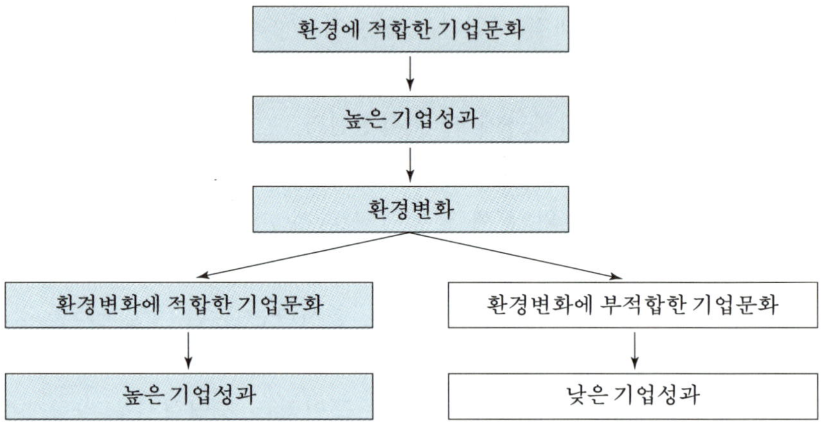

따라서 기업성과가 결정된다. Xerox, GM, Ford, Chrysler 등 미국 기업체들은 모두가 각기의 기업환경에 적합한 강한 기업문화를 개발하여 오랫동안 높은 성과를 거두었다. 그러나 이들 기업체는 시장경쟁이 심화되고 기업환경이 변함에 따라서 이에 적합한 새로운 기업문화를 개발하지 못하여 근래에 와서 한동안 성과가 저조한 기업체로 전락되는 고난을 겪어야만 했다.

이들 기업이 이와 같이 우수기업의 위치를 계속 유지하지 못한 것은 대부분의 경우 유능한 인력이 부족했거나 환경변화를 전혀 예측하지 못했기 때문이었던 것은 결코 아니다. 이들 기업은 모두가 각기의 산업에서 가장 우수한 인력을 보유하고 있었고 환경변화도 예측하고 있었다. 그리고 사내 또는 외부의 전문가들을 통하여 다가오는 환경변화에 대한 대응전략의 필요성도 잘 인식하고 있었다. 그러나 오랜 기간 성공적인 기업경영이 경직화·관료화된 기업문화로 강하게 정착되어, 환경변화에 대한 새로운 전략과 변화를 외면하게 되고 새로운 기업문화의 개발이 어렵게 된 것이다. 따라서 너무나 강하게 정착된 그리고 경직된 기업문화가 오히려 환경변화에 적합한 새로운 기업문화를 개발하는 데 장애요소가 되었다고 할 수 있다.

환경변화에 적응적인 기업문화를 성공적으로 개발하여 높은 성과를 계속

표 3-9 HP의 적응적 기업문화

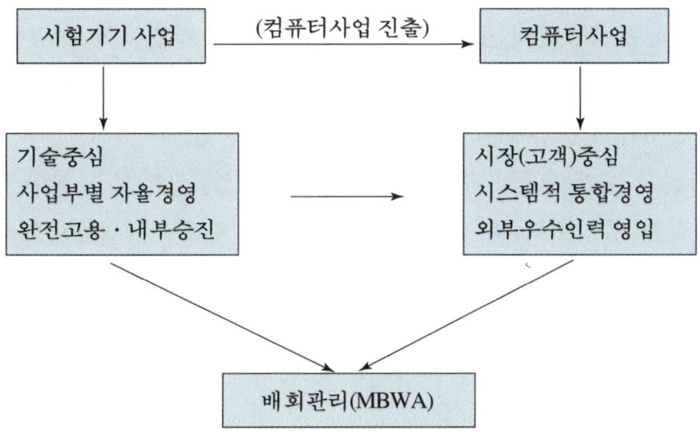

유지해 온 기업체로 HP를 들 수 있다. HP는 원래 계측기와 시험기기(testing instrument)를 생산하는 기업체로 고도의 성장을 해 오다가 1970년대에 컴퓨터 분야로 확장하면서, 종래의 사업단위별 분권경영과 기술중심성(engineering driven) 그리고 종신고용 · 내부승진을 중시하는 기업문화에서 시스템적 통합경영과 시장(고객)중심성(market-driven) 그리고 HP Way의 기본가치를 중시하는 기업문화로 전환하여 새로운 기업환경에 적합한 기업문화를 개발하는 데 성공하였다(표 3-9; 제Ⅳ부 HP사례 참조).

3. 구성원행동과 리더십스타일

기업성과에 크게 기여하는 성과지향적 기업문화는 기업환경에 적합하고 환경변화에 잘 적응해 나가는 기업문화로서, 구성원들의 행동과 관리자들의 리더십 그리고 최고경영층의 전략경영행동을 통하여 실제로 나타난다. 성과지향적 기업문화에서 특징적으로 나타나는 구성원들의 행동과 리더십스타일을 요약한다.

(1) 개방적, 협조적, 모험적 행동

환경변화에 적응하지 못하는 기업체는 대체로 기업문화가 경직되어 있고 관료화되어 있으며, 구성원들의 행동에 있어서도 대체로 소극적이고 비모험적이며 의사소통과 정보유통이 마비되어 있는 것을 볼 수 있다. 그리고 획일적, 통제적, 집권적 체계하에서 구성원들의 의욕, 열성, 창의성을 찾아 볼 수 없는 것이 일반적인 특징이다(표 3-10 참조). 이와 반대로, 환경변화에 잘 적응해 나가는 기업문화의 특징은 구성원들이 적극적이고 모험적이며 의욕적이고 열성적이어서 전체적으로 조직체가 활성화되어 있다. 그리고 구성원들간의 신뢰감과 협조정신이 강하고, 서로 개방적이고 의사소통도 잘 되며, 구성원들이 창의성을 강조하면서 무슨 문제라도 공동으로 해결해 나갈 수 있다는 자신감을 가지고 있다(Kilmann, 1986, pp. 351~369). 이러한 특징은 제 2 절에서 설명한 우수기업의 문화적 특성과 거의 똑같다는 것을 알 수 있다.

(2) 고객 · 인간 · 주주중심적 행동

구성원들의 적극적인 행동은 고객과 구성원들 자신 그리고 주주를 강조하는 가치중심적 행동으로 나타난다. 즉, 성과가 높은 기업체에서는 성과가 낮은 기업체에 비하여, 구성원들이 고객만족과 고객서비스를 더 중요시하고 자신들의 자아실현에 더 많은 관심을 보이며 주주들을 위한 경제적 이익을 더 강조하는 경향을 보인다. 코터와 헤스켓의 연구조사에 의하면, 성과가 높은 12개 기업체의 구성원들은 고객중심성과 인간존중 그리고 주주이익 등 가치중심적 행

표 3-10 성과가 낮은 기업체의 문화특성

관료화, 경직된 기업문화	고객, 인간(구성원), 주주(회사)에 무관심, 기업의 기본 사명감, 목적의식 결여
획일적, 통제적, 집권적 경영	구성원의 의욕, 동기, 창의력 저하 소극적, 안전적, 비모험적, 형식적
불신적, 침체적 조직분위기	커뮤니케이션과 정보유통의 마비

동에 있어서 각각 6.0, 5.8, 5.7의 높은 평균치(최고 7.0, 최저 1.0)를 보였고, 성과가 낮은 10개 기업체의 구성원들은 각각 4.6, 4.1, 3.9의 낮은 평균치를 보였다. 특히 성과가 높은 Wal-Mart는 고객중심성과 인간존중 그리고 주주이익에 대하여 7.0, 7.0, 6.8의 높은 수치를 보인 데 반하여, 같은 백화점분야에서 성과가 비교적 낮은 J. C. Penney는 4.0, 4.8, 5.0의 낮은 수치를 보였다.

(3) 적극적인 리더십행동

고객을 강조하고 개인을 존중하며 주주의 경제적 이익을 중요시하는 구성원들의 가치중심적 행동은 최고경영층에서 공유가치로 이념화되고 각 계층의 관리자 리더십행동에도 직접적으로 반영되고 있는데, 여기에서도 역시 성과가 높은 기업체에서 공유가치의 이념화 정도와 관리자의 리더십행동이 성과가 비교적 낮은 기업체보다 더 적극적으로 나타나고 있다. 코터와 헤스켓의 연구결과에 의하면, 환경변화에 적극적인 기업문화개발에 관리자의 리더십이 기여하는 정도를 성과가 높은 기업체의 구성원들은 평균 6.0(최고 7.0, 최저 1.0)으로 높게 평가하는 데 비하여, 성과가 낮은 기업체의 구성원들은 평균 3.9로 낮게 평가하고 있다(표 3-10 참조).

(4) 성과지향적 기업문화의 강화

성과가 높은 기업체의 경영자와 관리자는 성과지향적인 기업문화를 강화하고 이를 유지해 나가는 데에도 적극적인 리더십행동을 보인다. 그들은 고객중심성과 개인존중 그리고 주주의 경제적 이익 중 어느 하나도 희생시키지 않고 세 가지를 모두 동시에 강조하면서 구성원들로 하여금 가치중심적 행동을 실제로 실천하도록 그들을 이끌어 나간다. 그리하여 기업환경이 변하더라도 고객중심성과 개인존중 그리고 주주이익에 대한 기본가치는 변하지 않고 이를 계속 강조하면서 기업의 전략과 경영을 적절히 조정해 나간다. 이와 같이 환경변화에 적응하는 경영자와 관리자의 역할도 성과가 낮은 기업체보다도 성과가 높은 기업체에서 더욱 강하게 그리고 적극적으로 나타나고 있다. 따라서 성과가 높은 기업체들이 강한 기업문화를 계속 지속해 나갈 수 있는 것이다(표 3-11 참조).

표 3-11 성과지향적 기업문화의 유지

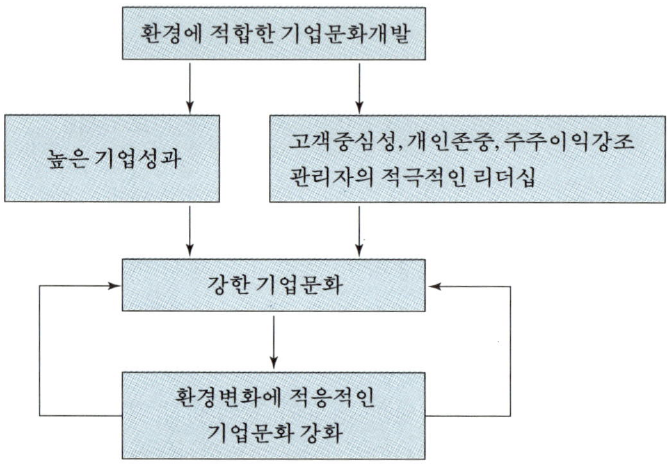

장을 맺으며

기업문화와 기업체성과간의 관계를 연구하는 데 있어서 이 장은 기업문화의 기능적 가치를 간단히 살펴보고, 선진국 우수기업의 문화적 특성을 알아 보았다. 그리고 미국기업의 실증적 연구결과를 중심으로 기업체성과에 기여하는 성과지향적 기업문화가 무엇인지를 자세히 알아 보았다. 일반적으로 강한 기업문화는 높은 기업성과와 밀접한 관계가 있는 것으로 인식되고 있지만, 기업의 장기성과에 기여하는 기업문화는 기업환경에 적합하고 환경변화에 신속하고 적극적으로 보완 · 조정해 나가는 적응적인 기업문화이며, 이러한 기업문화가 최고경영층과 관계자들의 리더십행동을 통하여 구성원들의 실제행동에 강하게 작용할 때 높은 기업성과가 기대될 수 있다. 그리고 이러한 성과지향적 기업문화는 최고경영층과 관리자들의 적극적인 강화작용을 통하여 강한 문화로 지속되어 나갈 수 있다. 따라서 강한 기업문화는 높은 기업성과의 단지 한 가지의 요건이며, 이보다 더 중요한 것은 기업환경과의 적합성과 환경변화에 대한 적응도 그리고 경영관리자들의 적극적인 리더십행동이라 할 수 있다.

지금까지 우리는 기업문화의 기초이론으로서 제 1 장에서 기업문화의 기본개념을 정리하고, 제 2 장에서 기업문화의 형성과정을 분석하였으며, 제 3 장에서 기업문화와 기업체성과간의 관계를 연구하였다. 이제 우리는 제Ⅱ부에서 우리나라 기업문화환경과 기업문화특성을 연구한다.

제 II 부

한국의 기업문화

04장

한국의 기업문화환경

우리는 기업문화의 이론적 기초로서 제 1 장에서 기업문화의 기본개념을 정리하고, 제 2 장에서 기업문화의 형성과정을, 그리고 제 3 장에서 기업문화와 기업체성과간의 관계를 각각 연구하였다. 우리는 제Ⅱ부에서 우리나라 기업의 문화적 특성을 알아본다. 제 4 장에서는 우리나라 기업의 문화적 환경을 정리하고 제 5 장에서는 우리나라 기업의 기업문화적 특성과 세계 주요 문화권의 기업문화를 살펴본다.

기업체는 사회의 한 부분인 만큼, 기업문화는 사회문화와 매우 밀접한 관계를 맺고 있다. 따라서 우리나라 기업의 문화적 특성을 이해하려면 우리나라의 사회문화를 이해해야 한다(표 4-1 참조). 우리나라 기업은 6 · 25 동란 이후 정부의 강력한 경제개발정책하에서 이에 적합한 기업문화와 체질을 형성하여 강한 경쟁력을 발휘하면서 급속한 성장을 달성하였다. 그러나 근래에 민주화, 세계화, 그리고 기술고도화 등의 변화가 심해짐에 따라서 우리나라 기업은 새로운 기업환경에 적합한 기업문화를 개발하는 데 어려움을 겪으면서 경쟁력이 약화되고 기업의 성장도 둔화되는 경향을 보이고 있다. 이 장은 우리나라 기업문화에 영향을 주는 전통적 사회문화와 근대 산업문화 그리고 현대 정치 · 경제적 환경을 차례로 살펴본다.

표 4-1 기업환경과 기업문화

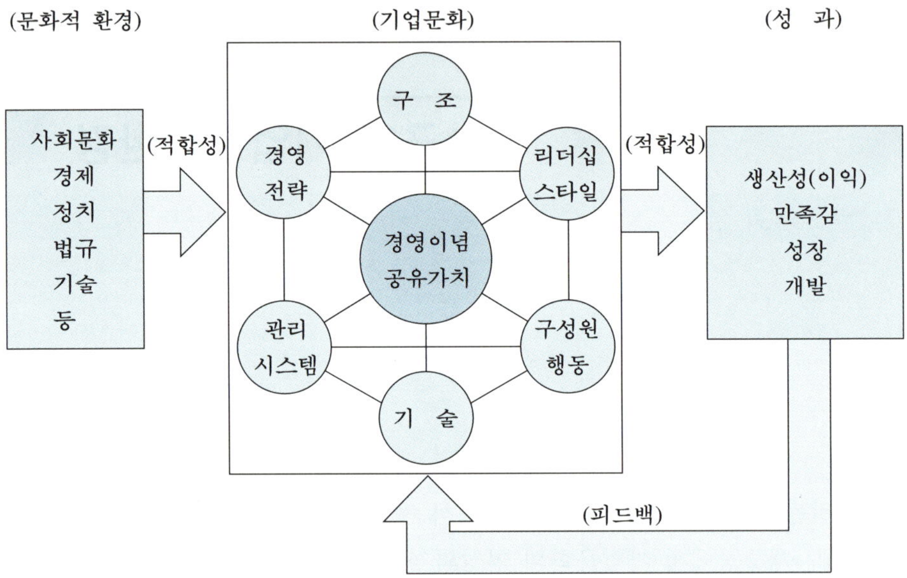

제 1 절 한국의 사회문화

우리나라의 기업문화는 우리나라의 전통문화와 더불어 사회변동에 따른 새로운 가치관과 근로의식을 반영하고 있다. 우리나라의 기업문화환경으로서 전통적인 문화가치와 근대적인 근로의식을 정리해 본다.

1. 한국의 전통적 사회문화

우리나라 기업은 전통적으로 인화를 중요시하는 경영이념과 집권적 조직구조 그리고 권위적인 경영행동과 연공중심의 관리제도로 널리 알려져 왔다. 이러한 우리나라 기업의 특징은 우리나라 국민이 오랫동안 유지해 온 사회문화적 가치관과 밀접한 관계를 맺고 있다. 우리나라의 기업문화에 영향을 주고 있는 전통문화적 가치를 요약한다.

(1) 전통적 유교사상

과거 몇십 년 동안의 급격한 경제발전 속에서 우리나라의 사회문화도 많은 변화를 겪어 왔다. 그러나 전체적으로 볼 때, 우리나라 기업문화에 가장 많은 영향을 주고 있는 사회문화는 아직도 전통적인 유교사상이라고 할 수 있다. 조선 500년 동안의 유교사상은 우리나라의 사회문화에 가장 중요한 전통가치로 작용해 왔고, 오늘날 우리나라 기업체에서도 경영이념과 경영방침 그리고 경영행동과 인간관계에 많은 영향을 주고 있다.

유교에서 강조되는 삼강오륜(君爲臣綱, 父爲子綱, 夫爲婦綱 ; 君臣有義, 父子有親, 夫婦有別, 長幼有序, 朋友有信)은 조선 500년 동안 우리나라 백성들의 행동기준이 되었고, 그 역사적 전통은 아직도 우리들의 가정생활과 사회생활에 많이 반영되고 있다. 유교사상에 의하면 신하간에는 의리가 있어야 하고(義), 부모와 자식간에는 친밀한 관계가 있어야 하며(親), 부부간에는 각각 별도로 해야 할 일이 있고(別), 연장자와 연하자간에는 뚜렷한 서열관계가 있어야 하며(序), 친구간에는 믿음이 있어야 한다(信)는 것이다.

이러한 유교사상은 우리나라 기업체에서 경영주에 대한 구성원의 충성심과 구성원에 대한 경영주의 자애, 상하간의 위계질서, 그리고 동료들간의 신뢰적 관계에 많이 반영되고 있다. 우리나라 기업체에서 상하 및 동료간의 인화를 강조하고, 공식적인 관계에서 상하간의 수직적 관계를 중요시하는 것도 전통적인 유교사상에 의한 것이라고 할 수 있다. 그리고 남편은 부인에게 모든 집안 일과 자식들의 교육을 전적으로 맡기고 오로지 기업체에서 열심히 일만 하는 것도 유교사상에 근거한 것이라고 할 수 있다.

(2) 가장의 권위와 화

전통적인 유교사상은 특히 가족을 중심으로 강하게 나타나고 있다(이광규, 1977; 최재석, 1970). 우리나라 가정에서 아버지는 전통적으로 가족의 장으로서 그의 부인과 자식들에게 모범이 되어야 하고, 따라서 그들이 아버지를 따르게 된다. 그리하여 아버지는 권위로써 가족을 다스리고, 따라서 집안에 화목이 이루어질 수 있다. 이와 같은 전통적인 유교사상에 의하면 아버지는 가장으로서 권위를 발휘하는 동시에, 가족에게 온정을 베풀고 가내의 갈등을 해소하며 융화를 이룩하여 권위와 화의 두 가지 역할을 수행하는 것을 강조하고 있다.

또한, 유교사상에서 충과 효는 전통적으로 우리나라의 사회공동체를 유지해 나가는 데 가장 중요한 역할을 하였다. 유교사상에서 君師父一體의 원리는 군과 사 그리고 부에 대한 인륜적 예도와 의무의 3각적 균형을 뜻하는 것 같지만, 실질적으로 부에 대한 효가 군에 대한 충보다 우선적인 가치로 인식되어 왔다. 따라서 효를 바탕으로 한 가족공동체는 우리나라의 가장 중요한 인륜적 사회집단으로서 전통적인 가족제도와 가족관계는 우리나라의 기업문화에 많은 영향을 주었다.

(3) 장자위주의 가계승계

우리나라의 전통적인 가족제도에서 나타나는 문화적 특징의 하나는 가계의 승계가 장자를 중심으로 이루어지는 것이다. 즉, 우리나라의 가족제도는 전통적으로 가장이 그의 가장권을 물려주는 데 있어서 대체로 맏아들을 후계자로 지정하고 가족의 대표권과 재산권 그리고 제사권과 지휘 · 감독권을 위양해 왔다. 특히 재산권은 기업이 관련된 경우에 기업의 승계와 직접적인 관련이 있

표 4-2 전통 사회문화와 기업문화 특성

전통적 사회문화가치	기업문화 특성
임금과 신하간의 의리	……… 기업주의 권위와 자애 및 온정
부자간의 친밀한 관계	……… 인화와 충성심, 존속감
부부간 별도의 역할	……… 직장에 대한 근면 · 성실성
연장자와 연하자간의 서열관계	……… 상사와 부하간의 위계질서
친구사이의 신뢰	……… 동료 구성원들간의 신뢰감과 집단의식
장자우대불균등상속제도	……… 혈연에 의한 소유와 승계
조상숭배 직계가족 우선주의 : 친소의식	……… 연고(혈연, 학연, 지연)주의

기 때문에, 우리나라의 이러한 長子優待不均等相續制度는 우리나라 기업의 소유구조와 혈연주의에 입각한 권력구조체계에 직접적인 영향을 주고 있다.

(4) 주종관계와 복종심

전통적인 유교사상에서 가장에 대한 효와 군신 사이의 충의 개념은 우리나라 기업체에서 경영주와 구성원 그리고 상사와 부하간의 관계 등 수직적인 권한관계에 많은 영향을 주고 있다. 그리하여 우리나라 기업체에서 구성원들은 기업주를 존경하며, 부하는 상사에게 복종하고 상사를 잘 모셔야 한다는 것이 대체로 인식되고 있다. 그리고 구성원들과 부하들은 그들의 경영주와 상사가 각각 가장으로서 권위로 그들을 통솔하면서 그들에게 온정과 자애를 베풀어 주기를 기대한다. 상하간의 복종관계는 공식적인 권한 관계에서뿐만 아니라 연장자와 연하자간의 관계에도 적용된다.

(5) 존속감과 배타의식

우리나라의 전통적인 가족제도와 가족관계에서 나타나는 또 한 가지의 특징은 직계가족을 우선적으로 중요시하는 것이다. 이것은 전통적인 유교사상에서 조상을 숭배하고 가장을 존중하며 혈연을 중심으로 직계가족을 일가가족과 구별하여 혈연자와 비혈연자 그리고 근친자와 원친자에 차별을 두는 친소의식(親疎意識)에서 비롯한 것으로서(Chang and Chang, 1994, pp. 51~55), 직계가족간의 존속의식을 강화하는 반면에 다른 사람들에게는 배타의식을 조성하는 요인이 되고 있다.

이러한 존속의식과 배타의식은 가족관계나 친척관계 등 혈연뿐만 아니라 학연과 지연으로 확대되어 우리나라 사람들의 인간관계에 있어서 인적 배경을 중심으로 상호간의 존속의식과 배타의식이 강하게 작용하고 있다. 그리하여 기업체는 물론 모든 정치, 경제 그리고 사회조직에서 이러한 연고를 중심으로 하여 내집단과 외집단 그리고 권력구조와 비공식조직이 많이 형성되고 있다. 이러한 현상은 우리나라의 경제발전 및 민주화와 더불어 점차 사라지고 있지만, 아직도 우리나라의 사회문화적 특성으로 나타내고 있다.

(6) 직역에 따른 위계신분

전통적인 유교사상의 또 하나의 특징은 직업을 중심으로 신분상에 서열을 두는 것이다. 조선 500년 동안의 농경사회의 배경에서 정착된 조선조의 신분제도는 근본적으로 사 · 농 · 공 · 상의 직역에 의한 위계신분상의 구분으로서, 사족의 '일'이란 학문에 정진하고 관직에 출사하여 修身濟家治國平天下의 경륜을 쌓는 것으로 한정되었고, 나머지 생산적인 노동은 그 신분에 맞는 사람들의 일로 인식되었다. 이와 같은 학문 · 지식수준과 직역에 따른 신분상의 차등을 두는 유교의 전통적인 의식도 근래의 사회변동과 더불어 많이 변했지만, 학문과 관(官)에 대한 신분선호경향은 우리나라 사람들의 의식속에 아직도 많이 잠재되어 있는 것이 사실이다.

2. 일에 대한 가치관

유교사상에 바탕을 둔 우리나라의 전통적인 사회의식과 문화가치는 기업체에서 기업구성원들의 가치관과 행동형성에 작용하면서 기업문화에 많은 영향을 주고 있다. 기업체에서 구성원들의 행동을 지배하는 가장 근본적인 요소의 하나는 일(work)에 대한 그들의 기본적인 개념과 태도이다.

(1) 일에 대한 기본개념

일이란 무엇이고 왜 일을 해야 하는지에 대하여 특히 서구 여러 나라에서 몇 세기에 걸쳐서 종교적, 윤리적, 경제적, 그리고 사회적인 관점에서 많이 연구되고 논의되어 왔다. 그리하여 일과 관련하여 육체적인 고통과 노동의 착취 그리고 비인간화의 결과 등 부정적인 개념으로부터 시작하여 생계유지를 위한 실질적인 개념, 그리고 일의 존엄성과 가치창출 그리고 자아실현의 효과(재미, 성취, 삶의 보람 등)와 경제 및 사회발전에의 기여 등 긍정적인 개념에 이르기까지 역사적으로 여러가지의 개념이 제시되어 왔다. 선진국에서 일의 기본개념에 관한 연구는 직업윤리(work ethics)와 직장생활의 질(quality of work life)과도 연결되어 근로자와 조직구성원들의 행동을 이해하고 기업경영과 기업문화를 개선하는 데에도 크게 기여해 왔다.

우리나라에서는 서구 선진국에 비하여 일의 개념에 대한 체계적인 연구가 많이 전개되지 않았다. 1960년대에 우리나라의 경제성장이 본격화됨에 따라서 일의 개념에 대한 체계적인 연구가 시작되었지만, 대체로 수천년의 가난의 한(恨)을 극복하려는 민족적 열기 속에서 '잘 살아보자' 라는 정치적 구호와 함께 고도의 경제성장 의욕에 휘말리어 종교적, 윤리적, 그리고 사회적 관점에서의 일의 정당화에 관한 연구가 매우 미흡하였다.

이와 같이 우리나라에서 일의 기본개념에 관한 연구자료가 부족한 상태에서 우리나라 근로자와 기업구성원들의 일에 대한 가치관을 정확하게 제시하기는 어렵지만, 대체로 우리나라에서는 육체적인 노동으로 생산적인 활동을 하는 직업과 전문성을 띠거나 사무직과 같이 교육을 필요로 하는 근대적인 직업을 일이라고 생각하는 경향이 높게 나타나고 있다. 그리고 일을 구체적인 직업과의 관련 없이 일 자체의 의의에 대하여 일의 활동적, 종교적 또는 윤리적 개념보다는 '일은 누구나 다 해야 한다', '일은 잘 해서 만족을 느끼는 것' 등 일의 목적적 가치개념과, 일이 가져다 주는 사회적 지위와 경제적 보상 등 사회·경제적 가치개념이 더 높게 나타나는 것도 일에 대한 우리나라 근로자들의 일반적인 가치관이다(김경동, 1990).

우리나라 근로자들이 일의 목적적 가치개념과 사회·경제적 가치개념에 있어서 어느 것을 더 중요시하는지는 시대에 따라서 다소의 차이를 보인다. 즉, 1960년대에는 '일이란 해서 마땅하다', '일하지 않으면 쓸모없다', 또는 '일에 열중하여 근심을 던다' 등 일의 목적적 가치개념이 사회·경제적 가치개념보다도 강하게 나타났지만, 1980년대에는 '생활을 위하여 해야 하는 것' 또는 '언젠가는 하지 않아도 되는 것을 하는 것' 등 일에 대한 경제적(또는 生計的)의식이 '타고난 능력을 다하여 가치있는 인생을 보내는 것' 등의 목적적 가치관보다도 강하게 나타났다(김경동 외, 1990).

또한, 생산직 근로자들은 일에서 높은 보상과 안정된 직장 등 경제적 요소를 능력발휘나 성취감보다도 더 중요시하고 사무직 종업원들은 그와 반대의 경향을 보였다. 그러나 생산직과 사무직을 모두 합하여 전체적으로 볼 때 근대 우리나라의 근로자들은 일의 목적적 가치보다도 경제적 가치를 더 중요시하는 것으로 나타났다(대한상공회의소, 1991, 27~30면).

(2) 일에 대한 커미트먼트

일에 대한 커미트먼트(commitment to work)에 있어서도 우리나라의 근로자들은 1960년대 이래 그 수준이 점차 저하되고 있는 것으로 보인다. 여러 연구결과들을 종합해 볼 때, 1960년대에 우리나라 근로자의 58%가 경제적인 여유에 관계 없이 일하겠다는 일에 대한 강한 의욕과 높은 커미트먼트 수준을 보였지만, 1970년대와 1980년대에는 그들의 의욕과 커미트먼트 수준이 크게 저하되었다. 그리고 1980년대 말에는 여가생활에 대한 관심도가 높아지면서 28%의 근로자들만이 일에 대한 강한 의욕과 커미트먼트를 보였다(권태환 외, 1990). 어렵고, 불결하며, 위험한 일을 기피하는 3-D(difficult, dirty, dangerous) 현상이 점점 증가하면서 1990년대부터는 지루하고 재미없는 일(dull)까지도 기피하는 4-D현상도 강하게 나타나고 있다.

직업선호도에 있어서도 많은 변화가 나타나고 있다. 전통적으로는 교사, 정부관료, 의사, 변호사 등 고학력 전문직종에 대한 선호가 대체로 강했으나, 1960년대 경제발전 이후에는 사업가, 전문경영자, 전문기술직 등에 대한 선호도가 높아지다가 근래에는 언론, 연예인에 대한 인기가 올라가고, 최근에는 정부공무원, 공공기관, 금융계 직업에 대한 선호도가 강해지는 양상도 보이고 있다(「매일경제」, 2007. 11. 10). 최근의 직업선호도는 물론 우리나라의 최근 경제상황을 많이 반영하고 있지만, 장기적으로 볼 때 우리나라 직업인들의 직업선호

표 4-3 한국 근로자의 욕구

경제적 욕구		사회적, 존경 욕구	잠재적 욕구
임 금 고용안정 복지혜택 근무조건	(변화방향) ⇒	인간적인 대우 공정한 대우 승진의 균등한 기회 동료와의 우호관계 직장의 장래성	기업공개 전문경영체계 노사관계 권익 경영의 질, 스타일

도는 경제가 발전하고 사회환경이 변함에 따라 점차적으로 교육과 사회신분을 강조하는 개념에서 경제성, 안정성, 여가 등을 강조하는 개념으로 바뀌어 가고 있는 추세를 나타내고 있다.

(3) 직무에 대한 만족감

직무에 대한 만족감에 있어서도 우리나라의 근로자들은 1960년대 이래 그 수준이 점차적으로 낮아지는 경향을 보이고 있다. 우리나라 근로자들의 직무만족에 관한 연구결과를 시대별로 정확하게 비교하기는 어렵지만, 1960년대에는 11%정도의 근로자들이 그들 직무에 불만족을 표명하고 63%는 '그저 그렇다' 의 응답을 보였다. 그러나 1970년대와 1980년대에는 '그저 그렇다' 의 응답이 점차 줄어들면서 직무불만족의 증가추세가 심하게 나타났다. 그리하여 1980년대 말의 한 연구조사에 의하면 자기 직무에 불만족하는 근로자의 비율이 40% 수준을 넘고 거의 50%의 근로자들이 직장을 옮기고 싶어하는 것으로 나타나 근로자들의 직무만족도가 대체로 중간 이하의 낮은 수준인 것으로 나타났다(대한상공회의소, 1991, 83~85면). 최근 「매일경제」가 잡코리아에 의뢰하여 실시한 조사결과에 의하면, 20대의 69%와 30대 직장인의 58%가 낮은 연봉과 불투명한 미래를 이유로 직장을 옮길 의사가 있는 것으로 나타났다(「매일경제」, 2007. 11. 10).

이와 같이 우리나라 근로자들의 직무만족 · 불만족에 영향을 주는 요소들은 연구조사에 따라서 요소별 중요성에 다소 차이는 있지만, 대체로 임금과 직장안정 그리고 근무조건과 복지혜택이 가장 중요한 요인이고, 그 이외에 동료와의 우호관계와 상사의 공정한 대우 그리고 기업의 합리적이고 공정한 정책 등이 중요 요소로 작용하고 있는 것으로 나타났다. 그리고 근래에 와서는 특히 직장의 장래성, 기업의 경영투명성, 노사협의제도, 상위경영층에 대한 평가 등도 근로자들의 만족도에 점점 영향을 주는 것으로 나타나고 있다.

3. 전통문화와 현대적 가치관

우리나라는 제 2 차세계대전 이후에 정치, 경제, 기술 등 사회 전반에 걸쳐서 많은 발전을 달성하면서 사회문화에도 많은 변화를 가져왔다. 그러나 우리나라의 전통적 문화가치는 아직도 우리나라 근로자들의 의식구조에 강하게 나타나고 있다. 그러나 그 강도는 점차 약해지는 추세이다.

(1) 전통가치와 현대적 가치의 혼재

우리나라의 근로자들은 유교사상과 가부장적 가족제도에 바탕을 둔 전통적인 사회문화가치를 중시하는 한편 근대 서구문화의 합리적이고 개인주의적인 가치관도 강조함으로써, 오랫동안 우리나라의 사회문화를 지배해 온 전통적 가치관과 서구 사회문화의 현대적 가치관이 혼합된 의식구조를 보이고 있다. 즉, 우리나라의 근로자들은 대체로 상사와 연장자에 복종하고 동료간의 신뢰와 의리를 중요시하며, 상사로부터 온정적이고 인간적이며 가족주의적인 리더십행동을 원하는 등 전통적인 문화가치를 중요시하고 있다. 또한, 그들은 상호협력과 의견일치 등 집단주의적인 성향을 강하게 보이고 있고, 대다수가 핵

표 4-4 한국근로자의 의식구조

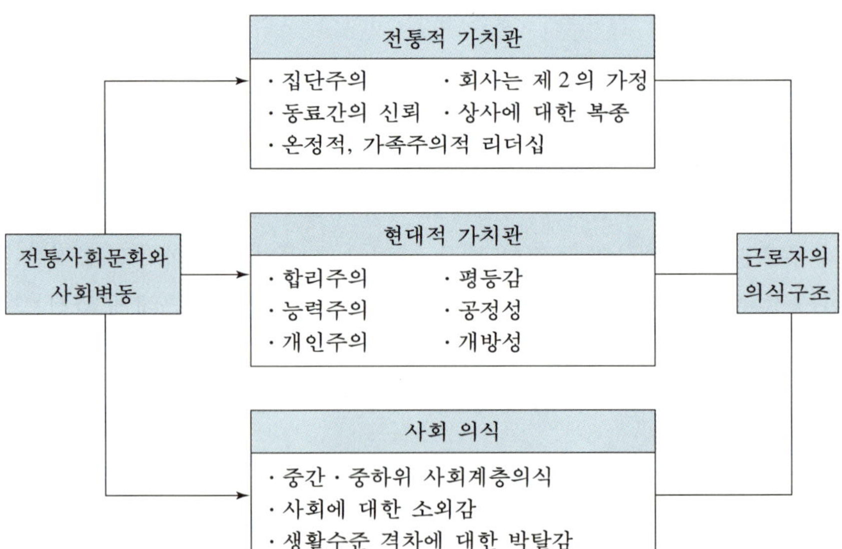

가족보다 대가족을 선호하며 회사를 제 2 의 가정으로 생각하는 등 아직도 역시 전통적인 사회문화가치를 중요시하는 경향을 보이고 있다(Chung, Lee and Jung, 1997, pp. 143~144).

이와 같이 전통적 문화가치가 우리나라 근로자들의 의식구조에 연속되어 가고 있는 가운데에서도 서구적인 합리성과 개인주의에 바탕을 둔 새로운 가치관도 그들의 의식구조에 강하게 나타나고 있다. 즉 우리나라의 근로자들은 상사와 연장자에게 복종하고 존경심을 표하는 것을 당연하게 생각하지만, 그에게 무조건 복종할 수 없다는 생각이 강하고 승진과 보상기준에 있어서도 연공보다는 능력을 강조하는 경향이 점차 증가하고 있다. 그리고 바람직한 상사형에 있어서도 근속연수보다는 능력과 업적을 훨씬 더 중요시하고, 자기의 의사표현에 있어서도 집단중심성과 개인중심성을 동시에 거의 똑같이 강조하며, 권위주의적인 조직풍토에 대한 거부감이 강하고, 여성이 자기의 상사라도 이를 받아들이겠다는 생각도 강하게 나타내고 있다(Chung, Lee and Jung, 1997, pp. 138~139). 이러한 경향은 모두 전통적인 유교사상보다는 서구의 합리주의와 개인주의에 가까운 사고방식이라 할 수 있다.

(2) 사회계층의식과 소외감

우리나라 근로자들은 1987년 6 · 29 선언 이후 급속한 임금상승을 계기로 소득수준이 꾸준히 상승하고 근로조건도 크게 향상되었다. 그러나 그들은 여전히 사회계층상의 소외감을 느끼고 있으며, 공장장, 관리직, 직장 · 반장 · 조장, 기술자, 사무직 등 다른 준거집단(reference group)과 비교하여 생활수준상에 차이가 있다고 인식하고 있다. 이러한 생활수준상의 격차에 대하여 우리나라의 근로자들은 이들 준거집단이 더 잘 사는 이유를 노력보다는 불평등한 사회 때문이라고 보는 경향이 있고, 이러한 경향은 상위 경영 또는 관리직에 대하여 더 심하게 나타나고 있다.

또한, 우리나라의 근로자들은 승진기회나 진급 그리고 물리적 작업환경에 대해서도 많은 불만을 가지고 있다. 그리하여 그들은 기업체에서 그들이 하는 일을 통한 지위상승의 가능성을 비관적으로 보고 있고 사회이동가능성(social mobility)에도 한계를 느끼고 있으며, 신체적 안전과 직업병에 대해서도 큰 우려를 나타내고 있다. 그리고 기업인들의 노사관과 이윤추구행동에 대해서도 부정적인 시각으로 보는 경향이 높다. 우리나라 근로자들의 불만과 소외감은 빈부의 격차와 학력에 의한 차별 그리고 부동산 가격폭등에 따른 상대적 결핍감 또는 박탈감 등 우리 사회에 내재되어 있는 문제와도 관련성이 있는 것은 물론이다.

(3) 가치관의 변화

이와 같이 우리나라의 근로자들은 유교사상에 입각한 전통적 문화가치와 서구문화적인 합리적 · 개인주의적 사고방식이 혼합된 의식구조를 가지고 있으면서 사회적 박탈감과 소외감도 보이고 있다. 전통적 문화가치는 우리나라 근로자들의 의식구조에 아직도 강하게 유지되어 나가고는 있지만 세대가 바뀌고 사회가 변함에 따라서 그 강도는 점차 약해지고 있다. 즉, 우리나라 근로자들의 개인주의 · 집단주의 성향의 변화를 시대별로 비교해 볼 때, 1960년 이래 상사나 연장자에 대한 복종, 동료의견의 추종, 동료와의 협조 등 집단주의적 성향은 저하되어가는 반면에 개인주의적 경향은 증가하는 추세를 보이고 있다. 그리고 기업체를 제 2 의 가정으로 인식하는 정도도 점차 줄어가는 추세이다.

그러나 우리나라 근로자들의 집단주의적 의식은 서구 문화권에 비하면 아직도 높은 것으로 평가되고 있다. 비교문화관점에서 사회문화특징으로 나타나는 개인주의 · 집단주의(individualism-collectivism) 성향은 사회의 경제수준과 매우 밀접한 관계가 있는 만큼(Hofstede, 1983, pp. 79~81), 우리나라의 경제성장이 계속되고 국민소득이 증가함에 따라서 개인주의적 가치관은 점점 강해질 것이고, 이와 더불어 합리적인 가치관도 계속 강해질 것으로 기대된다.

제 2 절 정치 · 경제적 환경

기업체는 경제적인 집단이고 경제는 정치와 밀접한 관계를 맺고 있는 만큼, 기업문화도 정치 · 경제환경으로부터 많은 영향을 받는다. 따라서, 기업의 성과와 경쟁력은 기업체가 정치 · 경제환경에 얼마나 잘 적응하느냐에 달렸다.

앞 절에서 설명한 우리나라의 사회문화와 근로자들의 가치관도 물론 정치 · 경제적 환경변화를 반영하고 있다. 우리나라의 기업문화에 영향을 주는 정치 · 경제적 환경요소로서 민주화운동, 정부의 경제개발정책, 과학기술발전의 고도화, 그리고 기업의 세계화를 간단히 설명한다.

1. 민주화의 환경

근래에 우리나라의 모든 국민에게 많은 영향을 주는 것이 민주화운동이다. 1987년부터 본격화된 민주화운동은 우리나라의 정치, 경제 등 사회 전반에 많은 변화를 가져오면서 우리나라의 기업문화에 많은 영향을 주고 있다.

(1) 사회의식의 변화

첫째로, 민주화운동은 우리나라의 기업구성원들은 물론 일반 국민의 가치

표 4-5 민주화와 사회의식변화

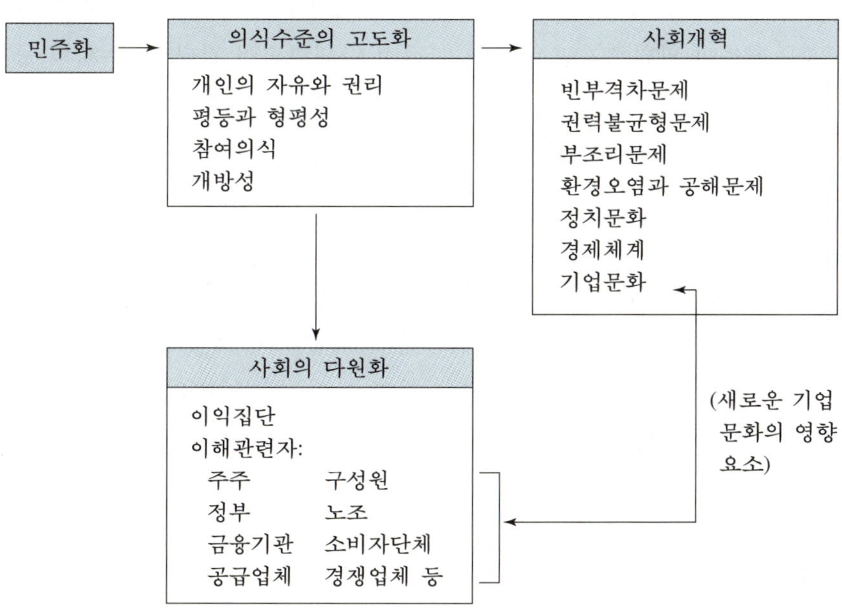

관과 의식구조에 많은 변화를 가져오고 있다. 특히 개인의 자유와 권리, 평등과 형평성 그리고 개방과 참여에 대한 새로운 의식은 우리나라의 모든 사회부문에서 변화와 개혁을 촉진시키면서 정치문화와 경제시스템 그리고 기업문화의 중요한 변화요인으로 작용하고 있다. 그리하여 우리나라의 사회는 점차 개방되어 가고 개인의 자유와 권리도 향상되어 가고 있으며, 국민의 정치참여도 활발해지면서 정계와 재계는 물론 사회 전반에 걸쳐서 기존 권력구조에 많은 변화를 가져오고 있다. 그리고 민주화를 통한 사회의식의 변화는 빈부격차, 권력의 불균형, 윤리도덕성, 공해와 기타 환경오염 등 정치, 경제, 사회의 제반 문제에 대한 국민의 의식을 높여주고 있다. 이러한 사회문제에 대한 의식수준의 상승은 기업체에서 구성원들의 가치관에도 반영되어 기업체의 기업문화형성에 많은 영향을 주고 있다.

(2) 사회의 다원화

경제가 발전하고 국민의 소득수준이 높아짐에 따라서 개인의 욕구수준은 올라가고, 집단을 통한 개인의 욕구충족행동도 점차 활발해진다. 그리하여 사회의 이익집단(interest group)과 이해관계자(stakeholder)들이 다양해지고 그들의 욕구충족행동이 활발해지면서 사회가 점점 다원화되어 간다. 민주화의 물결은 이러한 사회의 다원화과정을 크게 촉진시켜 주는 것이 사실이다. 기업의 중요한 이해관계자들은 주주, 정부, 금융기관, 고객, 공급업체, 경쟁업체, 노조 그리고 구성원을 포함한다. 우리나라에서는 종래에 주주와 정부 그리고 금융기관이 기업의 가장 중요한 이해관계자로서 기업경영에 많은 영향을 주어 왔지만, 이제는 노조와 소비자단체의 활동이 활발해지면서 고객과 구성원도 점점 중요한 이해관계자로서 기업경영에 많은 압력을 가하고 있다. 따라서 고객서비스, 개인존중, 품질, 기술개발, 윤리경영 등이 우리나라의 많은 기업체에서 새로운 기업문화개발의 중요한 고려대상이 되고 있다.

(3) 노동운동과 노사관계

민주화운동으로 말미암아 우리나라 기업이 직접적으로 가장 큰 영향을 받은 것이 노사관계일 것이다. 우리나라의 노사관계는 1960년 이래의 고도 경제

성장에도 불구하고 정상적인 발전을 하지 못하다가, 1987년의 6 · 29 선언을 계기로 하여 노동운동이 확산되고 노사분규가 극렬해지면서 우리나라 기업의 노사관계에 큰 변화가 일어났다. 그리하여 급격한 임금인상과 근로시간의 단축 그리고 근로환경과 직장생활의 개선 등으로 말미암아 기업의 경제적 부담은 커지고, 어떤 면에서는 구성원들의 근로의욕의 저하와 직업윤리의 변화로 인하여 기업경영도 어려워져서 기업의 경쟁력이 약해지고 성과도 떨어지는 고난을 겪게 되었다. 이와 같은 상황하에서 우리나라의 많은 기업이 노사간의 불신감을 없애고 노사간의 협조를 위한 새로운 가치관과 직업윤리의 탐색 등 새로운 기업문화개발에 많은 노력을 기울여 왔다. 따라서 민주화운동으로 악화된 노사관계는 우리나라 기업이 기업문화에 관심을 갖게 된 중요한 원인의 하나라고 할 수 있다.

2. 정부주도의 경제개발환경

정부는 정치, 경제 그리고 사회발전에 주도적 역할을 함으로써 기업의 전략경영과 조직행동에 많은 영향을 준다. 기업의 전략과 경영스타일은 기업문화의 매우 중요한 부분을 차지하고 있는 만큼, 정부의 역할은 기업문화에 많은 영향을 주는 환경요소이다. 그뿐 아니라 정부는 주주, 고객, 공급업체, 경쟁업체, 금융기관, 그리고 노조 등 기업이 일상적으로 상호작용을 하고 있는 모든 이해관계자와의 관계를 조정, 규제 또는 중재할 수 있는 위치에 있기 때문에 기업체에게 가장 큰 영향을 주는 외부기관이라 할 수 있다.

(1) 정부의 역할모형

기업에 대한 정부의 역할은 규제와 지원의 두 가지 측면에서 유형화할 수 있다. 자본주의 경제시스템을 대상으로 분석할 때, 기업에 대한 정부의 역할은 규제와 지원이 모두 약한 자유방임형(laissez-faire)과 규제와 지원이 모두 강한 계획경제형(planned economy)을 극단으로 하여 그 유형을 분류할 수 있다. 우리나라는 투자와 금리 등 자원배분의 결정, 가격과 임금 등 기업경영상의 규제, 사업의 인허가와 통 · 폐합의 규제 등 정부의 개입이 많고, 국영기업과 국

표 4-6 정부-기업관계 모형

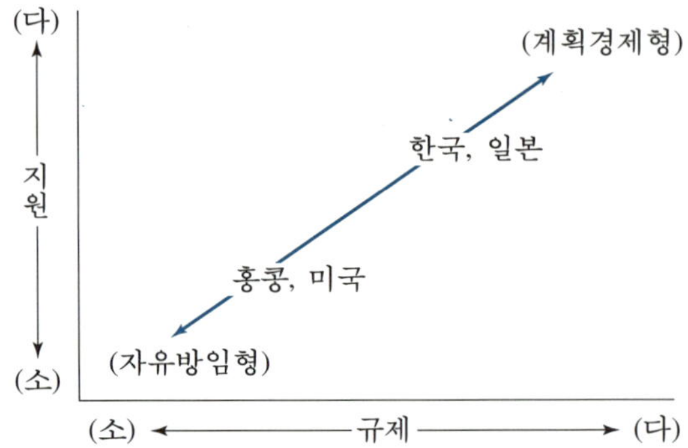

표 4-7 정부의 개입

개입분야	개입방법
자원배분	투자결정, 금리결정
기업, 생산수단의 직접소유	기업의 국유화
기업활동영역	사업의 인가·허가, 기업의 통폐합, 폐업의 규제
기업결합활동	독과점 규제
기업경영	가격·임금결정 규제
기업에 대한 지원	자금·조세·정보지원
조세정책과 소득재분배	기업에 대한 세율 및 준조세적 부과금

유화의 비중도 비교적 크며, 기업에 대한 자금과 조세 그리고 정보상의 지원도 많아서 대체로 계획경제형에 매우 가깝다고 할 수 있다(표 4-6 참조).

(2) 수출과 성장지향적 경제개발

우리나라 정부의 강력한 역할은 우리나라의 경제개발을 우선적인 목적으로 기업에 적용되어 왔다. 그리하여 1960년대부터 정부는 경제개발계획에 따라서 자립경제의 기반구축, 경공업으로부터 중공업과 첨단산업에 이르기까지 수출주도형의 고도경제성장 그리고 안정 속의 균형성장과 경제개방 등 단계적인 경제개발정책을 적용해 왔다. 그 과정에서 정부의 규제와 지원은 결국 수출중심의 성장산업에 유리하게 적용되어 우리나라 기업의 수출 · 성장지향적 경영전략과 경영행동을 유도하면서 기업문화형성에 많은 영향을 주었다. 우리나라의 대기업, 특히 재벌기업의 성장과정에서 신규사업진출과 사업다각화의 패턴이 정부의 경제개발정책과 밀접한 관계가 있는 것을(한창기, 1989, 394~406면) 보더라도 정부주도의 경제개발환경이 우리나라의 기업문화형성에 얼마나 많은 영향을 주었는지를 알 수 있다.

수출 · 성장위주의 경제환경은 우리나라 기업으로 하여금 이에 적합한 기업행동과 체질을 형성하도록 만들었다. 주로 저기술, 저가격 제품을 중심으로 품질보다는 대량생산과 규모경제를 중시하는 경영의식, 독과점(oligopolistic)경쟁하에서 고객만족보다는 역시 대량생산을 강조하는 사고방식, 정부의 임금규제와 노동운동의 억제하에서 집권적인 경영체계와 권위적인 조직풍토의 조성, 그리고 정부의 지원과 보호하에서 위험부담이 적은 안전한 기업경영스타일 등이 과거 정부주도의 수출 · 성장지향적 경제환경하에서 영향을 받은 우리나라 기업의 전형적인 문화특성이라 할 수 있다(표 4-8 참조).

(3) 개방경제환경

민주화와 더불어 점차 본격화되고 있는 경제개방은 우리나라 기업체에게

표 4-8 계획경제하에서 한국기업의 문화특성

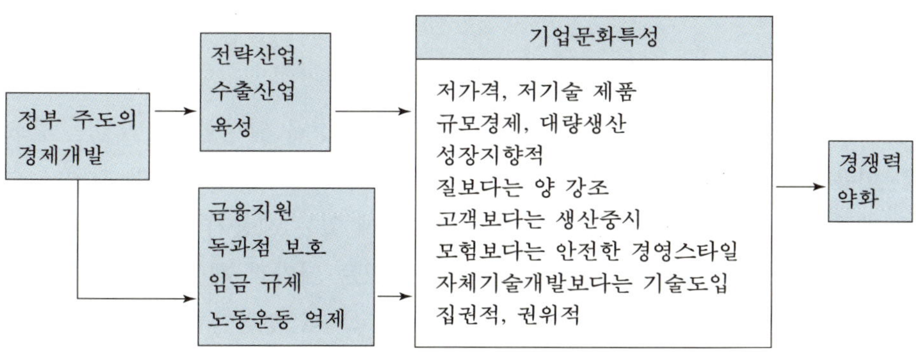

새로운 기업문화환경을 조성해 주고 있다. 개방경제는 우리나라뿐만 아니라 전세계적으로 일어나고 있는 추세로서, 국내외 시장경쟁을 심화시키는 동시에 새로운 시장진출의 기회도 제공하고 있다. 남미의 칠레와 최근 미국과의 자유무역협정(FTA)의 체결, 그리고 앞으로 기대되는 유럽연합 등 세계 각국과의 자유무역협상으로 개방경제환경은 계속 심화될 것이 확실하다.

이와 같이 세계경제가 자유경쟁하에 개방되어 가는 상황하에서 우리나라 기업은 국내시장에서는 수입자유화에 따라 수입된 외국상품과 경쟁을 하게 되었고, 해외시장에서는 선진국과의 경쟁이 치열해지는 동시에 중국과 동남아 각국 등으로부터 강력한 도전도 받고 있다. 따라서 우리나라 기업은 과거의 정부보호하의 경제환경에 체질화된 기업문화에서 탈피하여 개방경제와 자유경쟁환경하에서 경쟁력을 발휘할 수 있는 새로운 기업문화를 개발해야하는 과제를 안고 있다.

3. 기술고도화와 새 정보문화 환경

기술(technology)은 기업체의 매우 중요한 환경으로서 기업체의 새로운 기술의 개발과 활용은 기업체의 인력구성과 경영전략 그리고 경영행동에 많은 영향을 준다. 기술은 생산시설과 장비 그리고 컴퓨터와 자동화기계 등 물리적 형태의 기술뿐만 아니라, 기업경영방법과 기법 그리고 소프트웨어기술 등 기업체의 인력자원을 변형시키는 데 사용되는 지식과 노하우 그리고 행동을 모두 포함한다(Perrow, 1967, pp. 194~195).

(1) 선진기술의 도입과 기술개발

우리나라 경제발전 초기에 기업이 고도의 성장을 달성할 수 있었던 중요한 이유의 하나는 선진기술의 도입이다(Kim, 1997). 과거에 우리나라 기업은 주로 제품수명주기상으로 성숙기를 지나 쇠퇴기에 있는 제품기술을 도입하여 우리나라의 저임금 노동력을 바탕으로 경쟁력 있는 저가격 제품을 생산하여 국제시장에 수출하는 데 성공하였다. 그리하여 고도의 성장을 달성하면서 점차 제품수명주기상으로 성장초기단계에 있는 제품으로 전환하여 종래의 추종자

전략(followership strategy)에서 자체의 기술개발전략에 점점 많은 노력을 기울여 왔다(한찬기, 1989, 397~398면).

전통적으로 우리나라 기업은 짧은 기업역사 속에서 자체의 기술개발을 위한 충분한 경험과 기간을 갖지 못하였다. 일제하에서는 기술개발능력을 갖춘 우리나라의 기업체도 극히 드물었을 뿐 아니라, 그 당시의 주요산업인 철도, 섬유, 맥주, 자동차 등 공업분야에서의 기술은 모두 일본으로부터 완성된 상태에서 우리나라에 도입되었다(칼 모스코윗츠, 1989, 203~207면). 그리고 1960년대와 1970년대에도 우리나라 기업체의 제조기술과 경영기술은 우리나라 기업이 자체 개발한 것이 아니라 대부분이 서구와 일본 등 선진국에서 도입된 것이었다. 그러다가 1980년대에 들어서 우리나라가 선진국의 경쟁대상으로 부각되고 선진국으로부터의 기술도입이 어려워짐에 따라서 우리나라 기업 자체의 기술개발이 강조되기 시작하였고, 한국적 경영의 개발에 대한 필요성도 절실히 느끼게 되었다.

이와 같이 우리나라 기업은 선진국 기업과 같이 오랜 기간에 걸쳐서 자체의 기술을 개발·축적하여 경쟁력을 기르지 못하고, 주로 외국으로부터의 기술도입을 통하여 단기간에 대규모의 기업체로 성장하였다. 따라서 기업문화에 있어서도 전통적으로 기술개발활동이 매우 저조했고, 기술개발에 대한 기본적인 의식조차도 부족했던 것이 일반적인 실정이었다. 이러한 현상은 최근에 이르기까지 우리나라 기업에서 기술인력에 대한 대우를 등한시해 온 데에서도 명백히 나타나고 있다.

그러나 이제 기술개발은 우리나라의 많은 기업체에서 최우선적인 목표의 하나로 강조되고 있다. 특히 전기, 전자, 화학, 자동차 등 주요 산업분야에서 우리나라의 많은 주력기업들이 1980년대부터 자체 기술개발에 집중 투입하여 상당수의 첨단기술분야에서 세계 정상의 수준을 달성하며 강한 경쟁력을 과시하기에 이르렀다. 자동차, 전자, 반도체 등이 좋은 예이다(Kim, 1997, pp. 191~245). 기술개발의 증진은 우리나라 기업구성원들의 가치관에 많은 변화를 요구하고 있다. 합리적인 사고방식은 물론, 창의성과 개방성 등이 기술고도화와 기술개발의 환경하에서 흔히 볼 수 있는 가치관상의 변화압력이다.

표 4-9 정보사회의 기업문화 특성

농경사회 ⟶ 산업사회 ⟶ 정보사회

중요자원:	토 지	자 본	정 보
기업문화 특징:		대량생산 획일성 집권적, 통제적 능률, 원가통제 강조 대중고객의 욕구충족	소규모 단위생산 다양성 분권적, 자율적 창의성 강조 고객 개개인의 욕구충족

(2) 정보사회의 전개

전세계적으로 번져나가고 있는 정보사회(information society)의 물결도 우리나라의 기업문화형성에 많은 영향을 주는 중요한 환경요소이다. 미래학자 토플러(A. Toffler)는 인류사회의 발전단계를 농업사회와 산업사회 그리고 정보사회의 세 가지 '물결'로 구분하고 있다. 토플러에 의하면 현재 실현되고 있는 정보사회는 인류사회발전의 가장 중요한 물결로서, 농업사회가 산업사회로 전환될 때 인류사회에 많은 변화가 일어났던 것과 마찬가지로 산업사회에서 정보사회로의 전환도 우리 사회에 큰 변화를 가져오고 있다(Toffler, 1980, pp. 17~22).

정보사회의 핵심인 컴퓨터와 통신기술 등 정보기술은 기업경영은 물론 우리들의 사회생활에도 많은 영향을 주고 있다. 농업사회에서는 토지가 가장 중요한 자원이었고 산업사회에서는 자본이 긴요한 자원이었듯이(Naisbitt, 1982, pp. 16~17) 이제 현대기업에서는 정보가 중요한 경영자원으로서 기업체의 성과를 결정하는 중요한 요소가 되었다. 따라서 정보기술의 효율적인 활용과 이에 적절한 정보문화의 개발이 현대기업의 중요한 과제로 인식되고 있다.

(3) 지식인력의 증가

기업체에서 정보기술의 활용이 증가함에 따라서 업무수행과정에서 정보자료를 많이 사용하는 지식인력(knowledge worker)이 증가하고, 기업체의 전체인력구성에서 지식인력이 차지하는 비중이 높아진다. 지식인력은 단지 관리자와 전문관리스태프 그리고 컴퓨터 전문요원뿐만 아니라, 정보자료를 다루는 하부 사무직 인력과 기술계산 및 설계 등 기술정보자료를 다루는 생산직 · 기술직 인력도 모두 포함한다. 이들 지식인력의 증가는 기업체 내에서 경영정보의 활용을 증가시키는 것은 물론, 정보기술의 중요성과 경영정보의 필요성을 더욱 크게 만들면서 정보기술환경을 가속화시키는 동시에 정보문화를 더욱 확산 · 강화시킨다.

(4) 새 정보기술문화

정보기술의 발전은 정보시스템설계에 대한 새로운 패러다임과 더불어 새 정보문화의 개발을 촉진시킨다. 컴퓨터의 확산과 통신기술의 발전은 정보기술의 활용수준을 개인수준에서 팀수준으로 그리고 조직체 내부의 통합된 정보시스템 수준으로, 그리고 나아가서는 조직체 내부시스템수준에서 외부 조직체와의 연결시스템으로 확대시킨다(Tapscott and Caston, 1993, pp. 14~18). 이와 같은

표 4-10 정보 네트워킹의 확대와 기업문화의 변화

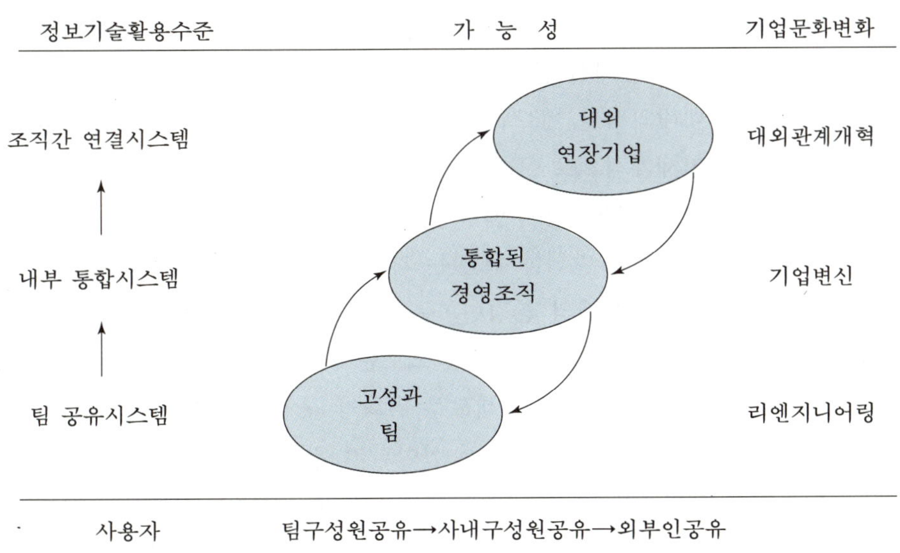

네트워킹(networking)의 범위가 확대됨에 따라서 기업체는 점점 연장기업(extended enterprise)의 성격을 지니면서 기업성과의 수준을 보다 높은 차원으로 향상시킨다. 그러나 기업체가 실제로 높은 수준의 경영성과를 달성하려면 이에 필요한 새로운 기업문화(업무개선과 리엔지니어링, 새로운 공유가치를 통한 기업변신과 대외관계의 개선 등)가 개발되어야 한다(표 4-10 참조). 이와 같이 정보기술의 발전은 그 활용수준에 따라서 이에 적합한 새로운 정보문화와 기업문화를 요구한다.

4. 세계화와 무한계의 환경

우리나라 기업의 기업문화개발에 많은 영향을 주는 또 하나의 환경적 요소는 이미 본격적으로 전개되고 있는 세계화(globalization)와 무한계(boundary-less)의 환경변화 추세이다.

(1) 기업경영의 새 패러다임

세계화의 거센 물결을 국가간의 국경을 무너뜨리면서 전세계를 하나의 지구촌 시장으로 축소시키고 있고, 기업체에 있어서도 내부 상하계층과 기능부서 그리고 외부 관련조직들간의 모든 장벽을 무너뜨리면서 기업경영에 큰 변화를 가져오고 있다. 그리고 앞에서 설명한 정보기술의 발전은 시간과 거리의 장벽을 허물고 기업체의 대내외적인 네트워킹을 확대시킴으로써 모든 장벽의 파괴를 촉진시킨다. 특히 전세계적으로 이미 보편화된 인터넷은 기업은 물론 모든 개개인에게 시간과 거리의 제약을 받지 않고 무한한 연결관계를 통하여 언제 어디서나 자신의 역량과 경쟁력을 발휘할 수 있는 기회를 제공한다(Friedman, 2005).

이러한 세계화와 무한계의 환경변화는 우리나라 기업에게 예측지 못했던 새로운 위협을 가져온다. 그러나 또 한편으로는 기대하지 않았던 새로운 사업여건과 무한한 성장을 가능케 하는 새로운 기회가 끊임없이 주어지고 있다. 이와 같은 세계화와 무한계의 환경하에서 살아남기 위해서는 경영조직의 설계와 조직경영에 있어서 새로운 환경에 알맞은 새로운 패러다임이 필요하고, 따라서 새로운 공유가치와 기업문화의 개발이 요구된다. 대체로 전통적인 경영조직 설

표 4-11 새 경영조직 설계방향

구분	기존		새 방향
조직구조	계층적, 수직적	→	수평적, 팀중심, 네트워크
상호작용범위	내부, 제한(폐쇄)적	→	개방적, 대내외적
초점자원	자본중심	→	구성원, 정보
변화도	안정적, 영구적	→	동태적, 임시적
동기요인	경제적, 직무외적, 상부지시	→	커미트먼트, 직무내적, 팀목표
관리방식	통제적	→	권한위양적, 자율적
학습목적	직무관련기술	→	전반적인 능력개발
보상기준	공식직위	→	성취, 능력수준
상호관계	경쟁적, 방어적	→	협경적(coopetitive)
직무에 대한 태도	무관심	→	회사와의 동질성
관리요건	착실한 관리	→	리더십

계방식에서 벗어나 보다 유기적이고 수평적인 조직구조와 팀경영 및 자율경영을 강조하는 것이 새로운 경영조직의 설계방향이다(이학종, 1997; 정구현 외, 2008, 345~365면). 그리고 대내외적으로 아무런 장벽 없이 상호 협력과 경쟁을 동시에 펼쳐 나가는 개방적이고 학습적이며 협경적인 경영방식(coopetition)이 세계화와 무한계의 환경하에서 요구되는 새로운 기업경영방향이다(Brandenburger and Nalebuff, 1996)(표 4-11 참조).

(2) 문화시너지적 기업문화

세계화와 무한계화의 환경은 우리나라 기업에게 세계 각국의 다양한 문화와의 상호작용을 요구한다. 따라서 우리나라 기법은 세계화 · 무한계화 과정에서 세계 각국의 우수기업과 경쟁하려면 이들 각국의 다양한 현지 문화를 이해하고 이를 적절히 수용하며 동화시킬 수 있는 능력을 개발해야 한다. 이것은 근본적으로 자국문화에만 집착하고 다른 문화는 외면하는 편협적(parochial)이고 자국문화만이 제일이라는 민족중심적 · 종속중심적(ethnocentric)인 관점과 사고방식에서 벗어나 세계 각국의 다양한 가치관과 행동을 이해하고 상호간의 이익을 증진시키면서 보다 높은 성과를 지향하는 문화간의 시너지적(culturally synergistic) 사고방식과 태도, 그리고 행동을 의미한다(Adler, 2002; 이학종 · 양혁승, 2005, 53~55면; 제Ⅳ부 볼보프랑스 사례 참조). 우리나라 기업의 다국화 수준이 국내에서 국제적, 그리고 세계화의 수준으로 발전함에 따라서(Adler and Ghader, 1990, p. 185) 문화간의 상호 시너지적 사고방식과 경영행동도 그 범위가 기업의 특정 부서, 계층 또는 기능으로부터 기업 전체로 확산되면서 기업체 전체의 기업문화에 변화를 요구하게 된다.

(3) 기업선진화의 필수요건

세계화와 무한계화의 환경하에서 우리나라 기업의 지속적인 성장은 우리

표 4-12 기존 기업문화에 대한 변화압력

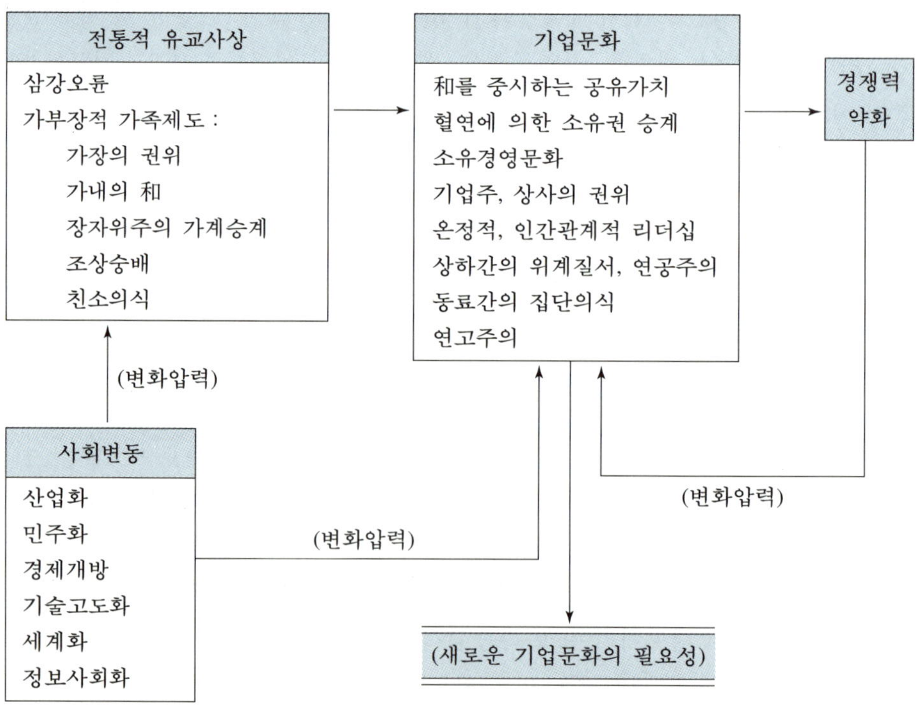

나라 기업이 세계시장에서 선진국 우수기업과 잘 경쟁할 수 있느냐에 달렸다. 따라서 우리나라 기업의 경쟁력을 선진국 우수기업 수준으로 끌어올리는 것이 우리나라 기업이 당면한 중요과제이다. 우리나라에서 기업선진화는 많은 기대에서 오랫동안 추진되어 왔다. 근래에는 특히 경쟁력 강화를 목적으로 각종 선진 경영혁신 방법을 적용하면서 이에 더욱 많은 노력을 기울이고 있다. 따라서 세계화 · 무한계화의 환경하에서 우리나라 기업의 경쟁력강화를 위한 기업선진화의 노력은 새로운 기업문화에 대한 변화압력을 증가시키는 중요한 요인이 되고 있다(표 4 - 12 참조).

장을 맺으며

이 장은 우리나라 기업의 기업문화 개발에 많은 영향을 주는 요소들을 사회문화와 정치 · 경제적 환경을 중심으로 정리하였다. 전체적으로 볼 때, 우리나라의 기업문화는 유교사상과 가부장적 가족제도에 기초한 전통문화가치와 근대 산업사회의 합리적 · 개인주의적 문화가치가 혼합된 특징을 보이면서, 민주화와 경제개방 그리고 국제화와 정보사회화의 물결 속에서 급격한 사회변동과 더불어 기업구성원들의 가치관과 행동에 많은 변화가 일어나고 있다. 그리고 우리나라의 경제개발을 목적으로 기업에 대한 규제와 지원을 중심으로 계획경제를 적극적으로 이끌어 온 정부도 점차 민간주도의 자율경제체계를 추진하는 방향으로 그 역할이 변해가고 있다.

이러한 기업환경의 변화는 우리나라 기업으로 하여금 이에 알맞은 새로운 기업문화개발의 필요성을 느끼게 만들고 있다. 특히 국제경쟁력의 약화는 우리나라 기업의 선진화의 압력을 증가시키고 있고, 그 과정에서 구성원들의 의식개혁과 행동변화, 그리고 경영혁신이 강조되면서 우리나라의 많은 기업체에서 보다 합리적이고 개방적이며 다양한 문화간의 상호 시너지적인 새로운 기업문화의 개발이 점차 활발해지고 있다. 우리나라 기업에서 요구되는 새로운 기업문화의 개발에 앞서서 현재 우리나라 기업의 일반적인 문화특성은 무엇이고 문제점은 무엇인지를 다음 장에서 살펴보기로 한다.

05장

한국의 기업문화특성

앞 장에서 우리는 우리나라의 기업문화에 영향을 주는 중요 환경요소들을 살펴보았다. 이제 우리는 이 장에서 우리나라 기업의 문화적 특성을 연구한다. 연구대상은 주로 우리나라의 대기업들이다. 먼저 우리나라의 재벌기업을 중심으로 우리나라 기업의 소유경영문화를 살펴보고, 기업문화의 7S개념을 중심으로(표 1-4, 4-1 참조) 경영이념, 경영전략, 조직구조, 관리시스템, 관리행동 등 우리나라 기업의 문화특성을 알아본다. 그리고 마지막으로 세계 주요 문화권의 사회문화 및 기업문화 특성을 비교한다.

제 1 절 한국기업의 소유경영문화

기업의 소유자는 기업의 경영에 관여할 법적 권한이 있는 만큼, 기업문화에 직접적인 영향을 줄 수 있다. 우리나라에서 대부분의 기업은 전통적으로 소유와 경영이 분리된 전문경영체계(professionalization of management)를 실현시키지 못하고 소유자가 경영에 직접 참여하는 소유경영체계(owner-manager system)를 유지해 왔다. 이러한 소유경영문화는 기업의 권력과 지배구조는 물론 전반적인 경영조직체계에 많은 영향을 주고, 나아가서는 구성원들의 직무만족과 욕구동기에까지도 영향을 미친다.

1. 기업의 소유와 경영

기업의 소유와 경영의 문제는 기업이 성장하면서 경제적 역할이 커지고 사회 전반에 미치는 영향이 커짐에 따라 서구 여러 나라에서 오랫동안 논의의 대상이 되어 왔다. 우리나라에서도 경제성장이 계속되고 사회문화수준이 고도화됨에 따라서 기업의 소유와 경영의 문제는 점점 중요한 이슈로 제기되고 있다.

(1) 기업의 대형화와 전문경영

재산의 소유권이 존중되고 있는 자본주의 사회에서는 재산의 소유자가 자기의 재산을 지배하고 관리 · 운영하는 것이 당연한 원칙으로 인정되고 있다. 따라서 기업의 자본을 소유하고 있는 자본가가 기업을 지배하고 기업경영의 권한을 행사하며 그 결과에 대하여 책임을 지는 것도 당연한 원칙이라고 할 수 있다. 그러나 기업이 대형화되고 기업의 자금수요가 커짐에 따라서 자본가와 그의 가족들의 자금조달능력에 한계가 드러나게 되고, 따라서 기업은 필요자금의 조달을 주식시장을 통한 외부투자자들에 의존하게 된다. 그리하여 기업의 소유권은 점점 분산된다. 그러나 이와 같은 소유권의 분산에도 불구하고 경영권은 여전히 자본가와 그의 가족들에게 집중되는 경향이 있고, 따라서 소유와 경영의 분리, 즉 전문경영체계의 문제가 제기된다.

기업의 성장과정에서 기업의 자본축적은 자본가와 그의 가족들의 노력으로만 이루어지지 않고 구성원들과 공급업체 그리고 정부와 금융기관 등 여러 이해관계자들(stakeholders)의 공헌에 의하여 이루어진다. 우리나라의 경우 경제개발과정에서 특히 재벌기업들의 성장은 실제로 정부의 특혜와 보호하에서 이루어졌고 재벌기업의 필요자금도 상당부분이 금융기관으로부터 조달된 만큼, 재벌기업의 자본축적은 기업구성원들의 공헌은 물론 일반 국민들의 상대적 희생을 통하여 이루어졌다고 할 수 있다. 따라서 자본가와 그의 가족들이 경영권을 독점하는 것은 부당하며 소유와 경영이 분리되어야 한다는 논리가 성립된다.

(2) 기업의 사회적 책임

또한, 기업성장과정에서 이해관계자들의 공헌을 인정하는 것은 기업의 경영권이 단순히 자본의 소유에만 근거할 수 없다는 것을 의미한다. 기업체의 규모가 커지고 사회에서의 영향영역이 넓어짐에 따라서 이해관계자들의 범위도 주주, 구성원, 공급업체, 정부 그리고 금융기관으로부터 고객, 노조, 경쟁업체, 정치 · 경제단체, 기술 · 연구기관 그리고 사회 · 문화단체 등으로 점점 확대되어 나간다. 그리하여 기업은 단지 소수의 소유자들만을 위해서가 아니라 모든 이해관계자들, 즉 사회 전체를 위하여 운영되어야 한다는 논리가 성립된다(Eels and Walton, 1961, pp. 149~167, 468~275). 따라서 기업은 이러한 사회적 책임을 충실히 수행하기 위해서도 소유와 경영을 분리하여 전문경영자들로 하여금 경영권을 가지고 기업을 운영하도록 해야 한다는 논리도 아울러 제기된다.

2. 재벌기업의 소유구조

서구 선진국에서는 19세기 후반기부터 기업의 규모확장과 더불어 주식시장으로부터의 자금조달이 이루어져서 기업의 소유권이 자연적으로 분산되었고, 20세기에 들어와서는 개방사회와 자유시장경쟁하에서 이해관계자들이 기

표 5-1 소유와 경영의 분리과정(서구 선진국 기업)

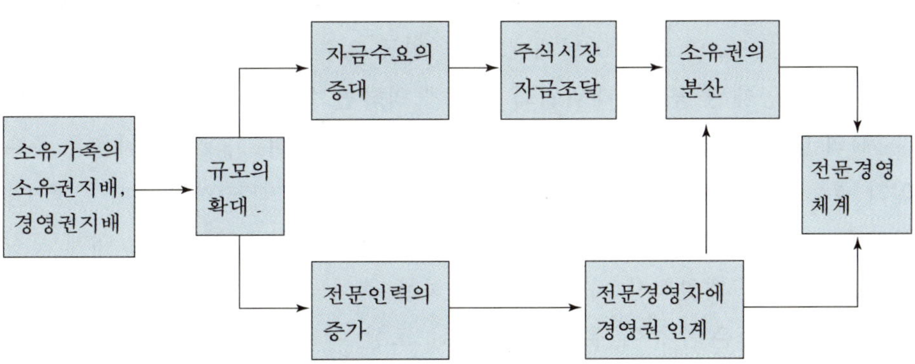

업체로 하여금 기업의 사회적 책임을 충실히 수행하도록 압력을 가해왔다. 따라서 소유와 경영의 분리와 전문경영체계는 특히 대기업들에게 거의 자연적이고 필수적인 요건으로 받아들여져 왔다(표 5-1 참조). 그러나 우리나라에서는 기업역사가 비교적 짧을 뿐만 아니라, 전통적으로 민간자본이 워낙 부족했고(칼 모스코위츠, 1989, 199~205면), 주식시장도 근래에 와서야 그 역할이 본격화되기 시작하여, 기업이 주식발행을 통하여 소유권을 분산시킬 수 있는 기회가 충분히 제공되지 못하였다. 따라서 우리나라의 대부분의 기업은 소유와 경영이 분리되지 않은 상태에서 소유권이 주로 소유가족에 집중되어 왔다.

(1) 소유가족의 소유지배

우리나라에서 기업의 소유와 경영의 문제는 주로 재벌기업을 대상으로 연구되어 왔다. 재벌의 개념은 학자마다 다르고 연구목적에 따라 구체적인 조작적 정의도 다르지만, 대체로 특정 가족이나 혈족이 소유권과 경영권을 행사하는 대규모 기업집단(conglomerate)을 말한다. 기업집단의 규모는 연구자마다 다르지만 주로 매출외형상으로 50위 순위에 들어가는 거대한 기업집단, 그 중에서도 특히 30위까지의 대기업 집단이 흔히 우리나라 재벌의 연구대상이 된다.

재벌기업에 대한 소유가족(소유자 총수와 친인척 등 특수관계인)의 소유권지배는 그들의 소유지분과 계열회사간의 주식보유를 통하여 이루어진다. 우리나라 30대 재벌기업그룹의 소유가족의 소유권지배 지분율은 평균 40% 이상의 높은 수준을 보이고 있다. 근래 30대 재벌그룹의 내부지분율(소유가족 지분율과 계열회사 지분율의 합)은 1990년대에 44~47%(소유가족 지분율 7.1~14.3%, 계열사 지분율 31.3~36.9%)였고, 2000년대에도 큰 변동 없이 높은 수준이 유지되고 있다. 최근에 공개된 공정거래위원회 자료에 의하면 상호출자제한 재벌기업집단(43개)의 내부지분율은 2007년 4월 기준으로 51.57%이며, 내부지분비율은 총수일가(총수+친족)지분이 4.90%, 계열사지분이 44.29%, 기타 2.45%였다(공정거래위원회, 2007. 8). 우리나라 30대 재벌기업의 평균 소유가족 지분율은 대체로 감소되는 반면에, 계열회사 지분율은 증가하는 추세를 보여 전체적으로 큰 변동 없이 여전히 높은 수준이 유지되고 있다. 또한 이와 같은 소유가족 지분율의 감소와 계열회사 지분율의 증가추세는 재벌기업의 규모가 클수록 더욱 심하게 나타나는 경향이 있다.

(2) 재벌기업의 소유유형

우리나라의 재벌기업에서 계열회사에 대한 소유구조는 소유주독점형과 중핵기업지배형 그리고 상호균등형의 세 가지 유형으로 분류할 수 있다(하또리 다미오, 1989, 276면)(표 5-2 참조). 소유주독점형은 소유주나 그의 가족이 직접 계열회사의 지분을 소유하는 형태이고, 중핵기업지배형은 소유가족이 재벌기업 핵심기업의 지분을 소유하고 핵심기업이 다른 계열회사의 주식을 보유하는 형태이다. 그리고 상호균등형은 핵심기업이 하나가 아니라 여러 개가 존재하면서 서로 연쇄(chain)형식으로 주식을 소유하는 형태이다.

소유주독점형으로는 한진을, 중핵기업지배형은 한화를, 그리고 상호균등형은 삼성과 SK를 각각 좋은 예로 들 수 있다(강철규 · 최정표 · 장지상, 1991, 44~45면; Chang, 2003, pp. 164~170). 대체로 재벌기업의 규모가 클수록 소유주독점형에서 중핵기업지배형으로 그리고 나아가서는 상호균등형으로 계열회사에 대한 소유구조가 변해 나가는 경향이 있는데, 소유주독점형에서 중핵기업지배형은 대체로 순조로이 진행되지만 상호균형형으로의 진행에는 후계자의 단일화와 소유주식의 집단화 등 특수장치에 대한 사전준비가 요구되어 그 과정이 복잡해지는 것이 일반적인 경향이다(하또리 다미오, 1989, 266~267면).

표 5-2 소유가족의 소유지배유형

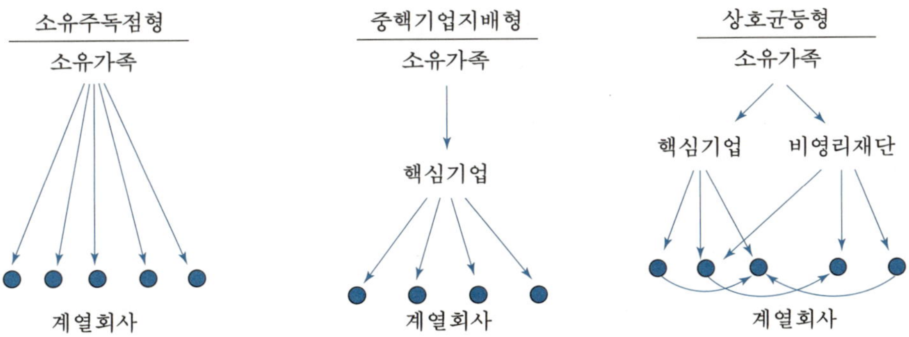

(3) 소유가족의 경영지배

우리나라의 재벌기업에서 소유가족의 소유지배는 소유가족이 기업경영에 직접 참여함으로써 경영지배로 연결된다. 앞에서 언급한 바와 같이, 소유가족의 소유지분은 크지 않더라도 계열회사간의 주식보유를 통하여 전체 재벌기업에 대한 소유권을 행사할 수 있다. 그리고 소유가족은 경영에 참여하여 인사권과 중요 의사결정권도 장악함으로써 소유와 경영을 모두 지배하게 된다. 재벌기업의 규모가 커짐에 따라서 소유가족의 인원수에는 한계가 있으므로 전문경영자의 수가 상대적으로 크게 증가한다. 그러나 소유가족 내에서 주식지분의 분할을 억제하는 여러 가지의 장치와 계열회사간의 주식보유로 인하여 재벌기업의 성장에도 불구하고 소유가족의 소유지배와 경영지배는 지속되어 나갈 수 있다.

소유가족의 이와 같은 소유지배와 경영지배는 단지 재벌기업에서뿐만 아니라 우리나라의 모든 사기업에서 나타나는 일반적인 특성이다. 이러한 소유가족으로의 소유권과 경영권의 집중은 근본적으로 가족과 혈연중심의 가계승계를 중요시하는 우리나라의 전통문화(제 5 장 제 2 절 참조)와 민간자본의 부족 그리고 짧은 기업역사에 따른 경영의 미성숙 등 우리나라의 사회문화적, 경제적 그리고 환경적 요인에 기인한다고 볼 수 있다.

우리나라 기업에서 소유가족의 경영지배는 경제적 그리고 윤리 · 도덕적인 관점에서 일반국민의 비판대상이 되고 있고, 이러한 국민의 비판은 우리나라의 문화수준이 고도화될수록 더욱 커질 것으로 예상된다. 따라서 우리나라 정부는 주로 인력고용과 매출액 등 경제력의 집중도가 높고 사회 전반에 큰 영향을 미치고 있는 재벌기업을 대상으로 기업공개와 소유와 경영의 분리(전문경영체계의 도입)를 촉구해 왔다. 또한, 공정거래법도 제정하여 계열회사간의 상호출자를 규제하고 상속세와 증여세의 부과도 강화해 왔다.

소유가족의 경영지배는 대체로 우리나라의 많은 기업구성원들에게도 부정적인 영향을 주고 있다. 우리나라의 많은 근로자들이 대기업의 소유경영체계에 대하여 거부감을 보이고 있고, 이러한 거부감은 생산직보다는 사무직에서, 중소기업보다는 대기업에서, 그리고 젊은층(40세 이하)과 고학력층(전문대 이상)에서 더 강력하게 나타나는 경향이 있다. 이와 같이 대다수의 우리나라 기업구성원들은 소유와 경영이 분리된 전문경영체계와 전문경영자들에 의한 자율경영을 원하고 있다. 따라서 소유가족이 소유권과 경영권을 모두 행사하는 우리나라 기업의 소유경영문화는 기업구성원들로부터 공감을 받지 못함으로써 새로운 선진 기업문화개발에 장애요인이 되는 경우를 많이 볼 수 있다.

(4) 재벌그룹의 장점

이와 같은 문제점과 더불어 재벌기업그룹은 경제적으로나 국가 산업발전에 있어서 실제로 큰 역할을 해온 것이 사실이다. 인력고용과 규모경제를 통한 경제시스템의 효율성 증대에 공헌하는 것은 물론, 그룹차원에서의 자원을 총동원하여 크고 어려운 장기적인 사업을 성취시킬 수 있는 능력을 가지고 있다. 현대그룹의 조선과 자동차 그리고 삼성그룹의 반도체 등 사업분야로의 진출이 좋은 예이다. 그뿐 아니라, 재벌그룹은 각 계열사간의 시너지적인 전략경영을 통하여 강력한 경쟁력을 발휘할 수 있고(Chang, 2003, pp. 120~150), 이러한 시너지적 전략은 특히 세계화와 무한경쟁하에서 중요한 성공요인이 될 수 있다. 과거에 우리나라 재벌기업그룹에서 총수의 절대적 권한과 창업능력 그리고 소유가족중심의 경영지배는 경영의 안정과 지속성 그리고 구심점과 일관성을 줌으로써, 이것이 재벌그룹의 고도성장에 크게 기여한 것이 사실이다.

제 2 절 한국기업의 공유가치와 경영전략

기업문화의 7S개념에서 기업의 공유가치와 경영전략은 기업의 기본가치와 기업의 사업 및 경영방향을 각각 반영함으로써 기업문화의 가장 중요한 핵심요소로 작용한다(제 1 장 표 1－4 참조). 이 절은 사훈을 중심으로 우리나라 기업의 공유가치를 그리고 다각화 성장전략과 가능분야전략을 중심으로 우리나라 기업의 경영전략을 알아본다.

1. 한국기업의 사훈

우리나라에서 기업체들의 사훈은 주로 그 기업체의 창업자나 소유주 그리고 경영주의 경영이념을 정립한 공식적인 표명으로서, 기업체가 정식으로 추구하는 기본가치라고 할 수 있다. 사훈이 실제로 얼마나 실천되고 있고 구성원들로부터 실제로 얼마나 공감을 받고 있음으로써 실제 공유가치로서의 그리고 기본가치로서의 역할을 하고 있는지는 기업체마다 다르다. 일반적으로 성과가 높은 우수기업일수록 사훈은 구성원들의 공감을 얻어 그들의 공유가치로 정착되어 그들의 행동 가이드로 작용하면서 성과에도 크게 기여한다.

(1) 인화중심의 전통적 기본가치

우리나라 기업의 창업자와 소유주 그리고 경영주가 다양한 만큼, 우리나라 기업의 사훈도 다양하다. 그러나 우리나라 기업은 전통적으로 인화단결, 성실 · 근면, 창의 · 창조가 사훈에서 가장 많이 강조되어 왔다(이학종, 1989, 110~132면; Chang · Lee · Jung, 1997, pp. 146~150). 사훈에는 일반적으로 3~5가지의 기본가치가 표현되는데, 우리나라 기업의 거의 모두가 인화단결, 성실 · 근면, 창의 · 창조 중 적어도 한두 가지를 사훈에서 강조해 왔다.

이와 같이 우리나라 기업은 구성원들간의 화합과 구성원들의 근면한 태도를 가장 많이 강조하는데, 이것은 화(和)를 중요시하는 우리나라의 전통적인 사회문화가치와 밀접한 관계가 있다고 할 수 있다. 이러한 인화중심의 기본가치는 고객서비스와 품질 그리고 창의성과 기술개발을 많이 강조하는 서구의 기업체와 비교할 때 매우 대조적이라 할 수 있다.

우리나라 기업에서 전통적으로 인화단결과 성실 · 근면 그리고 창의 · 창조 다음으로 많이 강조되고 있는 기본가치는 신뢰 · 정직과 품질 · 기술개발 그리고 책무 등이었다. 그리고 합리성과 과학성 그리고 희생과 사회적 봉사 등은 사훈에서 강조되는 빈도로 보아서 비교적 하위에 속하는 기본가치들이었다. 따라서 우리나라 기업은 대체로 내부 구성원들간의 화를 중요시하는 인간관계를 최우선의 기본가치로 강조해 왔고, 그 다음으로 대외적인 가치로서 신뢰성과 사회적 책임을 강조해 왔다.

(2) 성과중심의 기본가치

이와 같은 우리나라 기업의 인화중심적인 전통적 기본가치와 사훈은 근래 세계 기업환경변화와 우리나라 사회환경변화 그리고 기업선진화의 압력 속에서 급속한 변화를 거쳐왔다. 이러한 변화는 대체로 우리나라 기업이 기업경쟁력을 강화하기 위한 기업문화개발과 연계되어 전통적인 인화중심에서 기업의 장기성과를 강조하는 고객서비스, 인간존중, 창의 · 기술개발, 혁신 · 개혁, 친환경 · 윤리경영 등에 역점을 두어 추진되어 왔다.

2. 재벌기업의 공유가치

우리나라 기업에서 일어나고 있는 기본가치의 변화는 주로 재벌기업을 선두로 특히 IMF 외환위기 이후 급속히 전개되어 왔다. 우리나라의 대표적인 재벌기업 삼성, 현대, LG, 효성 등을 중심으로 기업의 기본가치와 공유가치의 변화를 알아본다.

외형상 우리나라의 최대기업인 삼성그룹은 전통적으로 사업보국, 인재제일, 합리추구의 공식 사훈하에 우수성에 입각한 제일주의를 강조해 왔다. 즉 국민이 원하는 사업을 하고, '기업은 사람이다' 라는 개념하에 우수한 인재의 확보와 개발을 강조하며, 고객본위의 철저한 상인정신과 깨끗하고 완전 · 분명한 업무처리를 추구하는 것이 삼성의 전통적인 경영이념이다(삼성경제연구소, 1989). 그러나 1987년 '제 2 의 창업기' 가 시작된 이후 근래에 와서 이러한 경영이념은 안전한 사업과 완벽한 관리주의에 너무 치우쳐, 점차 심화되는 세계화 · 무한계 환경에 대처하기 위한 창조력과 도전성이 충분히 발휘되지 못하는 것이 우려되어 왔다. 그리하여 근래에 삼성은 '신 경영' 과 '질 경영' 그리고 '디지털' 경영을 통하여 세계적인 우수기업으로의 발전을 목적으로 전통적인 제일주의와 안전주의에 자율경영과 기술개발 그리고 인간존중의 새로운 가치를 접목시키는 데 많은 노력을 기울여 왔다(제Ⅳ부 삼성사례 참조).

현대그룹은 진취와 창조 그리고 검소의 경영이념하에 '하면 된다' 라는 정신으로 무에서 유를 창조하는 행동주의를 강조해 왔다. 현대의 이러한 이념은 현대중공업의 국내최초 조선업 시작, 현대건설의 중동진출, 현대자동차의 자동차수출, 반도체산업의 참여, 공산권국가로의 해외진출, 대북사업개발 등 새로운 산업과 시장으로의 진출에서 엄연히 나타나고 있다(Steers, 1999, pp. 204~210). 이와 같은 현대의 강한 집념과 추진력 그리고 승부의욕은 과거에 외국인들로 하여금 현대를 '뚝심군단' 이라고까지 부르게 만들었고, '하면 된다' (Can Do Culture)는 우리나라 기업을 상징하는 외국인의 표현이 되기도 하였다(Kirk, 1994, pp. 4~53). 이와 같이 도전과 모험을 강조하면서도 성실과 절약 그리고 실질성을 중요시하는 것이 현대의 전통적인 문화적 특성이다(정주영, 1992). 그러나 현대가 세계적인 우수기업으로 발전하려면 이러한 전통적인 문화특성과 더불어 보다 합리적인 경영체계와 보다 인간적이고 세련된 경영행동이 요구된다는 인식하에, 현대는 이제 전통적인 행동주의에 새로운 문화가치를 보완하는 데 많은 노력을 기울이고 있다.

LG그룹은 전통적으로 인화를 중심으로 애사심과 협동정신을 강조해 왔다. 그리하여 구성원들간에 존경과 친애 그리고 포용과 신뢰가 높은 그리고 직장분위기가 좋은 기업으로 널리 알려져 왔다. 기업규모가 확대되고 사업다각화의 범위가 급격히 확장됨에 따라 LG는 1987년 하반기에 급속히 다가오는 세계화 시대에 대비하여 의욕적인 고도성장을 유지하기 위한 획기적인 경영혁신과 강력한 구조조정을 추진하기 시작하였다(이학종, 1997, 337~364면). 그리하여 고객의 가치창조, 인간존중, 자율경영의 새 경영이념아래(구자경, 1992) 인화를 통한 단결을 강조하는 한편, 연구개발과 개척정신을 강조하면서 집단적 창의력과 단합된 추진력으로 세계화 · 무한계 환경에 도전성을 향상시켜 경쟁력을 지속적으로 강화하는 데 노력해 왔다.

효성그룹도 전통적으로 신의와 노력으로 사회와 국가발전에 공헌한다는 경영이념하에 성실과 노력 그리고 책무를 공유가치로 강조해 왔다. 그러나 효성의 사업범위가 섬유와 타이어 그리고 피혁제품에서 중화학공업과 컴퓨터 등 여러 사업분야로 다각화됨에 따라서 인정과 안정중심의 전통적인 문화특성이 새로운 산업분야에는 적합하지 않다는 것을 느끼게 되었다. 그리하여 종래의 보수성과 완벽주의에서 탈피하여 적극성과 진취성을 지향하고, 안일하고 비모험적인 행동경향으로부터 벗어나서 보다 도전적이고 혁신적인 사고방식과 행동을 조성하는 데 많은 노력을 기울여 왔다. 그리고 사훈도 성실봉사와 화합단결 그리고 창의노력을 강조하면서 화합 속의 창조정신과 프로정신을 새로운 공유가치로 강조하면서 보다 적극적이고 외향적인 기업으로의 변신을 추구해 왔다. 특히 IMF 이후 효성은 대대적인 사업 및 조직구조조정을 성공적으로 달성하여 세계적인 우수기업으로의 발전을 가속화시키고 있다(이학종, 2003, 347~365면).

이상 우리나라 기업의 기본가치를 사훈과 공유가치를 중심으로 알아보고 근래의 변화동향을 간단히 살펴보았다. 대체로 우리나라 기업은 인화 · 단결과 성실 · 근면 그리고 창의 · 창조를 공식적인 사훈으로 가장 많이 강조해 왔지만, 근래에 와서는 민주화와 세계화 · 무한계화 등 사회문화환경과 기업환경이 급격히 변함에 따라서 기업의 기본가치도 전통적인 인화단결보다는 고객과 구성원 그리고 기술을 더 강조하면서 경쟁력 강화를 위한 경영혁신을 통하여 새로운 기업환경에 알맞은 새로운 공유가치와 기업문화를 개발 · 정착시켜 나가는 것이 우리나라 기업의 일반적인 경향이다.

제 3 절 한국기업의 경영전략

기업의 경영전략(strategy)도 기본가치와 더불어 기업의 경영행동에 많은 영향을 줌으로써 기업문화의 중요한 부분을 차지하고 있다. 우리나라 기업의 경영전략을 기업성장을 위한 다각화전략과 기능분야별 전략을 중심으로 살펴본다.

1. 한국기업의 성장 다각화전략

기업체는 고객 및 시장의 확대와 새로운 사업으로의 확장을 통하여 성장해 나간다. 따라서 사업의 다각화(business diversification)는 기업의 성장과정에서 나타나는 자연적인 현상이라 할 수 있다.

(1) 성장단계와 다각화유형

기업의 성장패턴을 보면, 기업체는 대체로 단위조직(unit organization)으로부터 시작하여 시장확장을 해 나가다가 어느 규모에 도달하면 전문기능별로 분화한 기능적 조직(functional organization)을 형성하게 되고, 그 다음에는 규모가 계속 커짐에 따라서 지역이나 제품의 다각화를 통하여 사업부조직(divisional organization)을 형성해 나간다. 그리고 다각화가 계속됨에 따라서 다사업부조직(multi-divisional organization)을 형성하면서 성장해 나간다(Scott, 1973, pp. 133~148; Chandler, 1962). 따라서 기능적 조직의 성장단계를 넘어선 대기업의 경우에는 어떤 사업분야와 어떤 지역시장으로 다각화할 것인지가 기업의 경쟁적 위치와 성과 그리고 장기적인 성장에 영향을 주는 매우 중요한 전략결정이다.

기업의 다각화전략은 주로 전업형(single product), 본업형(dominant product), 수직형(vertical integration), 관련형(related diversification) 그리고 비관련형(unrelated diversification) 등 다섯 가지 유형으로 분류되어 연구된다(Rumelt, 1974, pp. 29~32). 이들 다각화유형은 기업의 전체 매출액에서 나타나는 제품구성이 어느 정도 단일제품에 집중되었거나 여러 제품에 분산되었고, 또 제품간의 관련성(시설, 기술, 판매경로 등)이 어느 정도냐에 따라서 결정된다. 〈표 5-3〉에서 보는 바와 같이, 전업형과 본업형은 각각 95%와 70%의 매출비중이 단일제품에 집중되어 있고, 관련비율(related ratio)은 70%선에서 관련 · 비관련형이 결정된다. 그리고 수직형은 제품들이 수직적으로 통합된 관련형의 특수형태이

표 5-3 다각화유형의 분류모형

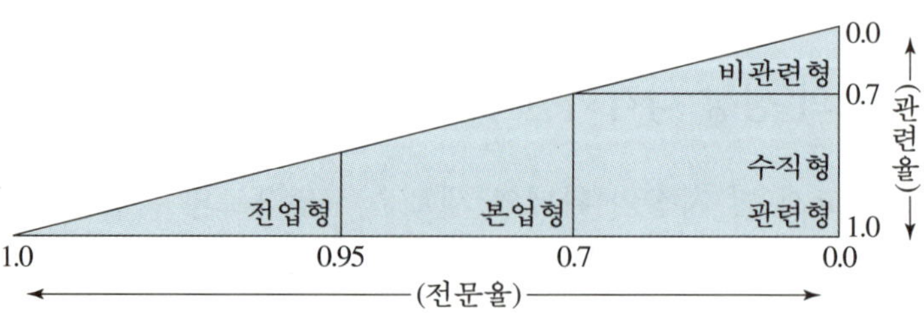

자료 : Rumelt, 1974, p. 31.

다. 기업체가 어떤 다각화전략을 추구하느냐에 따라서 인력구성은 물론 경영조직과 경영행동이 달라짐으로써 기업문화에 많은 영향을 주게 된다.

(2) 경제환경과 다각화전략

과거 우리나라 기업의 고도성장은 대부분의 재벌기업의 경우, 다각화전략에 의하여 이루어졌다. 그리고 재벌기업의 다각화전략은 정부의 국가경제개발정책에 따른 강력한 지원에 의하여 유도되었다(제 4 장 제 3 절 참조). 우리나라의 108대 그룹기업을 대상으로 다각화전략을 연구조사한 결과에 의하면, 그룹기업의 매출규모가 클수록 비관련형이 많고 매출규모가 작을수록 전업형과 본업형이 많은 것으로 나타났다(정구현, 1991, 26~29면; 정구현, 1987, 84~87면). 이러한 패턴은 근래에도 유지되고 있는 것으로 보인다. 〈표 5-4〉에서 보는 바와 같이 대체로 비관련형은 상위 40위권에, 관련형은 상위 21~70위권에, 수직형은 41~100위권에, 그리고 전업형과 본업형은 하위 71~100위권에 많이 몰려 있었다. 특히 우리나라의 10대 그룹기업 중 대다수(삼성, 현대, LG, SK, 금호아시아나, 한화, 롯데 등)가 비관련형이라는 것은 주시할 만한 사항이다.

우리나라 기업은 대체로 전업형에서 본업형과 수직형 그리고 관련형과 비관련형으로 다각화전략을 고도화시키면서 고도의 성장을 달성해 왔다. 1974년 이래의 다각화전략 패턴을 볼 때, 전반적으로 비관련 다각화와 수직적 다각화의 추세가 강하게 나타나고 있는 반면에, 전업형은 꾸준히 줄어들고 있는 추세를 보여 왔다. 관련형은 그 비중이 다소 감소되었지만 장기적으로는 역시 증가추세에 있다. 〈표 5-4〉에서 보는 바와 같이, 1974년에는 전업형이 57%였으나 1989년에는 7%로 크게 줄은 반면에, 비관련형은 11%에서 30%로, 관련형은 14%에서 22%로, 수직형은 2%에서 19%로, 그리고 본업형은 16%에서 22%로 각각 증가하였다.

특히 과거 우리나라의 30대 그룹기업 중 대다수가 그리고 50대 그룹기업 중 과반수가 비관련형인 것은 정부의 경제개발계획에 따라서 이들 그룹기업이 정부의 특혜와 지원하에 정부가 지정하는 전략산업부문으로 다각화전략을 전개해 온 결과라고 할 수 있다. 이와 같이 강력한 정부주도의 경제개발환경은 우리나라 기업의 다각화전략을 고도화시키는 데 중요한 요인으로 작용하였다.

표 5-4 한국 그룹기업의 다각화전략패턴

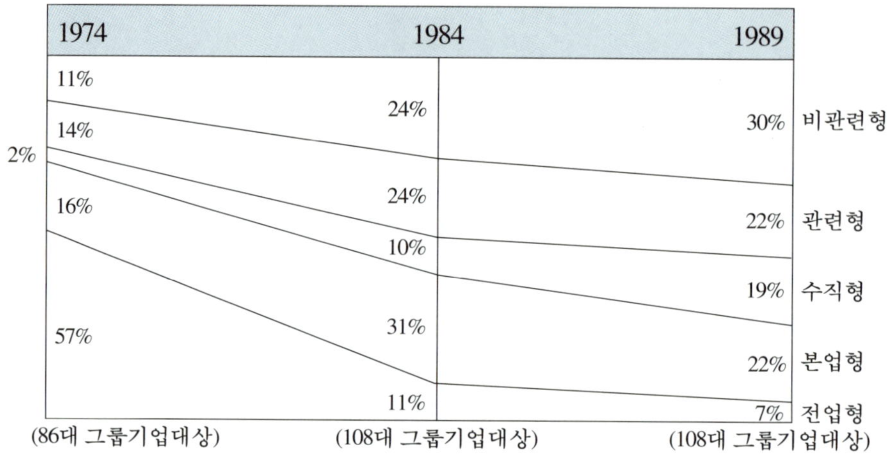

자료 : 정구현, 1991, 28면.

(3) 성장지향적 기업문화

우리나라 대기업그룹에서의 이와 같은 다각화전략은 우리나라 기업이 얼마나 성장지향적인지를 보여 준다. 우리나라 경제에서 재벌기업을 포함한 대기업그룹이 차지하는 비중을 감안할 때, 대기업그룹의 성장지향적인 다각화전략은 우리나라 전체의 기업문화에 많은 영향을 준다. 이러한 성장지향적인 다각화전략은 전문성보다 다양성을 그리고 질보다는 양을 중요시하고 창의와 개발보다는 능률을, 자율보다는 통제를, 그리고 소규모보다는 규모경제를 강조하는 가치의식을 조성하였다. 과거 우리나라 기업의 이러한 문화특성은 근래의 급변하는 국제시장에서 우리나라 기업의 경쟁력을 저하시키는 요인이 되기도 하였다(표 5-5 참조). 따라서 특히 IMF 외환위기 이후 재벌 그룹을 포함한 우리나라의 많은 기업들이 업종과 조직의 리스트럭처링을 통하여 경쟁력을 강화시키려는 데 노력해 왔다.

표 5-5 경제적 환경과 기업문화

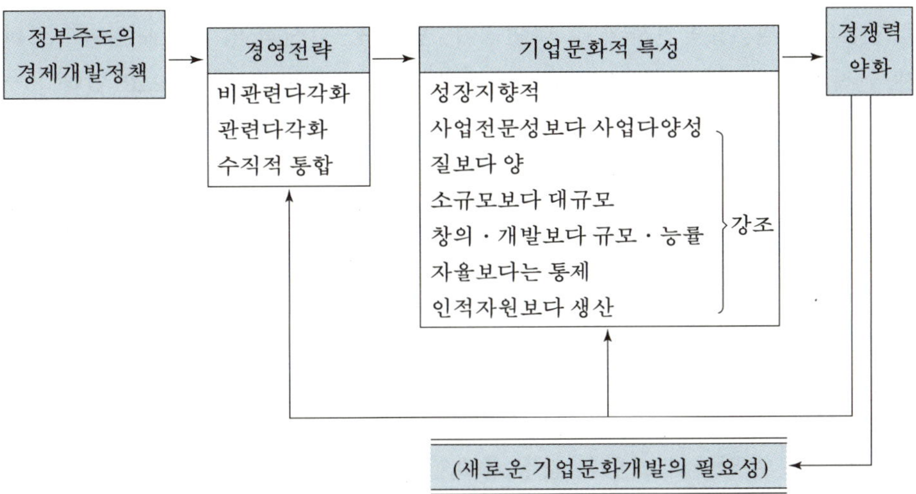

2. 기능전략과 경영목표

우리나라 기업의 성장지향적 기업문화는 기능분야별 경영전략과 경영목표에도 현저히 나타나고 있다.

(1) 기능분야별 경영전략

생산, 마케팅, 재무 · 회계, 인적자원관리 등 기능분야의 경영전략에 있어서 우리나라 기업은 전통적으로 생산관리분야의 경영전략을 가장 중요시했고, 그 다음으로 마케팅분야의 경영전략을 중요시했으며, 인적자원관리는 그리 중요시하지 않았다. 이러한 경향은 특히 우리나라 기업의 성장과정에서 경제규모를 위한 생산시설의 확장과 시장확보를 우선적인 전략으로 강조하고 우수인재의 확보와 개발은 등한시해 온 데에서도 명백히 나타나고 있다.

그러나 근래에 와서 우리나라 기업은 생산과 마케팅 그리고 인적자원관리의 경영전략을 모두 균등하게 강조하는 경향을 보여 왔다. 이러한 경향은 특히 성과가 높은 기업체에서 뚜렷하게 나타나고 있다. 특히, 생산분야에서는 기술개발을, 마케팅분야에서는 고객만족을, 그리고 인적자원관리에서는 우수인력 확보를 위한 경력개발을 각각 크게 강조해 왔다. 그리고 근래에는 연봉제, 능력중심의 선발, 발탁인사제도, 다면평가, 팀제 등 혁신적 방법을 도입함으로써 새 인적자원관리에 많은 노력을 기울이고 획기적인 변화를 가져오고 있다.

(2) 성장우선적 경영목표

우리나라 기업이 추구하는 종합적인 경영목표에 있어서는 아직도 전통적으로 규모의 성장을 우선으로 강조해 왔다. 우리나라 기업의 이러한 경향은 이익의 극대화와 고부가가치화 그리고 기존 제품의 기술개발을 강조해 온 일본과 서구의 기업들과는 매우 대조적이라 할 수 있다. 근래에 우리나라 기업은 기술개발과 제품의 고부가가치화를 강조해 왔지만, 아직도 판매확대와 규모성장은 대체로 우리나라 기업의 가장 중요한 경영목표로서 사업다각화의 전략결정에 있어서도 기존제품과의 연관성(기술, 시장 등)보다도 규모성장과 이익을 더 중요시하는 경향이 있다.

이상 우리나라 기업의 경영전략을 다각화전략과 기능분야별 전략을 중심으로 살펴보았다. 기업의 경영전략은 조직구조와 경영행동에 많은 영향을 주는 기업문화요소로서, 우리나라 기업은 정부주도의 강력한 경제개발정책과 독과점적인 시장경쟁하에서 주로 관련 및 비관련 다각화전략을 전개하여 생산규모확대와 판매(수출)확대의 성장지향적 기업문화를 형성하면서 경쟁력을 발휘해 왔다. 그리하여 전통적으로 대규모의 생산시설과 능률적인 대량생산이 기술개발과 인적자원관리에 우선하는 기업문화를 유지해 왔다. 그러나 이제 개방경제와 민간주도의 자율경제 그리고 세계화의 환경하에서 종래의 성장지향적인 기업문화 특성은 국제경쟁에 있어서 많은 취약점을 나타내고 있다. 따라서 우리나라 기업은 경영전략에 있어서 기술개발과 부가가치의 고도화를 강조하면서 새로운 기업환경에 보다 적합한 경영전략과 기업문화를 바탕으로 경쟁력을 강화해야 할 과제를 안고 있다.

제 4 절 한국기업의 경영조직과 경영시스템

경영조직과 경영시스템도 기업문화의 매우 중요한 부분이다. 우리나라 기업의 조직구조와 권력구조, 인적자원관리시스템, 그리고 관리행동상의 특성을 살펴본다.

1. 한국기업의 조직구조

조직구조의 분석은 전반적인 조직구조패턴에 영향을 주는 부문화(departmentation), 수직적 계층구조에 영향을 주는 관리한계(span of control), 라인-스태프관계와 분화된 기능의 통합작용(integration), 업무수행과정의 공식화(formalization) 그리고 권한의 위양(authority delegation) 등을 포함한다. 조직구조 형성에 있어서 부문화의 기준이 전문기능이냐 또는 사업(제품, 고객, 지역 등)이냐에 따라서 기능적 또는 사업부조직이 형성되고, 관리한계가 좁으냐 또는 넓으냐에 따라서 수직적 또는 수평적 조직구조가 형성되며, 라인-스태프관계는 스태프의 인력구성비중이 클수록 관료적 조직이 형성될 가능성이 높다. 그리고 업무수행과 관련된 규율과 규정이 많을수록 공식화의 경향이 크고, 의사결정이 상위계층에 집중될수록 집권적 조직(centralized organization)이 형성된다(이학종 · 박헌준, 2004, 394~417면).

조직구조는 조직의 규모와 제품의 다양성 그리고 기술(technology)과 시장환경으로부터 많은 영향을 받는다. 즉 조직규모가 크고 제품이 다양하며 고도의 기술을 활용하고 시장환경이 동태적일수록, 분권화된 수평적인 사업부조직이 형성되고 비공식적인 통합작용과 상호작용이 많이 활용된다(이학종 · 박헌준, 2004, 427~444면). 그뿐 아니라, 조직구조의 형태는 기업주나 경영주의 경영이념과 구성원들의 가치의식 등 사회문화적 특성으로부터도 많은 영향을 받는다.

(1) 공식화, 집권화된 조직구조

앞에서 설명한 바와 같이, 기업체는 일반적으로 단위조직에서 기능적 조직을 거쳐서 사업부조직으로 조직구조를 형성해 나가고, 사업다각화가 계속되고 규모가 계속 커짐에 따라서 다사업부조직으로 성장해 나간다. 그러나 우리나라에서는 사업다각화가 진행되는 과정에서 다사업부조직보다는 그룹기업조직을 형성하는 것이 일반적인 경향이다. 따라서 서구에서는 수많은 사업부들(strategic business units)이 단일 기업체 내에서 다사업부조직의 형태로 운영되는 반면에, 우리나라에서는 각 사업부가 그룹기업산하의 계열법인체로서 운영된다. 서구의 다사업부조직에서는 각 사업부가 일반적으로 분권경영체계하에서 자율적으로 운영되는 데 비하여, 우리나라의 그룹기업에서는 각 계열회사가 회장 비서실이나 그룹 총괄부서의 통제하에 운영되며 그 통제의 정도는 그룹기업에 따라 다르다. 과거에는 계열회사에 대한 그룹차원의 통제가 컸지만, 근래에는 계열회사의 자율적 경영이 점차 강조되고 있다.

〈표 5-6〉에서 보는 바와 같이, 우리나라 기업은 그룹기업이나 일반기업을 막론하고 일반적으로 의사결정이 상위계층에 집중되어 있고 직무가 전문화 · 세분화 · 계층화되어 있으며, 업무수행상의 공식화 및 문서화의 경향도 높은 것이 일반적인 특징이다. 이러한 특징은 우리나라 기업체의 조직구조가 대체로 집권화되어 있고 업무수행과정이 관료화되어 있다는 것을 의미한다. 그리고 계층구조도 수평적이기보다는 수직적인 것이 일반적인 경향이다. 우리나

표 5-6 한국기업의 조직구조 특성

조직구조요소	전체	고성과 기업	저성과 기업
의사결정의 집권화	높음	높음	높음
공식화	높음	높음	높음
수직적 계층의 수	많음	많음	많음
사업부조직의 활용도	중간	높음	낮음
임시조직기구의 활용도	중간	높음	낮음
비공식적 상호작용	중간	높음	낮음

(관료조직의 특성) — 의사결정의 집권화, 공식화, 수직적 계층의 수

라 기업의 공식화 · 집권화 · 수직적 계층화의 조직구조적 특성은 가부장적 가족제도와 서열관계를 중요시하는 우리나라의 전통적 문화가치와도 밀접한 관계가 있다.

(2) 사업부제와 통합부서의 활용

공식화 · 집권화 · 관료화된 조직구조는 지나친 규제와 통제 그리고 커뮤니케이션의 마비와 의사결정의 지연을 가져올 가능성이 높고, 결국에는 경쟁력을 약화시키고 성과를 저하시킨다. 기업의 성장과정에서 지나친 공식화 · 집권화 · 관료화는 성장의 큰 장해요인이 되는 것은 물론, 특히 근래의 세계화 · 다변화 환경하에서도 기업의 경쟁력을 약화시키는 중요한 원인이 될 수 있다. 그러므로 현대기업은 사업규모가 확대, 다양화, 복잡해짐에 따라서 집권화와 관료와의 비효율을 극복하기 위하여 사업부제, 팀제, 연결 · 조정 · 통합부서, 태스크 포스팀이나 특별위원회와 같은 임시조직기구 등을 통하여 분화된 다양한 기능간의 통합작용을 효율화 시키고 급변하는 상황에 적절히 대응해 나간다. 그리고 공식적인 업무수행 이외에도 비공식적인 모임과 접촉을 통하여 구성원들간의 커뮤니케이션과 상호작용을 활성화시킨다.

이와 같은 다기능간의 통합작용은 과거 우리나라 기업의 성장과 근래 세계화과정에서 전통적으로 공식화 · 집권화 · 관료화된 조직구조의 문제점을 해소하는 데 큰 도움이 되었지만, 그 반면에 통합부서의 스태프 증가와 기능적 권한의 집중화로 오히려 집권화 · 관료화가 심화되는 경우도 있다.

(3) 불분명한 직무내용

전체적인 조직구조는 대체로 공식화 · 집권화되어 있지만, 직무구조에 있어서는 직무의 내용이 구체화되어 있지 않은 것도 또한 우리나라 기업의 전통적인 조직구조적 특징이다. 우리나라 기업은 금융기관과 외국 기업과의 합작투자회사들을 제외하고는 직무분석을 통하여 직무기술서와 직무명세서를 작성해 놓는 경우가 그리 많지 않다. 따라서 업무배정과 책임위양이 주로 관리자의 경영스타일과 부하구성원의 능력에 따라 이루어지는 경향이 크다. 이러한 경향은 현업부서의 상황에 따른 신축적인 운영에는 도움이 될지 모르지만, 구

표 5-7 조직구조의 개선방향

조직구조의 영향요소		
규모	→	대형화
제품(사업)	→	다양화
기술	→	고도화
인력자원	→	고도화
환경	→	동태적, 세계화

⇒

조직구조의 개선방향
권한의 위양 : 분권화
사업별 자율적 책임경영체계
수평적 조직구조
신축적 조직운영
유기적, 비공식적 상호작용

↓

(새로운 기업문화의 필요성)

성원들간에 업무의 중복과 업무량의 불균형 그리고 업무분담의 비일관성을 가져오고 관리자에게 관리권한을 집중시키는 결과를 가져온다. 그리하여 부서의 업무성과가 합리적인 직무체계보다는 관리자의 개인적인 관리능력과 리더십에 의하여 결정되는 결과를 가져오게 된다.

이와 같이 직무내용이 불분명한 것은 일본기업과 비슷하다고 할 수 있지만, 일본기업에서는 구성원들이 강한 집단의식으로 '내 일'과 '남의 일'을 가리지 않고 '모두가 내 일'이라는 개념하에 서로 협조하면서 업무를 수행함으로(Shook, 1988, pp. 128~130) 성과상으로는 큰 차이가 있을 수 있다.

(4) 통합적 상호작용을 위한 행동개발

우리나라 기업의 조직구조는 전반적으로 공식화, 집권화, 관료화의 특징을 지니고 있고, 이것은 비교경영 관점에서 집단성과 권력집중성 그리고 불확실성 회피성이 강한 문화권에서 흔히 나타나는 공통된 특징이다(Hofsted, 1983, pp. 87~100; 제 5 장 제 4 절 참조). 이러한 조직구조적 특징은 기업이 심화되는 세계화 · 무한계화의 환경에 적절히 대응하기에는 적합하지 않다. 앞에서 설명한 바와 같이 우리나라 기업의 성장하고 세계화 · 기술고도화 등 환경변화가 심해짐에 따라서 팀제, 특별 태스크 포스팀 등 분화된 다양한 기능들을 연결 · 조정하는 통합기구들이 자연적으로 필요해진다. 특히 전통적으로 공식화, 집권화,

관료화 경향이 큰 우리나라 기업의 경우에는 이러한 통합기구의 역할이 중요하고, 이들 통합기구가 효과적이려면 이들과 관련된 모든 구성원들의 통합적 상호작용이 매우 중요하다. 그러므로 전체적으로 효율적인 통합작용을 위해서는 상하간, 부서간, 기능간에 자유스럽고 벽 없는 열린 상호작용의 분위기와 더불어 구성원들의 통합작용능력 등 새로운 기업문화의 개발이 요구된다.

2. 한국기업의 권력구조

우리나라 기업에서 최고경영층에서의 권력(power)은 대체로 소유가족과 그들의 측근자들에게 집중되어 있다. 그리고 혈연과 학연, 지연 등 연고관계도 아직도 권력구조에 많이 작용하고 있다. 그러나 전문경영자의 수가 증가함에 따라서 전문경영자들의 세력이 점차 커지고 있는 것이 사실이다.

(1) 소유가족의 권력집중

제 1 절에서 이미 설명한 바와 같이, 우리나라의 기업은 소유와 경영이 분리되지 않은 상태에서 소유가족이 경영에 직접 참여하면서 기업경영의 권력을 장악하고 있다. 우리나라 기업에서 기업주의 혈연이 임원진에서 차지하는 비율은 기업의 규모가 클수록 낮지만 대규모의 재벌기업에서도 기업경영의 실권은 일반적으로 소유가족에 집중되어 있다. 우리나라 기업에서 소유가족의 소유지배와 경영지배에 작용하는 사회문화적 그리고 경제적 요인들은 제 1 절에서 이미 설명하였다.

(2) 전문경영인력의 증가

우리나라 기업이 성장함에 따라서 전문경영인력은 점점 증가하고 있다. 일부 그룹기업들은 1950년대부터 공채제도를 도입하였고, 대다수의 그룹기업이 1960년대와 1970년대에 공채제도를 도입하여 전문경영인력을 양성해 왔다. 그리하여 그룹기업의 최고경영층에서 공채출신의 전문경영자들이 차지하는 비율이 점점 커지고 있고, 공채출신의 최고경영자의 수도 점점 늘고 있으며, 앞으로 우리나라 기업이 성장함에 따라서 전문경영인력은 계속 증가할 것이다.

이와 같은 전문경영인력의 증가는 기업경영과정에서 그들의 세력을 강화시키는 것은 물론이다. 따라서 전문경영인력이 계속 증가함에 따라서 그들의 권력이 확대되고 결국에는 경영권도 지배하게 되어 소유와 경영이 분리된 전문경영체계가 자연적으로 이루어질 것이라는 예측을 해 볼 수 있다. 이러한 기업의 선진화과정을 통한 전문경영체계의 발전은 서구 선진국 기업에서 실제로 경험했다는 점에서 신빙성이 있다.

그러나 가부장적 가족제도와 혈연에 의한 승계제도 그리고 민간자본시장의 미성숙 등 사회문화 및 경제적 환경이 다른 우리나라에서도 과연 전문인력의 증가가 전문경영체계로의 발전을 의미하는지에 대해서는 의문이 제기될 수 있다. 즉, 전문경영인력은 증가하더라도 소유가족은 인사권을 통하여 전문경영자로 하여금 그들의 소유권과 경영권을 보호하도록 하기 때문에 소유와 경영의 지배는 계속될 수 있고, 소유가족 자체의 세대교체를 통하여 전문화된 가족체제경영으로 경영지배가 계속되어 나갈 수도 있다.

아무튼 우리나라 기업은 재벌기업의 성장과 더불어 계속 성장하고 있고, 그 과정에서 전문경영인력도 증가하고 있다. 그리고 재벌기업에서의 소유지배와 경영지배를 억제하려는 정부의 노력도 계속되고 있다. 그러나 아직까지는 소유가족의 소유지배와 경영지배에는 큰 변화 없이 소유경영문화는 우리나라 기업의 문화적 특징으로 계속 유지되면서 소유가족의 권력집중도 지속되고 있다. 그러나 앞으로 우리나라 사회 전반에 걸쳐서 전개되고 있는 민주화와 개혁이 더욱 본격화됨에 따라서 우리나라 기업에서 전문경영체계로의 발전도 가속화될 가능성도 있다.

(3) 연고중심의 권력구조

소유가족의 혈연뿐만 아니라 지연과 학연에 의하여 권력구조가 형성되는 것도 또한 우리나라 기업의 문화적 특성이다. 우리나라 기업체에서 최고경영층을 구성하고 있는 경영자들의 배경을 볼 때, 영남지역이나 호남지역 등 어느 특정 지역출신이 큰 비중을 차지하는 경우가 많이 있다. 그리고 서울대, 연세대, 고려대, 또는 경기고, 서울고, 경북고 등 특정대학교나 고등학교 출신이 큰 비중을 차지하는 경우도 적지 않다. 지연과 학연은 기업체 내에서 권력구조뿐만 아니라 선후배관계를 중심으로 구성원들간의 일상적인 상호관계와 비공식집단의 형성에도 많은 영향을 준다.

이와 같이 혈연과 학연 그리고 지연 등의 연고관계는 우리나라 기업의 권력구조와 구성원들간의 상호관계에 많은 영향을 주는 요소로서, 우리나라 기업의 매우 중요한 문화적 특성으로 인식되고 있다. 이러한 연고주의의 행동경향은 근본적으로 직계가족을 우선적으로 중요시하는 의식과 근친자와 원친자에 차별을 두는 친소의식 그리고 이로 인한 존속의식과 배타의식 등 전통적인 유교사상에서 비롯한 것으로 볼 수 있다(Chang and Chang, 1994, pp. 51~55).

연고를 중요시하는 태도와 행동은 기업뿐만 아니라 정계를 포함한 우리나라 사회의 모든 분야에서 오랫동안 지속되어 왔다. 따라서 근래에는 민주화운동과 더불어 우리나라의 사회 전반에 걸쳐서 의식개혁을 통하여 연고의식을 축출하려는 노력이 점차 커지고 있다. 그러나 혈연과 학연 그리고 지연 등의 연고개념은 아직도 우리나라의 많은 사람들의 의식구조에 깊이 잠재되어 그들의 우의적 선호체계의 중요요인으로 작용하면서, 우리나라의 사회문화적 그리고 기업문화적 특성으로 지속되어 가고 있다.

3. 한국기업의 인적자원관리제도

근래의 산업화와 민주화는 우리나라의 사회문화에 많은 변화를 가져오면서 우리나라 기업의 인적자원관리에도 많은 영향을 주고 있다. 그러나 가부장적 가족제도와 화를 중요시하는 전통적 문화가치는 아직도 우리나라 기업의 인적자원관리제도에 반영되고 있다.

(1) 연공중심의 보상제도에서 연봉제로

승진과 임금 등 구성원들에 대한 보상(reward)에 있어서 우리나라 기업은 대체로 연공서열과 능력이 혼합된 제도를 적용하고 있다. 승진결정에 있어서 근속연수와 능력(또는 성과)간에 어느 것을 더 강조하는지는 기업체와 관리계층에 따라 다르다. 일반적으로 성장지향적인 기업체일수록 연공보다는 능력을 그리고 상위계층일수록 역시 연공보다는 능력을 더 중요시하며, 하위계층일수록 연공이 승진결정에 더 강하게 작용하는 경향이 크다.

임금관리에 있어서도 우리나라 기업은 대체로 연공과 성과가 혼합된 기준을 적용하고 있으나, 성과가 높은 기업체에서는 집단중심의 인센티브를 비교적 더 많이 활용하는 경향이 있다. 그러나 이러한 경향은 기업체의 성과수준과 관련하여 직종과 직무를 중심으로 자세한 연구가 요구되므로 이에 대한 정확한 결론을 내리기는 어렵다. 임원을 포함한 상위계층의 임금은 그 기준이 어느 정도 공식화되어 있으나 경영주의 비공식적인 평가와 판단도 크게 작용하는 것이 우리나라 기업의 일반적인 경향이다. 상위계층에서의 이러한 경향은 기업체가 성장지향적이고 성과지향적일수록 더 크게 나타나고 있다. 그리고 주식옵션제도를 도입하는 기업체도 점차 늘어나는 추세이다(「매일경제」, 2007. 11. 8).

우리나라 기업에서 구성원들의 승진과 임금은 전통적으로 연공서열과 기업주나 경영주의 주관적인 판단에 의하여 결정되어 왔다. 그리고 학력 등 개인의 배경도 보상결정에 많은 영향을 주었다. 이러한 보상관리의 전통적인 기준은 연장자를 존경하고 구성원들간에 화를 위하여 사회적 객관성(연공, 학력 등)을 중요시하는 우리나라의 전통적 사회문화 특성과 밀접한 관계가 있다. 이러한 연공중심의 보상제도는 우리나라 기업의 성장과 더불어 능력과 성과를 강조하는 방향으로 합리화 하면서 점차 연봉제로 바뀌고 있다(이학종 · 양혁승, 2005, 446~455면). 최근 통계청이 우리나라 10,786개 중견기업을 대상으로 실시한 조사결과에 의하면 약 70%의 기업이 연봉제를 도입한 것으로 나타났다(「매일경제」, 2007. 11. 8).

(2) 인화중심에서 성과중심의 인사고과제도로

우리나라 기업의 인사고과는 성과뿐만 아니라 태도와 능력을 모두 고려하는 총괄적인 평가제도를 사용해 왔다. 따라서 태도와 능력에 대한 고과자의 주관적인 판단이 많이 작용하게 되고, 그 결과 대부분의 경우 인사고과의 신빙성이 결여되어 인사고과가 그 기능을 제대로 발휘하지 못하고 형식적인 절차에 불과하였다. 구성원들의 성과를 정확하게 측정할 수 있는 정보시스템과 관리제도도 미흡한 상태였다.

그뿐 아니라 앞에서 설명한 연공서열과 학력위주의 보상제도 인사고과를 무의미하게 만들어 관리자와 구성원들 모두가 인사고과를 중요시하지 않는 경향이 있었다. 그리고 구성원들간의 인화를 위하여 부하들을 관대하게 평가하고 정확한 평가를 회피하는 우리나라 사람들의 일반적인 문화특성도(Gruenfeld and MacEachron, 1975, pp. 27~55; Redding and Martyn-Johns, 1979, pp. 103~125) 인사고과에 대한 관심을 저하시키는 요인으로 작용해왔다.

그러나 근래에 와서 성과와 능력중심의 보상제도가 강조되고 공정한 업적평가가 중요시되면서 보다 합리적인 고과항목과 기준이 설계되고 다면평가와 고과면접제도가 도입되는 등 인사고과제도에 많은 개선이 일어나고 있다(이학종 · 양혁승, 2005, 396~405면). 앞으로 인력시장에서의 고용난이 지속되고 성과중심의 보상제도가 강조됨에 따라서 인사고과제도도 더욱 합리화되면서 인적자원관리제도 개선에 중요한 역할을 할 것으로 기대된다.

(3) 학력중심에서 능력중심의 채용제도로

우리나라 기업의 인력고용은 전통적으로 인맥에 의한 종신고용제도에 의존해 왔다. 그러나 과거 40여년간의 성장과정에서 대부분의 대기업에서 공개채용이 도입되어 인력고용이 보다 합리화 · 체계화되었고, 외부영입에 의한 관리자들의 충원도 대폭 증가되어 종신고용이 점차 무의미해졌다. 특히 IMF이후의 대대적인 구조조정은 종신고용의 종말을 가속화시켰다. 최근에 실시된 잡코리아 조사에 의하면 20대 직장인 중 3명 그리고 30대 직장인 중 2명 이상이 이직을 고려하고 있고, 134명의 설문조사 대상자 중 31%가 이미 4번 이상 직장을 옮긴 것으로 나타나 이제 평생직장의 개념은 무의미해진 것으로 보인다(「매일경제」, 2007. 11. 10).

우리나라 기업에서 공개채용제도는 직무성과에 기여하는 잠재능력에 대한 객관적인 측정도구의 개발이 미흡하여 오랫동안 주로 학력, 특히 명문대학 출신을 중요시하는 전통적인 고용기준에 의존해왔다. 세계화와 더불어 경쟁이 치열해지고 우수인력난이 점점 심해짐에 따라 기업의 재래식 채용방법에도 획기적인 변화가 요구되었고, 따라서 성과에 기여하는 실질적인 잠재능력 중심의 선발방법이 도입되기 시작하였다. 그리하여 근래에 대부분의 대기업이 학력이나 입사시험 보다는 면접이나 실제 능력을 측정하는 평가방법을 다양하게 사용하고 있다(이학종 · 양혁승, 2005, 278~304면). 이들 새로운 평가도구의 타당성이 입증되어 기업마다 각기의 새로운 채용방법으로 정착되기에는 상당 기간이 소요될 것이다. 여하튼 보다 합리적인 선발도구와 채용방법을 개발하는 것은 우리나라 기업의 시급한 과제임이 틀림없다.

(4) 교육훈련

우리나라 기업에서 교육훈련의 중요성에 대한 인식은 대기업은 물론 중소기업에도 점점 확대되어 가고 있다. 대기업에서는 성과가 높은 기업체일수록 교육훈련에 더 많은 자원을 투입하고 있고, 따라서 우리나라의 많은 대기업이 교육시간상으로는 이미 선진국 우수기업의 수준에 도달하고 있다. 우리나라 기업의 교육훈련은 기업의 성장과 더불어 그 수준이 급속히 고도화되어 왔는데, 이것은 기업의 성장과정에서 유능한 인력자원이 많이 필요하게 된 데에도 그 원인이 있겠지만, 전통적으로 교육을 중요시하고 교육열이 높은 우리나라 국민의 문화적 특성과도 밀접한 관계가 있다.

우리나라에서 기업의 교육훈련은 그 효과에 있어서 학습타당도는 비교적 높지만 성과타당도는 낮아서 이를 높이는 것이 오랫동안 기업 교육훈련의 중요과제였다. 게다가 근래에 세계화 추세가 가속화되고 기업의 경쟁력 강화가 절실히 요구됨에 따라서 기업의 교육훈련도 이에 맞추어 기업의 실질적인 성과향상을 목적으로 이에 필요한 전략적 사고, 세계 우수기업들의 Best Practice 사례연구, 실제 행동변화와 조직개발 등을 강조하는 방향으로 그 내용과 방법이 급속히 변해 진행되어 왔다. 과거 우리나라 기업에서 교육훈련은 경영선진화와 기업성장에 크게 기여하였고, 특히 IMF외환위기 이후 많은 기업에서 강력히 추진해 온 경영혁신과 구조조정에도 중요한 역할을 해왔으며, 앞으로 우리나라 기업이 경쟁력을 강화해 나가는 과정에서도 큰 역할을 계속 할 것이 기대된다.

(5) 전략적 인적자원관리의 필요성

우리나라 기업에서 인적자원관리는 오랫동안 전통적인 인사관리(person-

표 5-8 인적자원관리제도의 개선방향

가치관	고 용	보상(승진, 임금)	인사고과	교육훈련
전통적 가치관 인화주의 집단주의 연고주의	종신고용 학력중심 명문학교중시 연고중심 외부영입 선발도구의 미개발	연공중심 서열중심 연고중심	관대한 평가 일방적인 평가 평가자료의 무의미	획일적 집단교육 강의식, 주입식교육 공식 사내교육 지식, 기술교육 직무중심 교육

(변화추세) → 구성원의 불만

가치관	고 용	보상(승진, 임금)	인사고과	교육훈련
현대적 가치관 합리주의 능력주의 개인주의 평등감 공정성 개방성	공개채용 능력중심 단기고용 (직장이동)	업적중심 능력중심	업적중심 고과면접 다면평가 평가자료의 활용	개인화된 다양한 교육 토의식, 경험적 교육 직장, 현장교육 태도 · 행동변화교육 자기개발, 경력개발중심

(새로운 기업문화의 필요성)

nel management)개념하에서 주로 일상적인 행정기능에만 국한되어 수행되어 왔다. 기업의 세계화, 기술의 고도화 등 기업의 환경변화와 더불어 인적자원의 중요성이 커짐에 따라서 비로소 이에 대한 전문적이고 전략적인 관리가 시작되었다. 따라서 우리나라에서 인적자원이 기업의 전략경영과정 전반에 걸쳐서 완저히 통합되어 기업성과와 경쟁력에 기여하도록 이를 전략적으로 관리하는 기업체는 극히 드물다. 전략적 인적자원관리(Strategic Human Resource Management)란 간단히 말해서 인적자원기능이 기업의 경영이념으로부터 경영전략의 형성과 수행에 이르기까지 전략경영과정 전반에 걸쳐 적극적으로 활용되어 기업의 역량과 경쟁력발휘 그리고 기업의 성과달성에 기여하는 경영시스템을 의미한다(이학종 · 양혁승, 2005, 12~20, 47~65면). 앞으로 우리나라 기업이 세계 우수기업으로서 경쟁력을 갖추기 위해서는 인적자원의 역량이 최대로 발휘되어야 하고, 따라서 전략적 인적자원관리는 우리나라 기업의 선진화과정에 필수적인 요건이라 할 수 있다.

4. 관리행동과 리더십

관리자들의 행동과 리더십은 기업체를 실제로 움직이는 원동력으로서 기업문화의 생명요소라고도 할 수 있다. 우리나라 기업의 관리행동을 의사소통(communication)과 리더십을 중심으로 간단히 살펴본다.

(1) 관리자의 의사소통

우리나라 기업의 관리자들은 의사소통에 있어서 일반적으로 상위계층과의 커뮤니케이션(보고, 제언, 질문 등)보다는 하위계층과의 커뮤니케이션(지시, 명령, 질문 등)을 더 많이 사용하는 경향이 있다. 그리고 같은 계층에서의 수평적 커뮤니케이션이 상하위계층 부서간의 대각선적 커뮤니케이션보다 더 많이 이루어지고 있는 것도 우리나라 기업의 일반적인 경향이다. 또한, 커뮤니케이션은 기업의 성과와도 밀접한 관계가 있다. 즉, 성과가 높은 기업체에서는 성과가 낮은 기업체에 비하여 상향적 그리고 대각선적 커뮤니케이션을 더 많이 활용하고 있으며, 이것은 상하간의 그리고 라인-스태프간의 커뮤니케이션 등 전반적인 커뮤니케이션이 보다 활성화되어 있다는 것을 의미한다(Chung · Lee · Jung, 1997, pp. 158~160).

(2) 리더십과 동기부여

리더십행동에 있어서 우리나라 기업의 관리자들은 대체로 부하에 대하여 많은 관심을 가지고 있고, 부하에게 많은 자율성을 부여하고 있다. 우리나라 기업에서 관리자가 부하에 대하여 많은 관심을 보이고 있는 것은 전통적 유교사상에서 비롯한 가부장적 역할개념과 밀접한 관계가 있다(Steers, 1999, pp.

200~216). 우리나라 근로자의 의식구조에 관한 연구결과에 의하면, 우리나라 근로자의 대다수가 아직도 직장을 '제 2 의 가정' 으로 인식하고 있고, 과업지향적 리더보다는 인간관계지향적 리더를 선호하며, 친구와의 관계에서 능력보다는 정을 더 중요시하는 경향을 보인다. 따라서 부하에 대한 인간적 관심은 우리나라의 기업구성원들이 그들의 관리자들로부터 기대하는 중요한 리더십 특성이다(Chung · Lee · Jung, 1997, pp. 156~159).

우리나라 기업에서 이와 같은 인간관계적 리더십의 중요성은 기업의 성과에 실제로 반영되고 있다. 즉, 성과가 높은 기업체의 관리자는 성과가 낮은 기업체에 비하여 부하에 대하여 더 많은 관심을 가지고 있고 부하에게 더 많은 자율성을 부여하고 있다. 이와 같이 우리나라 기업에서 인간관계적 리더십행동이 기업의 높은 성과에 밀접한 관계를 보이고 있는 것은 인간관계적 리더십을 요구하는 구성원들의 선호경향을 의미하며, 성과가 높은 기업체가 성과가 낮은 기업체에 비하여 보다 많은 인사부서 운영비와 인력개발비를 투입하면서 인적자원관리를 크게 강조하는 기능전략과도 밀접한 관계가 있다(제 3 절 참조). 그리고 성과가 높은 기업체의 보다 활성화된 커뮤니케이션과 보다 인간관계적인 리더십행동은 사업부제나 임시조직기구 그리고 비공식적인 상호작용을 통하여 집권화된 조직을 보다 신축적으로 운영해 보려는 이들 기업의 조직경영상의 특성과도 일관성 있는 결과라고 할 수 있다.

전통적으로 우리나라의 기업구성원들은 임금과 직장안정 그리고 복리후생과 작업조건 등 주로 경제적 그리고 물리적 근무조건에 대한 욕구충족을 강조해왔다. 그러나 근래에는 특히 본격적인 민주화운동과 더불어 구성원들의 근무조건이 개선됨에 따라서 그들의 욕구에도 변화가 일어나고 있다. 직장안정은 아직도 그들이 가장 중요시하는 근무조건이다. 그러나 이제 일에 대한 성취감이 그들의 욕구로 급격히 부각되어 높은 임금만큼 중요시되고 있다. 대다수의 근로자들이 자신의 업적에 대한 인정을 경제적 보상만큼 원하고 있고, 임금은 다소 낮더라도 인격적인 대우를 해주는 기업체를 선호하는 경향을 보이고 있다. 그리고 능력발휘의 기회에 대한 욕구도 점차 강해지고 있다. 이와 같이 우리나라 기업구성원들의 욕구는 경제적 욕구충족으로부터 사회적 · 인간적 욕구충족으로 확대되고 있고(표 5 - 9 참조), 따라서 이러한 욕구구조의 변화

표 5-9 커뮤니케이션과 리더십의 개선방향

전통적 가치관
인화주의 집단주의 연고주의

⇨

커뮤니케이션	리더십	구성원의 욕구
수직적 하향적	가부장적 온정적 인간관계적 연공(자격기준)	경제적 욕구 : 임금 직장안정 복지혜택 근무조건

↓ (변화추세)

현대적 가치관
합리주의 능력주의 개인주의 평등감 공정성 개방성

⇩

커뮤니케이션	리더십	구성원의 욕구
상·하·수직적 대각선적 수평적 개방적	인간관계적 능력(자격기준)	사회적, 인간적 욕구 : 인간적 대우 공정한 대우 승진, 능력발휘의 기회, 성취감

(새로운 기업문화의 필요성)

는 우리나라 기업에서 구성원들의 동기부여는 물론 노사관계와 기업문화에 많은 영향을 주고 있다.

제 5 절 세계 주요문화권의 사회문화와 기업문화

이 장은 우리나라의 기업문화 환경과 주요 기업문화특성을 알아보았다. 이제 우리는 다음 절에서 세계 주요 문화권의 사업문화와 기업문화 특성을 살펴본다. 세계 주요 문화권의 사회문화와 기업문화를 이해하는 것은 우리나라 기업경쟁력을 강화하기 위한 새로운 기업문화개발방향을 모색하는 데에도(제 Ⅳ부) 도움이 될 것이다.

기업문화의 가장 핵심적인 요소는 구성원들의 가치관인 만큼(제 1 장 제 3 절 참조), 세계 중요 문화권의 기업문화를 비교하려면 이들 모든 나라의 기업구성원들의 가치관을 연구 · 비교해야 할 것이다. 그러나 구성원들의 가치관 연구에서 분석대상이 되고 있는 구체적인 가치요소는 연구에 따라 많은 차이를 보이고 있어서 비교연구에 많은 어려움을 준다. 그뿐 아니라 미국과 일본 등 선진국 기업구성원들의 가치관은 과거에 많이 연구되었으나 우리나라 조직구성원들의 가치관에 대한 연구는 비교적 미흡하여 역시 비교연구에 어려움이 많이 있다. 이 절은 기본 사회문화가치와 조직경영을 통일된 연구방법을 적용하여 비교 · 분석한 호프스테드(Geert Hofstede)의 연구결과를 중심으로 그리고 특히 한 · 미 · 일 세 나라를 중심으로 세계 주요문화권의 사회문화와 기업문화 특성을 간단히 살펴본다.

1. 호프스테드의 사회문화 비교연구

호프스테드의 연구는 비교경영학에서 조직구성원들의 기본가치와 행동경향에 대한 대표적인 연구로서, 그는 50개국의 기업체 구성원 116,000명을 대상으로 설문서를 통하여 직무와 관련된 가치관과 행동경향에 대한 자료를 수집하여 나라별로 조직구성원들의 문화가치적 특성을 비교하였다. 그는 개인 · 집단중심성과 권력중심성, 불확실성 회피성, 남성 · 여성중심성, 그리고 유교적 역동성 등 다섯 가지의 가치와 행동측면을 대상으로 세계 주요 문화권의 사회문화와 기업문화 특성을 비교하였는데, 그 결과를 요약하면 다음과 같다(Hofstede, 2001).

(1) 개인 - 집단중심성

개인 또는 집단중심성(individualism-collectivism)은 개인에게 얼마나 많은 자유가 주어져 있고 또 개인이 집단보다도 자기 자신의 이득을 얼마나 중요시하는지에 대한 가치측면이다. 개인중심성과 집단중심성은 사회의 전통문화적 특성으로서, 개인중심적 사회에서는 구성원들에게 많은 자유가 주어지고 구성원들은 주로 자신의 이득을 추구함으로써 사회구성원들간의 관계가 각기의 개성을 중심으로 엉성하게(loose) 형성되어 있다. 그 반면에 집단중심적 사회에서는 구성원들이 자기 가족이나 종족에 대한 존속감이 강하여 자기 자신의 이

표 5-10 사회문화적 특성비교: 호프스테드 수치*

비교측면 국 가	개인-집단 중 심 성	권력중심성	불확실성 회 피 성	남성-여성 중 심 성	유 교 적 역 동 성
한 국	18	60	85	39	75
일 본	45	54	92	95	80
중 국	20	80	60	50	118
홍 콩	25	68	29	57	96
싱가포르	20	74	8	48	48
미 국	91	40	46	62	29
호 주	90	36	51	61	31
독 일	67	35	65	66	31
프 랑 스	71	68	86	43	30
스 페 인	51	57	86	42	19
네덜란드	80	38	53	14	44
스 웨 덴	71	31	29	5	33
핀 란 드	63	33	59	26	41
브 라 질	38	69	76	49	65
멕 시 코	30	81	82	69	–

*수치가 높을수록 해당 측면에 따라 개인중심성, 강한 권력중심성, 강한 불확실성 회피성, 남성중심성, 강한 유교적 역동성을 각각 의미함. 수치가 낮을수록 집단중심성, 약한 권력중심성, 약한 불확실성 회피성, 약한 유교적 역동성을 각각 의미함.

자료 : Hofstede, 1983, p. 91.

득보다도 존속집단의 이득을 더 중요시하고, 따라서 사회구성원들간의 관계가 존속집단을 중심으로 매우 단단하게 형성되어 있다.

한 · 미 · 일 세 나라 기업구성원들의 개인 또는 집단중심성을 비교하면, 미국은 개인중심성이 높고 우리나라는 집단중심성이 높으며, 일본은 그 중간이지만 집단중심성 쪽에 가깝게 나타나고 있다. 미국은 호주 및 영국과 더불어 개인중심성이 가장 높은 나라이고, 우리나라는 태국과 싱가포르 등 아시아 국가들과 콜롬비아와 베네수엘라 등 남미 국가들과 함께 집단중심성이 가장 높은 나라들 중에 속하며, 일본은 인도와 아르헨티나와 더불어 중간 정도의 개인 – 집단중심성을 보이고 있다.

(2) 권력중심성

호프스테드의 두 번째 가치측면은 권력중심성(power distance)으로서 이것은 사회구성원들이 사회에 존재하고 있는 부와 권력의 불균등(inequality)에 대하여 어떠한 태도를 보이는지를 측정함으로써 사회구성원들의 권위주의적(authoritarian) 성향과 집권성(centralization)을 비교하는 것이다. 따라서 부와 권력의 불균등이 많고 이를 허용하는 사회와 조직의 구성원들은 높은 권력중심성을 나타내게 된다. 한 · 미 · 일 세 나라를 비교할 때, 미국은 권력중심성이 비교적 낮고 우리나라와 일본은 비교적 높게 나타나고 있다. 권력중심성이 가장 낮은 나라는 오스트리아와 이스라엘이고, 가장 높은 나라는 말레이시아, 파나마, 과테말라, 필리핀 등으로 나타나고 있다.

개인 – 집단중심성과 권력중심성을 연결시켜 볼 때, 〈표 5 – 11〉에 나타난 바와 같이 50개국의 사회적 문화가치는 주로 네 개의 문화군으로 나누어지는데, 우리나라와 일본은 대체로 아시아와 남미의 사회문화권에, 그리고 미국은 호주와 영국 그리고 북미문화권에 속하는 것으로 나타나고 있다. 따라서 개인 – 집단중심성과 권력중심성에 있어서 우리나라와 일본은 문화적으로 서로 유사한 성향을 보이는 반면에, 미국과는 많은 차이를 보이고 있다.

(3) 불확실성 회피성

호프스테드의 세 번째 분석측면은 불확실성 회피성(uncertainty avoidance)인데, 이것은 사회 또는 조직구성원들이 미래의 변화와 불확실성에 어떻게 대처하는지를 측정 · 비교하는 것이다. 예측되는 변화와 불확실성에 대하여 적극적으로 대응하는 사회 또는 조직구성원들은 높은 불확실성 회피성을 보이는 반면에, 변화와 불확실성을 그대로 받아들이는 사회 또는 조직구성원들은 낮은 불확실성 회피성을 보이게 된다. 불확실성 회피성이 높은 사회에서는 과학기술과 법규 그리고 종교 등으로 예측하기 어려운 사회문제를 사전에 회피 또는 방지하려고 노력하고, 따라서 사회 또는 조직구성원들의 행동은 비교적 적극적이고 활동적이며 공격적인 경향을 보인다.

한 · 미 · 일 세 나라의 불확실성 회피성을 비교할 때, 일본과 우리나라가

표 5-11 개인-집단 중심성과 권력중심성

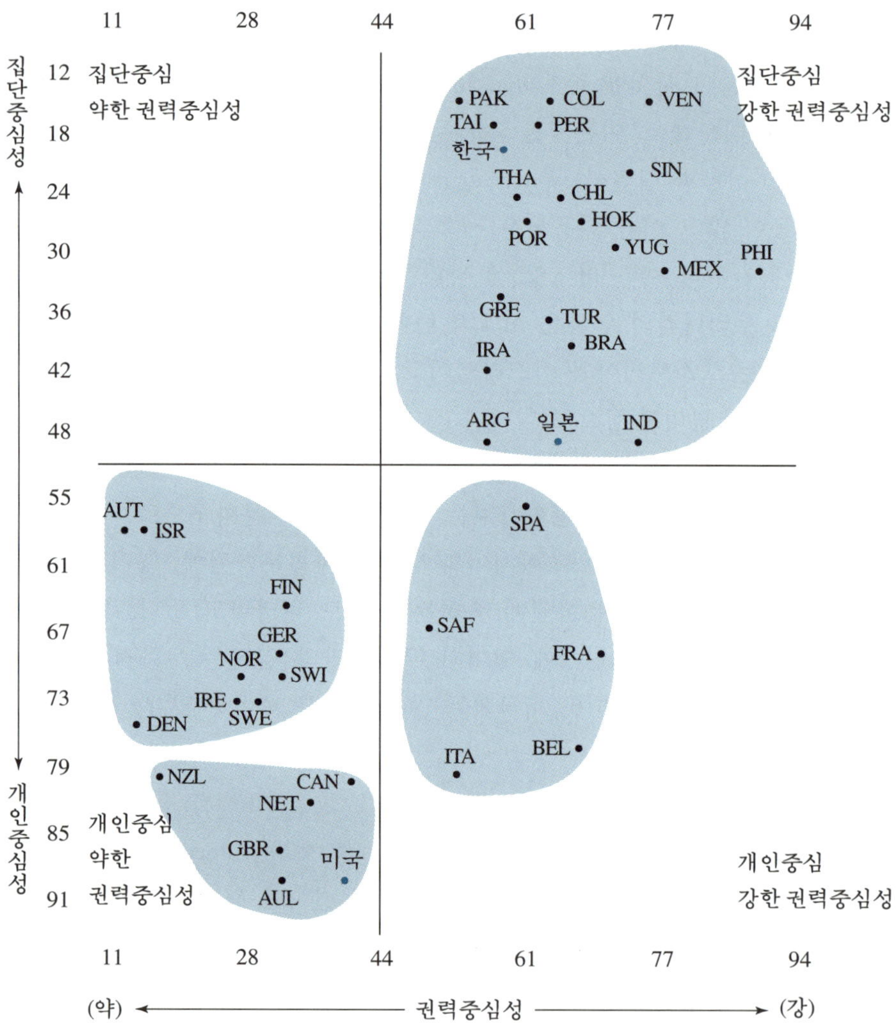

미국에 비하여 훨씬 높은데, 특히 일본이 우리나라보다도 더 높게 나타나고 있다. 호프스테드의 분석자료에 의하면 50개국 중에서 그리스가 가장 높은 불확실성 회피성을, 그리고 싱가포르와 자메이카가 가장 낮은 불확실성 회피성을 보이고 있다. 불확실성 회피성을 권력중심성과 연결시켜 볼 때 여섯 개의 군이

표 5-12 권력중심성과 불확실성 회피성

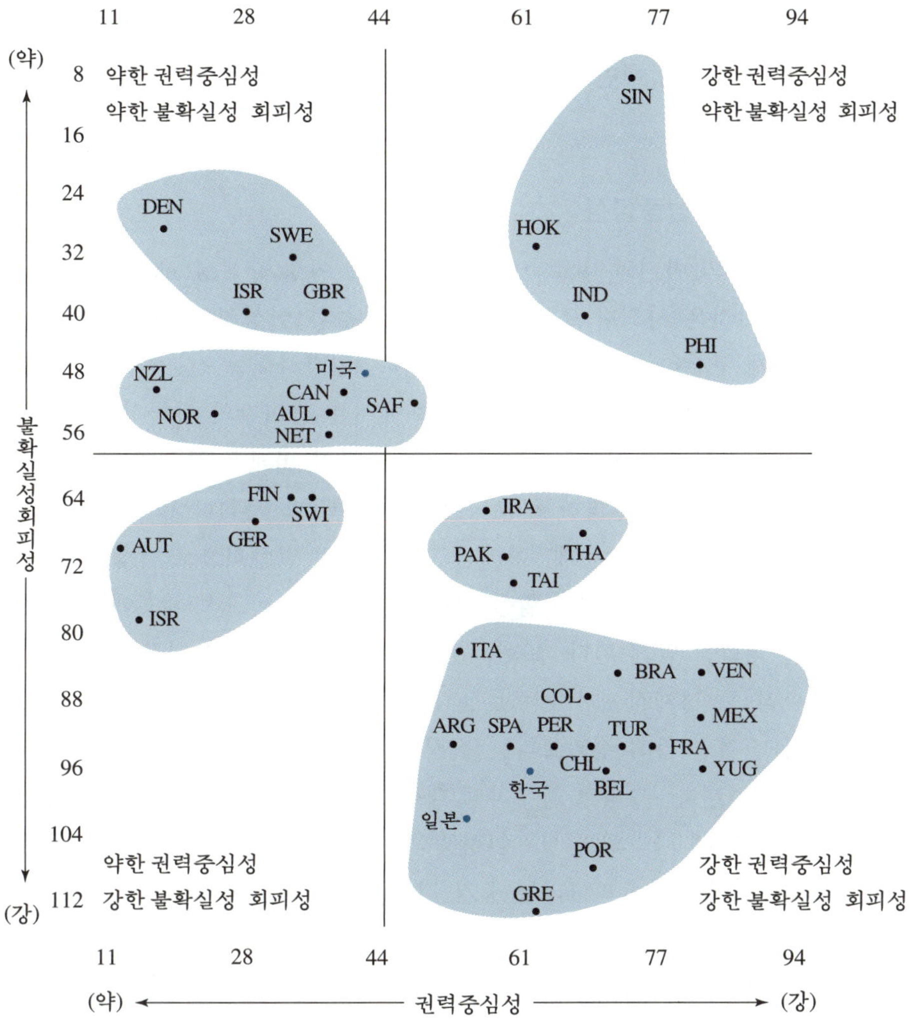

나타나는데, 우리나라와 일본은 남미와 지중해 연안국가들과 함께 비교적 높은 불확실성 회피성과 강한 권력중심성의 문화권에 속하고 있다. 호프스테드는 이 문화권을 '피라밋형'(pyramid)이라고 부르며 기업체에서 계층구조와 지휘체계(권력중심성) 그리고 규율(불확실성 회피성)을 비교적 중요시하는 것을 일

반적인 특징으로 강조하고 있다. 그리고 미국은 역시 호주, 네덜란드 그리고 캐나다와 똑같은 문화권에서 중간정도의 불확실성 회피성과 권력중심성을 보이고 있다. 호프스테드는 이 문화권을 '마을시장형' (village market)이라고 부르면서 신축적인 규율과 대면협상을 통한 문제해결을 문화적 특징으로 강조하고 있다(표 5-12 참조).

(4) 남성-여성중심성

호프스테드의 마지막 비교측면은 남성 또는 여성 중심성(masculinity-feminity)으로서, 이것은 사회나 조직구성원들이 남성과 여성의 사회적 역할을 얼마나 분명하게 구분하는지를 측정하는 것이다. 인간사회는 전통적으로 남성과 여성의 역할이 구분되어 왔는데, 어느 사회에서는 남녀간의 사회적 역할이 명백히 구분되어 있고 또 어느 사회에서는 그 구분이 비교적 분명하지 않다. 남녀간의 사회적 역할이 분명히 구분되어 있을수록 그 사회나 조직구성원들의 남성중심성은 높게 나타나는데, 이러한 사회에서는 일반적으로 남성은 비교적 적극적이고 사회의 지배적인 역할을 담당하며 여성은 비교적 배후에서 남성을 돌보아주는 역할을 맡게 된다. 또한, 남성중심성이 높을수록 성장, 대규모, 또는 부의 축적 등 경제적 · 가시적인 성과를 중요시하는 반면에, 남성중심성이 낮을수록 물질적인 양적 성과보다는 질적 관계를 중요시하고 생활의 질, 환경보호, 질적 인간관계, 그리고 불우자에 대한 도움 등을 강조하는 경향이 있다.

한 · 미 · 일 세 나라의 남성-여성중심성을 비교하면, 일본이 가장 남성중심성이 강하고 미국과 우리나라는 중간 정도이지만 미국이 우리나라보다 남성중심성이 높은 것으로 나타났다. 50개국 중에서 일본이 가장 남성중심적이고 스웨덴, 노르웨이, 덴마크, 네덜란드 등 노르딕(Nordic) 국가들이 가장 여성적이다. 남성-여성중심성을 불확실성 회피성과 연결하여 비교분석한 결과 10개의 문화군이 나타나는데, 일본은 단독으로 가장 높은 남성중심성과 높은 불확실성 회피성을 보이고 있고, 미국은 역시 캐나다 · 호주 · 영국과 더불어 중간 정도의 남성중심성과 불확실성 회피성을 보이고 있으며, 우리나라는 남미국가들과 함께 중간 정도의 남성중심성과 높은 불확실성 회피성을 보이는 문화권에 속하고 있다(표 5-13 참조).

표 5-13 남성-여성중심성과 불확실성 회피성

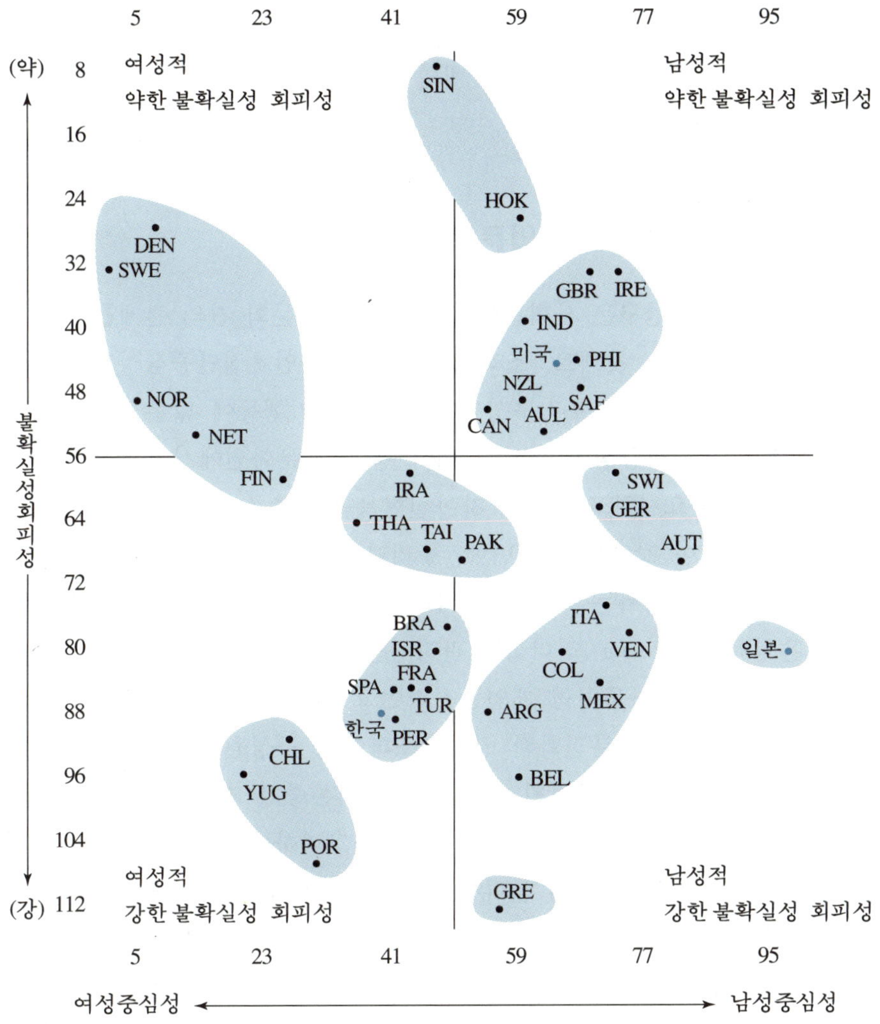

(5) 유교적 역동성

호프스테드의 마지막 사회문화 비교측면은 유교적 역동성(Confucian dynamism)으로서, 이것은 사회구성원들의 일에 대한 근면성과 장기시안에 의한 계획성 및 저축성 등을 반영한다. 호프스테드는 1960년대와 70년대의 소위

아시아 '다섯 마리의 용'(한국, 일본, 대만, 홍콩, 싱가포르)의 고도경제성장에 깊은 인상을 받아 이 특성을 그의 비교문화연구에 뒤늦게 추가하였다. 유교의 가치관이 사회문화에 많은 영향을 준 이들 다섯 나라와 중국이 모두 높은 유교적 역동성을 나타내고, 서구에서는 네덜란드와 남미에서는 브라질이 각각 비교적 높은 경향을 보인다(Hofstede, 1985).

2. 사회문화적 특성과 기업문화

호프스테드의 연구는 사회문화적 특성과 기업문화 간의 관계를 이해하는데 많은 도움을 준다. 첫째로, 조직체 수준에서 개인-집단중심성과 권력중심성은 관리자의 리더십과 조직구성원들의 요구동기행동에 많은 영향을 준다. 개인중심적이고 권력중심성이 낮은 미국 등 서구문화권에서는 조직구성원들 각자의 개성을 중요시하고 그들의 자아실현욕구를 충족시키는 민주적 또는 부하중심적 리더십이 강조되는 반면에, 우리나라와 일본 등 집단중심적이고 권력중심적인 문화권에서는 비교적 적극적이고 권위적이면서도 부하집단을 고려하는 온정적(benevolent) 리더십과 관리행동이 강조된다.

미국과 서구 국가들처럼 개인중심적이고 권력중심성이 낮은 문화권에서는 수평적 조직구조와 분권화된 권력구조하에서 구성원들간의 커뮤니케이션이 활발히 이루어지고, 구성원 개개인의 자기존중과 자아실현(self-actualization)이 가장 중요한 동기요인으로 작용한다. 그리하여 개인의 능력과 성과가 선발, 인사고과, 보상 등 핵심 인적자원관리에서 가장 중요한 요소로 작용하면서 구성원들의 직무내재적 만족을 위한 각종 경영참여 프로그램이 활발히 전개된다. 그 반면에 우리나라와 일본과 같은 집단중심적이고 권력중심적인 문화권에서는, 수직적 조직구조와 집권화된 권력구조의 가능성이 높고 가족이나 특정 소속집단과의 관계가 중요한 요소로 작용하며, 따라서 자아실현보다는 관계유지와 체면(face saving)이 그들의 행동에 강하게 작용하고 나아가서는 인화를 중시하는 인성과 경륜 그리고 연공 등이 인적자원관리 과정에 중요한 영향요소로 작용한다.

권력중심성과 불확실성 회피성은 특히 조직체의 문제해결행동에 매우 밀접한 관계를 나타낸다. 우리나라와 일본과 같이 권력중심성과 불확실성 회피성이 높은 문화권에서는 문제해결에 있어서 주로 상위계층의 공식 권한과 규율 및 규정에 의지하는 정도가 커서 관료적 기업문화의 경향이 비교적 높게 나타나는 반면에, 미국 등 권력중심성과 불확실성 회피성이 낮은 서구 문화권에서는 문제해결에 있어서 문제집단 또는 구성원들간의 직접적인 참여와 토의를 중요시하는 열린 기업문화의 가능성이 비교적 높게 나타난다. 인적자원관리에 있어서도 우리나라와 일본 등 권력중심적이고 불확실성 회피성이 강한 문화권에서는 고용관리에 종신고용제도를 그리고 보상관리에 연공서열제도를 각각 적용하는 경향이 높게 나타난다. 이와 같은 경향은 권력중심성과 불확실성 회피성에 집단중심성이 결합될 때 특히 강하게 나타난다.

남성-여성중심성과 유교적 역동성도 조직구성원들의 동기부여와 밀접한 관계를 맺고 있다. 남성중심적이고 유교적 역동성이 강한 문화권에서는 열심히 일하는 근면성과 장기적 안목에서의 인내, 집념, 근검절약의 정신이 강한 동기부여요인으로 작용한다. 그리하여 대체로 개인수준에서는 승진과 경력상의 성공, 제일의 목표달성 등을 지향하는 경향이 높게 나타나고, 기업수준에서는 성장과 시장점유율 등 질보다 양적인 성과를 지향하는 경향을 보인다. 그 반면에, 여성중심적인 문화권에서는 적정환경과 직무내용 및 직무조건 등 직장생활의 질이 동기부여에 비교적 크게 작용한다. 특히 스웨덴, 네덜란드, 덴마크와 같이 여성중심적이면서 개인중심적이고 권력중심성이 낮은 노르딕 문화권에서는 직무내용과 자율성 그리고 동료관계와 근무조건 등 직장생활의 질이 가장 중요한 동기요인으로 작용한다. 기업수준에서도 품질과 투자이익률 등 질적인 성과를 강조하고, 친환경적이고 윤리적 경영문화도 더 강조하는 경향을 보인다.

이와 같이 호프스테드의 연구는 세계 주요문화권의 사회문화와 기업문화를 이해하는 데 많은 도움을 준다. 그러나 호프스테드의 연구에서 우리나라의 남성중심성이 평균이하로 낮게 나타난 것에 대해서는 많은 의문이 제기될 수 있다. 그것은 우리나라도 일본만큼 사회에서 남성의 역할이 지배적이고 성장과 대규모 그리고 부의 축적 등 가시적 성과를 중요시하는 등 남성적 문화성향이 강하기 때문이다. 그리고 우리나라 조직구성원들의 성장지향성도 일본의 기업구성원들만큼 높은 것이 사실이다. 한 연구조사에서도 한국인의 남성중심성이 일본과 미국에 비하여 실제로 높은 것으로 나타났다(Ahn, 1996). 따라서 앞으로 국가간의 문화차이를 보다 정확하게 규명하기 위한 연구가 계속되어야 할 것이다.

장을 맺으며

우리나라의 기업문화를 연구하는 데 있어서 이 장은 우리나라의 기업문화 환경을 정리하고 기업문화의 7S개념을 적용하여 우리나라 기업의 기본가치와 경영전략, 조직구조와 관리제도, 그리고 관리자의 리더십행동을 알아보았다. 그리고 세계 주요문화권, 특히 한 · 미 · 일 세 나라의 사회문화 및 기업문화 특성을 간단히 살펴보았다.

우리나라의 기업문화는 기업체마다 모두 다르지만, 전반적으로 소유와 경영이 분리되지 않은 소유경영문화 속에서 한편으로는 가부장적 가족제도와 인화중심의 집단주의를 중요시하는 전통적인 사회문화가치와 또 한편으로는 합리주의와 능력주의 그리고 평등주의 등 근대 산업화와 민주화에 따른 현대적인 사회문화가치가 혼합된 가치체계를 바탕으로 대체로 합리성과 집권성이 강한 성향을 보이고 있다.

기업의 소유가족이 경영권도 지배하는 우리나라의 소유경영문화는 민주화와 사회개혁의 물결 속에서 비난의 대상이 되고 있고, 집권적 경영체계와 연공중심의 인사관리제도는 심화되는 개방경제와 국제경쟁하에서 많은 변화를 거쳐나가고 있다. 그리고 전통적인 집단주의와 기업주나 관리자의 가부장적 역할은 아직도 많은 기업구성원들의 의식 속에 잠재되어 있는 가치로서 그들의 욕구와 태도에 많은 영향을 주고 있다. 이와 같이 전통적 그리고 새로운 문화가치가 혼재되어 있는 상황하에서 그리고 점점 다변화 · 무한계화되어 가는 기업환경하에서 기업의 경쟁력을 강화시킬 수 있는 기업문화를 개발하는 것이 우리나라 기업이 당면한 중요과제이다. 이제 우리는 제Ⅲ부(제 6, 7장)에서 우리나라 기업의 경쟁력강화를 위한 기업문화의 개발을 연구한다.

제 III 부

경쟁력 강화를 위한 기업문화개발

06장

계획적 기업문화개발

1981년에 미국의 제너럴 일렉트릭(General Electric; GE)사는 270억 달러의 매출규모로 세계에서 가장 다각화된 대규모 기업체로 계속 성장하고 있었다. 그러나 내용면에서 GE의 전통사업인 가전제품은 경쟁력이 약해지면서 시장점유율이 점점 떨어지고 있었고, 성장률이 높은 신규 첨단기술사업은 회사의 전체수익에 기여하는 비중이 낮고 장기전망도 불확실한 상태였다. 그리고 200개나 되는 사업부조직은 너무나 복잡하고 관료화되어 엄청난 낭비와 더불어 신속하고 효율적인 전략경영에 큰 걸림돌이 되고 있었다. 게다가 사내에는 장기간의 지속적인 성장에 도취되어 안일감마저 팽배해 있었다.

이와 같은 상황에 위기감을 느낀 잭 웰치(Jack Welch) 회장은 다가오는 세계화(globalization)와 무한계(boundaryless)의 기업환경에서 살아남으려면 무엇보다도 GE의 경쟁력을 강화시켜야 한다는 판단 하에 GE를 세계최강의 경쟁력을 가진 회사로 변신시키겠다는 의욕적인 비전을 제시하고 최고경영층으로부터 이에 대한 공감대를 얻어낸 다음에, 강력한 사업구조조정과 조직구조조정, 그리고 새로운 기업문화개발에 착수하였다. 기업구조조정에 있어서 웰치 회장은 사업분야에서 제 1 또는 제 2 의 경쟁력을 가질 수 없는 사업(토스터, 다리미, 오디오, TV, 비디오 등)은 과감히 매각 · 처분하고, 사업전망이 좋은 고부가가치사업(금융, 서비스, 첨단산업)에 과감히 투자하여 사업구조에 큰 변화를 가져왔다. 그리고 1981년 그의 취임당시 40여만 명이었던 구성원수도 1991년까지 28만 명 수준으로 크게 절감시켰다.

또한, 조직구조조정에 있어서 웰치 회장은 복잡하고 거대한 사업부조직을 간소화하고, 그의 무한계 경영이념에 따라 계층간, 실무 · 관리스태프간, 사업부간, 그리고 외부 협력업체들과의 관계에 존재하고 있던 모든 장벽을 없애기 시작하였다. 사업단위들을 관장하던 사업그룹관리본부들을 모두 철폐하고 주요 사업군을 12개로 간소화함으로써 사업단위의 전략경영기능을 대폭 강화하고 관리스태프부서의 무의미한 통제와 심의기능을 모두 없애버렸다. 그리고 사업단위와 회장 사이의 9개 계층을 5개로 줄여 종래의 수직적 계층구조를 수평적 구조로 대폭 조정함으로써 관료화된 조직구조를 파괴하고 사업단위의 권한과 자율성 그리고 기동성을 크게 강화하였다.

사업 및 조직구조조정과 더불어 웰치 회장은 무한계 경영이념을 GE의 새로운 기본가치와 기업문화로 설정하고 이를 선발, 업적평가, 승진, 보상, 교육훈련 등 모든 인적자원관리에 적용하는 강력한 가치중심적 경영을 실시하였다. 그리고 무한계 문화를 정착시키고 혁신적 구조조정을 촉진시키기 위하여 워크아웃(Workout) 조직개발 프로그램을 강력히 전개하기 시작하였다(제 3 장 예시 3－6 참조). 워크아웃은 구성원들이 자유롭게 실무현장 문제를 분석하고 해결하는 데 직접 참여하여 업무 · 작업과정을 개선하고 조직을 활성화시키는 GE 특유의 조직개발 기법으로서, 여기에는 GE 경영연수원(Crotonville)의 조직개발 전문가들이 변화촉진자(change facilitator)의 역할을 수행하여 워크아웃과정을 효율화시켰다.

워크아웃 조직개발은 노사간의 신뢰감을 조성하고 구성원들의 참여의식을 높임으로써 계층간, 기능 · 부서간의 장벽을 없애고 정보와 자원의 공유를 통한 사업부간의 장벽을 없애는 데 큰 역할을 하였다. 그리하여 워크아웃 조직개발은 웰치 회장의 사업 및 조직구조 조정에 획기적인 시너지 효과를 가져오면서 그의 무한계 경영이념을 실현시키는 데 결정적인 역할을 하였다. GE의 매출은 1982년의 272억 달러에서 1991년의 602억 달러로 그리고 순이익은 16억 달러에서 44억 달러로 각각 크게 증가하였고, 그 과정에서 GE는 세계 최강의 경쟁력을 가진 기업으로 인정받게 되었다.

위 사례는 1980년대에 점점 경쟁력을 상실하고 있던 GE가 어떻게 강력한 경영혁신과 구조조정 그리고 무한계 경영의 새로운 기업문화의 개발로 잃어버린 경쟁력을 되찾고 세계 최강의 경쟁력을 발휘하면서 2000년대에는 포춘지의 "세계의 가장 존경받는 기업(World' s Most Admired Company)" 평가에서 연속 제 1 위로 선정되는 초우수기업으로 변신하였는지를 간단히 설명한다(제Ⅳ부 GE사례 참조). GE는 오랜 기간의 체계적이고 전략적인 새 기업문화의 개발로 경쟁력을 획기적으로 강화시킨 대표적인 성공사례이다.

지금까지 우리는 제Ⅰ부에서 기업문화의 개념과 기업경쟁력 관점에서 그 중요성을 정리하고 제Ⅱ부에서 우리나라의 기업문화환경과 기업문화특성을 살펴보았다. 이제 우리는 제Ⅲ부에서 우리나라 기업의 경쟁력강화를 위한 기업문화개발을 연구한다. 먼저 이 장에서는 기업문화개발의 이론적 기초를 정리하고, 제 7 장에서 우리나라 기업에서 바람직한 기업문화를 어떻게 체계적으로 그리고 계획적으로 개발할 수 있는지를 연구한다.

기업문화연구의 궁극적인 목적은 기업체의 장기성과를 높이기 위하여 이에 기여하는 기업문화를 개발하는 것이다. 그러나 기업문화는 구성원들의 공유가치와 그들의 실제행동으로 형성되는 만큼, 바람직한 기업문화를 개발하고 이를 정착시키는 데에는 기업체의 상황에 따라서 오랜 기간이 소요될 수 있다. 점차 심해지는 환경변화 속에서 기업이 원하는 기업문화는 자연적인 진화과정에 의존하기에는 너무나 오랜 기간이 소요되는 것이 사실이다. 따라서 바람직한 기업문화를 체계적으로, 계획적으로, 그리고 중점적으로 개발함으로써 점점 다변화·무한계화되어 가는 기업환경에 적극적으로 적응하고 경쟁력을 강화해 나가면서 기업의 장기성과를 높일 수 있다. 그리고 행동과학과 조직개발의 변화이론과 기법을 적용한다면, 기업문화의 효율적인 개발은 물론 개발기간도 크게 단축할 수 있다는 것이 기업문화개발의 기본전제이다. 앞의 GE가 이들 이론과 기법을 전략적으로 활용하여 경영혁신과 새 기업문화개발에 성공하여 경쟁력을 획기적으로 강화시킨 대표적인 사례이다.

체계적이고 계획적인 기업문화개발을 연구하는 데 있어서 이 장은 제 1 절에서 기업문화개발에 기초가 되는 변화이론과 조직개발이론을 요약하고, 제 2 절에서 기업문화개발의 계획적 그리고 전략적 개입활동을 설명한다. 그리고

제 3 절에서는 전략적 개입활동에 작용하는 상황적 요소들을 살펴본다.

제 1 절 변화이론과 기업문화개발

기업문화의 주체는 구성원들인 만큼, 새로운 기업문화의 개발은 구성원들의 새로운 공유가치와 행동의 개발을 의미한다. 따라서 기업문화개발은 지식이나 접근방법에 있어서 행동과학의 변화이론과 조직개발의 계획적 변화기법에 크게 의존하고 있다. 계획적 기업문화개발에 도움이 되는 중요 변화이론과 단계적 변화과정을 요약해 본다.

1. 조직개발 이론

변화관점에서 볼 때 기업문화개발에 기초가 되는 행동과학이론과 조직개발기법은 행동변화를 설명하는 학습이론, 행동변화과정을 효율화시키는 조건화이론, 그리고 이들 이론을 실제 구성원들의 행동개발과 전체적인 기업문화개발에 적용한 개입기법 등을 포함한다.

(1) 학습이론

제 2 장에서 설명한 바와 같이, 기업문화는 구성원들의 가치관과 행동의 총체적인 특성으로서, 구성원들의 행동개발은 그들이 기업체에서 다른 구성원들과 상호작용을 하면서 자기의 업무를 수행하는 과정에서 학습(learning)을 통하여 이루어진다. 구성원들은 기업체의 공식적인 교육훈련 이외에, 주어진 과업을 수행하는 과정에서 다른 구성원들과 서로 영향을 주고받으면서 상호간의 공유가치를 형성해 나간다. 구성원들간의 이러한 사회화(socialization)과정은 보상방침과 상벌제도 그리고 관리자의 리더십에 의한 적극적 또는 부정적 강화(positive or negative reinforcement)를 통하여 촉진될 수 있다.

학습관점에서 볼 때, 기업문화개발은 구성원들로 하여금 새로운 가치관과 기본전제를 의식화하고 바람직한 태도와 행동을 그들의 영구적인 행동패턴으로 체질화하는 과정을 의미한다. 따라서 새로운 기업문화는 상위계층의 강압적인 방법으로는 개발될 수 없고, 학습에 의한 자생적인 과정을 통하여 개발될 수 있다. 강압적인 방법에 의한 행동변화는 임시적 또는 표면적인 변화는 가져올지 몰라도 영구적인 변화는 가져오지 못한다. 그뿐 아니라 강압적인 방법에 의한 임시적인 변화는 강압적인 방법이 철회되면 곧 소멸되어 버릴 가능성이 높다. 이와 같이 학습이론은 구성원들의 행동변화와 기업문화의 형성과정을 이해하는 데 많은 도움을 주고, 특히 적극적 · 부정적 강화이론과 피드백이론은 바람직한 행동개발에 직접적인 도움을 준다.

(2) 조건화 이론

구성원의 바람직한 행동이 반복되도록 이를 작동시키어 강화작용이 효과적으로 이루어지게 하는 것이 조건화(conditioning)이다. 따라서 조건화의 법칙은 강화의 법칙과 더불어 학습이론의 핵심부분을 차지한다. 조건화의 이론은 구성원의 바람직한 행동에 대하여 이를 인정해 주고 그에게 만족감을 주어 똑같은 행동이 반복되도록 하는 여러 가지의 보상시스템과 관리자의 리더십행동에 직접 적용되고 있다.

기업문화개발에 있어서 조건화의 법칙은 실무현장에서 특히 행동수정과 목표관리 그리고 분임조활동 등에 효과적으로 적용될 수 있다. 행동수정(behavior modification)은 관리자가 부하의 행동개선을 목적으로 그에게 구체적인 행동개선목표를 설정해 주고 그를 지도해 나가면서 목표달성 여하에 따라 이를 인사고과에 반영시키는 행동개발기법으로서, 새로운 기업문화개발과 관련하여 바람직한 행동을 목표설정에 포함시킬 수 있다. 목표관리(Management By Objective; MBO)도 특정기간 동안에 부하구성원이 달성할 목표에 새로운 기업문화개발의 행동개선목표를 포함시키어 목표달성 여하에 따라서 역시 이를 인사고과에 반영시킬 수 있다. 그리고 분임조(Quality Circles; QC) 활동에 있어서도 작업집단 구성원들의 공동참여와 공동노력을 기업문화개발과 관련시키고 그 결과를 인정해 줌으로써 바람직한 행동을 강화시켜 나갈 수 있다.

(3) 계획적 개입기법

학습이론 조건화이론 등 행동개발에 관련된 모든 지식과 이론을 효율적인 조직개발에 적용한 것이 계획적 개입(planned intervention)기법이다. 계획적 개입은 개인행동개발과 집단행동개발 그리고 조직체행동개발 등 여러 수준에서의 다양한 행동개발방법들을 포함한다(이학종 · 박헌준, 2004, 531~573면). 계획적 개입기법에 관해서는 전략적 기업문화개발과 관련하여 제 2 절과 제 3 절에서 자세히 설명한다.

2. 장이론과 변화의 원리

새로운 기업문화의 개발은 대부분의 경우 새로운 기업문화에 대한 변화압력과 저항세력 속에서 시도된다. 따라서 새로운 기업문화에 대한 변화압력을 어떻게 관리하느냐에 따라서 기업문화개발은 물론 기업의 성과에도 많은 영향을 준다.

(1) 변화압력과 저항세력

장이론(field theory)에 의하면, 변화는 어떠한 일시적인 일이나 사건(event)이 아니라, 어느 기간에 변화를 요구하는 압력과 변화에 저항하는 세력 사이에 형성된 복잡한 균형관계(equilibrium)로서(Lewin, 1947, pp. 5~41), 이 균형관계를 어떻게 변화방향으로 잘 유도하느냐에 따라서 변화의 효율성이 결정된다. 즉, 변화압력과 저항세력간의 균형관계가 변화방향으로 유도될수록 변화는 자연스럽게 이루어질 수 있다. 기업문화개발에 있어서도 새로운 기업문화에 대한 변화압력이 강하고 구성원들이 이에 공감할수록 새로운 기업문화는 자연스럽게 그리고 효율적으로 개발될 수 있다.

새로운 기업문화의 개발에 있어서 새로운 기업문화에 대한 변화압력과 저항세력간의 균형관계는 기업문화 개발상황에 따라서 다르다. 그러나 일반적으로 기업체가 새로운 기업문화개발에 착수할 당시에는 저항세력이 강하게 작용하지만, 새로운 기업문화의 개발활동이 진행되어 나감에 따라서 변화압력이

표 6-1 변화압력과 저항세력의 균형관계

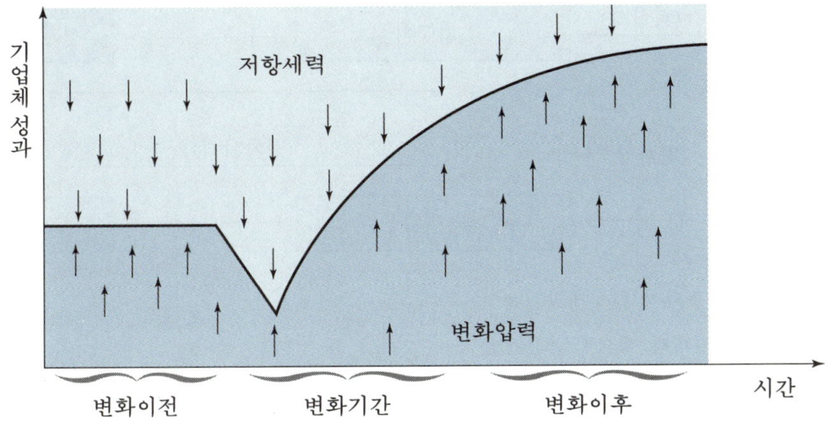

점점 강해져서 새로운 기업문화개발이 본격적으로 이루어진다(표 6-1 참조). 이러한 기업문화개발과정을 보다 효율적으로 그리고 전략적으로 전개해 나가려는 것이 계획적 개입활동의 목적이다.

새로운 기업문화에 대한 변화압력은 주로 기업환경의 변화와 저조한 기업성과로부터 비롯된다. 우리나라 기업에서 작용하는 환경변화로부터의 변화압력은 제4장에서 자세히 설명하였다. 특히 우리나라의 많은 기업체들이 점차 심화되는 국내외 기업환경변화에 성공적으로 적응하지 못하여 경쟁력이 약해지고 있는 것은 우리나라 기업의 장기성과에 심각한 문제라는 점에서 새로운 기업문화에 대한 변화압력이 커지고 있다. 따라서 이러한 변화압력에 힘입어 계획적 개입활동이 전략적으로 잘 전개된다면 우리나라의 많은 기업체에서 보다 효율적인 기업문화개발이 가능할 것이다. GE에서의 경영혁신과 새로운 기업문화개발도 약화된 경쟁력을 회복하려는 변화압력에서 시작되었다.

(2) 변화에 대한 저항요소

새로운 기업문화개발에는 이에 공감하는 변화세력과 더불어 이를 거부하는 저항세력도 많이 작용함으로써 기업문화개발이 순조로이 이루어지지 못하

표 6-2 기업문화 변화압력

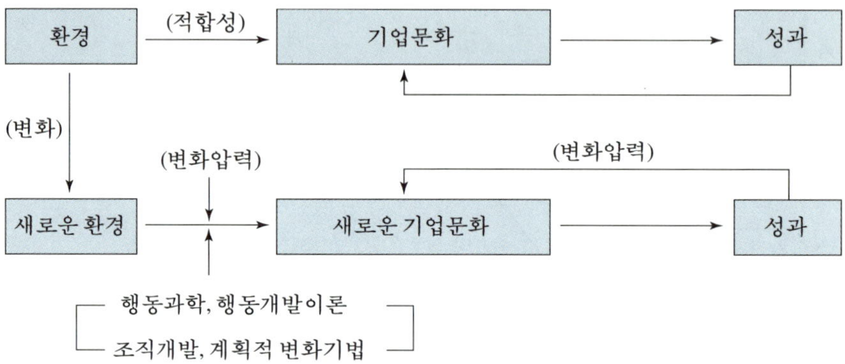

는 경우가 많이 있다. 특히 기업체가 오랫동안 정착된 강한 문화를 가지고 있는 경우에는 구성원들이 고정된 가치관과 행동패턴에서 벗어나서 새로운 가치관과 직장규범을 받아들이는 데 많은 저항감을 보일 수 있다. 우리나라의 많은 기업체가 집권화와 관료화 그리고 양적 성장중심의 행동경향에서 쉽게 벗어나지 못하고 있는 것도 이러한 고정개념이 기업구성원들의 의식구조 속에 깊이 뿌리를 내리고 있기 때문이다.

새로운 기업문화는 조직구조와 직무구조 그리고 경영방침과 리더십행동에 변화를 요구하고, 이러한 변화는 구성원들의 기존 서열관계와 지위신분 그리고 상호작용패턴에 변화를 가져오게 된다. 따라서 기존의 고정된 권위의식과 서열의식은 새로운 변화를 받아들이는 데 장애요인이 되고, 따라서 새로운 기업문화개발에 저항요소로 작용하게 된다. 그리고 새로운 기업문화는 구성원들이 기존 문화 속에서 오랫동안 누려온 안정감과 소속감에 영향을 줄 것이라는 불안감도 구성원들의 저항을 야기시키는 요인이 된다.

새로운 기업문화에 대한 이와 같은 저항감은 구성원들의 태도와 행동에 있어서 여러 가지의 형태로 나타난다. 새로운 기업문화의 필요성과 타당성을 의심하거나 사소한 이유를 근거로 하여 새로운 기업문화의 실질적 효과에 대하여 의심을 보이는 등 변화에 대한 비협조적인 태도와 부정적인 반응을 보인다. 그리하여 경영층에 대한 불신감과 적대심도 갖게 되고 구성원들간의 상호작용도 둔화되며, 나아가서는 구성원들의 사기와 성과까지도 저하되는 결과를 가져오게 된다.

(3) 변화압력과 저항요소의 관리

새로운 기업문화가 개발되고 강한 문화로 정착되기에는 오랜 기간이 걸린다. 그 과정에서 기업체는 새로운 기업문화에 대한 변화압력과 저항세력간의 복잡한 균형관계 속에서 여러 가지의 변화를 시도하게 된다. 그러므로 기업문화 개발과정에서 새로운 기업문화에 대하여 구성원들의 공감을 얻고 변화를 계획하고 집행하는 데 있어서 구성원들을 되도록 많이 참여시키는 것은 변화압력과 저항세력간의 균형관계를 변화압력방향으로 유도하는 데 많은 도움을 준다. 이러한 변화압력과 저항세력간의 역학관계를 이해하는 것은 전략적인 개입활동을 구상하고 새로운 기업문화를 성공적으로 개발하는 데 중요한 역할을 한다.

3. 행동변화의 단계적 과정

새로운 기업문화의 개발은 구성원들의 새로운 공유가치의 개발을 의미한다. 구성원들의 공유가치는 오랜 기간에 걸쳐서 개발되고, 따라서 기존의 공유가치를 새로운 공유가치로 바꾸는 데에는 오랜기간의 학습과정이 요구될 수 있다. 행동변화이론에 의하면 행동변화에는 가치관의 변화가 선행되어야 하고, 그 과정은 변화의 필요성 인식, 기존 가치관의 해빙(unfreezing), 새로운 가치관의 주입(change input), 그리고 새로운 가치관의 재동결(refreezing) 등 네 개의 단계로 구성된다(Lewin, 1947, pp. 5~41; Schein, 1968).

(1) 새로운 기업문화개발의 필요성 인식

새로운 기업문화는 구성원들 자신이 이에 대한 필요성을 인식하지 않고서는 그 개발이 매우 어렵다. 따라서 기업문화개발의 첫째 단계는 구성원들로 하여금 기업체 내부의 현재 상황이나 그들 자신의 행동에 문제가 있고, 이로 인하여 기업체 성과에 영향이 있다는 것을 인식시키어 변화에 대한 필요성을 느끼게 하고 새로운 기업문화에 관심을 갖게 하는 것이다. 이 단계에서 변화담당자(기획실 등 관련부서의 관리스태프)들은 문제시되고 있는 성과자료(생산성, 불량품률, 사고율, 이직률 등)와 조직효율성자료(만족감, 커뮤니케이션, 기타 상호작용지표), 타사와의 경쟁력 비교자료 등을 중심으로 문제증상을 구성원들에게 피드백해 줌으로써 기업체에서 요구되는 개선과 구성원 행동상의 변화에 긍정적인 태도를 갖도록 하면서 변화압력을 증가시킨다.

(2) 기존 가치관의 해빙

새로운 가치관과 기업체 내부의 개혁에 대하여 구성원들이 흔히 부정적인 태도를 갖게 되는 이유는 변화로 인한 불안감과 불확실성은 물론, 그들의 기존 행동패턴을 강화해 주는 기본전제와 가치관이 그 배경에 작용하고 있기 때문이다. 그러므로 이러한 고정된 가치관과 의식구조에서 벗어나지 않는 한 새로운 관점과 가치관이 받아들여지지 않을 뿐 아니라, 변화에 대한 저항태도도 여전히 계속될 수밖에 없다. 그러므로 구성원들의 굳어져 있는 관점과 가치관을 완화시키는 것이 행동변화의 둘째 단계이다. 이 단계에서 구성원들은 자신의 폐쇄적인 관점, 불신적 태도, 안일한 근무태도 등 고정된 기존 가치관과 행동경향에 대하여 자신의 인식도를 높이게 된다. 그리하여 그들은 그들의 고정된 가치관에서 탈피하여 새로운 가치관을 받아들일 수 있는 의식구조상의 변화를 거쳐나가게 된다.

(3) 새로운 가치관의 주입

기업문화개발에서 새로운 공유가치개발의 셋째 단계는 새로운 가치관을 실제로 주입시키는 것이다. 구성원들의 행동변화는 새로운 가치관과 태도가 형성됨으로써 이루어진다. 그리고 새로운 가치관과 태도가 형성되려면 새로운 조직구조와 역할관계 그리고 새로운 행동패턴 등 기업체가 시도하는 변화가 구성원들 자신에게 좋은 결과를 가져 온다는 것이 확신되어야 한다. 따라서 새로운 직무내용과 작업방법으로부터 얻은 직무내재적 만족감, 구성원들간의 새로운 상호작용에서 얻을 수 있는 사회적 욕구충족 등 보다 높은 수준의 자아실현을 이 단계에서 실제로 체험함으로써 구성원들의 기본관점과 가치관에 새로운 변화가 있을 수 있고, 이에 따라서 새로운 바람직한 행동이 형성될 수 있다.

(4) 새로운 가치관의 재동결

이와 같이 형성된 가치관과 태도 그리고 실제행동은 계속 반복되고 강화됨으로써 영구적인 행동패턴으로 정착될 수 있다. 그러므로 보상관리와 인사고과 그리고 구성원들간의 상호관계를 잘 조정(조건화)하여 구성원들의 새로운 행동을 강화시켜 주는 것이 가치관과 행동변화과정의 마지막 단계이다. 이러한 강화작용이 없으면 새로 개발된 행동은 곧 소멸되어 버리고, 따라서 구성원들은 종전의 태도와 행동으로 되돌아 갈 가능성이 높다.

이상 기업문화개발에 직접 관련된 변화이론 몇 가지를 간단히 설명하였다. 이들 이론은 개인의 행동형성과정과 조직체의 변화과정에 작용하는 역학적 요소들을 설명함으로써 효율적인 기업문화개발에 많은 도움을 준다.

제 2 절 계획적, 전략적 개입활동

앞에서 강조한 바와 같이 기업문화연구의 기본목적은 기업체의 장기성과에 기여하는 기업문화를 효율적으로 개발하는 것이다. 그리고 효율적인 기업문화개발은 행동과학의 변화이론과 조직개발의 변화기법을 활용함으로써 가능하다는 것이 또한 기업문화연구의 기본전제이다. 다시 말해서, 기업체는 변화이론과 변화기법을 적용하여 새로운 기업문화를 체계적으로 그리고 계획적으로 개발할 수 있고, 그 과정에서 개입활동을 전략적으로 전개하여 기업문화의 개발기간을 단축시키고 기업경쟁력을 강화시킬 수 있다.

1. 계획적 변화모형

변화는 기업체가 피할 수 없는 과정이다. 근래에 와서 기업환경이 더욱 다변화해지고 기업체 내부의 변화도 심해짐에 따라서 변화는 이제 현대기업에서 점점 일상화된 과정이 되어 가고 있다. 그리하여 조직개발의 계획적 변화모형은 많은 기업체에서 변화를 체계적으로 그리고 계획적으로 전개하는 데 많은 도움을 주고, 기업문화개발에 있어서도 체계적 진행에 개념적 틀을 제공한다.

(1) 계획적 변화의 일반모형

기업체에서의 변화와 조직개발은 기업체의 변화상황에 따라서 구체적인 과정이 모두 다르다. 그러나 행동과학의 변화이론과 조직개발의 변화기법을 활용하여 변화를 체계적으로 그리고 계획적으로 전개하는 데에는 일반적으로 다음과 같은 네 가지의 기본적이고 순서적인 과정이 포함되어 있다(표 6-3 참조).

표 6-3 계획적 변화모형

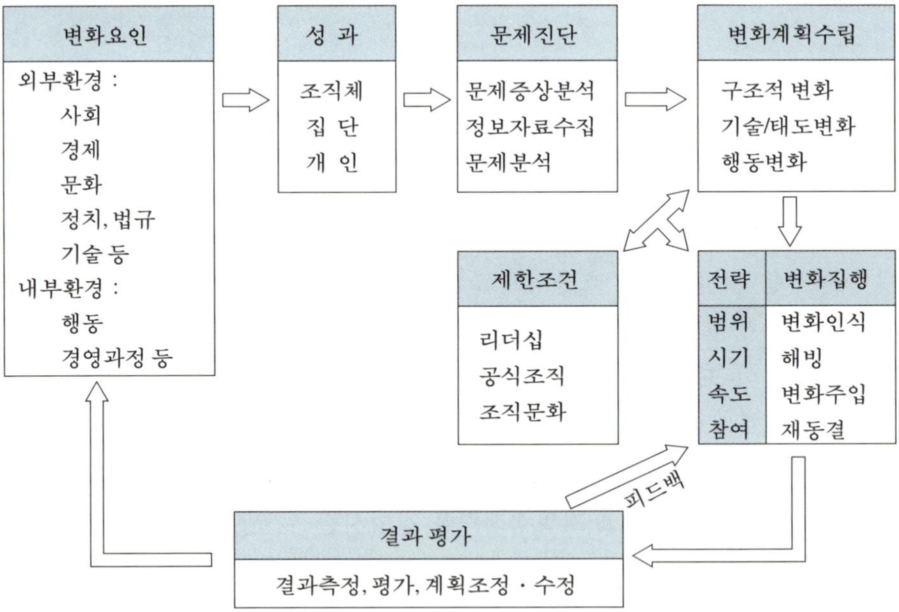

자료 : Gibson et al., 1982, p. 534.

① 문제의 진단(Problem Diagnosis) : 계획적 변화의 첫째 단계는 문제의 증상이 지각되어 성과지표에 의한 문제분석과 설문조사를 통한 심층적 분석 그리고 구성원들과의 문제토의 등을 통하여 문제를 정확하게 진단하는 것이다.

② 변화계획의 수립(Change Plans) : 계획적 변화의 둘째 단계는 문제요인을 구조적, 기술적, 그리고 구성원들의 행동측면에서 분석하고, 기업체 내의 여러 가지 공식적 및 관습적 제약조건을 고려하여 실행가능한 변화전략과 변화방법을 중심으로 변화계획을 수립하는 것이다.

③ 변화의 집행(Change Implementation) : 계획적 변화의 셋째 단계는 각종 개입활동을 중심으로 변화계획을 실제로 실시하는 것이다.

④ 결과평가(Evaluation) : 계획적 변화의 마지막 단계는 실시한 변화의 결과와 효과를 주기적으로 측정 · 평가하여 이를 변화전략과 변화방법에 반영시켜서 변화목적이 달성될 때까지 변화과정을 계속 조정 · 수정해 나가는 것이다.

(2) 기업문화개발의 일반모형

기업문화개발도 기업체의 상황에 따라서 구체적인 과정과 활동이 다르다. 그러나 일반적으로 기업문화개발은 문제증상으로부터 시작하여 효과측정과 평가에 이르기까지 적어도 다음 네 가지의 기본적이고 순서적인 과정을 포함한다(표 6-4 참조).

① 기업문화의 진단 : 기업문화개발의 첫째 단계는 문제증상을 성과지표나 조직효율성 지표상의 결과분석과 설문조사 그리고 각계 각층에서의 토의를 거쳐서 기존 기업문화의 문제점을 진단하는 것이다.

② 새로운 기업문화의 탐색과 개발계획수립 : 기업문화개발의 둘째 단계는 변화담당자(기업문화개발 담당부서)의 주도하에 새로운 문화가치를 탐색하고, 변화상황의 전략적 요소와 효과적 변화방법을 활용하여 새로운 기업문화개발을 위한 개입활동과 행동계획을 수립하는 것이다.

③ 새로운 기업문화의 개발 : 계획적 기업문화개발의 셋째 단계는 변화담

표 6-4 계획적 기업문화개발 모형

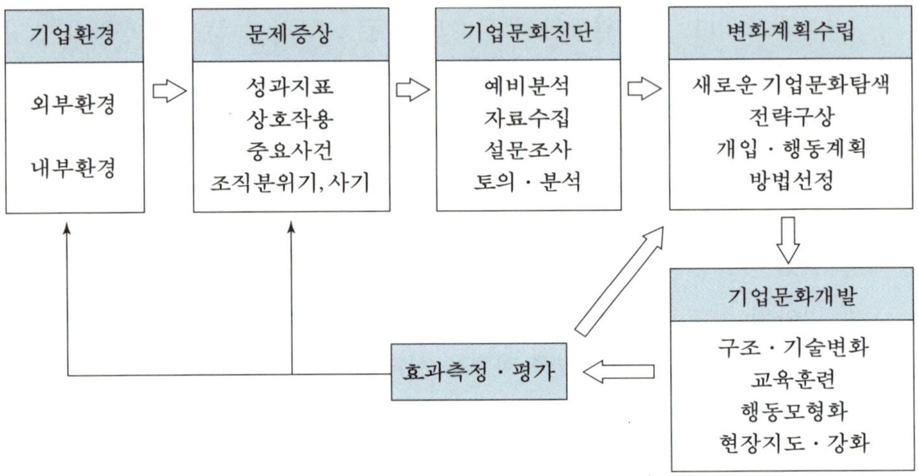

당자의 주도하에 계획된 개입활동과 행동계획을 실시하여 새로운 기업문화를 실제로 개발하는 것이다.

④ 효과측정과 평가 : 계획적 기업문화개발의 마지막 단계는 새로운 기업문화개발의 효과를 주기적으로 측정 · 평가하고 이를 개입활동과 행동계획에 반영하여 기업문화개발활동을 조정 · 수정해 나가는 것이다.

2. 개입과 변화담당자

기업문화개발에서 행동과학의 변화이론과 조직개발의 변화기법을 실제로 적용하는 것이 변화담당자(change agent)의 개입활동(intervention)이다.

(1) 개입의 개념

개입이란 일반적으로 개인, 집단 또는 그 이외의 어떤 변화대상에 대하여 변화가 효과적으로 이루어지도록 변화과정에 간섭하는 것을 의미한다. 따라서 조직개발에서 개입은 변화를 계획하고 주도하며 이를 지원하는 활동으로서,

주로 조직개발 관련부서의 변화전문가와 스태프 그리고 외부 변화상담자(consultant)의 역할을 뜻한다. 그리고 기업문화개발에서 개입은 기업문화 개발과정에서 요구되는 모든 변화를 계획, 주도 및 지원하는 활동으로서, 기업문화 담당부서(기업문화개발팀, 기획실, 인사부서 등)의 전문스태프와 외부상담자의 기업문화개발 역할을 의미한다.

기업문화개발에 관련된 주요 개입활동은 기업문화의 문제진단, 새로운 문화가치의 탐색, 새로운 기업문화개발의 전략구상, 구체적인 행동계획의 수립, 변화방법의 선정과 집행, 효과측정 및 평가, 구성원들과의 토의 및 피드백, 경영조직과 시스템의 개선 등을 포함한다. 따라서 개입활동은 기업문화개발을 전략적으로 그리고 체계적으로 주도, 계획, 지원하여 새로운 기업문화가 보다 효율적으로 개발되도록 하는 전문기능이다.

(2) 변화담당자

이러한 개입활동을 수행하는 변화전문가를 변화담당자(change agent)라고 부른다. 따라서 기업문화개발에서 변화담당자는 기업문화개발의 전략구상과 새로운 기업문화의 탐색 그리고 경영조직의 변화와 변화계획의 수립 및 집행 등 기업문화개발에 주도적 역할을 수행함으로써 성공적인 기업문화개발에 결정적인 영향을 준다. 변화담당자의 지위 및 권한은 기업체 상황에 따라 다르지만, 대체로 변화에 대한 지식과 기술 그리고 경험을 가진 전문가로서 최고경영자의 경영이념을 기업문화에 직접 반영시킬 수 있는 위치에서 그의 전문적인 영향력을 발휘하게 된다(표 6-5 참조). 따라서 기업문화개발을 주관하는 상위경영자나 이에 대등한 외부전문가가 변화담당자의 역할을 수행한다.

그러나 실제 기업문화개발에 있어서 변화담당자는 기업문화개발을 주도하는 한 사람의 중요인물로 인식되지 않고 변화를 가져오는 데 중요한 역할을 하는 많은 구성원들로 인식되고 있다. 즉, 변화담당자는 새로운 비전과 기업문화개발의 기본방향을 제시하는 최고경영층, 기업문화개발의 구체적인 계획을 수립하고 이를 집행 · 조정하는 전문스태프, 그리고 실무현장에서 구성원들을 직접 지도하고 바람직한 행동을 조성하는 실무관리자 등 그 기능에 따라서 다양한 종류로 분류된다. 앞의 GE사례에서 인사부서의 조직개발 스태프는 물론

표 6-5 변화담당자의 개입

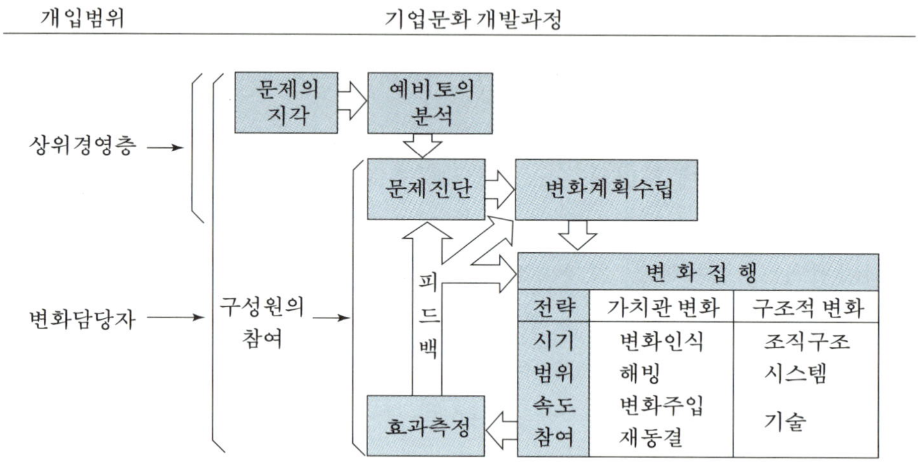

웰치 회장, 연수원 전문교육스태프, 작업현장 워크아웃을 진행시키는 변화전문가들이 모두 변화 담당자 역할을 수행했다고 할 수 있다. 효율적인 기업문화개발에 기여하는 변화담당자의 종류를 요약하면 다음과 같다(London, 1988, pp. 57~60).

표 6-6 변화담당자의 역할

변화담당자 / 역 할	전문 스태프(기획, 인사 등)	실무관리자
기업문화진단	성과지표분석 설문조사	문제증상 지각 중요사건상의 문제증상
개입활동	기업문화탐색 전략적 행동계획 수립 조직구조와 관리시스템 개선 교육훈련 개입과정에서의 설문조사, 피드백	행동모형화 현장지도, 상담, 피드백 상징적 모범행동 의례, 예식 강화적 관리 역할
연구개발	기업문화측정, 진단도구 개발 성과측정지표의 개발	

① 변화구상자(Key Change Agents) : 새로운 기업문화를 구상하고 기업문화의 방향을 제시하는 최고경영층의 핵심인물.

② 변화전시자(Change Demonstrators) : 새로운 기업문화의 상징으로서 바람직한 변화를 실제로 행동에 옮기어 모범을 보이는 변화구상자의 측근자.

③ 변화지원자(Change Patrons) : 예산과 인력충원 등의 자원배분을 통하여 새로운 기업문화개발을 지원하는 최고경영층의 핵심인물.

④ 외부상담자(External Consultants) : 기업문화진단, 새로운 기업문화의 구상, 행동계획의 수립, 효과측정과 평가 등 기업문화개발의 상담을 위촉받은 외부 대학교수나 기업문화전문가.

⑤ 변화실천자(Change Implementors) : 바람직한 변화를 실무현장에서 실제로 실천하는 실무관리자나 이를 도와주는 전문스태프.

⑥ 선두적용자(Change Adoptors) : 새로운 기업문화개발의 커미트먼트(commitment)를 다짐하고 바람직한 행동변화를 누구보다도 먼저 받아들이면서 기업문화개발에 앞장서는 중간 및 하부의 실무관리자.

⑦ 변화동조자(Change Supporters) : 새로운 기업문화개발에 적극적으로 협조하고 새로운 기업문화를 확산시키는 데 노력하는 중간 및 하위 계층의 구성원.

3. 전략적 기업문화개발

변화담당자들의 개입활동은 그 시기와 범위 그리고 방법에 있어서 전략적으로 계획되고 수행됨으로써 기업문화개발의 효과를 증대시킬 수 있다. 기업문화개발에서 흔히 고려되는 전략적 요소들을 요약해 본다.

(1) 기업문화 개발시기

기업문화의 개발시기는 새로운 기업문화를 언제 개발하느냐에 관한 전략적 문제로서, 기업의 성과가 매우 저조하거나 어떤 충격적인 사건을 통한 변화압력으로 인하여 구성원들이 새로운 기업문화의 필요성을 인식할 때가 전략적

표 6-7 기업문화의 변화인식 사이클

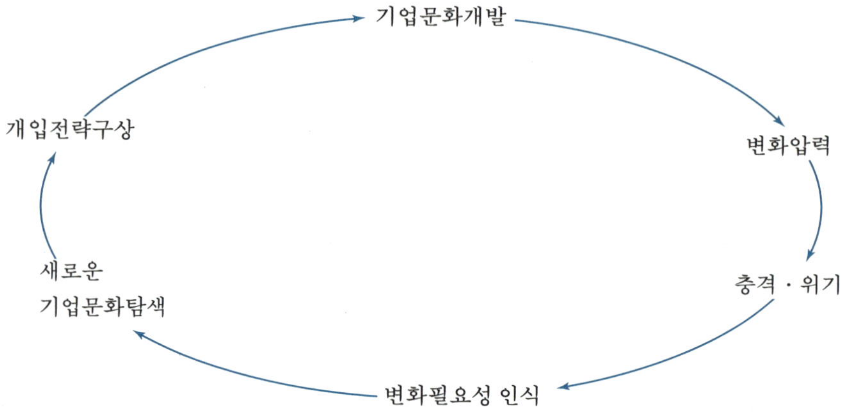

으로 가장 적절한 시기라 할 수 있다(표 6-7 참조). 근래에 우리나라 기업이 겪은 노사간의 심한 갈등과 분쟁, IMF외환위기, 세계화에 따른 급격한 국제경쟁력 약화 등은 우리나라 기업에게 매우 충격적인 사건으로서, 우리나라 기업구성원들로 하여금 새로운 기업문화개발의 필요성을 느끼게 한 좋은 기회였다. 그리고 최고경영층의 경질과 기업체의 특별한 계기(25주년 또는 50주년 창립기념 등)도 새로운 기업문화 개발의 좋은 기회가 될 수 있다.

(2) 기업문화개발의 범위와 속도

새로운 기업문화의 개발은 그룹사 전체나 전사적인 차원에서 일제히 강력하게 추진하여 빠른 속도의 변화를 시도하거나, 또는 새로운 기업문화를 어느 부문조직에 먼저 시도하여 그 결과에 따라 다른 부문조직으로 확대하면서 새로운 기업문화를 점진적으로 확산시켜 나갈 수 있다(예시 6-1 참조). 그룹 또는 기업체 전체에 걸친 대대적이고 집중적인 기업문화개발은 개발기간 단축의 장점은 있으나 영구적 변화의 정착가능성이 염려될 수 있다. 그 반면에 새로운 기업문화의 점진적 개발은 변화의 정착가능성은 높지만, 소요기간이 길어서 급변하는 환경하에서 그 효과가 의문시될 수 있다. 기업문화개발의 범위와 속도는 구성원들의 참여와도 밀접한 관계가 있다.

예시 6-1 '끓는 물 속의 개구리' 논리

경영혁신과 새로운 기업문화개발에 있어서 급진적 변신을 주장하는 경영자들은 흔히 '끓는 물 속의 개구리' 논리를 적용하여 그들의 주장을 뒷받침한다. 즉, 끓는 물 속에 개구리를 넣으면 개구리는 깜짝 놀라 튀어나와 살아날 수 있지만, 찬물 속에 개구리를 넣고 천천히 물을 끓이면 개구리는 점점 올라가는 온도를 느끼지 못하고 기진맥진하다가 그대로 죽어 버린다는 것이다. 기업체도 마찬가지로 환경변화로부터의 위기감과 충격적인 자극으로 변화와 개혁을 집중적으로 그리고 강력하게 전개하지 않으면 현실에 휘말리어 기업이 원하는 변화를 성공적으로 달성할 수 없다는 것이다.

이러한 논리에 동감하는 대표적인 경영자가 GE의 웰치 회장이다. GE는 1879년에 창립된 이래 전기관련 제품과 플라스틱 그리고 의료기기와 항공기 엔진 등 단일기업으로서는 세계 어느 기업체보다도 다각화된 초대형 기업으로 꾸준히 성장하면서 기술개발과 선진경영기법에 있어서 선두적 위치를 유지해 왔다. 그러나 1980년대에 들어서 점차 치열해지는 시장경쟁 속에서 GE의 경쟁력이 약화되는 증상이 보이자 웰치 회장은 경쟁력강화를 위하여 GE의 근본적인 경영혁신과 기업문화의 개혁이 필요함을 느꼈다. 그러나 오랫동안 기술과 경영에서 최고의 전통을 지키면서 계속 성장하고 있는 상황하에서 GE의 임원과 관리자들은 웰치 회장의 위기감과 세계 최강의 경쟁력을 목적으로 하는 그의 비전을 쉽게 받아들이지 않았다. 따라서 웰치 회장은 GE의 임원과 관리자들이 과거의 성공과 우월감에 안주하는 자세에서 탈피하려면 무엇보다도 충격적인 자극이 필요하다는 전제하에 '끓는 물 속의 개구리' 논리를 바탕으로 사업과 조직의 구조조정(restructuring) 그리고 워크아웃(workout) 조직개발 등 강력한 경영혁신과 새로운 기업문화개발 전략을 전개하였다.

우리나라 기업도 근래에 개방화와 국제화의 급격한 환경변화 속에서 약화된 국제경쟁력을 회복하기 위하여 기업변신을 강력히 추구하고 있다. 그러나 우리나라의 많은 기업들이 과거 30년의 성장과정에서 정착된 가치관과 체질화된 경영방식에서 탈피하지 못하고 있다. 이와 같이 우리나라 기업도 경영혁신을 추구하는 데 있어서 GE의 경험과 비슷한 상황에 당면하고 있고, 따라서 우리나라 기업이 세계화와 무한계의 기업환경 속에서 살아남으려면 새로운 기업문화개발 전략에 '끓는 물 속의 개구리' 논리를 적용해야 한다는 인식이 높아지고 있다.

(3) 구성원의 참여

기업문화개발과정에 구성원들의 참여를 얼마나 허용할 것인가도 기업문화개발의 매우 중요한 전략적 요소이다. 기업문화개발에는 구성원들의 참여와 관련하여 위양적 방법과 일방적 방법 그리고 공유적 방법의 세 가지가 있다. 기업문화개발을 전적으로 구성원들의 참여에 의존하는 위양적 방법(delegated approach)에서는 보다 강하고 영구적인 기업문화가 개발될 수 있는 반면에, 오랜 기간이 소요될 뿐 아니라 가장 바람직한 기업문화가 개발되지 않을 위험성도 있다. 그리고 기업문화개발을 구성원들의 참여 없이 경영층의 단독적인 개입에만 의존하는 일방적 방법(unilateral approach)에서는 내부의 갈등은 물론 영구적인 변화가 정착되지 않을 가능성이 크다. 따라서 기업문화개발과정에서 구성원들의 참여를 허용하면서 개입활동을 적절히 전개해 나가는 공유적 방법(shared approach)이 일반적으로 가장 바람직하다고 할 수 있다(표 6-8 참조).

표 6-8 개입실시방법의 비교

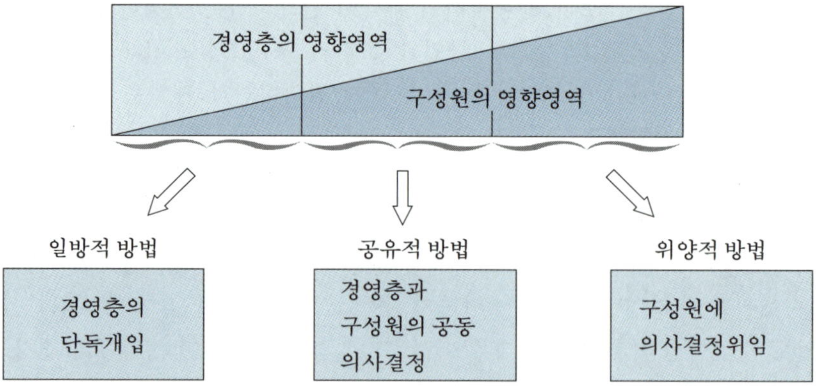

구성원들의 참여는 변화담당자(주로 기업문화개발 담당부서)의 개입역할과 밀접한 관계가 있다. 즉, 변화담당자의 개입역할이 강력할수록 기업문화개발 과정에서 구성원들의 참여기회는 제한된다. 그리고 기업체가 기업문화를 전사적으로 짧은 기간에 시도할수록 변화담당자의 강력한 개입역할이 불가피하고, 구성원들의 참여도 자연적으로 제한된다. 따라서 새로운 기업문화개발에 있어서 이들 전략요소를 감안하여 기업체의 변화상황에 적절한 전략계획이 적용되어야 한다. GE의 워크아웃 조직개발은 구성원들의 참여를 적극적으로 활용한 성공적인 사례이다.

(4) 전체적인 시너지 효과

이들 전략적 요소를 개입활동과 행동계획에 잘 반영시키어 변화의 시너지(synergy) 효과를 발생시키려는 것이 전략적 기업문화개발의 기본목적이다. 특히 기업문화의 개발시기를 전략적으로 선정하고, 새로운 문화가치에 대한 교육훈련과 경영조직의 개혁 그리고 실무현장에서 구성원들의 바람직한 행동조성이 종합적으로 전개될 때, 새로운 기업문화개발의 시너지 효과가 발생할 수 있다. 그 과정에서 구성원들의 전략적인 참여는 변화의 전체적인 시너지 효과를 더욱 크게 만들 수 있다. 전략적 기업문화개발의 시너지 효과는 물론 전략적 개입활동을 구상하고 행동계획을 수립하는 변화담당자에 달렸다. GE의 새 기업문화개발은 사업구조조정, 조직구조조정과 인력감축, 그리고 워크아웃 조직개발이 모두 순서적으로 그리고 단계적으로 진행되면서 무한계의 기본가치를 바탕으로 가치중심적 인적자원관리가 전략적으로 강력하게 실시됨으로써 전체적으로 큰 시너지 효과를 달성한 성공사례라 할 수 있다.

4. 기업문화개발의 개입활동

새로운 기업문화개발을 위한 개입활동은 이러한 전략적 시너지 효과를 목적으로 구체적인 행동이 계획되고 수행될 수 있다. 즉, 기업문화개발의 개입활동은 새로운 기업문화를 위한 기업체 내부환경을 조성하여 구성원들의 행동변화를 유도하는 유도적 개입, 구성원들의 바람직한 행동을 개발하는 개발적 개

표 6-9 기업문화개발의 주요 개입활동

개입의 분류	개입활동
유도적 개입	조직구조, 경영방침, 관리제도의 개선 문화망의 형성(인사이동) 새로운 기술의 도입 일화 · 전설, 상징적 행동개발
개발적 개입	공유가치, 표어개발 교육훈련 행동모형화, 현장지도 물리적 환경(가공품) 조성
정착적 개입	보상제도, 규율 · 통제 : 강화작용 모범행동, 의례 · 예식

입, 그리고 구성원들의 행동변화를 영구적인 행동으로 정착시키는 정착적 개입의 세 가지로 개념화하여 상호 연결된 관계에서 구체적인 개입활동이 전개될 수 있다.

(1) 유도적 개입활동

유도적 개입(inducement intervention)은 구성원들에게 새로운 문화가치에 대한 자극을 주고, 그 과정에서 나타나는 저항 또는 장애요소들을 제거하는 활동들을 포함한다. 따라서 유도적 개입은 새로운 기업문화의 개발이 촉진되도록 이에 필요한 환경요건을 조성하는 것을 목적으로 한다. 새로운 문화가치의 필요성을 인식시키는 데에는 구성원들이 가지고 있는 기본전제와 이의 문제점을 드러내게 만드는 표면화(assumption surfacing)방법과(Mason and Mitroff, 1981, pp. 35~122; Mitroff and Ernshoff, 1979, pp. 1~12) 문화격차분석방법(Kilmann, 1985, pp. 108~121)이 유효하게 사용될 수 있다. 이들 방법은 구성원들간의 상호 토의나 설문조사를 통하여 그들의 기본전제와 가치관을 노출 또는 정리하는 행동개발기법이다.

구성원들을 새로운 문화가치로 자극시키는 데에는 새로운 전략방향과 경영방침 · 제도의 설정, 조직구조개편과 중요핵심인물의 인사이동을 통한 문화망(cultural network)의 형성, 그리고 새로운 기술의 도입 등 구조적인 변화가 적용될 수 있다. 그리고 새로운 문화가치에 대한 장애요인을 제거하는 데에는 기존 전설이나 일화 등의 상징적 유물들을 새로운 문화가치를 상징하는 새로운 전설과 일화로 대체시키는 활동들이 포함된다.

(2) 개발적 개입활동

개발적 개입(development intervention)은 새로운 문화적 가치관를 실제로 개발하는 개입활동으로서 다양한 활동들이 포함된다. 첫째로 새로운 가치관을 주입시키는 각종 교육훈련활동과 실무부서에서 바람직한 태도와 행동을 모형화(behavior modeling)하고 이를 표준으로 하여 부하들을 지도 · 육성하는 실무관리자의 활동이 개발적 개입의 중요한 부분을 차지한다. 그리고 새로운 가치관과 관련하여 작업장의 물리적 환경조성도 개발적 개입의 중요한 측면이다.

(3) 정착적 개입활동

정착적 개입(stabilization intervention)은 새로운 가치관을 구성원들 모두의 강한 공유가치로 그리고 그들의 행동변화를 영구적인 행동패턴으로 정착시키는 활동들을 말한다. 따라서 실무부서에서 새로운 경영방침과 관리제도를 적용하여 구성원들의 행동변화를 강화시키는 관리자의 리더십행동, 새로운 의례 · 예식을 적용하여 역시 새로운 행동변화를 체질화시키는 강화작용, 그리고 구성원들의 바람직한 행동을 강화시키기 위한 관리자의 모범행동 등이 정착적 개입활동에 속한다(예시 6－2 참조).

이 절에서 우리는 조직개발의 변화기법을 중심으로 효율적인 기업문화개발의 계획적 그리고 전략적 개입활동들을 살펴보았다. 기업문화개발은 근본적으로 기업의 장기성과를 높이기 위한 현대기업의 조직행동개발인 만큼, 개념적으로나 방법상으로 구성원들의 행동변화를 전문적으로 다루는 조직개발의 개입기법은 효율적인 기업문화개발에 많은 도움을 준다. 특히 변화담당자개념은 기업문화개발의 모든 활동을 종합적으로, 전략적으로, 그리고 체계적으로 계획하고 수행하여 기업문화를 효율적으로 개발하는 데 많은 도움을 준다.

예시 6-2 핵심인물의 모범행동

창업자나 경영주 그리고 최고경영층의 핵심인물들은 기업의 전략가인 만큼, 그들의 의사결정과 리더십 스타일, 그리고 경영행동은 다른 기업구성원들에게 중요한 상징적 의미를 시사한다. 즉, 이들 핵심인물은 그들의 가치중심적 의사결정과 솔선수범 그리고 모범행동을 통하여 다른 구성원들에게 어떠한 가치관과 행동이 바람직한지를 제시하고, 나아가서는 기업문화를 개발하고 강화하는 데 중요한 역할을 한다.

핵심인물의 모범행동이 기업문화개발에 중요한 역할을 한 좋은 예로서 IBM회사의 왓슨(T. Watson) 1세와 2세를 들 수 있다. 그들은 고객서비스(customer service)를 IBM회사의 공유가치로 정착시키기 위하여, 특히 판매사원의 면접 · 선발로부터 그들의 교육훈련과 머리스타일 및 옷차림에까지도 직접 관여하여 사내에 고객중심적 분위기와 구성원들의 고객최우선의 사고방식을 길렀다. 삼성의 이병철 회장은 신입사원 면접에 직접 참여하여 인재제일의 삼성문화를 함양시켰다. 그리고 영국항공의 마샬(C. Marshall) 사장은 승객서비스 능력개발을 위한 분임조(QC)활동에 직접 참여하여 고객서비스문화를 정착시켰다.

또한, TI의 해거티(P. Haggerty) 회장은 기술개발을 중시하는 기업문화를 정착시키기 위하여 신입사원들을 반드시 사내 연구소에서 일정 기간 동안 근무하도록 하였다. 그리고 P&G는 우수품질에 대한 기업문화가치를 강화하기 위하여 부사장급 임원들이 일주일에 적어도 3시간씩 미국의 전지역에서 신고되어 들어오는 소비자들의 불평을 직접 듣고 대화를 나눈다.

제 3 절 기업문화개발의 상황적 요소

기업문화개발이 성공적으로 이루어지려면 모든 개입 및 개발활동이 기업체의 변화상황에 알맞게 전략적으로 구상되고 구체적인 행동이 계획 · 수행되어야 한다. 즉, 어떠한 문화가치가 추구되어야 하고 변화담당자의 개입활동은 얼마나 강력하게 전개되어야 하며 구성원들의 참여는 얼마나 강조해야 할 것인지는 기업체의 기업문화개발 상황에 따라서 적절히 결정되고 조정되어야 한다. 그것은 기업체가 추구하는 목적과 성과수준은 기업체마다 다르고, 따라서 기업체가 필요로 하는 문화적 특성은 기업체마다 다르며, 기업문화의 개발과정도 기업체가 처해 있는 상황에 따라서 달리 계획되고 추진되어야 하기 때문이다. 선진국의 우수기업들도 기업문화개발에 적극적인 노력을 기울인 데에는 모두 공통점이 있지만, 구체적인 개발전략과 과정에 있어서는 기업체간에 차이가 있다.

기업문화에 영향을 주는 기업체의 내외환경요소는 제 2 장 제 2 절에서 이미 설명하였다. 이들 영향요소 중에서 특히 변화담당자의 개입활동에 많은 영향을 주는 기업의 외적 환경과 기업의 성숙도 그리고 경영주의 경영이념에 관하여 좀더 자세히 설명한다.

1. 외부환경과 기업문화

시스템관점에서 볼 때 기업체는 사회와 산업의 한 부분인 만큼, 기업문화도 상위시스템인 사회환경과 산업환경으로부터 많은 영향을 받는다. 제3장에서 강조한 바와 같이, 기업성과에 기여하는 문화는 기업환경에 적합하고 환경변화에 잘 적응하는 기업문화이다. 따라서 기업체에서 요구되는 바람직한 문화가치와 개발방법은 기업환경으로부터 많은 영향을 받는다.

(1) 산업환경과 기업문화개발

우리 사회에는 기업체 이외에도 금융기관, 공공기관, 의료기관, 군대 등 다양한 종류의 조직체가 존재하고 있고, 이들 조직체는 각기 업종의 독특한 문화를 가지고 있다. 금융기관의 보수성, 공공기관의 관료성, 군대조직의 독재성 등은 일반적으로 널리 알려져 있는 이들 업종의 문화특성들이다. 기업체의 경우 건설업의 진취성, 서비스업의 신뢰 · 친절, 그리고 첨단산업의 창의 · 개발 등도 이들 산업의 독특한 특징으로 널리 알려져 있다. 이와 같은 문화특성은 이들 조직체나 기업체가 각기의 목적달성을 위하여 산업환경과 상호작용을 하는 과정에서 개발된 것이다. 이와 같이 기업환경이 다른 만큼 이에 적합한 바람직한 기업문화도 기업체마다 모두 다르고, 따라서 기업문화개발에서 강조되는 문화가치도 다르다.

(2) 환경의 불확실성과 기업문화개발

기업환경과 기업문화간의 관계는 환경의 불확실성을 중심으로 많이 연구되고 있다. 환경과 조직행동에 관한 연구결과에 의하면, 기업환경이 안정되어 불확실성이 낮은 경우에는 기업경영이 주로 공식계층과 권한 그리고 획일적인 방침에 의하여 이루어짐으로써 기계적 조직의 관료문화가 형성될 가능성이 높다. 그 반면에 환경변화가 많고 동태적이며 불확실성이 높은 경우에는 기업경

표 6-10 조직체환경과 조직행동

비교측면 \ 조직체유형	기계적 조직체	유기적 조직체
직 무 설 계	표준화된 직무내용 분명한 권한관계 분명한 직무수행방법 및 절차 고도의 분화	신축적 직무내용과 권한관계 신축적 직무수행 방법과 절차
커뮤니케이션과 상호작용	수직적 커뮤니케이션 공식적 회합, 지시와 보고	수평적 커뮤니케이션 상담적, 참여적, 비공식적 접촉
문제해결방법	계층, 권한, 방침, 계획	정보피드백, 상호작용
구성원가치관과 행동경향	방법과 수단 강조 충성심 직위강조 '지방적' 행동경향*	목적과 과업성취 강조 공약, 능력, 기술 강조 '도시적' 행동경향

* '지방적'(local) 또는 '도시적'(cosmopolitan) 행동경향은 개인의 근본적인 잠재적 행동경향을 분류한 유형으로서, 지방적 경향은 개인이 자기자신을 조직체와 동일시(identify)하는 것이 특징인 데 반하여, 도시적 경향은 자기 자신을 자기의 직업(profession)과 동일시하는 것이 특징이다. 인정을 받고 싶은 대상에 있어서도 지방적 경향은 자기 조직의 상위자들을, 그리고 도시적 경향은 자기 직업의 동료들을 준거집단(reference group)으로 택하고 있는 것도 또한 이들 행동경향의 차이점이다. Alvin W. Gouldner, "Cosmopolitans and Locals: Toward an Analysis of Latent Social Roles," *Administrative Science Quarterly*(December 1957), pp. 281~292.

영이 획일적인 방침보다는 상황정보와 피드백을 중심으로 구성원들간의 다양한 상호작용에 의하여 이루어짐으로써 유기적 조직의 개방적 문화가 형성되는 경향이 크다(Burns and Stalker, 1961, pp. 96~125)(표 6－10 참조).

환경의 불확실성에 따른 기계적 또는 유기적 조직의 문화특성은 기업문화개발에 있어서 특히 변화담당자의 개입역할에 많은 영향을 준다. 즉, 기계적 조직의 관료문화에서는 모든 공식권한의 집권화경향이 크고 기능적 권한도 전문관리스태프에 위임되어 있을 가능성이 높다. 따라서 기업문화개발에 있어서도 변화담당자가 경영주로부터 기업문화개발의 기능적 권한을 위임받아 개입활동을 강력하게 전개할 수 있다. 그러나 유기적 조직문화에서는 부서간 및 구성원들간의 개방적 상호작용 속에서 변화담당자도 구성원들의 참여를 중심으로 그리고 실무현장의 기업문화활동지원을 중심으로 개입활동을 전개해 나가야 할 것이다.

(3) 하위문화와 기업문화개발

대기업 또는 그룹기업의 경우에는 사업별 그리고 기능별로 형성되어 있는 하위문화(subculture)도 그 다양성에 따라서 변화담당자의 역할에 많은 영향을 준다. 사업부나 계열회사는 제품에 따라서, 고객과 시장 등 업종에 따라서 환경이 각기 다르고 문화특성도 각기 다르며, 따라서 바람직한 기업문화도 각기 다르다. 이 점은 앞에서 산업환경과 관련하여 이미 설명하였다. 사업부별로 독특하고 강한 문화의 개발이 요구되는 경우에는 사업별 강한 문화를 개발하면서 기업 또는 그룹 전체의 통합된 문화(maga culture)를 어떻게 개발할 것인지가 최고경영자와 변화담당자의 중요한 전략적 과제이다. 우리나라의 그룹기업들은 일반적으로 그룹차원에서의 통합된 기업문화를 추구해 왔으나, 근래에는 점차적으로 계열회사별 기업문화개발에 더 많은 노력을 기울이는 추세이다.

기업체 내에서는 사업부뿐만 아니라 생산, 기술, 마케팅, 재무 · 회계, 인사 등 기능분야를 중심으로 독특한 하위문화가 형성되어 있다(제 2 장 제 3 절 참조). 연구결과에 의하면 기업환경이 동태적이고 불확실성이 높을수록 기능별 하위문화가 강하게 형성되어 그 차이가 크게 나타난다. 그뿐 아니라 기업체의 성과는 기능별 하위문화들을 얼마나 잘 통합시키느냐에 달렸다(Lawrence and

표 6-11 기능분야별 하위문화특성

행동기준 하위문화	공식 · 구조적 행동	단 · 장기 시 계	목 적 의 집 중 성	과업 · 관계 지 향 성
생산, 재무, 회계	강	단기적	기능별 집중	과업지향적
마케팅	약	단기적	기능별 집중	관계지향적
기술, 신제품, 연구개발	약	장기적	분 산	과업지향적

Lorsch, 1969, pp. 20~30). 따라서 기업문화개발에 있어서 기능분야별로 강한 하위문화를 개발하는 동시에 전체적으로 통합적인 기업문화를 개발하는 것이 역시 최고경영자와 변화담당자의 중요 전략과제이다.

〈표 6-11〉에서 보는 바와 같이 생산 · 재무 · 회계와 마케팅 그리고 연구 · 기술개발 등 세 가지 기능분야의 행동특성을 네 가지의 행동기준에 따라 비교분석한 결과, 각기 특이한 행동경향이 나타나는 것을 볼 수 있다. 즉, 생산 · 재무 · 회계 분야에 종사하는 구성원들은 대체로 인간관계보다는 과업지향적 행동경향(task orientation)이 높게 나타났고, 의사결정에 있어서는 비교적 단기적 시계(short-term time horizon)에서 공식 구조적 기준(방침, 규정 등)에 의존하는 경향이 높게 나타나며, 목적도 주로 자기 분야에만 치우친 행동경향을 보인다.

그 반면에 마케팅분야에 종사하는 구성원들은 인간관계를 비교적 더 중요시하고, 의사결정에 있어서는 단기적 시계에서 판매만을 목적으로 공식절차나 규정을 신축적으로 적용하려는 행동경향이 높게 나타난다. 이와 같은 기능별 하위문화는 높은 성과를 지향할수록 기능분야별 행동의 차이가 더욱 크게 나타나는 경향이 있다. 따라서 기능분야별 하위문화의 차이가 클수록 변화담당자의 역할도 강력한 개입보다는 구성원들의 참여를 중심으로 하위문화간의 갈등요소와 역기능적 요인들을 제거하면서 전체적으로 통합적인 기업문화를 조성해 나가는 데 노력을 기울이는 것이 바람직할 것이다.

2. 기업의 성숙도와 기업문화개발

외부환경과 더불어 기업체의 성숙도도 기업문화개발에 많은 영향을 준다. 즉, 기업체가 어떤 문화가치를 추구하고 그것을 어떻게 개발할 것인지는 기업체가 얼마나 성숙해 있고 기존문화가 얼마나 강하게 정착되어 있느냐에 따라서 변화담당자의 개입활동에 많은 영향을 준다(Schein, 1986, pp. 17~43).

(1) 창업 · 성장초기의 기업문화개발

창업기와 성장초기에는 기업의 규모도 비교적 작고 기업문화개발을 담당할 전문인력도 부족하므로 창업자나 그의 측근자가 기업문화개발에 직접 관여하게 된다. 이 단계에서는 기업의 생존이나 성장 등 기업체의 목적이 비교적 뚜렷한 만큼, 기업문화개발에 있어서도 이를 달성하기 위하여 창업자의 경영이념을 중심으로 구성원들을 통합하고 사회화과정을 통하여 바람직한 행동을 조성해 나간다. 또한, 기업의 성장기반을 구축하기 위하여 기업의 독특한 핵심능력을 탐색하면서 강한 문화를 개발하려고 노력하는 것도 이 단계의 특징이다. 첨단산업에서는 기술개발, 경쟁이 치열한 소비제품산업에서는 품질과 고

표 6-12 기업체의 성숙도와 기업문화개발

성숙단계	기업문화	기업문화개발, 변화방법
창업기, 성장초기	창업자 중심 구성원들의 통합적 기업문화 강한 기업문화	창업자의 적극 개입 사회화 과정
성장중기	사업별, 기능별, 지역별, 다양한 하위기업문화 하위문화의 통합적 기업문화 환경변화에 적응적 기업문화	계획적 조직개발 구성원들의 참여
성숙기	구성원들의 의욕, 동기, 자신감 저하 권위적, 관료적, 폐쇄적, 내향적 환경변화에 무감각, 무관심	계획적 조직개발 획기적, 강압적 전환방법

객서비스, 그리고 저성장산업에서는 능률과 원가 절감 등이 각기의 상황하에서 대체로 요구되는 독특한 핵심능력들이다.

(2) 성장기의 기업문화개발

성장초기에 개발된 창업자중심의 기본가치는 기업이 성장해 나가는 과정에서 점차적으로 조직구조와 관리시스템 그리고 경영행동에 체질화되어 어느 정도 강한 기업문화로 정착되어 나간다. 따라서 성장기에는 성장초기에서와 같이 구성원들의 의식과 행동을 통합하기보다는 이미 정착된 기업문화를 경영이념과 경영시스템 그리고 실제 경영행동을 통하여 계속 강조 · 강화하여 이를 강하게 유지시키는 것이 더 중요해진다. 그러나 성장이 계속됨에 따라서 규모확장과 기능의 분화 그리고 사업 및 시장의 다각화는 더욱 심해져서 창업자 중심의 통합된 기업문화를 유지하기가 점점 어려워지고, 따라서 사업과 기능 그리고 지역 등을 중심으로 하위문화가 다양하게 형성되기 시작한다.

그뿐 아니라, 새로운 사업의 개발과 세계화 그리고 기업의 인수 · 합병 등 성장전략을 계속 펼쳐 나가는 과정에서 새로운 사업이 기존의 기업문화에 적합하고 일관성이 있는지도 분석 · 검토된다. 따라서 성장기에서는 창업기에서 강조된 바와 같은 뚜렷하고 강한 기업문화와 더불어 점차 다변화 · 무한계화되어 가는 기업환경에 적합한 유기적이고 신축적인 적응적 기업문화가 요구된다. 그리하여 특히 환경변화로 말미암아 기업의 성과가 낮아지고 환경변화에 대한 기업의 적응이 많이 필요하게 되는 경우에는 기존문화에 대한 변화압력이 증가하게 된다. 이러한 변화압력이 바로 우리나라의 많은 기업체가 현재 당면하고 있는 상황이다.

기업규모가 이미 대형화되었고 사업별 그리고 기능별로 다양한 하위문화가 형성된 상황하에서 새로운 문화가치를 탐색하고 새로운 기업문화를 개발하는 데에는 하위문화의 주체인 구성원들의 참여와 새로운 기업문화개발을 주도 또는 촉진시켜 주는 변화담당자의 역할이 매우 중요하다. 따라서 성장기의 기업문화개발은 계획적 조직개발관점에서 변화담당자의 전략적 개입하에 전문적으로 이루어지는 것이 일반적인 경향이다.

(3) 성숙기의 기업문화개발

기업체가 계속적인 성장 끝에 성장률이 둔화되면 성숙기에 도달하게 되고, 이것이 오랫동안 지속되면 쇠퇴기에 진입하게 된다. 성숙기와 쇠퇴기는 기업문화의 변화관점에서 가장 어려운 시기이다. 그것은 기업체가 성공적인 성장과정을 거쳐 온 경우에는 기존문화에 대하여 의문을 제기하지 않을 뿐 아니라, 새로운 기업문화에 대한 필요성을 느끼더라도 기업체 전체에 이미 뿌리박힌 기존 문화를 변화시키는 데에는 많은 어려움이 따르기 때문이다.

기업문화관점에서 볼 때, 성숙단계에서 가장 큰 문제는 조직의 침체이다. 즉 구성원들이 시장을 더 확장할 수 없다고 생각하거나 기술개발에도 한계에 도달했다고 느낌으로써 의욕과 동기를 상실하는 것이다. 또는 새로운 시장전략이나 기술개발을 시도하더라도 상부경영층에서의 관심과 지원이 부족하여 역시 새로운 것을 해보려는 동기가 없어진다. 나아가서는 새로운 아이디어나 정보자료는 기존 경영체계를 위협한다는 사고방식까지도 갖게되어 극도로 방어적이고 역기능적인 관료화경향이 나타나게 된다. 그리하여 폐쇄적이고 권위적이며 방어적이고 내향적(inward-looking)인 기업문화가 형성되기 시작한다. 이러한 경향은 기업역사가 비교적 긴 선진국의 많은 기업체에서 흔히 볼 수 있다. 우리나라에서도 이러한 관료화 및 집권화의 현상이 이미 많은 공공조직에서 나타나고 있고, 기업에서도 성장이 둔화되면서 많은 기업체가 권위적이고 폐쇄적이며 내향적인 성향을 점점 많이 나타내면서 침체된 기업문화로 영구히 빠져버릴 위험성을 보이게 된다.

이와 같이 침체된 문화에서 탈피하여 활성화된 기업문화를 개발하는 것은 매우 어려운 것이 사실이다. 따라서 새로운 기업문화개발에 있어서 변화전문가의 주도하에 계획적인 조직개발은 물론, 구성원들의 참여에 의존하기보다는 대폭적인 인사이동과 조직개편 등 획기적이고 경우에 따라서는 강압적인 전환(turnaround)방법까지도 필요하게 된다(예시 6-3 참조).

예시 6-3 GM에 대한 조직활성화 제의

GM이 1980년대에 한참 경영난에 시달리고 있을 때 Electronic Data System의 로스 페로트(Ross Perot) 회장은 GM의 조직재생을 위하여 GM에게 다음과 같은 제언을 한 적이 있다. 그의 제언이 GM의 새턴(Saturn)승용차 모델개발에 적용되어 좋은 성과를 거두는 데 기여하였다(Perot, 1992, pp.409~413).

1. GM은 세계 어느 자동차제조업체보다도 뛰어난 기술력과 막강한 자금력 그리고 우수한 인력을 보유하고 있어서 누구보다도 월등한 자동차를 만들 수 있다는 자신감을 모든 구성원들에게 심어주어라.

2. 오랫동안 GM의 자원을 낭비해 온 내부갈등에 종지부를 찍어라. 이제부터 재무 · 회계스태프는 재무 · 회계정보처리에만 치중하고, 자동차생산에 관한 전략결정은 생산과 고객욕구를 잘 아는 사람들에게 전적으로 맡겨라.

3. 노조를 동반자로 보고 상호간에 협조적인 팀관계를 형성하라.

4. 고객의 문제를 법적 문제로 보지 말고, 진지하게 고객서비스문제로 보고 '고객은 왕이다' 라는 생각으로 이를 항상 성실하게 처리하라.

5. 상위경영층에 주어진 모든 혜택과 특권(운전기사, 임원식당, 이사회 전용회의실 등)을 없애고 비대해진 관리스태프를 대폭 감축시켜라. 그리고 상위 계층을 시작으로 사내 각처의 엄청난 낭비를 줄여라.

6. 책임소재가 불분명한 위원회를 모두 없애라. 그리고 책임을 회피하고 안전주의에 젖어 있는 안일무사한 관리자는 승진대상에서 제외하고, 적극적이고 모험적이며 결과에 대한 책임감을 가지고 소신껏 일하는 관리자들에게 승진기회를 부여하라.

7. 사업부별로 각계 각층에서 소집단단위로 구성원들간의 심층토의를 통하여 개선방안을 작성하도록 하고, 이를 기준으로 사업부 전반에 걸친 종합계획을 수립하여 노조의 협조를 얻어 최종계획을 수립하라. 그리고 상위 계층으로부터 생산현장 근로자들에 이르기까지 실천계획에 필요한 교육훈련을 집중적으로 실시하라.

8. 임원들은 수시로 생산현장을 방문하여 계획실천상황을 직접 점검하고

현장근로자 및 관리자와의 커뮤니케이션을 활성화시켜라.

9. 조직활성화과정에서의 고통과 희생은 상위계층이 먼저 감수하고, 성과는 근로자들에게 먼저 분배하라.

3. 핵심인물의 역할

기업문화개발에는 기존 기업문화의 진단으로부터 시작하여 새로운 기업문화의 개발과 정착에 이르기까지의 전체과정을 주도하거나 그 과정의 어느 부분에서 결정적인 역할을 하는 핵심인물의 역할이 매우 중요하다. 기업문화개발의 핵심인물은 경영주를 포함한 최고경영층과 변화담당자 그리고 문화망의 중요위치를 차지하고 있는 실무관리자들이다. 이들 핵심인물은 기업체 내의 상황에 따라서 각기 기업문화개발에 다른 역할과 영향력을 행사한다.

특히 창업자나 경영주는 전체 기업문화개발과정에 결정적인 영향을 준다. 기업체의 기본가치는 주로 창업자나 경영주의 이념과 성격을 반영하고 있다. IBM, HP, 도요다, 마쓰시다, 그리고 우리나라의 삼성, 현대, LG, SK, 효성 등 대부분의 대재벌그룹에서도 창업자나 경영주의 이념이 기업문화에 그대로 반영되고 있다. 그리고 기업규모가 작을수록 창업주나 경영주의 영향은 더 크다. 그러나 기업문화는 창업자나 경영주의 단독 노력만으로는 개발될 수 없다. 따라서 창업자나 경영주 이외에도 그들의 뜻을 받들어서 기업문화개발을 적극 추진하는 그들의 측근자와 최고경영층 그리고 중요 변화담당자들의 역할이 매우 중요하다.

창업초기에 창업자는 기업체의 기본가치를 정립하고 이를 정착시키는 데 가장 중요한 역할을 한다. 그러나 기업체가 성장할수록 창업자는 기업문화의 방향과 상징적 행동개발에 중요한 역할을 하고, 기본가치의 정립과 전략적 행동계획 그리고 기업문화의 실제 개발과 정착은 담당부서 스태프와 실무관리자 등 변화담당자에게 많이 의존하게 된다. 창업자가 기업문화에대한 관심이 많고 강력한 개입활동을 통하여 단기간에 새로운 기업문화를 개발 · 정착시키기를 원할수록 그의 역할은 실제 개발과 정착에까지 연장된다.

IBM(왓슨 1세와 2세), HP(휴렛 회장과 팩커드 회장), 마쓰시다전기(마쓰시다 고노스케 회장), GE(잭 웰치 회장) 등은 모두가 각기의 기업문화개발에 세심한 관심을 가지고 개입활동을 직접 주도한 창업자들이다. 기업문화개발을 변화담당자에게 위임하는 경우에도 그의 권한과 개입활동 그리고 새로운 기업문화 개발 방향과 이에 대한 지원도 모두 창업자나 경영주에 달려 있다. 따라서 창업자나 경영주는 기업문화개발에 가장 결정적인 역할을 하는 상황적 요소이다. 특히 우리나라 기업에서는 기업경영권한이 창업자나 경영주 그리고 그의 측근자들에게 집중되어 있는 만큼, 이들 핵심인물의 역할은 기업문화개발의 가장 중요한 상황적 요소가 아닐 수 없다.

장을 맺으며

우리나라 기업의 기업문화개발을 연구하는 데 있어서 이 장은 체계적인 기업문화에 기초가 되는 행동과학의 변화이론과 조직개발의 변화기법을 중심으로 전략적 개입활동을 알아보고 효율적인 개입활동에 작용하는 상황적 요소들을 살펴보았다. 기업문화개발은 구성원들의 공유가치와 행동의 변화를 요구하고, 따라서 새로운 문화를 개발 · 정착시키는 데에는 오랜 기간이 소요된다. 그러므로 행동과학의 변화이론과 조직개발의 계획적 행동개발기법을 최대로 활용하여 바람직한 기업문화를 체계적으로 그리고 종합적으로 개발하려는 것이 전략적 개입활동의 기본목적이다.

우리나라의 기업은 급변하는 기업환경 속에서 경쟁력강화를 위한 새로운 기업문화의 개발이 요구되고 있다. 따라서 계획적 그리고 전략적 기업문화개발은 우리나라 기업으로 하여금 새로운 기업문화의 개발기간을 단축시키고 급변하는 기업환경 하에서 경쟁력을 강화하여 기업성과를 높이는 데 많은 도움을 줄 수 있다. 우리는 이제 다음 장에서 기업문화개발의 전략적 개입활동을 중심으로 우리나라 기업의 기업문화개발을 연구한다.

07장

한국기업의 새 기업문화개발

우리나라 기업의 기업문화개발을 연구하는 데 있어서 우리는 제 6 장에서 행동과학의 변화이론과 조직개발의 계획적 변화기법을 중심으로 어떻게 기업문화를 체계적으로, 종합적으로, 그리고 전략적으로 개발할 수 있는지를 알아보았다. 이제 우리는 이 장에서 우리나라의 기업환경과 기업이 당면한 문제를 중심으로 경쟁력강화를 위한 기업문화개발을 연구한다. 먼저 제 1 절에서 우리나라의 기업환경변화와 이에 따른 새로운 기업문화 개발방향을 정리하고, 제 2 절에서 기업문화개발의 순서적 단계와 기업문화 개발조직을 살펴본다. 그리고 제 3 절에서 기업문화개발의 주요 개입활동들을 설명하고, 제 4 절에서 기업문화개발의 성공요인들을 정리한다.

제 1 절 환경변화와 새 기업문화 개발방향

기업체가 추구하는 목적과 기업체가 처해 있는 구체적인 환경은 기업체마다 모두 다른 만큼, 구체적으로 어떠한 기업문화를 어떻게 개발하는 것이 바람직스러운지는 기업체에 따라 모두 다르다. 그러나 우리나라의 많은 기업체들, 특히 대기업들이 대체로 공통된 환경변화에 처해 있는 만큼, 새로운 국내외 환경에 보다 강력한 경쟁력을 발휘할 수 있는 새로운 기업문화 개발방향에 대하여 어느 정도의 공통된 문제의식을 가지고 있다.

1. 환경변화와 경쟁력의 저하

기업환경은 항상 변하고 있다. 따라서 기업체는 환경에 얼마나 적합한 기업문화를 개발하고 환경변화에 얼마나 잘 적응하는 기업문화를 개발하느냐에 따라서 기업의 성과수준이 결정된다(제 3 장 제 4 절 참조). 우리나라 기업이 1960년대부터 30여년간 고도성장을 달성할 수 있었던 것도 그 동안의 국내외 환경에 알맞은 기업문화를 개발하여 특히 해외시장에서 국제경쟁력을 발휘할 수 있었기 때문이다. 그러나 근래에 와서 국내외 기업환경은 급격히 변하고 있고, 우리나라 기업은 새로운 환경에 적합한 기업문화를 개발하지 못함으로써 경쟁력을 상실하면서 기업성과도 저하되는 고난을 겪어 나가고 있다.

(1) 기업환경의 변화

우리나라의 기업환경에 관해서는 제 4 장에서 사회, 정치, 경제환경을 중심으로 자세히 설명하였다. 전체적으로 볼 때, 우리나라는 사회적으로는 유교사상에 기초한 전통적인 가치관과 근대 산업화에 따른 합리적이고 개인주의적인 가치관이 혼합된 문화와 민주화의 물결 속에서 많은 사회변동과 개혁을 거쳐나가고 있다. 그리고 정치적으로는 역시 민주화의 흐름 속에서 기존 정치체계와 권력구조에 많은 변화와 개혁이 일어나고 있고, 경제적으로는 가속화되는 세계화와 무한계 환경의 추세 속에서 과학기술의 고도화와 정보사회로의 발전도 더욱 심해지고 있다. 또한, 1960년대 이래 우리나라의 경제개발을 강력하게 이끌어 온 정부도 이제 그 역할을 민간주도의 자율경제체계를 조성하는데 역점을 둠으로써 기업환경에 많은 변화가 일어나고 있다.

(2) 경쟁력의 약화

과거 우리나라 기업의 고도성장은 관주도의 강력한 경제개발과 독과점경쟁하에서 이루어졌다. 정부의 산업육성계획과 수출지향적 정책으로 우리나라의 많은 기업체들은 정부가 지정하는 전략산업과 수출산업에 진출하면서 정부의 특혜와 지원 속에서 성장을 거듭해 왔다. 따라서 기업은 시장경쟁을 염려하지 않고 대량생산에만 노력을 기울여 왔다. 기술도 자체개발보다는 선진국으로부터의 도입과 모방에 의존해 왔다. 그리고 선성장 · 후분배의 정부정책하에서 저임금과 근면한 노동력은 우리나라 기업으로 하여금 해외시장에서 저가격 · 저기술 제품에 경쟁력을 제공하여 그 나름대로의 높은 성과를 올리는 데 크게 기여하였다. 이와 같이 우리나라 기업은 정부주도의 계획경제와 독과점적인 경쟁환경하에서 저가격 · 저기술 제품의 경제규모 생산에 적합한 기업문화를 형성하였다. 그리하여 규모확장과 성장, 생산과 능률, 그리고 권위와 집권적 통제를 강조하는 강한 문화를 체질화하였다.

그러나 근래에 와서 민주화운동은 우리나라 기업구성원들의 의식수준과 욕구수준을 고급화시키어 급격한 임금상승과 더불어 그들의 직업윤리에 영향을 주면서 기업경영에도 많은 변화를 가져왔다. WTO 체계하의 지구촌시장의 경제개방압력은 국내시장경쟁을 심화시켰고, 해외시장에서는 선진국 기업과의 치열한 경쟁과 더불어 개도국으로부터 강력한 도전을 받게 되었다. 이와 같이 민주화에 따른 개혁의 물결과 심화되는 무한경쟁 속에서 우리나라 기업은 기업경영에 얼마나 취약점이 많고 기술축적도 얼마나 빈약하며, 세계시장에서도 경쟁력이 얼마나 약한지를 절실히 느끼게 되었다(곽상경, 2007, 71~93면).

2. 새로운 기업문화방향

새로운 기업환경에 적합한 기업문화는 기업체마다 모두 다르다. 그러나 특히 대기업의 경우, 대부분의 기업체들이 대체로 공통된 국내외 환경변화로부터 영향을 받고 있는 만큼, 새로운 기업문화에 있어서도 어느 정도의 공통된 방향을 찾아볼 수 있다. 우리나라 기업의 일반적인 기업문화특성에 관해서는 제 5 장에서 자세히 설명하였다. 우리나라의 새로운 기업환경과 우리나라 기업이 당면한 문제점을 중심으로 앞으로 바람직한 기업문화 개발방향을 요약해 본다.

표 7-1 환경변화와 새로운 기업문화방향

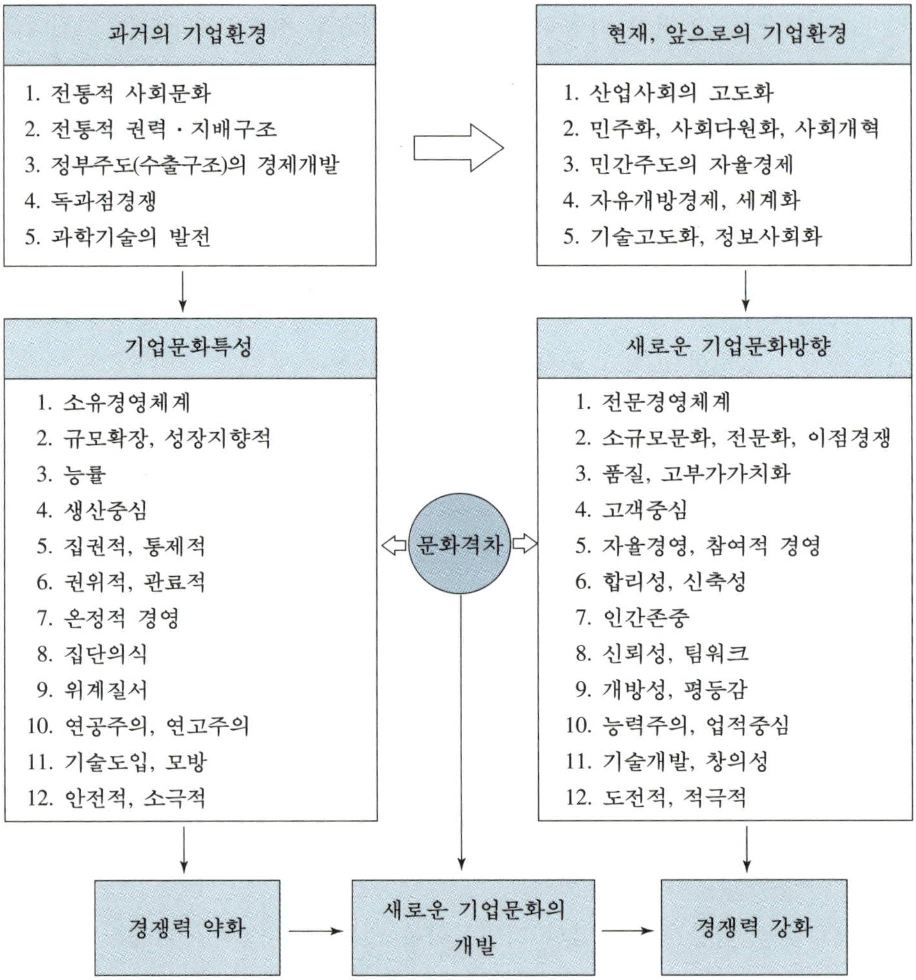

(1) 전문경영문화, 투명경영문화

우리나라 기업이 개발해야 할 새로운 기업문화의 방향은 첫째로 기업의 소유자나 그의 가족이 기업의 경영권을 지배하는 현재의 소유경영문화로부터 전문경영자에 의하여 기업경영이 이루어지는 전문경영문화로 전환해 나가는 것이다. 그리하여 기업경영의 투명성과 신뢰성을 높이는 것이다. 소유와 경영이 분리된 전문경영체계는 기업이 대형화되고 시장경쟁이 치열하며 다양한 이해관계자들의 욕구충족 등 기업환경이 복잡해질수록 기업의 계속적인 성장과 성공적인 기업성과에 필수적인 요건이라 할 수 있다. 앞으로 계속 더욱 심화될 민주화와 세계화 그리고 무한경쟁하에서 우리나라 기업이 성공적인 기업전략을 전개해 나가려면 선진국 우수기업에서와 같은 전문경영체계가 형성되어야 할 것이다.

우리나라의 비교적 짧은 기업역사를 감안할 때, 소유경영문화가 완전히 전문경영문화로 전환되기에는 오랜 기간이 소요될 것이다. 기업역사가 긴 선진국에서도 전문경영문화가 정착되기에는 대체로 몇 세대의 교체기간이 걸렸다. 그러나 점점 가속화되는 기업환경변화를 고려할 때, 우리나라에서 전문경영문화는 예측보다 빨리 형성될 수도 있다. 급격한 사회변동과 급속도로 향상되고 있는 국민의식 속에서 우리나라의 소유경영문화는 이미 사회의 많은 비판을 받으면서 중요 정치적 · 사회적 이슈로 제기되고 있고, 기업 자체에서도 많은 구성원들로부터 거부감을 받고 있다. 근래 일부 재벌기업에서의 비자금 의혹은 소유경영에 대한 국민의 불신을 증가시키고 있다. 그리고 소유경영문화는 소유자의 기본경영이념을 반영하고 기업문화개발 전반에 걸쳐서 많은 영향을 줄 수 있는 만큼, 소유경영문화를 전문경영문화로 전환시키고 투명경영문화를 이룩하는 것은 새로운 기업문화 개발에 있어서 우리나라 기업소유자들의 우선적인 과제일 것이다.

(2) 소규모 문화

새로운 기업문화개발의 둘째 과제는 양과 규모확장을 우선적으로 중요시하는 대규모 문화에서 질과 전문성을 우선적으로 중요시하는 소규모 문화로 전환하는 것이다. 우리나라 기업은 과거에 정부주도의 수출지향적 계획경제하에서 주로 저기술 · 저가격 제품의 능률적인 대량생산에 역점을 둠으로써 질보다는 양을 강조하고 전문성보다는 비관련다각화를 추구하는 성장위주의 경영전략을 추진해 왔다. 토플러가 주장하는 바와 같이 이러한 기업행동은 '제 2 의 물결사회' (산업사회)에는 적합하지만 '제 3 의 물결사회' (정보사회)에는 적합하지 않으며(Toffler, 1980), 따라서 이제 새로운 기업환경하에서 우리나라 기업의 기본가치에 근본적인 변화가 필요하다.

앞에서 설명한 바와 같이, 우리나라 기업은 민주화에 따른 기업구성원들의 의식 · 욕구수준의 상승과 심화되는 국제경쟁 등 국내외 환경변화로 말미암아 국제시장에서 과거의 경쟁력을 상실해 버렸다. 점점 다양화 · 고급화되어 가는 고객들의 욕구와 심화되는 국제경쟁하에서 이제 우리나라 기업의 성과는 저기술 · 저가격보다는 고도의 기술과 고부가가치, 대중고객의 욕구충족보다는 다양한 고객을 위한 고수준의 욕구충족, 그리고 대규모의 획일적인 생산능력보다는 소규모의 신축적 · 적응적 생산능력에 달렸다. 이와 같이 새로운 기업환경하에서 우리나라 기업의 성과요인과 경쟁력의 바탕은 대규모 생산시스템의 효율적인 경영에서 소규모 고기술 · 고부가가치 생산시스템의 자율적인 경영으로 변하고 있고, 따라서 기업구성원들의 기본가치에 있어서도 규모경제를 선호하는 의식에서 소규모와 고부가가치를 강조하는 의식으로의 변화가 요구된다.

(3) 품질제일, 고객제일의 문화

과거에 우리나라 기업은 국내시장에서는 독과점경쟁하에서 고객들을 의식할 필요가 없었고, 해외에서는 대부분의 제품이 저가격시장을 대상으로 외국기업에 의하여 판매되어 역시 소비자 고객들을 직접적으로 의식할 필요가 없었다. 따라서 우리나라 기업은 효율적인 생산관리를 우선적으로 중요시하고 고객만족과 고객서비스는 비교적 등한시해왔다. 그러나 이제 국내시장의 개방으로 경쟁이 심해지고 해외에서도 가격과 더불어 품질과 서비스 중심의 경쟁을 하게 되었고, 따라서 능률적인 생산은 물론 고객만족을 위한 품질과 서비스도 우선시하는 의식이 중요해졌다. 우리나라 기업에서 품질과 고객에 대한 중요성은 대체로 인식되어 있지만, 이것이 실제로 그리고 우선적으로 잘 실천되고 있는지는 의심스럽다. 그뿐 아니라, 품질과 고객의 개념은 단순히 제품과 소비자에 제한되지 않고, 선진국 우수기업에서와 같이 경영 전반의 질과 내부 구성원들간의 관계에도 적용된다는 점에서 기본 가치관상에 큰 변화를 의미한다.

(4) 인간존중과 자율경영의 문화

우리나라의 기업문화개발에서 강조되어야 할 또 하나의 새로운 방향은 인간존중과 자율경영이다. 전통적으로 우리나라 기업은 일반적으로 집권적 통제와 권위주의적 관료체계하에서 구성원들의 창의력발휘와 자아실현이 제한되어 왔다. 정부의 노동규제도 근로자들의 권익을 제한시키는 요인이 되었다. 집권적 조직과 획일적인 통제는 '제 2 의 물결사회'에서 대중고객의 욕구를 만족시키는 데에는 효율적일지 모르지만, '제 3 의 물결사회'에서 다양하고 급변하는 고객욕구를 만족시키는 데에는 적합하지 않다. 다양한 고객들의 점점 고도화되어 가는 욕구를 만족시키는 데에는 고도의 전문성과 기술개발이 필요하고, 따라서 구성원들의 창의력이 최대로 발휘되어야 한다. 또한 급변하는 기업환경에 신속히 적응하려면 사업단위중심의 자율적인 경영이 이루어져야 하고, 따라서 구성원들의 능력개발과 자발적인 성과달성에 대한 커미트먼트 그리고 자율경영에 대한 경영이념의 전환이 요구된다.

우리나라 기업은 과거에 성장위주의 기업경영하에서 효율적인 생산관리를 우선적으로 강조하고, 효율적인 인적자원관리에는 그다지 많은 노력을 기울이지 않았다. 따라서 근래의 민주화와 더불어 오랫동안 억제되었던 노동운동이 재개되면서 근로자들의 근로조건과 경제적 보상도 크게 개선되었다. 그러나 우리나라 기업이 새로운 기업환경하에서 국제경쟁력을 되찾고 높은 성과를 달성하려면, 무엇보다도 구성원들을 인간적으로 존중하고 그들에게 보람있는 일을 하도록 하며 그들의 능력개발과 더불어 그들의 능력이 최대로 발휘되어 높은 성과에 기여하도록 하는 인적자원관리에 특별한 노력을 기울여야 할 것이다. 따라서 연공과 연고보다는 업적과 실력을, 권위와 안전보다는 합리적 사고방식과 적극적인 행동을 우선적으로 중요시하는 인적자원관리가 필요하다. 이와 같이 인간존중과 자율경영의 문화는 경영층으로부터는 구성원들에 대한 기본경영이념의 변화를 요구하는 한편, 구성원들로부터는 능력개발과 창의력의 발휘 그리고 성과달성을 자아실현의 기준으로 강조하는 가치관의 변화를 요구한다.

(5) 열린 친화적 문화

우리나라 기업은 화(和)를 중요시하는 전통적 사회문화가치에 기초하여 일반적으로 인화를 공식적인 기본가치로 크게 강조해 왔다. 그러나 우리나라 기업에서 인화 또는 친화적 문화성향이 근래의 심화되는 치열한 국제경쟁하에서 실제로 기업성과에 크게 기여하고 있는지는 의심스럽다. 따라서 인화의 개념을 재정립하고 새로운 기업문화개발에서 인화의 중요성을 재평가할 필요가 있다. 선진국의 우수기업에서 인화는 인간존중, 인간관계, 상호협조 등 다른 말로 표현되고 있지만, 근본적으로 인화는 구성원들간의 신뢰감과 친밀감 그리고 평등감을 바탕으로 구성원들의 강한 응집력과 협조정신 그리고 공동체의식을 통하여 그들간의 개방적인 의사소통과 진지한 상호관계 그리고 강한 팀워크에 나타나고 있다. 특히 일본기업에서의 Z조직문화, HP회사의 배회관리(MBWA) 등은 근본적으로 구성원들간의 신뢰감과 개방성을 중심으로 인화를 강조하는 좋은 예로서, 이들 문화가치가 기업성과에 크게 기여하고 있는 것을 볼 수 있다.

이에 비하여 우리나라에서 인화는 일반적으로 유교사상에 바탕을 둔 전통적 문화가치를 중심으로, 가정에서는 가장의 권위와 자애를 전제하고 기업체에서는 경영주의 권위와 온정 그리고 위계질서를 전제하는 개념하에 이해되어 왔다. 이와 같이 우리나라 기업은 권위와 위계질서의 테두리 안에서 인화를 강조하고 구성원들간의 개방과 평등의식은 중요시하지 않음으로써, 결국 상하계층과 노사간의 불신감은 커지고 오히려 구성원들간의 협조정신과 공동체의식은 결여되며, 안일하고 해이한 분위기까지 조장하여 기업성과에 장애가 되기도 한다.

구성원들간의 상호관계는 기업성과에 결정적인 영향을 주는 기업문화 요소이다. 그리고 우리나라는 근본적으로 화를 중요시하고 집단의식이 강한 사회문화를 가지고 있다. 따라서 기업문화개발에 있어서 우리나라의 전통적인 인화개념을 현대산업사회의 새 가치관에 잘 융화시키어, 집단의식에서 개방성과 평등감을 고취시켜 구성원들간의 상호 신뢰감과 팀워크를 강화하고 위계질서의식을 개방 · 평등의식으로 전환시키며 권위적 · 온정적 성향을 인간존중의 가치관으로 전향시켜 상하계층간, 그리고 구성원들간에 벽 없는 보다 진지하고 완전히 열린 친화적 문화를 형성해 나가야 할 것이다.

(6) 친환경적, 윤리경영문화

친환경적, 윤리경영도 우리나라 기업에서 요구되는 새로운 기업문화 개발 방향이다. 우리나라에서도 이제 기업의 사회시민(corporate social citizenship)으로서의 책임의식이 이미 널리 인식되고 있고, 따라서 친환경적 그리고 윤리적 경영문화는 우리나라 기업의 경쟁력 강화에 필수적인 요건이 되고 있다. 최근 전세계적으로 급격히 확산되고 있는 소비자들의 공정무역 지지운동은 기업의 윤리경영에 대한 일반 사회 시민들의 인식이 얼마나 강한지를 말해준다. GE, 도요다 등 경쟁력이 강한 우수기업들은 모두가 '환경은 곧 돈이다' 라는 인식하에 환경친화적인 제품생산에 주력하고 있다. 친환경 제품에는 최첨단 기술을 요구하고, 따라서 그 만큼 기존제품과 차별화되어 고객들에게 더 많은 가치를 줄 수 있으므로 프리미엄가격과 더불어 더 큰 수익성으로 기업의 경쟁력을 강화할 수 있다는 것이 이들 우수기업들의 전략적 사고이다. 투명한 경영으로 사회로부터 신뢰를 받고 사회책임을 충실히 수행하는 기업이 실제로 높은 성과를 달성하고 있다는 연구결과도 점차 많이 나오고 있다.

(7) 협력적 노사관계문화

기업의 경쟁력은 안정되고 협력적인 노사관계 없이는 지속적으로 강화될 수 없다. 따라서 협력적 노사문화는 우리나라 기업이 경쟁력강화에 있어서 반드시 그리고 조속히 달성해야 할 우선적인 과제이다. 경쟁력을 지속적으로 강화해 나가는 세계 우수기업들은 모두가 노사간에 상호 협력적인 관계를 유지하고 있다. 무한계 경영이념하에 워크아웃을 통하여 노사가 공동으로 작업현장 문제해결에 참여하는 GE(제 3 장 예시 3-3 참조), 인간존중의 경영이념과 신바람 나는 직장분위기 속에서 구성원들 간의 자발적인 협조가 잘 이루어지는 사우스웨스트항공(제 1 장 예시 1-2 참조), 그리고 이해관계자들과의 동반관계 이념하에서 노사화합이 잘 이루어지고 있는 도요다(제Ⅳ부 도요다 사례 참조) 등이 좋은 예이다. 앞에서 언급한 투명경영, 장벽 없는 열린 친화적 문화, 그리고 윤리경영문화는 모두 협력적 노사관계를 조성하는 데에도 많은 도움을 준다.

제 2 절 체계적인 기업문화개발

이상 우리나라 기업의 새로운 기업문화 개발방향을 설명하였다. 우리나라 기업에서 요구되는 새로운 기업문화는 기업환경변화가 심한 만큼, 우리나라 기업의 체질과 구성원들의 가치관에 근본적이고 획기적인 변화를 요구한다. 따라서 새로운 기업문화의 개발은 자연적인 진화과정에만 의존할 수 없고, 전략적이고 적극적인 개입활동에 의하여 추진되어야 할 것이다. 일반적으로 공식화와 집권화의 경향이 높은 우리나라 기업에서 새로운 기업문화를 전략적으로 개발하는 데에는, 특히 대기업의 경우 기업문화개발에 대한 경영주의 결단과 개입활동을 전문적으로 담당할 공식 기구의 설립을 필요로 한다.

1. 기업문화의 순서적 개발과정

기업문화는 구성원들의 공유가치와 행동으로서, 그들이 일상업무를 수행하는 과정에서 형성되는 만큼, 기업문화개발이 어느 시점에서 어떻게 시작되고 어느 시점에서 어떻게 끝나는지를 정확하게 말하기는 매우 어렵다. 그리고 대부분의 경우 새로운 기업문화의 개발은 경영혁신 등 획기적인 경영변화의 일환이나 이와 밀접하게 연계되어 계획 · 추진되는 것이 사실이다. 그러나 계획적인 조직개발관점에서 기업문화개발은 문제증상으로부터 시작하여 바람직한 기업문화가 정착될 때까지의 변화과정을 의미하며, 따라서 여기에 조직개발의 계획적 변화모형을 중심으로 계획적 기업문화개발의 일반모형을 개념화할 수 있다(제 6 장 제 2 절 표 6-4 참조).

(1) 상호연계된 단계적 개발과정

계획적 변화모형을 우리나라 기업에 적용할 때, 기업문화개발은 일반적으로 네 가지의 상호연결된 단계적 과정을 거쳐나가면서 이루어진다. 첫째 단계

표 7-2 기업문화의 단계적 과정

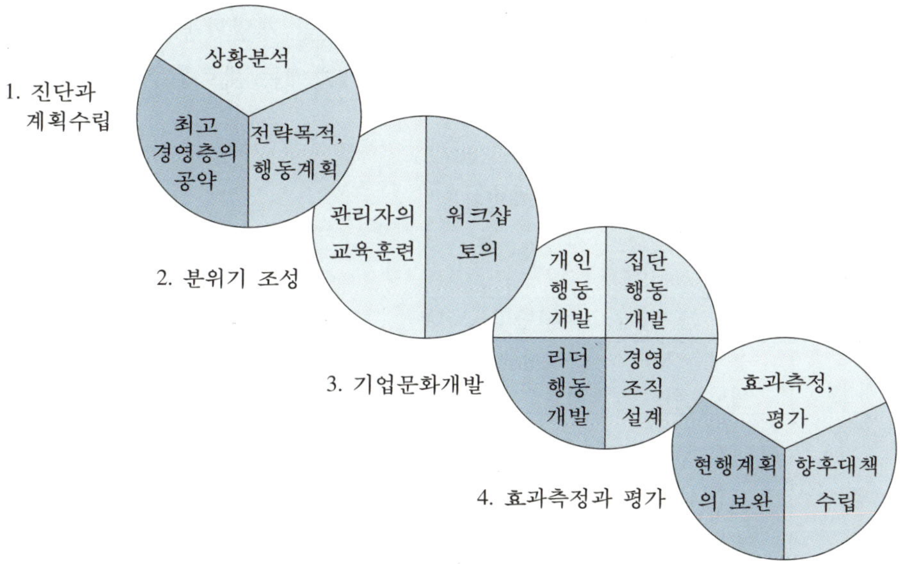

는 기업문화의 진단과 계획수립으로서, 여기에는 기업문화의 진단과 최고경영자의 결단 그리고 기업문화개발의 전략목적과 행동계획의 수립을 포함한다. 둘째 단계는 기업문화개발을 위한 분위기의 조성으로 구성원들의 교육훈련과 토의를 통하여 새로운 공유가치에 대한 공감대를 형성하는 것이다.

셋째 단계는 기업문화의 실제 개발로서 개인과 집단 그리고 조직체 전체 수준에서의 바람직한 행동을 개발하고 이를 유도하고 강화하는 경영조직환경을 설계하는 것이다. 그리고 기업문화개발의 넷째 단계는 기업문화 개발활동의 효과를 측정하고 향후 대책과 계획을 수립하는 것이다. 이들 네 단계의 개발활동은 서로 밀접히 연결된 관계에서 바람직한 기업문화가 개발되고 기업의 만족할 만한 성과가 달성될 때까지 반복되는 것은 물론, 바람직한 기업문화의 지속적인 유지 · 관리를 위하여 영구적으로 계속된다(표 7 - 2 참조).

(2) 주요 개입활동

계획적 기업문화개발은 변화담당자의 전략적인 개입활동에 의하여 이루어진다. 앞 장에서 설명한 바와 같이, 기업문화개발에는 새로운 기업문화에 대

표 7-3 기업문화개발의 주요개입활동

(개입활동)	(변화담당자)
기업문화의 진단 문제증상 문제진단 예비토의 경영주의 결단	최고경영층 담당부서 스태프
⇩	
담당기구의 설립 기업문화개발팀 기획실, 위원회 등	최고경영층 담당부서 스태프
⇩	
기업문화 실태조사 가치관조사 문화격차분석 사기 · 분위기조사 등	담당부서 스태프
⇩	
새로운 기업문화의 탐색 문제원인분석 행동계획 기업문화방향모색 전략요소	최고경영층 담당부서 스태프 실무관리자
⇩	
기업문화 개발 기업문화정립 구성원 교육훈련 표어, 일화, 전설개발 행동모형화 변화담당자 교육훈련 현장지도, 모범행동 구조 · 시스템 개선 강화작용 문화망 형성 유지 · 관리	최고경영층 담당부서 스태프 외부전문가 실무관리자
⇩	
효과측정과 평가 성과지표 대응책 상호작용 · 분위기	최고경영층 담당부서 스태프 실무관리자

한 기본구상과 자원의 지원 그리고 상담과 실제 실천 등 다양한 개입역할이 여러 종류의 변화담당자에 의하여 수행된다. 기업문화에 대한 기본구상과 자원상의 지원은 최고경영층에 의하여, 상담은 외부전문가에 의하여, 그리고 실제개발과 변화는 실무현장의 관리자들에 의하여, 변화담당자의 역할이 각각 수행된다. 그리고 기업문화개발 담당부서의 스태프는 기업문화개발 전반에 걸쳐서 문제증상으로부터 기업문화개발의 효과측정 · 평가에 이르기까지 모든 활동을 계획 · 집행 · 조정 · 지원함으로써 기업문화개발의 가장 중요한 변화담당자의 역할을 수행한다. 변화담당자를 최고경영층과 담당부서스태프 그리고 실무관리자와 외부상담자로 나누어서 그들의 주요 개입활동을 기업문화개발단계별로 정리한다(표 7 - 3 참조).

2. 기업문화진단과 경영주의 결단

기업문화진단의 첫째 단계는 기업문화개발에 대한 경영주의 결단인데, 이를 위하여 일반적으로 기존 기업문화에 대한 문제분석과 진단이 선행된다. 기존 기업문화에 대한 문제는 여러 가지의 증상과 통계자료를 통하여 감지되고, 또 여러 심층적 또는 과학적 연구조사방법을 통하여 문제를 정확하게 진단할 수 있다.

(1) 기업문화의 문제증상

첫째로, 기업문화의 핵심은 구성원들의 가치관과 행동경향에 있으므로 기업문화상의 문제점은 기업체 내부의 분위기와 구성원들간의 상호관계 그리고 그들의 태도와 행동을 통하여 감지될 수 있다. 상하계층간의 불신감, 침체된 분위기, 노사간 그리고 구성원들간의 갈등, 폐쇄적인 태도, 무사안일주의, 무관심태도, 관료적 또는 권위주의적 행동 등은 모두가 구성원들의 가치관과 행동에 변화를 요구하는 기업문화상의 문제증상들이다. 이러한 문제증상은 관리스태프부서는 물론 모든 계층의 실무부서에서 감지되어 보다 체계적이고 심층적인 문제분석으로 연결될 수 있다.

둘째로, 기업문화의 문제증상은 각종 성과지표와 통계자료에 의하여 문제를 보다 정확하게 파악할 수 있다. 기업체의 성장률, 시장점유율, 생산성, 경쟁사와의 각종 비교자료 등은 중요한 계량적 성과지표로서 이들 지표상의 저조한 성과는 기업문화상의 문제를 의미한다. 그 이외에 이직률, 결근율, 사고율, 고충률, 제안제도참여율 등도 구성원들의 사기와 만족감을 반영하는 중요한 척도이고, 따라서 기업문화상의 문제증상을 암시해 준다. 이들 지표가 모두 기업문화와 직접적으로 관련되어 있다고는 할 수 없다. 그러므로 이들 지표의 계량적 수치가 무엇을 의미하는지 그 원인을 규명하고 실무현장에서 실제로 나타나고 있는 문제와도 연결 · 분석함으로써 문제증상을 실제문제로 연결시킬 수 있고, 따라서 기업문화의 문제점을 보다 정확하게 파악할 수 있다.

(2) 예비토론 및 문제진단

실무현장에서 나타난 구성원 행동상의 문제증상과 성과지표에 나타난 수치상의 문제증상은 관련 실무관리자들과 관리스태프들에 의하여 분석 · 토의되고 그 결과는 최고경영층에 보고되어 기업문화를 최종적으로 진단하게 된다. 그 과정에서 문제증상에 대한 분석은 최고경영층의 이념과 비전 그리고 장기전략과도 연결되어 이를 중심으로 기존 기업문화의 문제점을 분석하게 된다. 그리고 기존 기업문화의 문제점을 보다 정확하게 진단하려면 감지된 문제증상과 성과지표에서 나타난 결과를 바탕으로 체계적인 태도 · 의식조사나 기업문화조사를 실시하여 보다 심층적이고 객관적인 문제분석을 할 수 있다. 의식조사나 기업문화조사를 실시하는 경우에는 조사대상 구성원들에게 조사결과를 피드백해주고 공동토의함으로써 문제를 더욱 정확하게 파악함은 물론, 그들로 하여금 자신의 문제를 인식하는 데에도 많은 도움을 줄 수 있다.

(3) 경영주의 결단

기업문화 진단과정에서 나타나는 문제들은 반드시 기업문화의 개선으로만 해결되어야 하는 것은 결코 아니다. 예를 들어 노사간의 분규는 그 정도에 따라 임금인상이나 복지혜택 등으로 당면한 문제를 해결할 수 있다. 그러나 이러한 문제해결이 부분적인 또는 일시적인 효과에 그치지 않고 영구적인 효력을 발휘하려면 구성원들의 가치관과 태도 그리고 실제 행동에 근본적인 변화

예시 7-1 최고경영자의 결단

1987년 LG그룹은 12조 원의 매출규모를 달성하면서 계속 성장하고 있었다. 국내경제도 3저(저유가, 저금리, 저환율)현상에 힘입어 호황을 누리면서 우리나라 기업에게 성장열기를 가해 주고 있었다. 그리하여 그룹의 기획조정실은 그룹의 지속적인 성장을 목적으로 항공, 위성통신, 신소재, 유전공학, 자동차 등의 새로운 사업으로의 진출을 적극 검토할 것을 구자경 회장에게 제의하였다.

1970년 이래 17년간의 재임기간 동안 구자경 회장은 많은 산업분야로 다각화전략을 적극적으로 전개하여 그룹 매출규모를 520억 원에서 12조 원으로 성장시키면서 1947년 창설 이래 전례 없는 고도의 성장을 달성하였다. 그룹 기획실이 제안해 온 새 사업들은 우리나라의 재벌기업들이 모두 큰 관심을 가지고 있는 유망한 성장산업들로서 LG가 장기적으로 고도의 성장을 추구하는 데 있어서도 전략적으로 매우 중요한 분야였던 만큼, 구자경 회장의 재가는 의심할 바 없었고 단지 어느 사업을 선택할 것인지에 관심이 모아졌다.

그러나 구자경 회장은 기대와는 달리 새 사업으로의 진출제안을 유보시키고 그룹기획실에 경영혁신작업을 지시하였다. 구자경 회장이 이와 같이 결정한 것은 그가 LG를 위협하는 몇 가지의 세계경제추세를 감지했기 때문이었다. 세계경제는 우루과이 라운드를 통하여 개방경제와 자유경제의 방향으로 급속히 진전하고 있었고, 세계시장은 유럽시장의 통합과 북미자유무역지역 등 지역블록화가 적극적으로 추진되고 있었으며, 전세계에 걸친 사회문화의 발전과 기술고도화 그리고 정보화로 인하여 소비자의 욕구가 급속히 다양화·고급화되고 있었다. 이와 같은 세계화와 첨단기술화의 물결은 저임금과 규모경제에 바탕을 둔 LG의 경쟁력을 무력화시킬 것이 확실하였고, 따라서 구자경 회장은 다가오는 새 기업환경에 대비하여 사업확장보다는 새시대의 경쟁력을 갖춘 초일류기업으로의 경영혁신을 선택한 것이다. 그리하여 비전팀의 구성과 더불어 LG의 본격적인 경영혁신이 막을 열었다.

가 필요하다. 특히 근래에 우리나라의 정치, 경제, 기술 등 사회전반에 걸쳐서 일어나고 있는 변화는 기업구성원들의 일시적인 적응이 아니라 그들의 기존 가치관과 의식구조 그리고 사고방식에 변화를 요구함으로써, 구성원들의 공유 가치와 전체 기업문화 차원에서의 근본적이고 영구적인 문제해결이 요구되고 있다.

이와 같이 기업문화는 기업체의 기본성격과 체질에 영향을 주는 요소이고, 따라서 새로운 기업문화의 개발은 경영주를 포함한 최고경영층의 신중한 검토와 굳은 결단을 요구하는 중요한 결정사항이다. 특히 기업문화개발은 오랜 기간에 걸쳐서 기업체의 많은 자원투입과 구성원들 모두의 꾸준한 노력을 필요로 하므로 경영주의 강한 의지와 집념이 요구된다. 강한 기업문화를 성공적으로 개발한 기업체들을 보더라도 예외없이 경영주의 오랜 기간에 걸친 꾸준한 노력이 결정적인 역할을 했다는 것을 알 수 있다.

3. 기업문화개발 담당기구의 설립

경영주가 최고경영층과의 협의를 거쳐 새로운 기업문화의 개발을 결정한 다음에 가장 먼저 착수해야 할 활동의 하나는 기업문화개발을 담당할 조직기구를 만들고 기업문화개발을 위한 공식 기능을 부여하는 것이다. 우리나라 기업에서 기업문화개발의 조직과 기능을 설계하는 데에는 다음과 같은 몇 가지의 대안이 고려될 수 있다.

(1) 기업문화 개발팀

첫째 대안은 기업문화개발을 전담하는 팀을 구성하는 것이다. 기업문화개발팀은 주로 그룹기업 또는 대기업의 전략본부, 경영지원본부, 기획조정실, 또는 기획실에 소속된 부속기구로서, 기획과 인사 그리고 교육훈련과 주요 부문조직의 요원으로 구성된다. 따라서 기업문화개발이라는 특정임무를 맡은 태스크 포스팀(task force team)의 임시기구성격을 띨 수도 있다. 기업문화개발팀장은 기획조정실장이나 기획실장을 거쳐서 경영주의 직접적인 지휘를 받게 된다. 이와 같은 특별팀은 기업문화개발의 중요한 변화담당자로서 주로 대규모 기업체에서 기업문화개발을 종합적으로 그리고 중점적으로 강력히 추진하는 데 유효한 방법으로 많이 쓰이지만, 규모가 작은 중소기업에서도 유효하게 적용될 수 있다.

(2) 기존조직의 활용

기업문화개발조직의 둘째 형태는 특별한 전담팀을 형성하지 않고 기존 기획실이나 종합조정실 그리고 인사부서에 기업문화개발업무를 맡기는 것이다. 즉 기업문화개혁을 위한 조직 · 방침 · 절차의 개선은 기획실에서, 교육훈련은 연수원과 인사부서의 훈련기능을 통하여, 그리고 새로운 보상기준은 실무현장이나 인사부서에서 적용하는 등 각 부서가 기업문화개발업무를 각기의 일상업무에 포함시켜 수행하는 것이다. 이와 같이 기업문화개발을 각 부서의 일상업무에 포함시켜 추진한다 하더라도 일반적으로 기획실이나 인사부서가 기업문화개발의 담당부서로서 이를 주도 · 관장하는 변화담당자의 역할을 위임받게 된다. 따라서 기업문화개발이 적극적으로 추진되려면 경영주 이외에 담당부서장의 역할이 매우 중요하다.

(3) 위원회의 구성

기업문화개발의 기본방향과 주요정책을 결정하고 기업문화개발활동을 전체적으로 관장하는 위원회를 형성하는 것도 한 가지의 방법이다. 이러한 위원회는 기업체의 중요 부문조직의 책임자들로 구성되고 경영주나 최고위층의 핵심인물이 위원장이 되어 기업체 전체적으로 가장 중요한 변화담당자의 역할을 맡게 된다. 특히 사업부별로 자율경영체계를 갖춘 기업체는 사업부의 책임자들로 기업문화 개발위원회를 구성하고 경영주가 위원장직을 맡아서 위원회에서의 결의사항을 사업부별로 직접 실천함으로써 기업문화개발을 강력히 추진해 나갈 수 있다.

이들 방법 중 어느 형태가 가장 적합한지는 기업체의 규모와 기존조직구조 그리고 기업문화개발의 속도 등 기업체의 상황적 조건에 달렸다. 그리고 기업문화개발을 보다 종합적으로, 중점적으로, 그리고 체계적으로 추진하기 위해서는 기업문화개발을 전담하는 특별팀의 개념을 적용하는 것이 효과적일 것이다. 우리나라 기업은 전통적으로 종합적인 기획관리를 흔히 사용해 왔으므로 기업문화개발에도 이러한 조직체계를 적용하는 것이 효율적인 기업문화개발에 도움이 될 것이다. 어느 방법을 적용하든지 간에 기업문화개발을 담당한 스태프요원들은 변화를 계획하는 변화담당자로서 기업문화를 효율적으로 개발하는 데 중요한 역할을 수행하게 된다.

제 3 절 기업문화개발의 개입활동

기업문화 개발조직이 형성되면 기업문화개발의 공식활동은 일반적으로 기존 기업문화에 대한 분석과 새로운 기업문화의 탐색으로부터 시작하여 새로운 기업문화개발을 위한 각종 유도적 · 개발적 개입활동이 전개된다.

1. 새로운 기업문화의 탐색

기존 기업문화의 문제점은 가시적인 문제증상과 통계적인 성과지표를 통하여 이미 어느 정도 진단되지만, 기업문화개선을 위한 구체적인 행동계획을 수립하려면 기존 기업문화에 대한 심층적인 분석이 필요하다. 여기에는 기업문화개발 담당요원들이 매우 중요한 역할을 한다.

(1) 가치관조사

첫째로 기존 기업문화의 실태를 파악하기 위하여 기업문화개발 담당요원들이 중심이 되어 가치관을 체계적으로 조사할 수 있다. 이 조사는 기업체가 추구하는 목적이나 전략과 관련하여 구성원들의 태도와 가치관을 조사하고 그들과 경영층 그리고 기업체와의 관계를 파악하는 데 중요 목적이 있다. 따라서 구성원들의 가치관에 대한 조사는 그들의 사기와 직무만족감은 물론, 기본가치상의 문제점을 정확히 파악하는 데 많은 도움을 준다.

(2) 문화격차의 분석

기업문화실태조사의 또 한 가지의 형태는 구성원들의 가치관을 중심으로 현재의 상태와 바람직한 상태를 비교하여 그 격차를 측정 · 분석하는 것이다. 〈표 7-4〉에서 보는 바와 같이 구성원들의 가치관에 대한 설문조사결과를 현재의 상태와 바람직한 상태로 계량화하여 그 차이의 정도를 측정할 수 있다. 현재의 상태는 구성원들이 실제로 느끼고 있는 가치관상황을 기준으로, 그리고 바람직한 상태는 현재 기업체가 추구하는 목적과 전략을 달성하는 데 현실적으로 요구되는 가치관상황을 기준으로 하여 〈표 7-4〉와 같은 기업문화격차분석표를 전체 기업체는 물론 주요부서(집단)별, 직종별, 그리고 계층별로 작성할 수 있다.

2. 조사결과의 피드백과 원인분석

의식조사결과나 문화격차의 분석결과는 구성원들의 참여를 통하여 문제의 원인을 정확하게 진단하고 바람직한 기업문화의 구체적인 방향을 모색할 수 있다.

(1) 소집단토론

구성원들을 대상으로 조사한 결과는 구성원들에게 직접 피드백해 줌으로써 그들로 하여금 기존 기업문화의 실태와 문제의 정도를 인식하게 하고 앞으로 추구해야 할 바람직한 기업문화의 방향을 탐색하도록 한다. 조사결과의 피드백은 20명 이내의 소집단에서 토의형태로 이루어지는 것이 가장 효과적이다. 따라서 문화격차에 대한 설문조사와 그 결과의 피드백은 상호연결된 소집단 워크샵 토의나 참여중심의 교육훈련의 형태로 이루어지는 것이 바람직하다.

(2) 원인분석과 개선방향의 모색

조사결과의 피드백에 있어서 문화격차의 원인을 공유가치와 구조 · 태도적 측면에서 분석하여 개선방향을 모색할 수 있다. 공유가치는 구성원들의 기

표 7-4 문화격차분석표 — 예시

부서명 ________ 시일 ________ 작성자 ________

가치관	요 소	격차 정도
친화성	협 조 성	2.7
	개 방 성	1.5
	팀 워 크	3.0
	신 뢰 성	2.8
	상 호 이 해	1.8
	친 밀 감	2.0
	상호의존도	2.2
	균 등 감	2.6
합리성	능률 · 효율	2.0
	목표 · 수단	2.5
	과 업 중 심	1.5
	실 리	1.6
	일 관 성	2.8
	실 적 중 심	1.7
	체 계 성	2.6
	정 보 체 계	2.5
진취성	창 의 성	3.0
	실 험 정 신	2.8
	과 감 성	2.7
	융 통 성	2.3
	도 전 성	2.0
	능 력 발 휘	1.8
	개 성 존 중	1.5
	개 발 성	2.8
보존성	서 열 의 식	3.0
	통 제 성	2.7
	완 벽 성	1.5
	경 직 성	2.8
	안 정 성	2.0
	과거의 관행	1.7
	적 응 성	1.4
	경 험	2.4

본적인 행동측면에서, 그리고 구조 · 태도적 측면은 경영층의 관리개선관점에서 각기 문제점을 분석하고, 구체적인 개선방향을 소집단토의를 통하여 모색할 수 있다(표 7-5, 7-6 참조). 집단토의가 부서별로 실시되는 경우에는 구성원 각기의 업무와 연결시켜 직무구조와 관리제도 · 절차 그리고 업무수행 행동에 대하여 구체적인 문제를 분석하고 행동의 개선을 모색할 수 있다.

이와 같은 조사결과의 피드백은 기업문화의 개선분위기를 조성하는 데 많은 도움을 준다. 그리고 구성원들로 하여금 기업문화의 개선방향을 모색하게 하는 것은 구성원들에게 참여의 기회를 주는 것은 물론, 새로운 기업문화에 대한 필요성과 공감대를 형성하는 데에도 매우 중요한 역할을 한다.

(3) 문화격차의 일반패턴

우리나라 기업체에서 문화격차의 차이는 물론 기업체마다 다르다. 서인덕의 기업문화분류에 따라(서인덕, 1996) 우리나라 기업의 문화격차를 비교할 때, 친화성과 진취성 그리고 합리성과 보존성 등 모든 기업문화측면에서 현실과 희망하는 수준간에 많은 격차가 나타나는데, 특히 친화성과 진취성 그리고 보

표 7-5 문화격차의 원인분석표 — 예시

부서명__________ 시일__________ 작성자__________

가치관	요 소	격차 정도	구조 · 제도적 원 인	공유가치 · 행동적 원인	기타 원인
친화성	협 조 성	2.7			
	개 방 성	1.5			
	팀 워 크	3.0			
	신 뢰 성	2.8			
	상 호 이 해	1.8			
	친 밀 감	2.0			
	상 호 의 존 도	2.2			
	균 등 감	2.6			

표 7-6 기업문화개발의 행동계획표 — 예시

부서명 __________ 시일 __________ 작성자 __________

총괄적 문제진단	행 동 계 획

존성에서 비교적 심한 격차를 보이는 경향이 있고, 친화적 문화에서는 구성원들간의 신뢰성과 협조성 그리고 팀워크가 부족하고 부서간의 영향력이 불평등하여 이들 특성에 있어서 비교적 큰 격차를 보이는 경향이 있다. 진취적 문화에서는 특히 창의성, 모험성, 개발성, 그리고 과감성이 부족하여 현실과 바라는 수준간에 비교적 많은 격차를 나타내고, 보존적 문화에서는 서열의식과 통제성 그리고 경직성이 너무 강하여 비교적 큰 격차를 보이며, 합리적 문화에서도 특히 목표설정과정과 목표달성과정에 체계성이 부족하고 일관성이 결여되며 정보체계도 미흡하여 현실과 바라는 수준간에 많은 격차를 나타내는 경향이 있다(이학종, 2003, 202~207면).

3. 유도적 개입활동

기존기업문화의 실태조사와 그 결과를 심층분석한 다음에는 새로운 기업문화의 정립과 새로운 기업문화개발을 위한 행동계획의 수립 및 실제 기업문화개발 등 다양한 개입활동들이 전개된다. 기업문화개발을 위한 개입활동들은 각기 밀접하게 연결되어 있지만, 대체로 다음과 같은 순서로 개입활동이 전개된다.

(1) 새로운 기업문화의 정립

의식조사와 문화격차의 분석 등 기존 기업문화에 대한 실태조사가 실시되고 그 결과가 구성원들간에 토의되면, 기존 기업문화에 대한 문제점의 인식과 더불어 새로운 기업문화의 필요성과 그 방향도 구성원들간에 대체로 인식되어 새로운 기업문화개발의 분위기가 조성된다. 이러한 분위기 속에서 경영주는 새로운 기업문화의 구상자로서 최고경영층과 더불어 기업의 경영이념을 정립하고 사훈도 재정립하며 바람직한 문화가치를 설정하게 된다. 그리고 기업문화개발팀이나 담당요원은 새로운 경영이념과 사훈 그리고 문화가치에 대한 자세한 설명책자도 작성하여 구성원들에게 배포할 수 있다. 이 설명책자는 구성원들에게 새로운 문화가치를 전달하는 도구로서 각 실무부서에서 바람직하고 구체적인 행동을 설정하는 데 사용된다.

(2) 비전전략과 표어와 문화상징의 개발

새로운 기업문화를 성공적으로 개발하는 데에는 변화분위기를 조성하고 흔히 경영혁신을 통하여 이를 효율적으로 달성시키는 비전전략이 전개된다. 비전(vision)이란 근본적으로 기업체가 바라는 미래의 상태(Synder et al., 1993, pp. 18~19)로서, 기업의 최고경영자가 기업에 관련된 모든 사람들의 상상력을 최대로 발휘하여 미래에 가능한 것이 무엇인지에 대하여 깊이 생각하고 이를 기업이 추구해야 할 목적과 전략경영관점에서 정리한 '기업의 꿈' (organizational dream)이라 할 수 있다.

이와 같이 비전은 구성원들에게 기업의 미래방향과 기업이 바라는 것이 무엇인지를 전달하고 그들이 추구할 공동목적을 제시하며 이를 달성하기 위하여 그들의 힘을 모으고 그들의 동기를 불러 일으키는 역할을 함으로써(Belgard et al., 1988) 성공적인 경영혁신과 새로운 기업문화개발에 가장 중요한 요소로 작용한다. GE의 웰치 회장의 '세계최강의 경쟁력' 과 이를 달성하기 위한 무한계조직(boundaryless organization), ABB의 바르네비크 회장의 '글로벌 매트릭스 사업조직,' 월마트의 월튼 회장의 '작은 마을에 큰 할인백화점' 등이 좋은 예이다(예시 7-2 참조; 이학종, 2003, 229~236면).

새로운 문화가치의 정립과 비전전략 그리고 이를 상징하는 표어(slogan)를 비롯하여 이와 관련된 의례 · 예식을 개발하는 것도 바람직한 행동방향을 제시하고 이를 유도하는 데 중요한 역할을 한다. IBM의 고객서비스, HP의 배회관리(MBWA), GE사의 "We Bring Good Things to Life," United Airlines의 "Friendly Skies of United" 등은 고객, 창의, 개방, 기술, 그리고 친절을 각각 기본가치로 강조하는 이들 기업체의 표어들이다. 그리고 도요다의 "Global 10"은 과거 도요다가 세계 자동차시장의 10%를 장악하려는 의지를, 그리고 혼다의 Hondaism은 구성원의 창의력과 개성을 상징하는 표어들이며 현대의 '하면 된다,' 선경의 '패기' 등도 모두 이들 기업의 기본가치와 선진기업으로 발전하려는 의지를 상징한 표어들이다.

또한, 이러한 표어와 더불어 기업의 문화가치를 표현하는 로고(logo)의 개발도 필요하다. 근래에 우리나라에서 새로운 기업문화로 진취성과 친화성을 강조하는 기업에서는 이를 상징하는 생동감 있고 공동체의식을 표현하는 로고로 개조하는 경향이 있고, 민영화와 자율화를 기대하는 공공 또는 금융기관에

예시 7-2 기업의 비전

비전은 기업체가 바라는 미래의 상태를 간단 · 명료하게 표현한 것으로서 경영혁신을 성공적으로 이끌어 나가는 데 매우 중요한 역할을 한다. 성공적인 기업경영혁신에 기여한 비전성명서들을 예시로 요약해 본다.

ABB(Asea Broun Boveri): "크지만 작고, 세계적이지만 현지적이며, 집권적이지만 분권자율적인 글로벌 매트릭스 이익센터조직을 만들겠다" (Ghoshal and Bartlett, pp. 26~27).

Ford(1907년): "우리는 대중을 위한 자동차를 만든다. 봉급자는 누구나 가족과 같이 자동차를 즐길 수 있도록 저가격에 판매하여, 이제 마차는 영원히 우리 생활에서 사라지게 만들겠다"(Boorstin, p. 548).

GE(General Electric): "모든 사업부문에서 제 1 또는 제 2의 경쟁회사가 되고, 작은 회사와 같은 빠른 유연성을 가진 회사로 혁신한다"(Tichy and Sherman, 1993, pp. 245~246; Slater, 1993, pp. 77~93).

서는 서비스와 창의성 그리고 개방성을 상징하는 로고를 구상하는 경향이 있다. 그리고 구성원들에게 보다 구체적인 행동방향을 제시하기 위하여 '가치창조' '품질' '기술' '친환경' '윤리경영' '고객중심성' '개인존중' 등을 표어화하여 캠페인을 전개하기도 한다. 이러한 캠페인은 새로운 문화가치를 구체적인 목표로 연결시키고 이를 위한 구성원들의 행동개발을 추진하는 데 많은 도움을 줄 수 있다.

새로운 문화가치를 상징하는 일화와 전설을 모아 책자를 만들고, 의례·예식을 개발하는 것도 구성원들에게 새로운 가치의 상징적 행동을 전달하는 데 매우 중요하다. IBM의 왓슨 회장이 '고객마인드'(customer mindedness)를 공유가치화하기 위하여 판매사원 지원자들을 직접 면접했고, TI회사의 해거티(P. Haggerty) 회장은 기술개발문화를 조성하기 위하여 매일 퇴근할 때 중앙기술연

마쓰시다전기: "값싸고 질 좋은 긴요한 제품들을 많이 생산하여 풍요로운 사회건설에 기여한다"(Pascale and Athos, 1982).

3M(Minnesota Mining Manufacturing): "우리는 세계에서 가장 혁신적인 회사(the most innovative company)가 되겠다"(Kantor et al., 1997, p. 59).

Sony: "우리는 개척정신으로 불가능을 가능케 만듦으로써 일본문화와 일본제품의 품질 이미지를 향상시키는 데 기여한다"(Morita, 1986, p. 74).

Toyota: "외적으로는 현지 국가의 경제발전에, 내적으로는 팀구성원들의 복지증진에, 그리고 도요다의 성장에 기여한다"(Liker, 2004, pp. 80~82).

Wal-Mart: (1945년 창업시) "우리 가게를 5년 내에 아칸소주에서 가장 수익성이 높은 최고의 잡화점으로 만들겠다"(Walton and Huey, p. 22).
(1990년) "우리는 2000년까지 할인백화점수를 두 배로 늘리고 평당 매출액을 60%로 증가시켜 세계 제일의 할인백화점으로 성장하겠다"(Trimble, 1990, p. 306).

구소를 방문했으며, HP회사의 창업자 휴렛 씨는 개방문화를 정착시키기 위하여 실험실의 문을 항상 열어 놓도록 한 이야기들은 모두 이들 경영주의 경영이념과 문화가치를 실감있게 전달해 주는 일화들이다(제 3 장 예시 3－6 참조).

(3) 변화담당자에 대한 교육훈련

기업문화 개발과정에서 최고경영층은 새로운 기업문화의 구상자로서 기본 변화방향을 설정하고 기업문화개발을 지원하는 변화지원자로서 변화분위기를 조성하며, 기업문화개발 담당스태프들은 변화계획자로서 계획적인 개입활동을 주도하고, 실무관리자들은 변화실천자로서 새로운 기업문화를 실무현장에서 실제로 개발하고 이를 확산시키는 등 각기 변화담당자의 역할을 수행한다. 이와 같이 성공적인 기업문화개발은 이들 변화담당자의 역할에 달린 만큼, 특히 기업문화개발의 초기단계에 중요한 변화담당자의 역할을 수행할 최고경영층과 기업문화개발 담당부서요원 그리고 중요 실무관리자들에게 새로운 기업문화와 이의 단계적 개발과정 그리고 그들의 역할에 대한 교육훈련을 실시함으로써 그들의 역할이 보다 효율적으로 그리고 시너지적으로 발휘되도록 할 수 있다.

(4) 조직구조와 관리시스템의 개선

구성원들의 새로운 가치관과 바람직한 행동은 조직구조와 직무설계 그리고 관리제도와 방침 · 제도 등 그들의 업무환경과 관리시스템을 개선함으로써 변화를 유도하고 변화과정을 촉진시킬 수 있다. 구성원들의 창의성과 모험성 그리고 개발성 등의 진취적 사고방식과 행동은 이와 일관성 있는 조직구조와 관리시스템을 설계함으로써 바람직한 가치관과 행동이 유도되고 조성될 수 있다. 즉, 구성원들로 하여금 창의성과 모험성을 발휘하도록 하려면 대규모조직의 관료화경향에서 탈피하여 사업단위별 자율경영체계를 형성하는 것이 바람직하다. ABB는 세계 150개국에 걸쳐서 5,000개의 소규모 자율적 이익센터를 설계하여 '크지만 작고, 세계적이지만 현지적이며, 분권자율적인' 글로벌 매트릭스 조직문화를 실현시켰고(제 3 장 예시 3－3 참조), 지멘스(Siemens)는 전통적인 기능적, 수직적 조직구조에서 탈피하여 부가가치 과정중심적 네트워크

조직을 설계하여 획기적인 경영혁신에 성공하면서 다기능간의 열린문화와 더불어 경쟁력을 크게 강화하였다(제 3 장 예시 3-5 참조).

또한, 구성원들간의 신뢰감과 팀워크를 조성하려면 그들에게 업무상황을 피드백해주고 그들간의 개방적인 상호작용을 증진시키며 그들에게 경영참여의 기회를 주는 인적자원관리시스템이 필요하다. GE는 무한계(boundaryless) 조직문화를 실현시키기 위하여 대대적인 조직구조조정으로 상하계층간, 부서간, 기능간, 사업부간의 장벽과 관료화를 파괴하고 구성원들의 워크아웃 경영참여를 통하여 완전히 열린 개방된 조직문화를 개발하여 세계 최강의 경쟁력을 가진 기업으로 성장하였다(제 3 장 예시 3-7 참조). 그리고 무한계의 경영이념을 선발, 업적평가, 승진, 보상, 교육훈련 등 모든 인사부문에 철저히 적용하는 가치중심적, 전략적 인적자원관리를 실시하여 무한계의 조직문화를 정착시켰다(제Ⅳ부 GE사례 참조). 이와 같이 구성원들의 행동변화를 위해서는 이를 유도 · 촉진시키는 조직구조와 관리시스템의 개선이 수반됨으로써 보다 효율적인 기업문화개발이 이루어질 수 있다.

우리나라 기업체는 근래에 조직구조설계에 있어서 일반적으로 전통적인 집권적 · 기능적 구조체계에서 사업단위중심의 자율적 책임경영체계로의 구조적 변화가 요구되고, 직무설계에 있어서도 관리스태프의 기능적 권한체계에서 현장중심의 실무경영체계로의 전환을 시도해 왔다. 그리고 공식적이고 기계적인 조직경영에서 신축적이고 유기적인 조직경영에 노력해 왔다. 이러한 조직구조설계의 변화는 보존적인 기업문화에서 탈피하여 진취적이고 친화적인 열린 기업문화를 형성하는 데 많은 도움을 준다.

인적자원관리시스템에 있어서도 우리나라 기업은 특히 고용관리, 보상관리, 인사고과, 그리고 인력개발에 많은 변화를 추구해 왔다. 연공서열을 강조하는 인사고과와 보상제도는 구성원들의 동기를 저하시키고 경영층에 대한 불신감까지도 야기시키는 요인이 될 수 있다. 따라서 연공서열보다는 능력과 업적을 중요시하는 인사고과와 보상시스템에 더 많은 노력을 기울여야 할 것이다. 그리고 특히 인사고과는 형식적인 평가가 아니라 고과면접과 피드백을 활용하는 책임 있는 평가로 개선되어야 할 것이다. 인력개발에 있어서도 직무순환을 통하여 구성원들의 능력개발의 기회를 부여하고, 경력개발제도를 통하여 기업체와 구성원의 개발목표가 통합되도록 제도를 개선해 나가야 할 것이다. 이러한 구조적 그리고 시스템적 개혁을 통하여 보다 진취적이고 성과지향적인 기업문화의 형성이 촉진될 수 있다. 현재 많은 우리나라 기업에서 강조되고 있는 능력중심의 선발과 보상, 다면평가제도, 발탁인사제도, 연봉제 등이 모두 유도적 그리고 강화적 시스템개선이라 할 수 있다.

이와 같은 조직구조와 관리시스템상의 개선은 단기적으로는 이루어질 수 없고, 상황 여하에 따라서 오랜 기간에 걸쳐서 이루어질 수 있다. 그러나 조직구조와 관리시스템은 새로운 공유가치의 형성을 촉진시켜 주는 환경(또는 조건화)요인인 만큼, 계획적인 기업문화개발에 매우 중요한 역할을 한다.

(5) 문화망의 형성

새로운 기업문화는 경영주를 포함한 최고경영층에서 구상되고, 기업문화개발담당부서(변화담당자)에서 행동계획으로 구체화되어 실무부서의 구성원들에게 전달된다. 그리고 행동계획이 구성원들의 업무에 반영되어 그들의 업무가 수행되는 과정에서 기업문화가 형성되어 나간다. 따라서 기업문화는 경영주로부터 하부구성원에 이르기까지 상호연결된 복잡한 문화망(cultural network)으로 구성되었다고 할 수 있다. 그러므로 새로운 기업문화에 대한 긍정적인 분위기를 조성하고 새로운 기업문화를 효율적으로 개발하려면, 이 문화망의 중요직무담당자를 새로운 문화가치에 동조하고 새로운 기업문화개발에 적극적으로 협조하는 구성원들로 충원하여 새로운 문화망을 형성하는 것이 바람직하다. 따라서 새로운 기업문화를 개발하는 과정에서 특히 중요직책에 있어서 대대적인 그리고 획기적인 인사이동이 불가피한 경우가 많이 있다.

4. 개발적, 강화적 개입활동

구성원들의 가치관과 행동에 변화를 가져오고 새로운 가치관과 행동을 정착시키는 중요개입활동으로 교육훈련과 실무현장 관리자들의 역할을 들 수 있다.

(1) 구성원들에 대한 교육훈련

기업문화개발에 가장 중요한 개입활동의 하나는 구성원들의 가치관을 개선하기 위한 각종 교육훈련 프로그램이다. 구성원들에게 새로운 가치관을 심어 주려면 그들로 하여금 바람직한 새로운 가치관의 필요성을 인식시켜야 하고, 따라서 기존 가치관의 '해빙'과 새로운 가치관의 주입 및 동결이 이루어져야 한다(제 6 장 표 6-3, 6-5 참조). 교육훈련을 통하여 구성원들로 하여금 자신의 잠재적 가치관과 기본전제를 인식시키는 데에는 강사중심의 주입식 교육방법보다는 구성원들의 참여와 체험을 강조하는 토의와 피드백방법이 유효하게 활용될 수 있다. 앞에서 설명한 워크샵방법과 문화격차분석방법 그리고 설문조사 피드백방법 등이 새로운 문화가치를 이해시키는 데 유효하게 사용될 수 있는 교육훈련방법들이다. 이들 방법은 구성원(피교육자)들과 변화상황에 따라서 적절히 적용되어야 하므로, 행동변화에 전문기술을 가진 변화담당자(교육훈련자)의 개입역할이 교육효과를 높이는 데 결정적인 역할을 한다.

그러나 변화담당자가 교육훈련과정을 아무리 잘 운영한다 하더라도 한번의 집중적인 교육훈련을 통하여 구성원들에게 새로운 가치관을 완전히 주입시키기는 매우 어렵다. 따라서 새로운 기업문화개발을 위한 교육훈련 개입활동은 가치관의 개선을 목적으로 한 집중적 교육프로그램뿐만 아니라, 신입사원교육과 신임관리자(또는 중역)훈련 그리고 리더십교육과 팀구축(team building)훈련 등 각종 교육훈련 및 조직개발 프로그램에도 연장됨으로써 새로운 가치관과 바람직한 행동의 개발이 본격적으로 그리고 종합적으로 이루어질 수 있다. 특히 신입사원에 대한 교육은 사회화(socialization)관점에서 그들의 가치관 형성에 매우 중요한 영향을 준다. 그리고 일선관리층으로부터 최고경영층에 이르기까지 계층별 관리자교육에서도 그들에게 기업문화개발에 있어서 변화실천자로서의 역할을 강조함으로써 그들로 하여금 실무현장에서 변화담당자의 기능을 발휘하도록 이를 강화해 줄 수 있다.

(2) 현장지도와 모범행동

새로운 가치관과 바람직한 행동은 교육훈련에서뿐만 아니라 현업에서 업무를 수행하는 과정에서 실제로 개발된다. 즉, 학습이론의 반복 · 연습(repetition and overlearning)의 원리와 피드백원리가 실무현장에서 실제로 적용되는 것이다. 따라서 실무현장에서 실무관리자의 지도가 새로운 가치관과 바람직한 행동개발에 매우 중요한 역할을 한다. 실무관리자의 현장지도를 위해서는 구성원들로부터 요구되는 바람직한 행동모형이 설정되어야 한다. 은행의 경우 보다 고객지향적인 의식을 제고시키기 위하여 창구서비스와 전화응대 그리고

예시 7-3 제록스의 LUTI 품질 · 문화 · 교육훈련

세계 최초로 건조복사기를 개발하여 전세계 복사시장을 독점해온 제록스(Xerox)회사는 일본 경쟁업체들의 강력한 도전으로 세계 복사시장의 선두위치를 위협당하자 1980년대 중반기부터 약화된 경쟁력을 강화하기 위한 획기적인 품질문화 혁신전략(Leadership Through Quality; LTQ)을 전개하여 잃어버린 경쟁력을 되찾는 데 성공하였다.

제록스의 LTQ전략에는 품질문화개발을 위한 LUTI 품질교육훈련이 결정적인 역할을 하였는데, LUTI 품질교육은 총 96시간(두 차례의 5박 6일 과정)의 과정중심적 그리고 과업중심적 프로그램으로 구성되었다. 과정중심적 교육훈련에서는 품질의식의 제고를 목적으로 제록스기계를 사용하는 고객들과 그들에게 서비스를 제공하는 판매원들이 현장에서 직접 체험하고 있는 품질문제들을 비디오를 통하여 생생하게 보여 주었고, 고객에 대한 교육에서는 회사 내부의 고객에 대한 인식을 높이는 데 특별한 노력을 기울였다. 그리하여 피교육자들에게 그들이 수행하는 과업 하나하나가 누구를 위한 것인지를 철저히 규명하도록 하여 그들이 고객이 누구인지를 분명히 인식하도록 하고, 역할연기를 통하여 고객이 무엇을 원하는지를 이해하도록 하였다.

과업중심적 교육에서는 실무현장에서 당면하고 있는 실제 품질문제 사례를 선택하여 실무관리자와 품질전문가(변화담당자)의 지도하에 품질개선절차와 품질개혁기법을 터득시키면서 피교육자들(구성원)의 품질문제분석 및 해결능력을 집중적으로 개발하였다. 이와 같은 품질교육프로그램은 상위경

객장안내에 있어서 고객을 대하는 언어와 행동 등 구체적인 행동모형을 설정하고 이를 중심으로 행원들을 지도하고 피드백을 제공함으로써 바람직한 태도와 행동을 개발할 수 있다. 이와 같은 행동모형화(behavior modeling) 이외에도 실무관리자는 일상관리를 통하여 구성원들의 사회화(socialization)와 작업집단의 규범 등 구성원들의 가치관과 태도 그리고 행동형성에 직접적인 영향을 줄 수 있다. 따라서 실무관리자들은 현장에서 기업문화개발에 가장 중요한 역할

영층으로부터 시작되어 훈련을 받은 관리자들은 실무현장에서 학습결과를 실제 품질문제에 직접 적용하고, 그 다음에는 교육훈련전문가(변화담당자)의 도움을 받아 각기 하위구성원들에게 현장교육을 실시하며, 나아가서는 하위구성원들이 현장교육결과를 품질개선에 실제로 적용하는지를 확인함으로써 학습(Learn)→활용(Utilize)→현장훈련(Train)→확인(Inspect)의 LUTI 과정을 거쳐 나갔다.

이와 같이 LUTI 품질교육프로그램은 교육장에서의 학습효과를 실무현장에서 품질향상으로 이전시키고, 나아가서는 하위계층으로 확산시켜 품질혁신의 분위기조성과 더불어 구성원들의 적극적인 품질개선활동으로 연결·강화·유지시킴으로써 품질제일의 조직변신과 조직문화를 개발·정착시키는데 결정적인 역할을 하였다.

제록스의 품질문화교육훈련

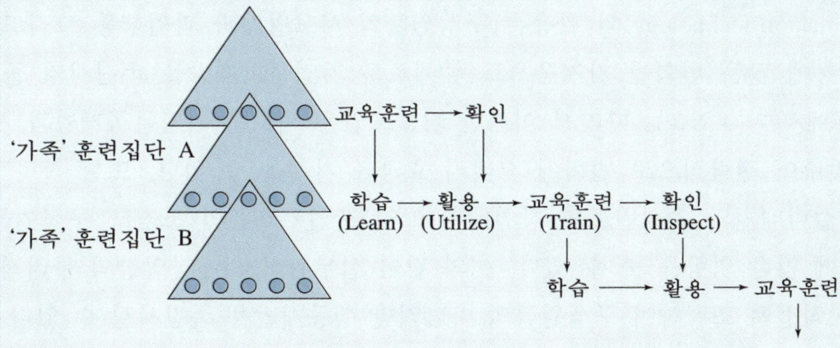

을 하는 변화실천자이다.

현장지도에서 또 한 가지 중요한 것은 관리자가 자신의 모범적 행동을 통하여 부하들로 하여금 그를 따르게 하는 것이다. 이러한 상위자의 모범행동은 기업문화개발을 주도하는 최고경영층에서 특히 중요하다. 상위계층에서 기업체의 기본가치가 행동모형화되고 상위경영자들이 먼저 모범적인 행동과 상징적인 행동을 보임으로써 하위구성원들도 그들의 행동을 본받아 바람직한 행동이 스스로 개발될 수 있다. 특히 경영주와 상위계층의 모범행동은 구성원들의 의식개혁과 행동개발에 있어서 솔선수범을 중요시하는 우리나라 기업체에서는 매우 중요하다. GE의 워크아웃 그리고 Xerox의 LUTI 품질교육훈련(예시 7-4 참조)이 좋은 예이다.

작업장의 물리적 환경(가공품)도 행동모형에 맞추어 줌으로써 바람직한 행동개발을 촉진시킬 수 있다. HP회사에서 관리자 사무실에 칠판과 작업대 그리고 작업의자를 구비한 것은 배회관리(MBWA)와 개방적 상호작용 그리고 창의적인 조직분위기 개발을 위한 물리적 환경조성의 좋은 예이다(제 3 장 예시 3-6 참조). 그리고 사무실의 칸막이를 가능한 한 없애고 구성원들간의 자연스러운 접촉과 상호작용을 증진시키는 것도 개방적 의사소통과 개문정책(open door policy)을 상징하는 좋은 예이다.

(3) 기술도입과 작업장배치

기술(technology)은 구성원들의 의식개혁과 행동변화를 촉진시킬 수 있는 중요한 요소이다. 특히 컴퓨터와 사무자동화 그리고 공장자동화 등 정보기술(information technology)의 활용은 구성원들의 사고방식과 과업행동 그리고 상호작용에 많은 변화를 가져옴으로써 새로운 기업문화개발을 촉진시켜 줄 수 있다(예시 7-4 참조). 따라서 이러한 기술도입은 새로운 기업문화개발과 시기를 맞추어 전략적으로 변화에 시너지 효과를 가져올 수 있다. 또한 작업장의 기계설비배치와 구성원들의 작업배치 그리고 업무흐름의 조정도 구성원들의 행동에 많은 영향을 줄 수 있다. 이와 같이 실무관리자는 작업장의 물리적 환경을 적절히 조정하여 구성원들의 바람직한 행동개발을 촉진시킬 수 있다. 효성이 조직구조조정에서 ERP시스템을 도입하여 경영시스템의 통합을 촉진시킨

예시 7-4 효성의 ERP기술도입과 조직구조조정

1998년에 효성은 세계화 · 정보화 · 무한계화의 새로운 기업환경에 적합한 기업체질과 경쟁력을 강화하기 위하여 획기적인 사업 및 조직구조조정을 단행하였다. 그리하여 20개의 계열사로 구성된 그룹조직을 핵심 4개사(효성T&C, 효성생활산업, 효성중공업, 효성물산) 중심의 사업조직구조로 개편하고, 나머지 계열사는 모두 매각 · 청산하였다. 핵심 4개사도 (주)효성으로 통합하고 그 과정에서 경쟁력이 없거나 미래전망이 불투명한 사업부도 모두 매각 · 청산하였다. 그리고 이익센터개념을 도입하여 (주)효성의 조직을 25개의 주요 사업부를 중심으로 성과단위(Performance Unit; PU)를 구성하고 철저한 책임경영제도를 적용하였다.

이 조직구조조정 과정에서 효성은 핵심 4개사의 시스템통합을 촉진시키기 위하여 1999년에 국내기업으로는 최초로 전사적 자원관리(Enterprise Resource Planning; ERP)기법을 도입하였다. ERP는 기업내의 생산, 판매, 인사, 회계, 자금, 고정자산 등 여러 운영시스템의 경영자원을 하나의 통합된 시스템으로 통합시켜 기업의 생산성과 효율성을 극대화시키는 혁신기법으로서, 효성 4개사의 통합과정에서 부문간, 기능간에 분산 또는 독점되어 있던 모든 정보를 통합 또는 공유할 수 있게 하여 효율적인 정보자료의 활용과 신속한 의사결정에 많은 도움을 주었으며, 업무의 부가가치를 높이는 데에도 크게 기여하였다. 그리하여 ERP기법은 효성의 시스템통합은 물론 궁극적으로 효성의 조직구조조정을 성공적으로 추진시키는 데 중요한 역할을 하였다(이학종, 2003, 347~365면).

것이 좋은 예이다(예시 7－4 참조).

(4) 공유가치의 강화

앞에서 설명한 바와 같이 새로운 가치관과 바람직한 행동은 단 한번에 개발되지 않고 계속적으로 반복, 되풀이됨으로써 영구적인 가치관과 행동으로 정착되고 체질화될 수 있다. 따라서 구성원들의 새로운 가치관과 바람직한 행동을 정착시키는 데 있어서 실무현장에서의 강화작용이 매우 중요하다(예시

7-5 참조).

기업문화개발과정에서 구성원들로 하여금 바람직한 행동을 되풀이하게 하고 이를 강화(reinforcement)시키는 가장 중요한 개입활동은 관리시스템(경영방침, 관리제도)과 의례 · 예식을 구성원들에게 적용하는 관리자의 실무관리와 리더십행동이다. 기업체가 창의성을 구성원들의 공유가치로 강조한다면, 그들의 창의적인 사고와 개선노력 그리고 창의적인 문제해결과 성과달성을 긍정적으로 평가하는 인사고과가 적용되어야 하고, 그들의 창의적 능력발휘를 인정해 주는 승진과 승급 그리고 상여금의 지급 등 적절한 보상방침이 적용되어야 할 것이다. 따라서 일상업무에서 구성원들의 창의적 사고방식과 문제접근을 지도하고 조장하는 관리자의 역할이 매우 중요하다. 이러한 보상시스템과 관리행동은 바람직한 행동에 대한 구성원들의 동기를 증가시키고, 따라서 새로운 행동이 영구적인 행동변화로 정착될 수 있다.

의례 · 예식은 기업체 내의 모든 구성원들이 규칙적으로 참여하는 관습이나 행사로서 기업체의 기본가치를 강화하고 기업문화를 유지하는 데 중요한 역할을 한다. 일상업무를 수행하는 과정에서 공식회의와 업무보고절차는 업무조정뿐만 아니라 상하 구성원들간의 위계질서를 분명히 하고, 운동회나 친목회는 구성원들간의 친화를 증진시키는 행사이며, 포상식이나 표창식은 의미있는 성과를 인정하는 공식행사로서 구성원들 모두에게 어떠한 가치중심적 행동을 강화하는 의례 · 예식이다. 그러므로 기업체가 강하고 뚜렷한 문화가치의 개발을 원할수록 이를 강하게 그리고 뚜렷하게 표현하는 의례 · 예식을 통하여 강한 문화의 정착을 촉진시킬 수 있다.

5. 효과측정과 평가

기업문화개발의 마지막 과정은 기업문화 개발활동의 효과를 측정 · 평가하고 향후 대책과 계획을 수립하는 것이다. 새로운 기업문화개발의 효과는 첫째로 성과목적을 얼마나 달성했느냐에 의하여 평가된다. 기업체에서 사용하고 있는 각종 성과지표(이익률, 성장률, 생산성 등)는 기업문화개발의 효과를 측정하는 일차적인 기준이 된다. 그러나 새로운 기업문화가 성과지표에 가시적인

예시 7-5 마쓰시다 정신문화의 강화

일본의 마쓰시다전기산업회사(Matsushita Electric Industrial Company)는 세계 제일의 전기 · 전자 제품업체로서(2006년도 매출 779억 달러), 강한 기업문화를 성공적으로 개발한 대표적인 기업체이다. 마쓰시다전기의 공유가치는 마쓰시다정신으로서 보국사업, 공명정대, 화친일치, 예절겸양, 역투향상, 순응동화, 감사보은 등 일곱 가지로 구성되어 있다. 그 중 보국사업이 가장 핵심적인 가치로서, 이것은 모든 사람들이 긴요하게 쓸 수 있는 좋은 품질의 제품을 많이 생산하여 국민에게 보답하고 풍요로운 사회를 만드는 데 기여하겠다는 창업자 마쓰시다 고노스케(松下 幸之助) 씨의 이념이다. 또한, 기업은 반드시 이익을 내야 하고 구성원들로 하여금 기업체에서 각기의 능력을 최대로 발휘하여 '자아실현' 을 하도록 하는 것도 그의 확고한 사회책임 이념이다.

이러한 마쓰시다전기의 기본가치는 7S관점에서 볼 때, 저가격 · 고품질전략과 선두보다는 제 2를 추구하는 추종자(followership)전략, 저가생산을 위한 경제규모의 생산구조와 시장확대를 위한 사업부조직, 컨트롤러(controller)제도를 활용한 철저한 계획 · 통제시스템과 이를 지원하는 경영정보시스템, 성과위주의 보상제도, 마쓰시다정신을 주입시키는 철저한 교육훈련과 직무순환, 그리고 실무현장에서의 마쓰시다정신에 입각한 관리자의 철저한 리더십행동과 관리기술에 각각 강하게 반영되고 있다(제 1 장 표 1-8 참조).

마쓰시다전기의 이와 같은 강한 정신문화는 구성원들의 애사심과 공동체의식의 바탕으로 고품질 · 저가격전략과 능률적인 생산체계 그리고 강력한 조직력 등 마쓰시다전기의 경쟁적 비교우위를 뒷받침하여 높은 성과를 달성하는 데 크게 기여하였다. 마쓰시다전기는 오늘날에도 모든 사업장에서 매일 아침 거행되는 조회에서 구성원들이 사가를 부르고 일곱 가지의 마쓰시다정신을 암송하는 전통을 계속 유지하고 있으며, 주기적으로 작업집단별로 마쓰시다정신과 구성원 각자와의 관계를 발표 · 토의하는 등의 의례 · 예식을 통하여 마쓰시다 정신문화를 강화해 나가고 있다.

효과로 나타나기까지 오랜 기간이 소요될 수 있으므로 기업문화개발의 효과는 구성원들간의 태도와 상호작용 그리고 조직분위기에 의하여 측정될 수 있다. 특히 구성원들의 적극적인 태도 그리고 구성원들간의 신뢰감과 개방적인 상호작용은 기업체 내부변화의 매우 중요한 척도가 된다.

새로운 기업문화개발에 대하여 구성원들이 얼마나 적극적으로 협조하고 있고, 특히 최고경영층의 커미트먼트와 의지가 얼마나 강하게 나타나고 있으며, 새로운 문화가치가 구성원들 모두가 공감하는 공유가치로 확산되고 있는지도 효과측정의 중요한 척도가 된다. 이와 같이 기업문화개발의 효과는 계량적인 성과지표와 일상업무에서 감지되는 증상에 의하여 측정 · 평가될 수 있다. 효과측정과 평가결과에 따라서 기업문화의 개발계획은 보완 · 수정되어 기업문화의 개발활동은 계속되어 나간다.

제 4 절 기업문화개발의 성공요인

우리나라 기업이 앞으로 국제경쟁력을 가진 선진기업으로 발전하기 위하여 어떠한 기업문화를 어떻게 개발해야 할지는 기업체 각기의 상황여하에 따라서 모두 다르다. 세계적으로 널리 알려져 있는 선진국의 우수기업들도 모두가 각기 다른 상황하에서 다른 과정을 통하여 각기의 독특한 기업문화를 개발하였다. 그러나 이들 기업의 성공적인 기업문화개발에는 몇 가지의 공통된 요인이 작용하였고, 이들 요인은 우리나라 기업에도 적용될 것이 확실하다.

1. 경영주와 핵심인물의 역할

성공적인 기업문화개발의 가장 중요한 요인은 창업자나 경영주 그리고 최고경영층 등 기업체 내부의 핵심인물들의 역할이다. 기업의 문화가치는 기업의 기본성격과 장기성과를 결정하는 중요요소인 만큼, 창업자와 경영주 등 최고경영층의 가장 중요한 전략적 결정의 하나이다. 그리고 구성원들로 하여금 기업의 문화가치를 공유하게 하고 이를 정착시키는 데에는 오랜 기간 동안의 많은 노력과 자원의 투입이 요구된다. 따라서 기업체에 적합한 기업문화를 모색하고 이를 개발 · 정착시키는 데에는 창업자와 경영주 등 중심인물의 강한 집념과 끈질긴 노력이 필요하다.

(1) 창업자와 경영주의 역할

HP의 휴렛 회장과 팩커드 회장, IBM의 왓슨 1세와 2세, GE의 웰치 회장, 도요다의 도요다 가문, 마쓰시다전기의 마쓰시다 고노스케 회장 등은 모두가 이들 기업체의 독특한 기업문화를 개발하고 정착시키는 데 결정적인 역할을 한 창업자와 경영주들이다. 우리나라의 삼성, 현대, LG, SK 등 대표적인 재벌기업에서도 이들 기업의 창업자나 경영주의 이념과 신념이 창설이래 이들 기업의 문화적 특성에 계속 반영되고 있는 것을 볼 수 있다.

(2) 핵심인물의 역할

창업자와 경영주 이외에 그들의 이념과 신념을 받들어서 기업문화개발에 앞장을 서는 최고경영층의 역할도 성공적인 기업문화개발과 관리에 결정적인 영향을 준다. 그들은 주로 창업자나 경영주의 측근자 또는 전략가로서 상위 전략구조의 핵심인물들이다. 창업자와 경영주 그리고 기타 기업체의 핵심인물들은 기업의 중요한 직책을 맡고 있을 뿐 아니라, 일상 조직체생활에서 그들의 의사결정과 행동은 자연적으로 전체 조직구성원들의 행동모형과 행동지침으로 작용하게 된다. 그리고 그들의 행동과 중요사건은 창업자나 경영주와 더불어 기업체의 전설과 일화의 소재로서 기업문화형성에 상징적 가치를 지니게 된다(예시 7-6 참조). 또한, 그들은 기업체의 장기목적과 비전을 설정하고 바람직한 문화가치와 행동요소를 모색하며, 이와 일관성 있는 경영전략과 방침 · 제도를 설정하는 데에도 중요한 역할을 한다. 따라서 이들 핵심인물이 기업문화개발과 관리에 관심을 가지고 우선적인 노력을 기울이는 것은 성공적인 기업문화개발과 관리를 결정하는 중요한 요인이 된다.

우리나라 기업은 전통적으로 창업자나 경영주를 중심으로 집권화된 경영체계를 형성해 왔다. 특히 대부분의 우리나라 기업체에서 소유와 경영이 분리되지 않은 상태에서 창업자나 경영주 그리고 그의 측근자는 아직도 막강한 권력을 행사하고 있다. 이러한 권력의 집중은 기업문화개발이 소수 핵심인물에 의하여 일방적으로 지배될 위험성이 있지만, 그 반면에 기업문화개발이 그들을 중심으로 강력히 추진될 수 있는 장점도 될 수 있다.

2. 성과지향적 문화가치

성공적인 기업문화개발은 기업체의 장기성과에 기여하는 강한 기업문화를 효과적으로 개발 · 정착시키는 것이다. 기업체가 어떠한 기업성과를 목적으로 어떠한 기업문화를 개발해야 하는지는 경영주를 포함한 기업의 핵심인물에 달렸지만, 기업의 장기적인 성과에 기여하는 기업문화는 일반적으로 기업환경에 적합하고 환경변화에 적응적인 강한 문화이다(제 3 장 제 4 절 참조).

예시 7-6 기업문화개발의 강한 의지

1988년에 구자경 LG그룹회장은 21세기를 향한 경영구상의 하나로 자율경영의 새로운 기업문화개발을 제시하고 이를 즉각 실천에 옮겼다. 그리하여 우선적으로 그룹사의 개별사업에 대한 모든 권한을 각사 사장에게 전적으로 위임하였다. 그러나 1989년 봄에 전국적으로 확산되어 가던 치열한 노사분규가 LG에도 다가왔다. 구자경 회장은 자율경영의 이념하에 단체교섭의 최종권한도 각사 사장들에게 위양된 만큼, 그들이 단체교섭에 대한 최종책임을 맡고 노사분규를 해결할 것으로 기대하였다. 그러나 각사의 노조대표들은 여전히 회장이 노사분쟁의 해결열쇠를 쥐고 있는 줄 알고 회장과의 면담만을 고집하였다.

각사 사장들과 임직원들의 노력에도 불구하고 노사분쟁이 해결되지 않고 오히려 악화되면서 장기화되자, 각사 사장들도 기획조정실을 통하여 회장의 개입을 요청하기 시작하였다. 구자경 회장도 그룹사의 막대한 손해는 물론 노조원들과 그들 가족의 고통을 고려할 때 한시라도 빨리 사태를 수습해야 할 충동을 느꼈다. 그러나 그는 불과 몇 달 전에 그룹의 장기비전으로 천명한 자율경영의 대원칙을 위반할 수 없었다. 그리고 그는 당면한 노

(1) 기업환경에 적합한 기업문화

환경에 적합한 기업문화는 사회문화와 산업문화 그리고 기업체 내의 구성원들에 따라 다르다. 전통적으로 개인의 권리와 개성을 존중하는 서구사회문화에서는 개인의 창의성과 성취감 그리고 능력발휘를 중요시하는 반면에, 개인보다는 집단을 그리고 개성보다는 위계질서를 강조하는 동양사회문화에서는 전통적으로 인화와 성실을 중요시하는 경향이 있다. 그리고 산업문화에 있어서도 변화와 기술발전이 심한 산업에서는 품질과 고객중심성이 강조되고, 안정된 환경하에서는 안전한 업무처리와 관료적 통제관리가 강조되며, 작업조건이 험하고 위험도가 높은 과업환경하에서는 강건함과 인내력이 강조되는 경향이 있다.

사분규를 단순한 노사문제만으로 볼 수 없고, LG의 자율경영 문화의 개발이 시험대에 올라와 있는 것으로 보았다. 당면한 상황이야말로 자율경영을 과감히 실천하여 대내외적으로 자율경영의 의지와 실현을 분명히 할 수 있는 절호의 기회라고 느꼈다.

구자경 회장은 결국 노조대표들과의 면담요청에 응했지만, 그들에게 단체교섭의 모든 권한을 자율경영에 의하여 각사 사장들에게 위임되었음을 재차 강조하고 사장들과의 대화를 촉구하였다. 그리고 각사의 사장들에게도 자율경영에 의하여 부여된 모든 권한을 책임있게 발휘하여 소신껏 최선의 최종결정을 내릴 것을 당부하였다. 두달 이상 생산을 중단시킨 노사분규는 LG그룹에 큰 피해를 가져왔다. 모든 그룹사는 시장점유율에는 큰 타격을 받았고 수출거래선도 많이 잃었으며 특히 LG전자는 극심한 노사분규를 기점으로 완전히 선두자리를 경쟁사 삼성전자에게 빼앗겼으며, 오랫동안 전반적인 회사경영에도 큰 상처를 남겼다. 그러나 이것은 결코 헛된 희생이 아니었다. 이제 사장들은 회장을 핑계삼을 수도 없고 그에게 의지할 수도 없다는 사실을 인식하게 되었다. 이러한 변화를 가져오는 과정은 구자경 회장에게는 매우 외롭고 고통스러웠지만, 그의 결단은 자율경영 문화를 정착시키는 데 값진 밑거름이 되었던 것이다.

과거에 우리나라 기업은 관주도와 수출주도의 계획경제하에서 저기술 · 저가격 제품의 대규모생산을 바탕으로 생산중심 규모성장과 권위적 · 관료적 집권통제를 강조해 왔다. 그러나 민주화와 세계화 그리고 무한계화 등의 환경변화와 더불어 이제 소규모의 고부가가치 · 고품질문화, 고객중심성과 자율경영, 개인존중과 창의개발, 신뢰감과 개방성 등 보다 진취적이고 열린 친화적 문화가 요구되고 있다. 이러한 새로운 문화가치는 점차 심화되는 무한경쟁하에서 우리나라 기업이 경쟁력을 발휘하는 데 필수적인 것으로 인식되고 있다.

(2) 환경변화에 적응적인 기업문화

기업성과에 기여하는 문화는 기업환경에 적합할 뿐 아니라 환경변화에 적절히 적응하는 문화이다. 우리나라에서 인화는 많은 기업체에서 오랫동안 강조해 온 기본가치이다. 그러나 산업화와 민주화 등 사회문화의 변화에도 불구하고, 우리나라 기업에서 인화는 주로 권위와 위계질서를 바탕으로 한 전통적인 관점에서 적용되어 왔기 때문에 근래에는 기업성과에 크게 기여하지 못하였다. 따라서 인화를 현대적인 기업경영관점에서 구성원들간의 신뢰감과 활짝 열린 개방성 그리고 상호협조와 팀워크로 연결시켜 이를 강조한다면 성과지향적인 문화가치의 효력을 발휘할 수 있을 것이다.

인간존중도 기업환경에 따라서 완전고용과 내부승진 등 인력안정을 우선적으로 강조하면서 이를 인적자원관리에 반영할 수 있고, 그 반면에 업무성과와 자기개발 등 목적달성과 자아실현을 인적자원관리에 우선적으로 반영할 수 있다. 그리고 인사고과에 있어서도 업무실적, 팀워크, 능력개발, 연공 등 여러 가지의 기준을 기업체의 상황에 따라 적절히 강조함으로써 인간존중의 기본가치를 상황에 맞게 적용해 나갈 수 있다. 이와 같이 기업의 문화가치를 환경변화에 적절하게 해석 · 보완하고 이를 기업경영에 적용함으로써 전체적으로 환경변화에 적응적인 기업문화를 유지해 나갈 수 있다.

(3) 고객 · 인간 · 개발 중심적 문화가치

이와 같이 기업체가 기업문화를 환경변화에 적절히 조정 · 적응해 나갈 때, 결국 기업성과에 기여하는 기업문화는 근본적으로 고객중심적이고 인간중심적이며 기술개발중심적인 가치중심적 특성을 지니게 된다. 그것은 자유개방경제하에서는 고객이 제일이고 고객의 욕구를 충족시키려면 고도의 기술개발이 요구되며, 고도의 기술개발은 구성원들의 창의적 능력발휘에 달렸기 때문이다. 고객중심성과 인간존중 그리고 기술개발의 중요성은 기업환경에 따라 기업체마다 다르겠지만, 일반적으로 우리나라 기업의 현재 그리고 앞으로의 기업환경변화를 감안할 때 고객과 인간 그리고 기술개발 등의 가치중심적 문화는 기업성과의 필수적인 요건으로서 새로운 기업문화개발에서 우선적으로 강조되어야 할 특성들이다.

(4) 강한 기업문화

환경에 적합하고 환경변화에 적응적이며 가치중심적인 기업문화는 기업구성원들의 의식구조에 내재화되고 그들의 태도와 행동에 체질화됨으로써 기업성과에 기여하는 효력을 발휘하게 된다. 그리고 이러한 성과지향적 문화가치는 경영전략과 경영방침 그리고 관리시스템과 리더십행동에 반영되어 구성원들로부터 바람직한 행동을 유도하고 이를 강화하면서 강한 기업문화로 유지되어 나간다. 그리고 이와 같이 강한 기업문화는 환경변화에 따라 항상 적절히 보완 · 조정됨으로써 기업문화의 경직화경향을 사전에 막을 수 있을 것이다.

3. 문화망 구성원들의 역할

성공적인 기업문화개발의 셋째 요인은 기업구성원들의 적극적인 협력이다. 기업문화는 구성원들 모두의 가치의식과 행동으로 형성되어 있는 만큼, 바람직한 기업문화는 단순히 경영주와 권력구조의 핵심인물만으로 개발될 수 없고, 기업체의 문화체계를 형성하고 있는 모든 구성원들의 협조에 의하여 효과적으로 개발될 수 있다. 다시 말해서 조직구성원들 모두가 기업체의 문화망(cultural network)을 형성하고 있고, 따라서 구성원들 각기가 기업문화개발과 관리에 기여하는 역할을 수행할 수 있다. 문화망의 구성원들 중에서 실무관리자들이 특히 중요한 역할을 하는 것은 물론이다.

(1) 문화망 역할

문화망 관점에서 볼 때 실무현장에서 구성원들은 기업문화개발에 적극적으로 따르는 신복자(follower)와 이에 긍정적인 태도를 보이는 동조자(conformer), 좋은 아이디어를 제공하는 조언자(idea supporter)와 소문을 잘 퍼트리는 전파자(publicist), 그리고 구성원들간에 여론을 조정하는 여론통제자(opinion controller)와 전설 · 일화 · 중요사건 등 문화적 상징을 동료들에게 잘 설명해 주는 문화전달자(culture communicater) 등 여러 가지의 역할담당자(role player)로 구성되어 있다. 구성원들은 이러한 각기의 비공식적인 역할을 통하여 자기 직장이나 작업집단의 문화가치개발에 긍정적인 분위기를 형성하는 데 결정적인 영향을 준다. 따라서 그들이 바람직한 문화가치와 집단규범 개발에 얼마나 협조적인 역할을 수행하느냐에 따라서 성공적인 기업문화개발에 많은 영향을 준다.

(2) 구성원들의 참여

기업문화개발에 대하여 문화망 구성원들의 협조적 역할을 조성하는 데에는 그들로 하여금 새로운 문화가치의 필요성을 인식시키도록 하는 교육훈련과 기업문화 개발과정에 그들을 직접 참여시키는 것이 매우 중요하다. 관리자들은 실무현장의 책임자로서 구성원들의 역할과 행동에 많은 영향을 줄 수 있으므로 문화망의 중요한 위치를 차지하고 있다. 그뿐 아니라 실무관리자들은 부하들에게 문화가치의 전달과 행동모형개발 그리고 행동수정을 포함한 각종 상호작용 등 기업문화개발의 공식역할을 수행한다. 따라서 구성원들에 대한 교육훈련과 구성원들의 참여 그리고 문화망에서의 관리자들의 역할은 성공적인 기업문화개발의 매우 중요한 요소로 작용한다.

우리나라 기업은 전통적으로 최고경영층의 강력한 통제하에 운영되어 왔다. 따라서 특히 하위계층에서 참여의 기회가 별로 주어지지 않았다. 그러나 우리나라의 경제수준이 올라가고 민주화와 더불어 기업구성원들의 의식수준이 급격히 높아지고 그들의 욕구가 다양하게 분출되면서 특히 경영참여에 대한 그들의 욕구가 강하게 나타나고 있다. 그러므로 우리나라 기업에서 기업문

표 7-7 구성원들의 참여

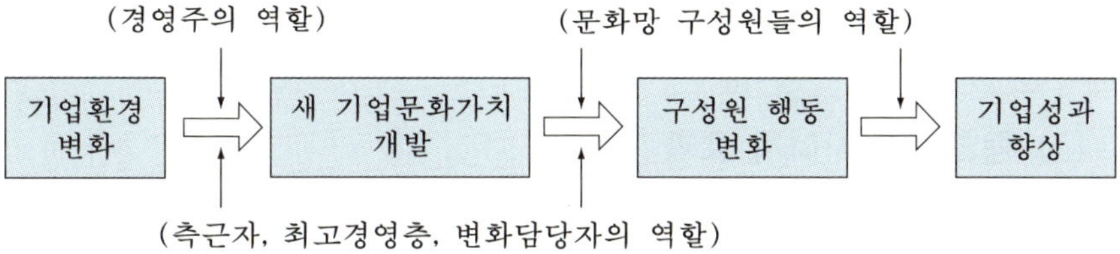

화를 성공적으로 개발하려면 구성원들의 참여를 통하여 그들로부터 공감을 얻도록 하는 것이 매우 중요하고, 따라서 그들의 문화망 역할개념은 성공적인 기업문화개발에 많은 도움을 줄 수 있다.

4. 변화담당자의 전략적 개입역할

마지막으로 변화담당자들(change agents)의 개입(intervention)역할도 성공적인 기업문화개발에 매우 중요한 요소로 작용한다. 특히 기업문화개발 담당부서스태프들은 변화전문가로서 조직개발의 변화기법을 적용하고 기업문화개발활동을 총괄하면서 종합적인 시너지 효과를 발생시킴으로써 성공적인 기업문화개발에 크게 기여한다.

(1) 조직개발의 계획적 변화기법 적용

기업문화의 개발방향을 설정하고 기업문화개발을 적극적으로 지원하는 핵심인물은 변화구상자와 변화지원자로서, 그리고 실무현장에서 구성원들의 문화망 역할을 직접 관리하는 관리자들은 변화실천자로서 각각 변화담당자의 역할을 수행한다. 이들 이외에 기업문화의 문제점을 분석 · 진단하고 기업문화개발의 전략을 구상하며, 구체적인 행동계획을 수립하고 조직구조와 관리시스템의 개선을 주도하며 교육훈련을 실시하는 기업문화 담당부서(기획실, 인적자원부서, 연수원 등)의 스태프 요원들도 변화담당자로서 성공적인 기업문화개발을 촉진시키는 데 매우 중요한 역할을 한다. 또한, 대학교수와 조직개발 전문가들도 외부 변화담당자로서 기업문화개발 전반에 걸쳐서 담당부서스태프들에게 계획적 변화 기법에 대한 전문적인 자문을 제공함으로써 그들의 개입활동에 많은 도움을 줄 수 있다.

(2) 종합적인 시너지 효과

기업문화 담당부서의 스태프요원들은 기업체 내부의 모든 연구자료와 진단결과를 중심으로 문제점을 가장 잘 파악할 수 있는 위치에 있으므로 경영주와 권력구조의 핵심인물들에게 많은 영향을 줄 수 있고, 따라서 기업문화개발 과정에서 막강한 영향력을 행사할 수 있다. 특히 우리나라 기업체는 전통적으로 기획실과 인적자원부서 등 전문관리부서가 실무부서에 대하여 강력한 기능적 권한을 행사하는 경우가 많이 있다. 따라서 이러한 기능적 조직구조체계하에서 기업문화개발 담당부서는 기업문화개발을 종합적으로 강력하게 추진하여 기업문화개발의 시너지 효과를 발휘함으로써 성공적인 기업문화개발의 전략적 개입활동을 보다 효율적으로 수행할 수 있다. GE가 무한계 경영문화를 사업 및 조직구조조정 그리고 워크아웃 경영참여를 순서적으로 연계시키고 가치중심적 전략적 인적자원관리로 추진해 나가고 6-sigma 품질혁신에까지 연결시켜 나간 것은 종합적 시너지 효과의 좋은 예이다(제Ⅳ부 GE 사례 표 Ⅳ-10 참조).

그러나 우리나라의 대부분의 기업체는 아직 변화전문스태프가 부족하고 전문화된 조직개발부서를 제대로 갖추지 못하고 있어서 기업문화개발의 계획적 변화관리와 전략적 개입활동이 체계적으로 이루어지지 못하고 있다. 따라서 이러한 어려움을 극복하기 위하여 특히 기업문화개발 초기단계에서는 대학교수 등 외부전문가의 자문을 많이 활용하면서 기업문화개발을 체계적으로 전개하고 기업문화 담당부서 스태프들을 육성해 나가는 것이 바람직하다. 실제로 외부로부터의 자문을 전략적으로 잘 활용하여 기업문화개발의 전문적인 노하우를 충당해 나가면서 성공적인 기업문화개발에 실효를 거두고 있는 우리나라 기업체가 점점 늘어나고 있다. 외부자문을 전략적으로 잘 활용하는 것도 역시 경영주와 핵심인물의 역할에 달렸다.

장을 맺으며

이 장은 이 책의 결론부분으로서 우리나라 기업문화의 정립방향을 정리하고 새로운 기업문화의 체계적인 개발과정과 변화전략 그리고 성공적인 기업문화개발의 중요요인들을 알아보았다. 우리나라 기업은 과거 40여년간에 걸쳐서 대체로 고도의 성장을 달성하였다. 그 과정에서 우리나라 기업은 정부주도의 수출지향적 계획경제와 독과점적 경쟁환경에 적합한 강한 기업문화를 체질화하였다. 그러나 근래에 경제개방과 민간주도의 자율경제, 민주화와 세계화 등 기업환경이 변함에 따라서 우리나라 기업은 국제시장에서 경쟁력을 잃고 기업성과도 크게 저하되는 고난을 겪게 되었다. 따라서 우리나라 기업은 새로운 기업환경에 적합한 체질과 기업문화를 개발하는 데 많은 노력을 기울이고 있다.

우리나라 기업체에 적합한 구체적인 기업문화는 기업체 각기의 독특한 환경과 상황여건에 따라서 모두 다르겠지만, 우리나라의 새로운 기업환경을 고려할 때 우리나라 기업에서 일반적으로 요구되는 변화는 첫째로 소유가족이 경영권을 지배하는 소유경영문화에서 전문경영문화로의 전환이다. 그리고 기업경영에 있어서 대규모의 관료적 · 획일적 문화에서 소규모의 합리적 · 신축적 문화로, '문어발식' 확장전략에서 전문성과 핵심능력중심의 이점경영으로, 집권적 · 통제적 경영에서 자율적 · 참여적 열린 경영으로의 전환이 요구되고 있다. 또한 가치관에 있어서는 능률적인 생산중심의 사고방식에서 품질과 고객만족을 우선적으로 중요시하는 사고방식으로, 저기술 · 저원가 의식에서 고부가가치와 창의성을 강조하는 가치관으로, 연공 · 연고주의에서 능력 · 성과중심으로, 그리고 고정된 위계질서의식에서 개방 · 평등의식으로의 변화가 요구되고 있다.

그뿐 아니라 우리나라의 전통적 문화가치를 현대산업화의 새로운 가치관과 잘 조화시키어 온정적 경영을 인간존중의 경영으로, 집단 이기적 의식을 구성원들간의 상호 신뢰감과 팀워크로, 그리고 연장자와 상급자에 대한 복종심을 일에 대한 강한 커미트먼트와 직업의식으로 각각 전환시켜 나가는 것이 요구되고 있다. 이러한 변화는 우리나라의 기업경영과 기업구성원들의 가치관에 근본적인 개혁과 개선을 요구한다. 그리고 이러한 개선은 우리나라 기업이 경쟁력을 강화하고 세계적으로 우수한 기업으로 발전하는 데 필수적인 요건으로 인식되고 있다. 따라서 선진국 우수기업의 기업문화사례를 참고로 하고 현대 조직개발의 전략적 개입기법을 활용하여 새로운 기업환경에 적합한 새로운 기업문화를 성공적으로 그리고 조속히 개발하는 것이 우리나라 기업이 당면한 중요과제이다. 제Ⅳ부에 편집된 세계 우수기업들의 기업문화 사례연구들은 우리나라 기업의 성공적인 기업문화개발에 좋은 참고가 될 것이다.

제 IV 부

세계 우수기업의 기업문화 사례연구

사례 #1

GE의 무한계 경영문화

무한계(boundaryless)의 개념은 세계화 속의 현대기업경영에 가장 중요한 개념의 하나이다. 이 사례는 무한계 개념의 주인공인 잭 웰치(Jack Welch) 회장이 이 개념에서 의미하는 바가 무엇이고, 그가 이 개념을 어떻게 GE의 새로운 기업문화로 창달하고 강력한 경영혁신과 구조조정에 적용하여 GE를 세계 최강의 경쟁력을 가진 기업으로 변신시켰는지를 자세히 연구한다.

GE(General Electric)는 2006년도에 1,683억 달러의 매출과 208억 달러의 순이익으로 2007년 미국 Fortune지의 "가장 존경받는 미국기업"과 "가장 존경받는 세계기업" 평가에서 모두 제 1 위의 영예를 차지한 세계 초우수기업체이다. 세계화의 급변하는 기업환경 속에서 전세계의 초대형 기업들의 성장률과 이익률이 둔화되고 있는 상황 하에서 GE가 이와 같은 거대한 규모를 유지하면서 계속 고도의 성장과 수익성을 달성하고 있는 것은 극히 이례적이 아닐 수 없다.

1. GE의 전통 기업문화

1879년에 발명가 토마스 에디슨(Thomas A. Edison)에 의하여 창설된 이래, GE는 전기관련 가정용품 및 산업제품(발전중장비, 전기기관차, 자동제어시스템 등)분야의 세계적인 제조업체로 성장하였다. 그리고 우주 · 통신, 제트엔진, 의료기기, 플라스틱 등 첨단기술사업과 금융, 정보시스템, TV 방송 등 서비스 사업으로도 진출하면서 세계에서 단일기업으로는 가장 다각화된 초대형기업으로 발전하면서 미국 포춘지의 500대기업에 가장 오랫동안 남아 있는 기업이 되었다. GE가 이와 같이 극도로 다각화된 기업으로서 오랫동안 고도의 성장을 계속해 온 데에는 GE의 탁월한 경영이 가장 큰 역할을 하였다. GE는 자체의 기술연구소(GE Research Laboratory)와 경영연수원을 최초로 설립했을 뿐 아니라, 분권경영과 PIMS 등 현대경영기법의 개발에도 선두적 역할을 해왔다.

(1) 신기술개발과 사업다각화

창업 초기에 GE는 미국 전역을 전등으로 밝게 만들겠다는 에디슨의 비전을 중심으로 이에 필요한 전등생산은 물론 전력공급을 위한 모든 발전 및 송전 시설장비 생산에 전력을 기울였다. 기업의 성패는 신제품개발에 달렸다는 신념하에 특허와 신기술개발에 최우선 목표를 두었다. 에디슨의 후임자들도 에디슨의 비전을 계승하여 기술 및 신제품개발에 전력을 기울이면서 전기관련분야에서의 다각화 전략을 강력히 추진하였다. 1920년대에 들어 제품이 다양해지고 사업규모가 커짐에 따라서 GE는 작업장을 6개의 주요 제품별로 재편성하고 작업장별로 시장경쟁과 신제품개발에 전적으로 책임을 지는 사업부개념을 도입하였다.

1930년대에 GE는 GE의 성장과 더불어 사회 · 경제적 위치가 점점 중요해지는 것을 인식하고, 주주와 고객 그리고 구성원 등 여러 이해관계자들(stakeholders)의 욕구를 균형 있게 충족시키는 것을 GE의 가장 중요한 사회적 책무로 강조하였다. 그리하여 경영층과 구성원들간의 의사소통을 활성화시키고 구성원들에 대한 이윤분배와 보너스제도, 보험과 퇴직금, 지주제도와 주택구입 지원제도를 대폭 확대하였다. 그리고 경쟁업체들간에 공정한 기업행위를 위한 윤리강령을 제정하는 데에 앞장을 서기도 하였다.

전기관련분야에서의 기술개발과 사업다각화가 계속되는 가운데, 1940년대에 GE는 오랫동안 축적해 온 모든 기술과 노하우를 군수물자생산에 총동원하여 방위산업에 진출함으로써 GE의 성장을 가속화시켰다. 특히 그 당시 찰스 윌슨(Charles Wilson) 회장은 한동안 미국정부의 전시산업정책위원회(War Production Boad)의 위원으로서 전시경제하에서 미국기업의 생산활동에 중요한 역할을 하였다. GE의 방위산업 진출은 GE가 제트엔진과 항공기부품, 핵동력시스템, 우주 · 통신사업 등 새로운 첨단산업분야에서의 기술개발과 더불어 새로운 사업으로의 다각화를 확대시키는 중요한 계기가 되었다. 기술개발을 새삼스럽게 강조하는 'Progress Is Our Most Important Product' 라는 GE의 유명한 표어도 바로 이때 채택된 것이다. 그 이후에 GE의 다각화가 첨단산업과 금융 및 서비스 산업으로 확대됨에 따라서 표어도 'We Bring Good Things to Life' 로 바뀌었다.

(2) 자율적 분권경영

사업이 다양해지고 기업규모가 계속 커짐에 따라서 1950년대에 럴프 코디너(Ralph J. Cordiner) 회장은 사업부중심의 자율적 분권경영체제를 도입하고 사업부를 지원하는 본사의 종합관리스태프를 대폭 확충하여 GE의 경영이념과 조직경영에 큰 변화를 가져왔다. 제 2 차세계대전 이후에 미국경제가 계속 호황을 누림에 따라서 GE는 축적된 기술을 바탕으로 새로운 사업기회를 적극적으로 개척해 나갔다. 그리하여 1950년대에는 GE가 경쟁하는 시장부문(market segment)의 수가 제2차세계대전 직후에 비하여 20배나 증가할 정도로 GE의 사업범위가 극도로 다양해지고 그 내용도 매우 복잡해졌다.

이와 같은 사업의 다각화 및 규모의 성장과 더불어 GE의 주요 작업장의 수도 11개로 증가하였다. 그리고 이들 작업장은 각기 자회사와 같이 본사의 큰 간섭 없이 독립된 자율경영 개념하에서 신제품개발에서 생산과 마케팅 그리고 인력관리에 이르기까지 모든 권한을 가지고 독자적으로 운영되었다. 이러한 작업장 중심의 회사운영은 창립 초기부터 유지되어온 GE의 전통으로서, 성장 초기에는 바람직했지만 회사규모가 방대해지고 사업범위가 복잡 · 다양해짐에 따라서 사업과 업무 그리고 기능에 있어서 많은 중복과 자원의 낭비를 가져왔다. 따라서 코디너 회장은 본사의 종합조정스태프의 기능과 권한을 확대하여 사내의 자금과 인적자원에 대한 통제를 강화하기 시작하였다. 그리고 작업장에는 시장과 제품중심의 사업부조직하에서 자율적으로 운영되는 분권경영체계를 도입하였다.

새로운 분권경영이념하에서 GE의 경영조직은 시장과 제품을 중심으로 100개의 사업부와 이들을 지원 · 관리하는 45개의 종합관리실로 개편되었다. 사업부는 독립채산원칙에 따라 자율적인 경영과 더불어 손익상의 결과에 대한 책임이 부여되었고, 수익성과에 따라 사업부의 업적이 평가되기 시작하였다. 이와 같은 사업별 자율적 분권경영과 본사의 종합관리를 동시에 강화하는 새로운 경영조직체계는 사업부와 본사 관리스태프간의 긴밀한 상호 협조관계에 중요성을 전제로 하였고, 따라서 GE는 1956년에 뉴욕시 근교(Ossinig, NY)에 경영인력개발을 위한 경영연수원(Management Development Institute)을 설립하였다. 또한 코디너 회장은 새로운 경영조직의 원만한 운영을 위하여 GE의 인재들을 동원하여 분권경영연구의 대가인 피터 드러커(Peter Drucker) 교수의 자문하에 GE 주요 관리자 · 임원들을 면접하고 그들의 직무와 업무과정을 상세히 분석 · 표준화하여 3,463페이지나 되는 방대한 경영원칙과 운영요강('Blue Book')을 작성하였다.

1960년대에 GE의 매출규모는 1960년의 42억 달러에서 88억 달러 수준으로 두 배 이상 증가하면서 사업부의 수도 190여 개로 크게 증가하였다. 따라서 이들 사업부를 관리하는 46개의 사업본부가 생겼고, 나아가서는 이들 사업본부를 관장하는 10개의 사업그룹본부(Sectors)가 신설되어 사업부조직의 계층이 증가되었다. 그뿐 아니라 사업부마다 각기의 자체 업무계획과 조정 및 평가를 위한 전문관리스태프도 점점 증가하였고, 이것이 결국 과잉인력의 고용은 물론 회사 전반에 걸쳐서 관료화(bureaucratization)의 경향을 심화시키면서 본사의 종합조정기능도 약화시키는 결과를 가져오게 되었다.

(3) 전략적 사업본부조직

이러한 상황하에서 GE의 매출규모는 계속 증가했지만, 수익성은 점차 감소추세를 보이기 시작하였다. 따라서 프레드릭 보쉬(Frederick J. Borsch) 회장은 GE의 장기전략경영과 장기투자결정을 효율화시키고 수익성을 높이기 위하여 맥킨지(McKinsey)컨설팅회사의 자문을 받아 사업부의 수를 대폭 줄이는 동시에 사업부들을 46개의 전략적 사업단위(Strategic Business Unit; SBU)로 분류하고 전략적 사업단위별로 전략계획을 수립하도록 하는 전략경영체계를 도입하였다. 그 일환으로 GE의 수익성요인분석(Profit Impact on Market Strategy)기법이 바로 이때 개발되기 시작하였다.

매출규모의 성장이 계속되는 가운데 1970년대에 레지널드 존스(Reginald H. Jones) 회장은 사업단위의 장기전략계획과 투자계획에 대한 심의절차를 강화하여 장기투자와 자원배분의 우선순위결정에 있어서 회사차원에서의 영향력을 크게 증가시켰다. 그리고 재무통제도 강화하여 관리스태프의 역할을 확대시켰다. 또한, 그는 GE의 장기성장을 위하여 유망한 사업기회를 탐색하고 이를 포착하기 위한 기술개발활동이 전개되어야 한다는 인식하에, 전략적 사업단위들의 전략경영을 총괄하는 전략적 사업본부(SBU Sectors)체계를 형성하였다. 그리하여 기존의 많은 전략적 사업단위들을 관련사업부에 통합시키고, 사업그룹과 전략적 사업단위들을 3개의 사업그룹본부와 3개의 전략적 사업본부(SBU Sectors)소관으로 각각 재편성하여 사업부의 전략계획이 이들 6개의 관할본부의 검토를 거쳐서 본사의 심의를 받도록 하였다.

(4) 관료화와 경쟁력의 약화

이와 같이 보쉬 회장과 존스 회장의 재임기간동안에 사업부조직이 사업그룹과 사업그룹본부조직 그리고 전략적 사업단위와 전략적 사업본부체계로 확대·재편성되어 나가는 과정에서 사업부의 전략계획은 강조되고 통제는 강화되었지만, 사업부조직체계는 극도로 복잡해지고 관리스태프와 상위계층의 경영인력은 대폭 증가하였다. 그리하여 1981년에는 사업부장이 사업본부장과 사업그룹본부장 그리고 전략적 사업본부와 본사의 관리스태프들을 거쳐 최고경영자에 이르기까지 그 사이에 9개의 명령계층이 존재하는 거대한 관료조직이 형성되어, 사소한 보고와 통제 속에서 사업부의 전략계획과 장기투자결정마저 비효율화되어 버리는 역기능적 결과를 가져오게 되었다.

표 Ⅳ-1 GE의 성장추이

연도	매출액(100만 달러)	순이익(100만 달러)	매출이익률(%)	구성원수
1892	11.7	2.9	24.79	4,000
1910	71.5	10.9	15.24	36,200
1930	376.2	60.5	16.08	78,400
1950	2,223.8	179.7	8.04	206,000
1970	8,762.7	328.5	3.75	396,000
1981	27,240.0	1,652.0	6.06	404,000
1991	60,236.0	4,435.0	7.36	284,000
2001	125,913.0	13,684.0	10.86	340,000
2006	168,307.0	20,829.0	12.37	319,000

창립 이래 100여 년간에 걸쳐서 GE는 사업영역을 확대시키면서 지속적인 성장을 유지하여 1981년에 존스 회장이 은퇴할 당시 사업부의 수는 250개에 달하여 세계에서 가장 다각화된 기업체로 발전하였다. 그 과정에서 GE는 전기관련분야는 물론 제트엔진과 플라스틱 그리고 핵동력과 우주 · 통신 등 여러 분야에서 수많은 새로운 기술과 제품을 개발하면서 수익성 있는 운영을 꾸준히 지속해 왔다. 따라서 GE는 항상 경영수준이 높은 세계적인 우수기업으로 인정되어 왔다.

그러나 GE의 사업범위가 전기관련분야로부터 사업성 있는 전기비관련분야로 무차별 다각화됨에 따라서 GE의 비전과 장기전략방향이 흐려지기 시작하였다. 그뿐 아니라 사업이 다양화됨에 따라서 수익성은 점차 감소되고 그 감소추세는 1960년 이후에 더욱 심하게 나타났다(표 Ⅳ-1 참조). 1970년대에도 환경변화가 심해지고 시장경쟁이 점차 치열해짐에 따라서 전등과 터빈 등 GE가 오랫동안 독점해 온 사업의 시장점유율은 점점 감소되고, 핵동력과 민간항공기엔진 등 비교적 새로운 사업의 전망은 불확실해졌으며, 컴퓨터 등 일부 신규사업은 전망이 좋지 않아서 아예 일찍이 매각 · 처분해 버리는 등 GE의 전반적인 전략방향과 초점이 불투명해지면서 전체적인 수익성이 계속 저하되는 추세를 보였다.

더욱이 GE의 복잡한 사업부조직과 관료화된 전략계획체계는 엄청난 인적 자원의 낭비와 간접비용의 증가를 가져왔을 뿐 아니라, 사업부 관리자들의 욕구동기를 위축시키고 무의미한 통제절차와 과잉정보 속에서 그들의 창의력과 솔선력을 악화시키는 결과를 가져왔다. 따라서 점점 대형화 · 다양화되어 가는 GE의 사업체계하에서 회사전체의 자원통제를 강화하고 전략경영을 보다 합리적으로 그리고 효율적으로 운영해 보려는 보쉬 회장과 존스 회장의 노력은 이렇다 할 효과를 거두지 못하고 GE의 경쟁력은 점점 약화되면서 수익성의 감소추세는 여전히 계속되었다.

2. 웰치 회장과 무한계 경영문화

1980년대에 기업의 환경변화는 계속 심해지고 시장경쟁도 더욱 치열해짐에 따라서 GE의 당면한 도전은 더욱 심각해졌고, GE가 당면한 도전에 적절히 대응하기 위해서는 GE 내부에 획기적인 변화가 절대적으로 필요하다는 인식이 점차 높아졌다. 따라서 존스 회장은 몇 년 전부터 진행해온 후계자선발과정을 가속화시켰다. 그리하여 1981년에 GE 이사회(Board of Directors)는 임원관리스태프(Executive Management Staff)가 추천한 12명의 차기 회장후보들 중에서 잭 웰치(Jack F. Welch) 부회장을 새 회장으로 선출하였다.

(1) 잭 웰치 회장

웰치 회장은 화공학에 박사학위(Illinois 대학)를 가진 전문경영자로서, 1960년에 입사하여 플라스틱을 GE의 주력사업으로 개발 · 성장시키는 데 주도적인 역할을 한 실력자이다. 웰치 회장의 선임은 물론 그의 박사학위보다도 GE에 큰 변화를 가져올 수 있는 그의 능력과 적극적인 리더십 그리고 그의 젊은 나이(회장 취임 당시 45세) 때문이었다. 그는 33세 때 이미 플라스틱 사업본부장에 임명되었고, 37세 때에는 플라스틱과 의료시스템을 총괄하는 사업그룹본부장에 임명되었으며, 이어서 소비자제품 및 금융서비스부문(Sector) 부사장을 거쳐서 1979년에 부회장에 승진되었다. 그가 맡은 사업부는 모두가 고도의 성장을 달성하여 오랫동안 유능한 경영자로서 높은 평가를 받아왔다. 그리하여 그는 큰 변화가 요구되는 GE의 내부상황에 비추어 획기적인 변화를 주도할 수 있는 차기 회장으로 높은 촉망을 받아 왔다.

웰치 회장이 취임한 1981년 당시 GE는 404,000명의 구성원을 고용하고 270억 달러 규모의 매출과 18억 달러의 순이익을 달성하고 있었다. 그리고 기관차와 터빈 그리고 핵발전사업 분야에 밀린 주문만도 280억 달러에 달하여 표면상으로는 밝은 전망을 보여 주었다. 그러나 GE는 장기전략과 기업문화관점에서 매우 심각한 문제증상을 나타내고 있었다. GE가 독점해온 전통적인 사업은 경쟁력이 약화되면서 시장점유율이 점차 떨어지는 한편, 성장률이 높은 신규사업들은 회사의 전체 수익에 기여하는 비중이 아직 낮을 뿐 아니라 장기전망도 불확실한 상태에 놓여 있었다. 그리고 밀린 주문도 모두 오래 전에 수주한 것으로서 근래의 수주는 하나도 없었다. 게다가 점점 심해지는 사업부조직의 관료문화는 엄청난 낭비와 더불어 효율적인 전략경영에 큰 장애요소로 작용하고 있었다.

이러한 문제증상에 대하여 웰치 회장은 매우 심각한 위기감을 느끼고 있었다. 그러나 대부분의 관리자들은 이러한 문제증상을 의식하지 못하고 계속되는 외형성장 속에서 소위 'GNP회사' 에 안주하는 안일무사한 태도를 보이고 있었다. 따라서 웰치 회장은 취임 즉시 자신의 비전과 회사의 전략방향을 명백히 제시하면서 획기적인 경영혁신과 변신전략(transformation strategy)을 펼쳐나

표 Ⅳ-2 변신전략의 기본개념

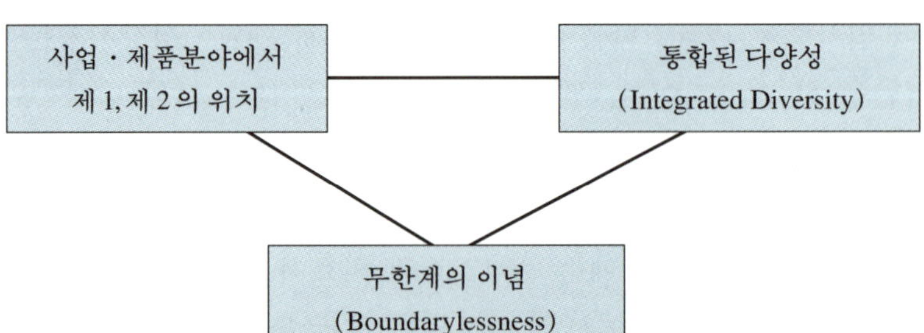

가기 시작하였다. 웰치 회장의 경영이념과 비전은 근본적으로 세 가지의 상호 연결된 기본 아이디어에 기초하고 있었다. 첫째는 GE의 공식 · 기술적(technical) 관점에서 GE의 사업부는 각기의 제품분야에서 제 1 또는 제 2 의 위치를 차지해야 한다는 것이었고, 둘째는 정치 · 현실적 관점에서 GE는 사업의 통합된 다양성(integrated diversity)을 추구해야 한다는 것이었다. 그리고 셋째 아이디어는 문화적(cultural) 관점에서 GE의 각 사업부와 부서는 상호간에 아무런 장벽이나 영역상의 경계 없이(boundaryless) 개방적인 활동과 교류 그리고 자원의 공유를 추구해야 한다는 것이었다(표 Ⅳ－2 참조).

경쟁분야에서 제 1 또는 제 2 의 위치를 추구한다는 것은 GE의 전통적인 강점인 기술개발의 선두위치와 경쟁적 우위를 모든 사업분야에서 확보하여 최우수기업으로 계속 발전해 나가겠다는 강한 의지를 표현한 것이었다. 그리고 통합된 다양성은 이미 극도로 다각화된 사업포트폴리오의 성격을 인정하고, 다양한 사업들간의 통합과 시너지 효과를 통하여 고도의 성장과 높은 수익성을 달성하겠다는 전략목적을 분명히 한 것이었다. 그러기 위해서는 사업부별 또는 부서별 이기주의적 사고방식과 기능별 통제의식 그리고 경직된 관료의식을 탈피하고, 사업부들과 부서들간의 장벽이나 경계 없이 기술과 정보 그리고 인력 등 사내 자원을 공동으로 활용하도록 구성원들의 가치관과 행동의 전환, 즉 기업문화의 개혁을 강조한 것이었다.

(2) 무한계의 경영이념

웰치 회장의 기본 아이디어의 핵심은 무한계(boundaryless)의 이념이다. 그의 무한계 이념은 근본적으로 네 가지 측면에 적용된다. 첫째는 무한계의 사업기회이다. 전세계는 국가간의 국경이 무너지면서 하나의 지구촌 시장으로 변하고 있고, 따라서 기대하지 않았던 새로운 사업 기회가 끊임없이 그리고 무한히 주어지고 있다. 웰치 회장이 취임한 후 GE는 세계화전략을 적극적으로 전개하여 1995년에는 해외매출의 비중을 34%(270억 달러)로 증가시키면서 세계화전략을 계속 추진해 나갔다. 둘째로, 그의 무한계 이념은 사업기회에 적용되어 과감한 사업 구조조정을 통하여 사업구성을 크게 부가가치화하였다. 그리하여 회장 취임당시 51%를 차지하던 전기관련 제품은 1990년대에 들어서 26%로 크게 줄어든 반면에 서비스 및 첨단기술 사업은 49%에서 74%로 증가하였다.

무한계 경영이념의 셋째 적용측면은 기업경영에 있어서 대내외적으로 존재해 온 장벽에 대한 것이다. 내적으로는 상하 계층간에, 기능부서간에, 그리고 사업부간에 존재해 온 모든 장벽이 무너져서 완전히 열린 경영과 자원의 공유가 가능하다는 것이 그의 이념이다. 그리고 대외적으로는 고객, 협력업체, 금융기관, 정부, 경쟁업체 등 관련집단 또는 이해관계자들과의 관계에 있어서도 종래의 장벽이 없어짐으로써 역시 완전히 개방된 네트워크관계가 가능하다는 것이다. 이와 같은 무한계의 환경은 기업으로 하여금 무한한 학습의 기회와 끊임없이 발전할 수 있는 기회를 제공하게 된다. 특히 GE는 창설 이래 기술개발과 경영기법에 선두역할을 해 왔기 때문에 쓸데 없는 우월감에 도취되어 있었고, 따라서 웰치 회장은 이 우월감을 '해빙' 시키는 데 특별한 노력을 기울였다.

3. 사업 및 조직 구조조정

새로운 비전을 실현시키는 데 있어서 웰치 회장은 GE의 당시 상황에 비추어 점진적인 변화보다는 획기적이고 충격적인 변화를 시도하는 것이 더 효과적이라고 믿었다. 변신전략의 실천방법에 관하여 웰치 회장은 "끓는 물 속에 개구리를 넣으면 개구리는 냄비에서 확 튀어 나와 죽음을 면할 수 있지만, 찬물 속에 개구리를 넣고 천천히 물을 끓이면 개구리는 뜨거움을 못 느끼고 기진맥진해지다가 그대로 죽어버리는 법입니다"라고 말한 적이 있다. 웰치 회장의 이러한 견해는 변화에 대한 그의 강력한 의지와 태도를 말해 주지만, 또 한편으로는 또 다시 도약할 수 있는 GE의 저력에 대한 그의 자신감을 말해 주었다.

(1) 변화분위기의 조성

웰치 회장은 취임 첫 날부터 관리자들에게 GE가 당면한 상황과 큰 변화의 필요성 그리고 자신의 비전을 설명하면서 사내에 변화에 대한 분위기 조성에 나섰다. 그리고 GE 경영연수원(Crotonville)의 교육 프로그램을 통하여 관리자들에게 GE의 전략문제를 인식시키고 새로운 전략방향을 탐색하도록 하여 변

표 Ⅳ-3 새로운 사업포트폴리오의 구상

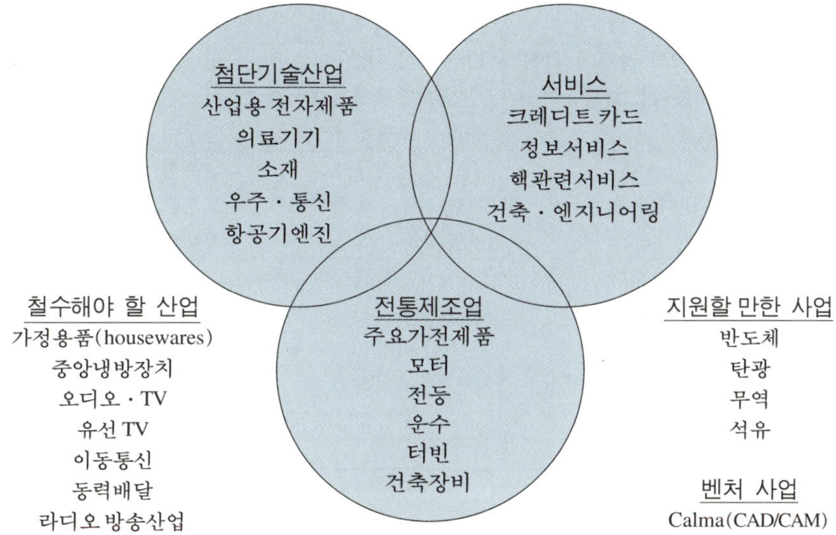

신전략을 전개하는 데 있어서 그들의 적극적인 참여와 협조를 유도하였다. 그러나 처음에 대부분의 관리자들은 변화의 필요성을 인식하지 못하거나 변화에 비협조적인 태도를 보였다. 그리하여 웰치 회장의 변신캠페인이 시작된 지 2년 후에야 비로소 사내에 변화분위기가 정착되고 새로운 전략방향에 대한 공감대가 형성되기 시작하였다.

관리자들의 토의를 통하여 공감대가 형성된 새로운 전략방향은 근본적으로 웰치 회장의 장기비전에 기초한 것으로서, 첫째로 사업 또는 제품분야에서 제 1 또는 제 2 의 경쟁적 위치를 확보하는 것을 기본전략목적으로 하고 경쟁적 우위를 확보하지 못하는 사업은 과감히 철폐해야 한다는 전제하에 과거의 무차별한 다각화에서 고성장주의의 다각화로 사업전략의 방향을 바꿀 것을 명백히 하였다. 그리하여 시장점유율과 투자이익률 그리고 경쟁적 위치에서 나타나는 사업전망을 기준으로 하여 GE가 중점적으로 전개해야 할 핵심사업, 임시적으로 지원해 볼 만한 사업, 벤처사업, 그리고 장기적으로 철수해야 할 사업 등으로 나누어 GE의 전반적인 사업전개방향을 설정하였다(표 Ⅳ-3 참조).

표 Ⅳ-4 변신방향

측 면	전 략	조직구조	인적자원관리
공식 · 기술적	제1, 제2의 경쟁적 위치, 고부가가치, 고성장사업 위주	13개 핵심사업 사업부간 경영기술이전 유기적 조직행동	인적자원관리 시스템의 개혁 영구적 조직개발
정치 · 현실적	통합된 다양성	수평적 조직구조 기능 · 부서간 팀워크 자율경영	신축적, 성과위주의 보상제도 복수인사고과제도
문화적	신속성, 간소화, 조직활성화 의식개혁 자원에 대한 공유의식 경영연수원 역할	공통된 가치관 통일된 비전 다양한 하위문화	개방적 행동개발 새로운 기업문화의 강화

둘째로, 회사 전체의 수익성을 높이기 위하여 통합된 다양성을 통한 과거의 단순한 분권운영체계와 계층적 통제체계를 탈피하고 사업내 부서간 그리고 사업간의 팀워크와 유기적인 상호작용이 가능하도록 수평적 조직구조와 조직간소화 등 조직구조의 개선방향을 명백히 하였다. 그리하여 극도로 관료화된 사업부조직과 전략경영체계를 개선하여 조직을 활성화시킬 것을 분명히 하였다. 그리고 셋째로, '합리적 · 과학적' 관리기법에 의존해 온 과거의 관행에서 벗어나, 경쟁적 우위를 최우선 목적으로 하는 구성원들의 공통된 가치관과 통일된 비전 그리고 회사 자원에 대한 공유의식 등 새로운 기업문화의 개발방향을 제시하고, 이를 위한 장기적인 조직개발과 인적자원관리시스템의 개혁을 강조하였다(표 Ⅳ-4 참조).

(2) 사업구조조정

경쟁력을 강화하고 조직을 활성화시키기 위한 GE의 변신전략은 사업과 조직 그리고 관리시스템과 구성원들의 의식 등 회사 전반에 걸친 큰 변화 없이는 그 목적을 달성할 수 없었다. 특히 다양한 사업조직들이 각기 오랫동안 정착된 독특한 문화를 가지고 거대한 기업을 형성하고 있는 상황하에서 새로운 비전을 중심으로 획기적인 변신전략을 시도하는 것은 그 성공여부가 불확실한 매우 어려운 일이었다. 따라서 웰치 회장은 자신의 취임을 큰 변화의 전략적 계기로 삼고, 취임 즉시부터 변화에 대한 분위기 조성과 더불어 사업의 정리로부터 시작하여 조직개편과 인력감축 그리고 새로운 기업문화개발에 이르기까지 회사전반에 걸쳐서 대대적인 변화와 개혁을 과감히 펼쳐 나가기 시작하였다.

관리자들간에 변화의 필요성에 대한 인식이 어느 정도 조성되자 웰치 회장은 창립 이래 100여년 동안 문어발처럼 무차별하게 다각화해 온 모든 사업의 경쟁력과 장기전망을 철저히 분석하여 경쟁력이 강한 최우수기업으로의 전략목적달성을 위한 적극적인 사업 구조조정(business restructuring)에 나섰다. 각 사업의 경쟁력과 사업전망을 평가하는 데에는 다음의 네 가지 기준이 적용되었다.

① 시장점유율이 제 1 또는 제 2 의 위치를 차지하고 있는가?
② GE의 평균 투자이익률보다 훨씬 높은 투자이익률을 달성하고 있는가? (당시 GE의 평균투자이익률은 18~19%)
③ 경쟁업체가 따라올 수 없는 경쟁적 우위를 확보하고 있는가?
④ 자본집약성이나 기술집약성 또는 경영전문성 등 특별한 이유 때문에 새로운 경쟁업체가 들어올 수 없는 진입장벽의 이점을 가지고 있는가?

웰치 회장은 이와 같은 기준을 적용하여 경쟁력이 약하고 사업전망이 불확실한 사업은 과감히 매각·처분하는 한편, 이들 기준에 맞는 유망한 사업은 적극적으로 매입·인수하여 GE의 사업포트폴리오에 큰 변화를 가져왔다. 그리하여 1984년 말까지 GE 총 자산의 20%에 해당하는 117개 사업을 매각·처분하였고, 이어서 1991년까지 총 110억 달러에 해당하는 사업자산을 매각·처분하였다. 그중 1984년에 토스터, 다리미, 머리 건조기, 커피메이커 등 가정용품(housewares)사업의 매각은 GE의 전통과 사업이미지에 큰 충격을 준 획기적인 결정이었다. 그리고 중앙에어컨, 오디오·TV·비디오, 라디오 방송사업, 탄광업 등도 매각·처분하였다.

표 Ⅳ-5 새로운 사업포트폴리오

전통제조업 :	첨단기술 :
• 가전제품 : 냉장고, 레인지, 세탁기, 건조기, 마이크로오븐, 식기세척기 • 전기제어장치 : 회로차단기, 전동기어장치, 공장자동화시스템 및 장치, 기타 각종 제어장치 • 산업 동력시스템 : 증기 및 가스 터빈, 발전기, 송전기, 계량기, 계전기, 핵연료 및 관련시스템 • 전등 · 백열등 · 형광등 · 할로겐, 고열방전구, 특수전구, 전신기기, 석영(quartz) 제품 • 발동기(motors) : 산업용, 소비자용, 자동차용, 난방 · 냉동용 각종 발동기 • 운수시스템 : 기관차, 전기바퀴, 운수추진시스템	• 우주통신 : 전자, 항공전자공학시스템, 레이더, 태양동력, 통신위성, 우주선, 비행시뮬레이터, 군장비 등 • 항공기엔진 : 항공기와 헬기엔진 및 부품, 선박 및 산업용 동력엔진 • 의료시스템 : 핵자기공명영상기, 전산화단층촬영기, X-선 시스템, 초음속 의료기기, 핵영상기 • 플라스틱 제품 : 열가소성 플라스틱, 실리콘, 수지, 인공 다이어몬드 서비스 : • 금융서비스 : 크레디트 카드, 부동산대출, 보험, 자산관리 및 투자서비스, 산업금융서비스, 리스 • 정보서비스 : 전자메시지, 데이터망 서비스, 정보저장 및 제공 • NBC : TV네트워크, TV방송국, 프로그램제작, 유선프로그래밍서비스

그 반면에 유망한 사업, 특히 고부가가치의 해외수요전망이 크고 수익성이 높은 사업에는 과감히 투자하여 1980년대에 총 210억 달러에 해당하는 새로운 사업자산을 매입 · 인수하였다. 특히 사업전망이 좋은 크레디트 카드와 보험업 그리고 NBC 등 서비스 분야와 의료영상(medical imaging)과 핵자기공명(magnetic resonance) 등 첨단의료사업에 적극적으로 투자하여 GE의 사업믹스와 수익성비중에 큰 변화를 가져왔다. 사업의 매각 · 매입과정에서 기존사업과 새로운 사업에 대한 투자 그리고 GE의 전통적인 사업이미지와 새로운 이미지 등을 둘러싸고 경영층 내부에서 많은 논의와 갈등이 있었으나, 웰치 회장은 사업별 제 1 또는 제 2 의 경쟁적 우위확보를 최우선 목적으로 사업의 정리를 강력히 추진하였다. 그리하여 경쟁력이 높은 13개의 전통제조업과 첨단기술사업 그리고 서비스사업을 주축으로 한 새로운 사업포트폴리오를 형성해 나갔다(표 Ⅳ-5 참조).

(3) 조직구조조정과 인력감축

이와 같은 사업구조조정과 사업포트폴리오의 변화는 GE의 조직구조와 인력에 큰 변화를 가져왔다. GE의 변신전략 자체가 GE 내부의 혁신과 개혁을 목적으로 설계된 만큼, 앞으로 추구할 사업을 대폭 변경하는 것은 조직구조와 인력에 많은 변화를 가져오는 것은 당연하다. 또한 웰치 회장은 취임 즉시 제 1 또는 제 2 의 경쟁적 위치를 장악하지 못하는 사업부는 GE에서 존재할 수 없을 것임을 명백히 하였고, 임원들에게 관료주의 병폐를 없애는 것은 물론 관료체계의 그늘에서 안주하는 관리자는 GE에 남아 있을 수 없을 것임을 분명히 하였다.

조직과 인력의 변화를 실제로 집행하는 데 있어서 웰치 회장은 GE가 당면한 상황에 비추어 장기간에 걸친 점진적이고 진화적인 변화보다는 단기간의 획기적이고 혁명적인 개혁이 더 효과적이라고 믿었다(표 Ⅳ-6 참조). 이것은 앞에서 언급한 그의 '끓는 물 속의 개구리' 논리와 일치되는 생각이다. 그가 단기간에 많은 사업을 과감히 매각 · 처분하고 새로운 사업을 매입 · 인수한 것도 이와 같은 그의 믿음에 기초한 것이었다.

표 Ⅳ-6 경영혁신 접근방법

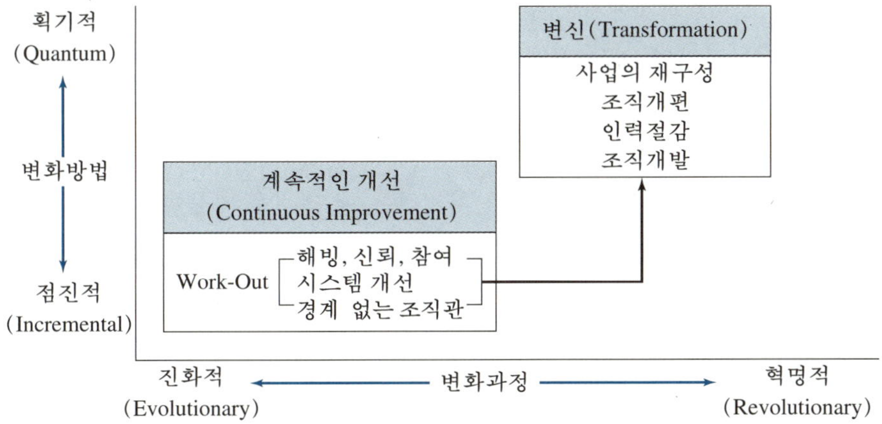

사업의 대대적인 매각 · 매입으로 GE의 전통적인 사업이미지는 점점 사라지고 새로운 사업프로파일과 기업상이 그 용모를 나타내기 시작하였다. 따라서 특히 오랫동안 유지해 온 전기관련 전통사업들을 처분할 때(특히 가정용품과 전자용품)나 전통사업과 관련이 없는 사업(특히 금융서비스)을 매입할 때마다 GE의 전통을 고수하려는 많은 구성원들로부터 거센 비난과 반발을 불러일으켰다. 그러나 웰치 회장은 오로지 최고의 경쟁력확보를 목적으로 그의 변신전략을 강력히 추진하였다. 그리하여 회장 취임 후 2년 동안에 약 40,000명의 인력을 줄이고 그 후 2년 동안에 37,000명의 인력을 추가로 감소시켰다.

인력의 축소는 변신전략과 함께 계속 추진되어 회장 취임 10년 후인 1991년 말에는 GE의 매출규모가 1981년의 272억 달러에서 602억 달러로 2.2배나 증가했는 데도 불구하고 구성원 수는 오히려 404,000명에서 284,000명으로 30%나 감소하였다. 인력감소는 생산직뿐만 아니라 관리직과 전문스태프 그리고 최고경영층에 이르기까지 분야와 계층을 막론하고 회사 전체에 걸쳐서 단행되었다. 본사의 관리스태프만도 1,700명에서 1,000명으로 41%나 감소되었다. 이와 같은 전격적인 인력감축 때문에 웰치 회장은 '중성자탄 잭'(Neutron Jack)이라는 별명으로 불리기도 하였다.

조직개편과 인력감축은 단순히 사업의 정리만을 통하여 이루어진 것은 아니다. 최강의 경쟁력을 확보하려는 웰치 회장의 전략목표에 따라 사업부들은 제 1 또는 제 2 의 경쟁적 위치를 장악하기 위하여 적극적인 조직개선과 감량경영에 나섰고, 그 과정에서 상당한 인력이 절감되었다. 시장점유율이 감소추세에 있던 전등사업의 경우 경쟁적 우위를 강화하기 위하여 전등사업에서 최저의 원가를 추구하고 새로운 시장개척을 통하여 시장점유율을 높이며, 품질에 있어서 전등산업에서 최고의 위치를 되찾고 고객서비스에 있어서도 유통시스템의 확충을 통하여 선두적 위치를 차지하는 데 전력을 기울이는 등 최고의 경쟁적 위치를 확보하는 과정에서 획기적인 조직개편과 인력절감이 이루어졌다.

사업조직구조에 있어서 웰치 회장은 수직적 계층수를 줄이고 관리자의 관리한계(span of control)를 넓혀서 극도로 계층화 · 관료화된 구조체계를 대폭 수평화 · 간소화하였다. 그는 먼저 전략적 사업단위(SBU)의 전략계획기능을 사업부에 흡수 · 통합시키어 전략적 경영관리조직을 없애고, 나아가서는 6개의 사업그룹본부를 모두 철폐하였다. 그리하여 사업부의 권한과 자율적 경영을 크게 강화하고 사업부와 최고경영자와의 직접적인 접촉을 대폭 증진시켰다. 그리고 관리스태프의 형식적이고 무의미한 통제 · 심의 절차도 모두 철폐하였다.

사업그룹본부체계하에서 최고경영자는 매달 사업그룹본부장(Sector Chiefs)들과 만나서 엄청난 양의 재무제표와 경영정보를 중심으로 사업부들의 운영실적을 분석하고 앞으로의 투자 및 전략방향을 결정해 왔다. 그러나 현장감각이 없는 사업그룹본부장들과의 이러한 회의는 그들의 권위와 형식만을 조장할 뿐 효과적인 전략경영에는 전혀 기여하지 못하였다. 그래서 사업그룹본부체계를 철폐함에 따라서 웰치 회장은 전략계획과 투자결정을 직접 사업부장에게 위임하여 사업부의 권한을 확대시키는 한편, 사업부장과의 직접적인 접촉을 통하여 사업부의 현황과 문제점을 보다 신속하게 그리고 정확하게 파악함으로써 사업부의 전략경영을 크게 효율화시키고 나아가서는 사업부활동도 크게 활성화시켰다.

4. 워크아웃 조직개발

웰치 회장의 비전은 많은 구성원들의 공감을 얻었고 그의 변신전략도 구성원들로부터 그 필요성에 대한 인식을 얻어냈지만, 막상 기존사업이 매각 · 처분되고 새로운 사업이 매입 · 인수되자 특히 이에 직접 또는 간접적으로 영향을 받은 구성원들은 많은 불만과 반발을 보였다. 그럼에도 불구하고 변신전략은 강력히 추진되었고, 그 결과 매출과 수익성 그리고 생산성 등 회사의 전체적인 성과가 향상됨에 따라서 구성원들의 반발과 저항은 점차 줄어들었다. 그러나 조직구조가 수평화되어 관리한계가 넓어지고 관리스태프의 절감으로 지원인력이 감소되자, 관리자들은 자기의 업무량이 대폭 증가되고 최강의 경쟁력을 확보해야 하는 경영목표 때문에 책임감과 스트레스가 커졌다는 불평이 많아졌다. 그리고 구성원들도 인력절감 때문에 업무량이 증가되었다는 불만이 커졌다. 따라서 관리자와 구성원들은 일반적으로 웰치 회장의 사업 재구성과 조직개편에 대하여 저항은 하지 않았지만, 그렇다고 해서 적극적인 태도도 보이지 않았다.

표 Ⅳ-7 변신전략과 조직개발

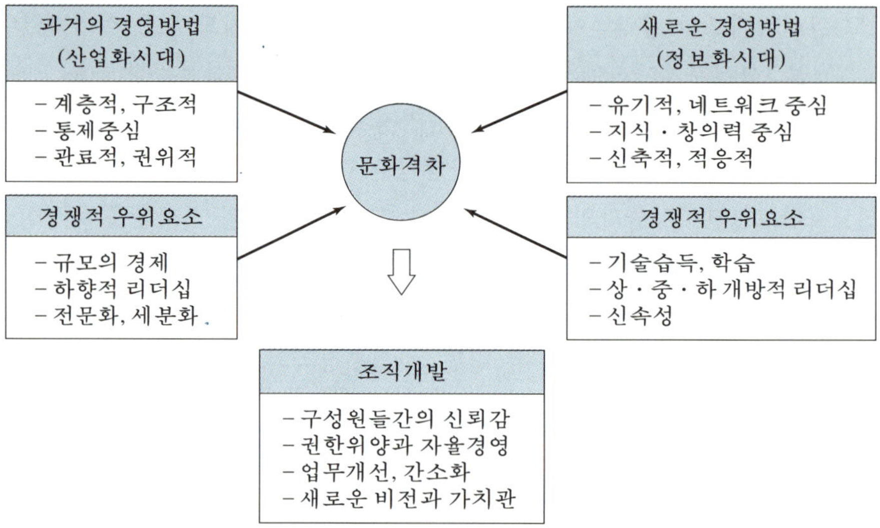

그뿐 아니라 사업간의 상호교류와 자원의 공동활용 등 통합된 다양성(integrated diversity)을 실현시키기 위한 새로운 의식과 행동도 조성되지 않았다. 웰치 회장의 새로운 비전에서 강조된 바와 같이, GE의 변신전략이 성공하려면 새로운 사업의 정돈과 조직 · 인력의 재구성은 물론 통합된 다양성을 통하여 회사의 모든 자원이 전사적인 차원에서 최고 수준의 경쟁적 비교우위와 수익성을 달성해 나가는 새로운 기업문화가 개발 · 정착되어야 한다. 따라서 GE는 Crotonville의 경영연수원 교육프로그램을 통하여 관리자들에게 경쟁력강화를 위한 새로운 가치관과 공유의식 그리고 개방적 사고방식 등 새로운 가치관을 주입시키는 데 많은 노력을 기울여 왔다. 그리하여 1981년부터 매년 10,000명의 관리자들이 새로운 기업문화에 대한 교육과정을 거쳐 나갔다.

그러나 Crotonville의 교육프로그램은 GE 전체의 조직 및 인력규모에 비추어 수적으로나 실제 변화에 있어서 큰 변화를 가져오지 못하였다. Crotonville에서 교육훈련을 받은 소수의 관리자들이 오랫동안 강하게 정착되어 온 GE의 기존 문화를 깨뜨리고 새로운 기업문화를 확산시키기에는 너무나 벅찼다. 과거의 계층적 · 구조적 통제중심의 관료적 의식은 아직도 많은 구성원들의 가치관을 지배하고 있었고, 규모경제와 하향적 리더십 그리고 전문화 · 세분화에 의한 능률만을 경쟁적 우위요소로 강조하는 경향이 높았다. 이러한 기존의 기업문화는 능력중심의 유기적, 신축적, 그리고 적응적 사고방식과 행동을 강조하고 급변하는 환경하에서 새로운 기술의 습득과 개방적인 상호작용 및 리더십을 통하여 경쟁적 비교우위를 유지해 나가는 새로운 바람직한 기업문화와는 너무나 대조적이었다(표 Ⅳ-7 참조).

웰치 회장은 새로운 사업과 조직 · 인력의 재구성이 점차 정착되어 가고 있고 임원협의회도 만족스럽게 그 기능을 발휘하고 있는 점으로 보아 성공적인 변신전략에 필요한 새로운 기업문화를 회사 전체에 걸쳐서 개발 · 정착시키는 데 전력을 기울여야 할 단계에 도달했다고 믿었다. 따라서 GE는 1988년에 Crotonville 교육진의 주도하에 Crotonville의 교육프로그램을 모든 작업현장에서 GE 구성원 모두가 변신전략에서 요구되는 가치관과 행동개발 등 새로운 기업문화개발에 참여하는 대대적인 조직개발프로그램을 실시하기 시작하였다.

(1) 워크아웃 조직개발의 목적

워크아웃(Workout)이라고 불리는 이 조직개발 프로그램은 근본적으로 다음 네 가지의 변화목적을 강조하였다.

① 신뢰감의 개발 : 구성원들간에 상하를 막론하고 각자가 아무런 두려움 없이 자기 의견을 누구에게나 말할 수 있는 신뢰적 관계를 개발한다. 그리하여 구성원들의 신뢰감 속에서 그들의 창의력을 발휘하도록 한다.

② 자율성과 책임감의 조성 : 직무에 대해서는 직무수행자 자신이 누구보다도 더 잘 안다는 전제하에, 직무수행자에게 최대의 권한과 자율성을 부여(empowerment)하여 주인의식을 기르는 동시에 직무성과에 대하여 전적인 책임을 지는 책임의식을 개발한다.

③ 성과지향적 분위기의 개발 : 업무개선과 생산성 향상을 통하여 구성원들에게 실질적인 혜택을 제공함으로써 그들의 적극적인 자세와 행동이 지속적으로 강화 · 유지될 수 있는 성과지향적 분위기를 개발한다.

④ 공유가치의 개발 : 회사 전체에 걸쳐서 조직구조상에 아무런 영역이나 장벽 없는 무한계(boundaryless)의 의식, 그리고 구성원들의 신분상에 아무런 차별 없이 여러 사업 부문의 구성원들이 사내 자원을 모두 같이 공유한다는 사고방식으로 상호 교류하고 회사 문제에 모두 적극적으로 참여하는 공동체의식과 평등감 그리고 개방적 행동을 개발하여 이를 모든 구성원들의 공유가치(shared value)로 정착시킨다.

(2) 3-단계 조직개발

워크아웃 조직개발프로그램은 기본적으로 세 단계로 구성되었다. 첫째는 구성원들이 기존의 구조화된 역할개념에서 벗어나, 그들이 당면하는 문제에 대하여 자유스럽게 의견을 제시하고 문제해결에 참여하는 적극적인 자세와 행동 그리고 그들 상호간의 신뢰적 관계를 개발하는 해빙(Unfreezing)단계이고, 둘째는 구성원들의 최대의 업무성과를 위하여 공동으로 업무시스템을 분석 · 개선해 나가는 시스템개선(Best Practice)단계이다. 그리고 셋째는 통합된 다양성 개념을 실현시키고 이를 생활화시킬 수 있는 관리자들의 자질을 개발하여 GE의 체질개선을 촉진시키는 변화가속화(Change Acceleration)단계이다(표 Ⅳ-8 참조). 워크아웃 프로그램이 시작된 이후 불과 몇 년 동안에 200,000명 이상의 GE

표 Ⅳ-8 워크아웃 조직개발

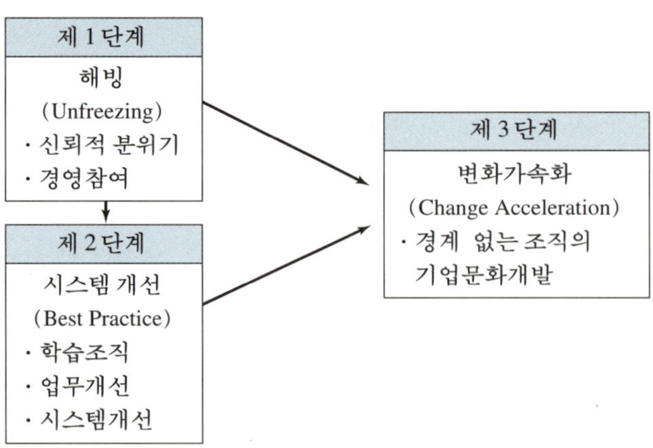

구성원들이 이미 제 1 그리고 제 2 단계 프로그램에 참여하였고, 1990년대에 들어와서는 제 3 단계의 조직개발프로그램이 활발히 진행되었다.

워크아웃의 해빙프로그램은 같은 사업부의 구성원들이 30~100명의 단위로 모여서 그들이 공통으로 느끼는 문제에 대하여 각자 자유스럽게 의견을 제시하고 서로 토의하며 해결책을 건의하는 형식으로 실시되었다. 워크아웃 토의는 주로 사외 회의장이나 호텔에서 3일간에 걸쳐 실시되었는데, 첫날에는 관리자의 참석하에 토의할 문제들을 정리한 다음에, 소집단으로 나뉘어서 관리자의 참석 없이 변화전문가의 지도하에 구체적인 문제와 해결책을 자유스럽게 토의하였다. 그리고 마지막 날에는 관리자의 참석하에 토의된 문제에 대한 구성원들의 해결책을 건의하는데, 여기에서 관리자는 건의된 해결책을 그대로 채택할 것인지 또는 거절할 것인지에 대한 자신의 입장을 분명히 하였다. 추가 정보자료가 필요한 건의사항에 대해서만 해결책을 건의한 팀에게 필요한 정보자료를 지정하는 날짜까지 제출하도록 하여 그때까지 그의 결정을 지연시킬 수 있도록 하였다.

이와 같은 워크아웃 토의는 필요에 따라 반복되었다. 그 과정에서 구성원들은 자기 직무와 사업부에 관련된 문제해결에 직접 참여하여 주인의식을 느끼게 되고, 그들의 건의사항에 대하여 관리자의 확답을 그 자리에서 받음으로써 경영층에 대한 신뢰감과 더불어 자신의 결정사항에 대한 책임감을 느끼게 되었다. 채택된 건의사항은 상위계층에서 거절하지 못하도록 하였다. 따라서 관리자는 건의된 사항에 대하여 전적인 권한과 책임을 가지고 신중히 결정해야 하였다. 전체적으로 건의사항의 80%에 대하여 채택여부의 결정이 그 자리에서 내려졌고, 나머지는 한 달 내에 추가적인 연구분석을 통하여 결정이 내려졌다. 워크아웃프로그램은 과거의 전통적인 계층구조하에서 자기의 의견조차 제시할 수 없었던 많은 구성원들로부터 열성적인 환영을 받았고, 그들의 적극적인 참여를 통하여 작업장을 활성화시키고 그들의 개선책을 통하여 큰 경제적 성과를 거두었다.

(3) 시스템개선 벤치마킹과 학습문화의 도입

해빙단계에서 구성원들간의 신뢰적인 분위기와 적극적인 참여의식이 조성되는 동안에 GE는 제 2 단계 조직개발, 즉 시스템개선에 대한 준비작업을 시작하였다. GE는 창설이래 기술개발과 기업경영에 있어서 항상 선두의 위치를 차지해 왔다. 그리하여 GE 구성원들은 회사운영이나 업무수행에 있어서 자기들의 방법이 최선이라는 전제하에 다른 회사에서 사용되는 경영기법이나 관행에 대해서는 전혀 관심을 기울이지 않았다. 웰치 회장은 GE가 이러한 헛된 우월감에서 벗어나야 할 때가 왔다고 느끼고, 본사의 경영개발팀으로 하여금 GE에게 모범이 될 만한 세계적인 우수기업을 선정하여 그들의 경영기법과 실제 성과를 연구하도록 하였다. 경영개발팀은 Ford와 Hewlett Packard 그리고 일본의 도요다와 후지제록스 등 9개 회사를 최종적으로 선정하여 그들 회사의 경영방법이 어떻게 성과를 높이고 있는지를 자세히 연구하였고, Crotonville의 교육진은 그 연구결과를 중심으로 선진기법을 배우는 학습자세와 시스템개선 조직개발에 필요한 교육프로그램을 작성하였다.

1990년에 시작된 시스템개선 조직개발은 구성원들의 업무개선의식을 기르는 교육프로그램과 실무현장에서 그들의 실제 시스템개선작업으로 구성되었다. 교육프로그램에서는 구성원들로 하여금 'GE 최고'라는 우월감에서 벗어나 다른 회사에서의 성공적인 경영기법을 배우는 학습자세를 기르고, 업무개선을 꾸준히 계속해 나가는 일본식 가이젠(Kaizen)개념을 주입시키며, 시스템개선의 초점은 사람보다도 과정이라는 전제하에 시스템개선의 중요기법으로 과정지도화(process mapping)와 벤치마킹을 터득시켰다. 작업장에서 구성원들은 특정 문제에 대하여 관련기능을 중심으로 팀을 형성하여 변화전문가의 지도하에 실제 시스템개선에 나섰다. 그리하여 과정지도화기법을 사용하여 모든 과업 및 업무 수행방법과 절차를 분석하고 이를 간소화, 개선, 그리고 효율화시켰다. 그 과정에서 고객과 거래회사의 의견을 적극 수렴하고, 타회사의 관행도 적극적으로 검토하며, 이를 시스템개선에 참조하였다.

시스템개선프로그램은 업무수행과정에 많은 개혁과 더불어 실질적으로 큰 성과를 가져왔다. 특히 과정지도화기법은 필요 없는 업무와 절차를 없애고 저부가가치 업무를 기계화하는 등 업무수행주기를 단축시키어 생산성을 향상시키는 데 결정적인 역할을 하였다. 그리하여 제품생산과 주문처리 그리고 고객서비스 등 해당 업무분야에서의 주기시간(cycle time)이 단축되고 재고량은

감소되며 자산활용품은 증가하여 전체적인 생산성과 투자이익률이 크게 향상되었다. 그리고 구매업무와 절차의 개선도 재료의 품질향상과 더불어 비용에도 큰 절감효과를 가져왔다. 이와 같은 성과는 구성원들의 업무개선 노력을 지속시키는 강화요인으로 작용함으로써 그들의 시스템개선 행동을 GE의 영구적인 문화특성으로 정착시켰다. 그리하여 1995년에 시작된 6-시그마 품질혁신운동을 성공적으로 진행시키는 데에도 크게 기여하였다.

(4) '무한계' 조직문화와 변화가속화

그러나 웰치 회장은 GE의 경제적 · 재무적 성과는 크게 개선되었지만 세계 최강의 경쟁력을 가진 기업체로서의 기업문화를 영원히 정착시키는 데에는 오랜 기간의 많은 노력이 필요하다고 믿었다. 그가 추구하는 GE상은 장벽 없는 '무한계(boundaryless) 조직'으로서 구성원들이 수평적으로는 부서와 기능간에, 수직적으로는 상하계층간에, 그리고 외적으로는 고객이나 거래기업체와의 관계 그리고 세계 각처의 파트너와의 관계에 있어서 아무런 경계나 장벽을 느끼지 않고 한 팀이 되어 특정 공동목표의 달성을 위하여 상호협조와 개방적 상호작용 등 팀워크가 자연스럽게 이루어지는 조직체이다. 이와 같은 '무한계의 조직'은 GE가 앞으로 모든 사업에 있어서 점점 중요해지는 세계시장을 계속 확장해 나가고, 그 과정에서 외국의 초우수기업들과 성공적으로 경쟁하여 세계적인 초우수기업의 위치를 유지해 나가는 데 절대적으로 필요하다는 것이 웰치 회장의 강한 신념이다.

웰치 회장의 '무한계 조직'의 비전을 실현시키기 위한 조직개발이 바로 워크아웃의 셋째 단계인 변화가속화프로그램이다. 변화가속화프로그램은 근본적으로 구성원들의 개방적 상호작용과 팀워크에 중요한 촉매역할을 하는 관리자의 자질 및 행동개발에 그 초점이 맞추어져 있다. GE는 전통적으로 명문대학 출신의 우수한 인력을 고용해 왔다. 그러므로 GE의 관리자들은 높은 성과를 달성할 수 잇는 기본자질은 가지고 있다. 따라서 웰치 회장의 변신전략과 구조조정이 성공하려면 무엇보다도 관리자들로부터 경쟁력이 강한 기업체를 만들겠다는 웰치 회장의 비전에 대하여 그들의 커미트먼트를 얻어내는 것이 가장 중요하다. 이제 관리자들로부터 그러한 커미트먼트를 얻어낸 만큼, 이제 웰치 회장에게 남은 과제는 관리자들에게 '무한계 조직'의 가치관을 주입시키어 그들이 무한계 조직문화를 실현시키는 데 촉매역할을 함으로써 GE가 영원히 경쟁력 있는 기업체로 성장하는 데 필요한 기업문화를 정착시키는 것이다.

(5) 전략적, 가치중심적 인적자원관리

변화가속화프로그램에서 강조되는 새로운 가치관은 수직적(상하계층) · 수평적(기능, 부서간), 그리고 외적(고객, 협력업체, 해외파트너) 경계와 장벽에 구애 받지 않는 개방적 의식과 실력을 최우선으로 하는 평등의식 그리고 회사자원에 대한 공유의식이다. 이들 새로운 가치관을 관리자들 모두의 공유가치로 개발하는 것은 Crotonville의 교육훈련을 중심으로 이루어져 왔고, 새로운 공유가치를 실제 행동으로 연결시키는 것은 실무현장에서의 새 인적자원관리를 통하여 이루어져 왔다. 바로 여기에 벽 없는 열린 무한계 조직문화 중심의 전략적 인적자원관리시스템이 적용된 것이다.

새로운 기업문화개발을 위한 전략적, 가치중심적 인적자원관리시스템의 내용을 요약하면, 첫째로 신입사원선발에 있어서 새로운 공유가치를 선발기준에 반영시키고, 교육훈련에도 역시 새로운 기업문화를 고취시키는 것이다. 둘째로, 보상관리시스템에 있어서는 호봉 급수를 대폭 줄이는 대신 호봉의 폭을 넓히고, 전체 급여액에서 보너스가 차지하는 비중을 늘리며, 지주제도의 적용범위를 확대하는 등 성과에 따른 보상부분을 크게 증가시킴으로써 새로운 기업문화개발에 대한 상당한 인센티브를 제공하는 것이다.

셋째로, 인사고과에 있어서는 전통적인 부하평가뿐만 아니라 자기평가와 동료평가 그리고 상사평가 등 다면평가제도('360도 평가제도')를 도입하고 새로운 공유가치를 고과기준으로 포함시켰으며, 승진을 포함한 인사이동에도 새로운 기업문화개발에 대한 업적을 상벌기준에 적극 반영시켰다. 그리고 본사의 임원관리스태프(Executive Management Staff)에 대해서도 3,500명의 상위계층 관리자들의 업적을 분석 · 평가하는 과정에서 새로운 기업문화개발에 대한 업적을 그들의 승진결정에 반영시켰다. 그리하여 무한계 조직문화의 문화망을 확대해 나갔다. 이와 같은 가치중심적 인적자원관리는 무한계의 새 조직문화 개발을 가속화시키고 이를 정착시키는 데 큰 역할을 하였다.

(6) 6-시그마 품질운동

과정지도화와 벤치마킹으로 하부구조조정이 활발히 진행되는 가운데 웰치 회장은 1995년에 6-시그마(Six Sigma)라는 대대적인 품질운동을 시작하였다. 6-시그마란 100만 개의 제품이나 서비스 중에서 단 3~4개의 불량만을 허용하는 품질수준을 의미하며, 나아가서는 무결점품질로 세계 최상의 경쟁력을 유지하겠다는 GE의 의지를 표명하는 경영혁신운동이다. 6-시그마 품질운동은 제품, 서비스, 관리과정 등 세 분야 전체를 대상으로 수주에서부터 설계, 생산, 판매, 서비스와 모든 경영관리 프로세스의 모든 과정에서 무결점을 추구함으로써 불량으로 인한 막대한 손실비용을 제거하여 최고의 원가경쟁력을 추구하는 것이 근본목적이다. 그리하여 전 사원에 대하여 품질훈련을 실시할 뿐 아니라 모든 관리자들이 품질운동의 지도자역할을 맡도록 하였으며(표 Ⅳ-9 참조), 훈련된 품질전문요원들을 실무현장에 배치하여 과학적이고 조직적으로 6-시그마운동을 추진해 나갔다.

표 Ⅳ-9 6-시그마 추진요인과 역할

추진요원	역할
Champions: 최고경영자 사업부책임자	· 목표설정 · 추진방법 결정 · 6-시그마의 이념·신념 확산
Master Black Belts: 전문추진 지도자 (상임직)	· 품질요원 지도교육 · 품질요원 감독 · 품질기법 이전
Black Belts: 전문추진 책임자 (상임직)	· 품질프로젝트 추진 · 품질개선팀 지도 · 통계적 분석
Master Green Belts: 전문지도자 (실무와 겸직)	Master Black Belts와 동일
Green Belts: 품질운동(실무와 겸직)	Black Belts와 동일

웰치 회장은 항상 GE의 품질프로그램에 대하여 아쉬움을 느끼고 있었고, 따라서 구조조정의 기반이 잡힘에 따라 부회장시절에 동료 부회장이었던 Allied Signal회사의 보씨디(Lawrence Bossidy) 회장의 조언과 모토롤라 회사(Motorola)의 6-시그마 프로그램을 참고로 하여 GE 자체의 품질운동을 추진하게 된 것이다. 6-시그마 프로그램은 원래 모토롤라가 1987년부터 1992년까지 5년간에 걸쳐서 추진한 품질혁신운동으로서 이 프로그램을 통하여 모토롤라는 무려 3억 달러의 비용절감을 달성하였다. 모토롤라에서 6-시그마 품질운동은 결함으로 비용을 발생시키는 눈에 보이지 않는 소위 '숨겨진 공장'(the hidden plant)을 찾아내서 이를 없애버린다는 개념에서 추진되었다. GE는 항상 품질을 강조했지만 구호에 불과했고, 따라서 품질문제로 인하여 연 80~120억 달러의 비용이 발생하고 있다는 것이 웰치 회장의 분석이다. 따라서 GE는 2000년까지 5년간의 6-시그마 품질운동을 통하여 50억 달러의 이익효과를 추구하였다. 그리하여 1995년 말부터 전사적인 품질운동과 더불어 품질교육훈련을 실시하여 1997년에도 무려 6,000개의 품질프로젝트가 진행되었고, 1998년에는 6-시그마 품질운동으로부터 7.5억 달러의 이익효과를 발생시켰다.

5. 끊임없는 경영혁신과 조직개발

1981년에 웰치 회장의 취임과 더불어 전개된 구조조정과 조직개발은 GE의 기본사업과 전략경영 그리고 기업문화에 많은 변화를 가져오면서 GE의 경쟁력을 크게 강화하였다. GE의 외형규모는 1981년의 272억 달러에서 1991년의 602억 달러로 그리고 1998년의 1,005억 달러로 증가하였고, 순이익도 같은 기간에 16.5억 달러에서 44.4억 달러로 그리고 93억 달러로 크게 증가하였다. 사업의 구성은 전통적인 전기관련 사업으로부터 고부가가치의 첨단기술과 서비스사업으로 그 비중이 바뀌어 전체적인 사업전략의 방향과 초점이 크게 달라졌다.

또한, 계속적인 성장에도 불구하고 1981년에 40만 명 이상이었던 구성원의 수는 1991년에 28.4만 명 그리고 1998년에 27만 명 수준으로 계속 감소되었다. 극도로 관료화된 사업부의 조직구조와 전략경영체계는 대폭 수평화 · 간소화되어 사업부의 활동이 크게 활성화되었다. 그리고 워크아웃 조직개발은 구성원들의 경영참여의식을 제고시키고 그들의 시스템개선 작업을 촉진시키어 많은 실질적인 성과를 거두었다. 이와 같은 구조조정과 경영혁신을 통하여 GE의 연 생산성증가율은 1981년의 2%에서 1989년의 6%로 크게 향상시켰고, 1990년대에는 5% 수준의 증가율을 계속 유지시켜 나갔다.

(1) 웰치회장의 강한 의지와 리더십

이와 같이 GE의 변신전략과 구조조정은 세계에서 가장 경쟁력 있는 기업체를 만들겠다는 웰치 회장의 비젼과 그의 강한 의지를 바탕으로 내부의 거센 저항세력에도 불구하고 강력하게 추진되어 경쟁력이 강한 세계적인 기업체로서의 사업구성과 조직체계 그리고 무한계 경영의 기업문화를 개발하는 데 크게 기여해 왔다. 그리하여 GE는 1994년 이래 세계에서 시장가치가 가장 큰 회사로 평가 받아 왔고, 최근 미국의 포춘(Fortune)지는 2002년에 GE를 5년 연속 '가장 존경 받는 미국기업' (America' s Most Admired Company)의 제 1 위로 평가하였고, 그 이후에도 2007년에 이르기까지 거의 매년 제 1 위로 계속 평가해왔다.

1981년부터 시작된 구조조정을 통하여 GE는 전통적인 전기관련사업에서 고부가가치의 첨단기술과 서비스사업으로 그 비중이 대폭 이전됨으로써 새로운 기업체로 변신하였다. 그리고 극도로 계층화된 조직구조와 관료화된 경영체계도 조직수평화 · 간소화와 감량경영 그리고 유연하게 적응할 수 있는 경영조직으로 변모하였다. 그리고 무엇보다도 웰치회장이 취임한 지 17년 만에 GE의 시장가치를 1981년의 120억 달러에서 2000년의 5,340억 달러로 45배 이상 증가시켰다.

무한계 경영의 새로운 조직문화로 GE를 세계 최우수기업으로 만들겠다는 웰치 회장의 의지와 노력은 변신전략이 시작된 지 26년이 지난 오늘날까지도 후임으로 취임한 이멜트(Jeff Emmelt) 회장 체제하에서 끊임없는 구조조정과 경영혁신을 통하여 지속되어 나가고 있다. GE의 변신전략이 지금까지 이와 같은 큰 성과를 거둘 수 있었던 성공요인으로는 창립이래 거의 130년간 꾸준히 지속되어 온 전통, 사업부 중심의 자율경영능력, 전략경영의 우수한 경영인력 그리고 구조조정과정에서 Crotonville경영연수원의 역할 등 여러 가지를 들 수 있다. 그러나 무엇보다도 GE를 세계 제일의 최우수기업으로 만들려는 웰치 회장의 비전과 그의 강한 의지 그리고 그의 강력한 리더십이 가장 중요한 성공요인이었음은 틀림이 없다.

(2) 시너지적 변신전략과 변화관리

조직변화관점에서 GE의 획기적인 변신과 경쟁력 강화는 변화이론과 현대 조직개발기법을 활용하여 체계적인 기업문화개발과 변신전략으로 최대의 시너지적 변화효과를 달성한 대표적인 성공사례라 할 수 있다. GE의 변신은 무

표 Ⅳ-10 GE의 체계적 변신전략과 시너지 효과

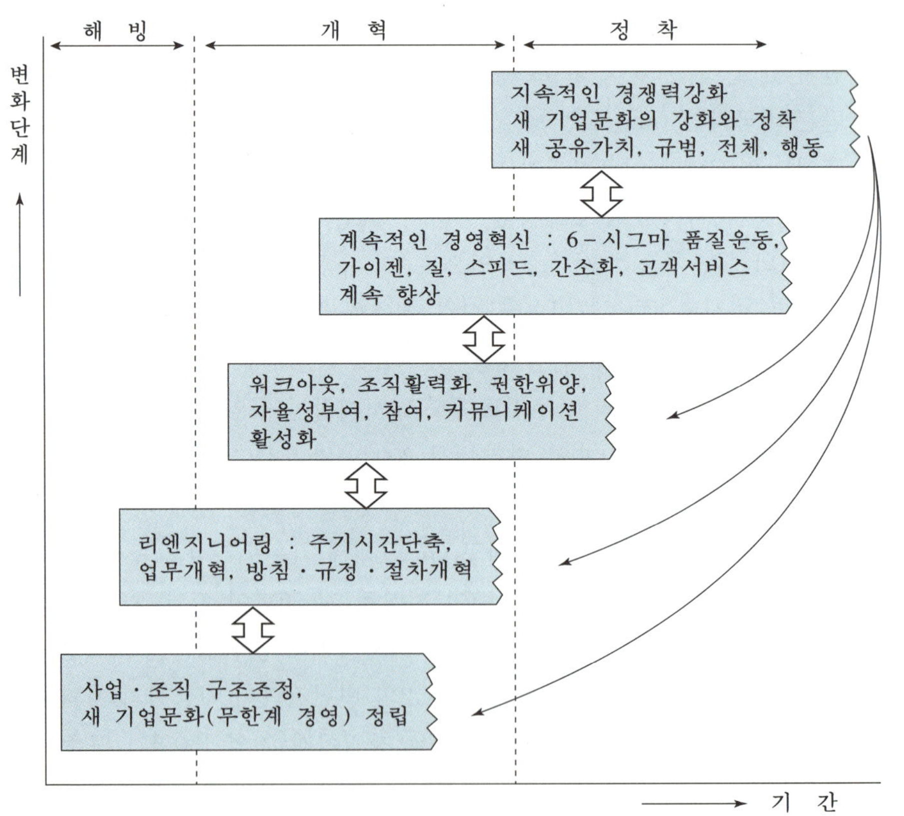

한계(boundaryless)라는 새로운 기업문화 가치의 설정으로부터 시작하여 사업구조조정과 조직구조조정, 과정지도화와 업무 리엔지니어링, 워크아웃 경영참여와 가치중심적 전략적 인적자원관리, 그리고 6－시그마 품질운동에 이르기까지 모든 변화가 단계적으로, 순서적으로, 체계적으로 추진되면서 변화에 최대의 시너지 효과를 가져왔다. 그 과정에서 웰치 회장을 비롯하여 인적자원스태프와 Crotonville연수원의 조직개발전문가들은 변화담당자로서 각자의 전략적 개입역할을 수행하며 변화에 시너지 효과를 극대화시켰다(표 Ⅳ－10 참조).

오랫동안 강한 경쟁력을 바탕으로 높은 성과를 달성하다가 환경변화에 적절히 적응하지 못하여 경쟁력을 잃게 된 기업체는 상당히 많이 있다. 미국의 3대 자동차제조업체, IBM, Xerox, Sears Roebuck 등이 대표적인 예로서, 이들 기업은 고통스럽고 강력한 구조조정을 겪어나가면서 대다수가 다행히도 경쟁력을 회복하였다. GE는 이들 기업과는 달리 미래의 환경변화를 미리 예측하고 사전에 새로운 환경에 알맞은 기업문화의 개발과 더불어 과감한 구조조정과 조직개발로 경쟁력을 강화하여 높은 성과를 계속 달성하면서 세계 최강의 경쟁력을 가진 초우수기업으로 성장하였다.

우리나라 기업도 과거 1960년대 이래 주로 저기술 · 저가격 제품분야에서 강한 경쟁력을 바탕으로 고도의 성장을 달성하였다. 그러나 우리나라의 많은 기업들이 세계화 등 새로운 환경변화에 적절히 적응하지 못하여 경쟁력을 잃게 되었음은 물론 1997년에 닥쳐온 IMF 한파에 못 이겨 극심한 경영위기를 거쳐나가야만 했다. 따라서 GE가 어떻게 변신전략을 구상하고 어떻게 사업 및 조직구조의 조정과 더불어 무한계의 기업문화개발을 전개하여 세계 최강의 경쟁력을 가진 기업으로 변신하였는지는 우리나라 기업에게 좋은 참고가 된다.

사례 #2

휴렛 팩커드의 'HP Way' 문화

기업문화는 기업의 장기성과를 결정하는 중요요인으로서, 현대기업의 핵심능력과 경쟁적 비교우위의 기반으로 인식되고 있다. 이 사례는 휴렛 팩커드의 HP Way문화가 무엇이고, 이것이 HP의 가치경영에 어떻게 반영되고 있는지를 분석한다. 그리고 1970년대와 1980년대에 컴퓨터사업으로의 진출로 인한 큰 환경변화에 HP문화가 어떻게 잘 적응하여 HP의 높은 성과에 지속적으로 기여했는지를 설명한다. 그리고 HP의 HP문화가 새로운 기업문화개발을 추진하고 있는 우리나라 기업들에게 주는 시사점이 무엇인지를 알아본다.

휴렛 팩커드(Hewlett Packard)사는 2006년도에 917억 달러의 매출과 62억 달러의 순이익을 달성하여 매출기준으로 세계 제41위를 차지한 초대형 기업체이다. 또한, HP는 전통적으로 높은 수익성을 달성하여 Fortune지의 '가장 존경받는 미국기업' (America' s Most Admired Companies)과 '가장 존경받는 세계기업' (World' s Most Admired Companies)으로 높이 평가 받아온 세계적인 우수기업체이다.

HP는 경영성과뿐만 아니라 경영이론에 있어서도 매우 모범적인 기업체로 널리 인정받고 있다. 파스칼과 애토스(R. Pascale and A. Athos)는 HP를 그들의 7S모형에 가장 이상적인 기업체로 평가하고 있고, 오우찌는 그의 Z형조직의 가장 대표적인 기업체라고 말하고 있다(Ouchi, 1981, pp. 68~70). 그리고 딜과 케네디(T. Deal and A. Kennedy), 피터스와 워터만(T. Peters and R. Waterman)도 HP를 미국의 우수기업으로 높이 평가하고 있으며, 콜린스와 포라스도 그들이 선정한 18개의 영원한 우수 또는 비전기업(visionary company)에 HP를 포함시키고 있다(Collins and Porras, 1994, pp. 1~7). 이 사례는 HP가 세계적인 우수기업으로서 어떠한 경영이념을 가지고 있고 이것이 경영시스템에 어떻게 반영되고 있으며, HP의 전통적 기업문화 특성인 'HP Way'가 성공적인 전략경영에 어떻게 기여하고 있는지를 살펴본다.

1. HP의 발전과정

HP는 1939년에 두 창업자 윌리엄 휴렛(William R. Hewlett) 씨와 데이비드 팩커드(David Packard) 씨에 의하여 설립되었다. 그들은 Stanford대학에서 전기공학을 전공할 때부터 라디오와 관련 통신기술에 취미를 가지고 절친한 친구가 되었다. 또한, 그들은 매우 활동적이고 새로운 것에 호기심이 많은 데에도 성격이 같아서, 대학을 졸업한 후 사업을 같이하는 계획까지 세웠다. 그러나, 대학을 졸업하자 그들은 곧장 사업에 나서기보다는 몇 해 동안 보다 전문적인 연구나 기업에서의 실제경험을 얻는 것이 중요하다는 생각에서, 휴렛 씨는 Stanford대학원에 진학하고 팩커드 씨는 General Electric사에 취직하였다.

(1) HP의 성장연혁

1938년에 그들은 538달러의 자금으로 사업을 시작하려 했으나 무슨 사업을 해야 할지 뚜렷한 목적이 없었다. 그리하여 그들은 Stanford대학이 위치한 Palo Alto에서 우선 휴렛 씨가 하숙하고 있던 집의 차고를 임대하여 간단한 실험실을 꾸며 이것 저것 실험해 보다가, 드디어 값싸고 품질이 좋은 신형 음성진동기(audio oscillator)를 개발하는 데 성공하였다. 1939년 1월 1일에 그들은 파트너십을 결성하여 HP를 정식으로 출범시켰고, 과학기기분야에서 계속 고품질의 혁신적 제품을 성공적으로 개발 · 판매하여 1942년에는 281평 건평의 건물을 지어 60명의 구성원을 고용하는 기업으로 성장시켰다.

1947년에는 파트너십을 주식회사로 발족시키고, 회사가 커짐에 따라 두번째 빌딩을 신축하였으며, 각종 계측기와 시험기기를 개발하여 창립 10주년인 1949년에는 매년 20개의 신제품을 개발하는 진취적인 기업으로 발전하였다. 그리고 1950년대에 HP의 매출규모는 3,000만 달러 수준에 달했고, 구성원 수도 2,000명으로 크게 늘었으며, 제품의 수도 373개로 증가하였다. 1959년부터는 유럽을 시작으로 해외생산에 나섰고, 1961년에는 의료기기분야에 진출하였으며, 1962년에는 Fortune 500대 기업에 올라 460위를 점하게 되었다.

HP는 1965년에는 화학분석기(analytical instruments)분야에 진출하였고, 1968년에는 컴퓨터분야에 진출하여 회사의 성장을 더욱 가속화시켰다. 1970년대에 HP는 3,300가지의 제품과 57,000명의 구성원 그리고 30억 달러 매출규모의 초대형 기업체로 성장하였다. 1980년대에 HP는 드디어 100억 달러 이상의 매출을 기록하여 Fortune 500대 기업의 50위권 내에 들어가게 되었고, 1990년대에도 계속 고도의 성장을 달성하여 1995년에는 120여개 국에서 10만명의 구성원을 고용하는 세계적인 초대형기업으로 발전하였다.

HP의 주요 제품은 계측기와 시험기기 이외에 컴퓨터, 계산기, 의료기기, 화학분석기기, 그리고 고체화 부품 및 기기(solid-state components) 등으로 구성되어 있다. HP는 시험 및 측정기기 부분에서 세계 제 1 위의 위치를 차지하고 있고, 컴퓨터 분야에서는 세계 제 3 위의 위치를 점하고 있다. 컴퓨터분야로의 성공적인 진출은 HP가 세계적인 초대형 기업체로 성장하게 된 큰 원인이 되었다. 그리고 1994년에는 1,000만 대째의 레이저 프린터(HP Laser Jet Printer)를 판매하는 개가를 올리기도 하였다. 그리하여 HP는 창립 이래 거의 70년간에 걸쳐서 꾸준한 기술 및 신제품의 개발 그리고 선진 경영기법의 활용으로 세계적인 우수기업으로 발전하였다. HP는 특히 슈퍼미니와 미니 컴퓨터 부문에서 선두위치를 차지하고 있고, 모든 주요 제품분야에서 기술과 품질 그리고 서비스 등 모든 면에서 최고의 명성을 유지하고 있다.

(2) 한국HP의 설립

1984년에 HP는 삼성전자와의 합작투자로(HP 55%, 삼성 45%) 한국HP를 설립하여 컴퓨터와 계측기, 의료기기, 분석기기, 그리고 전자부품 등을 국내에 공급하고, 계측기의 연구개발과 생산도 하기 시작하였다. 이와 같이 한국HP는 HP의 우수한 제품들을 국내에 수입 · 판매하고, 일부는 국내에서 생산도 하며, 국내에서 생산된 제품들을 수출하고 있다. 1993년에는 1.5억 달러를 수출하여 1억 달러 수출탑을 수상하기도 하고, 그 당시 7억 규모로 이미 아시아 · 태평양 지역 내에서 제 2 위를 점하는 판매실적을 올렸다. 2007년 10월 31일 현재, 한국HP는 1,228명의 구성원이 1조 4,541억 원 규모의 매출을 달성하고 있다.

(3) 기본가치와 경영이념의 정립

HP가 세계적인 초우수기업으로 발전하는 데에는 창업자들의 경영이념과 이를 기업경영에 꾸준히 반영해 온 최고경영층의 역할이 크게 기여하였다. 창업 초기부터 기업이 급성장함에 따라서 휴렛 씨와 팩커드 씨는 기업의 기본가치와 그들 자신의 경영이념을 정립하고 이를 회사의 전략과 운영에 체계적으로 그리고 일관성 있게 반영시켜야 할 필요성을 느꼈다. 그리하여 그들은 1957년에 처음으로 HP의 기본가치와 경영이념 그리고 경영방침을 정립하고 문서화하여 이를 회사운영에 적용하기 시작하였고, 그 이후에 기업환경이 변하고 HP의 사업이 확대됨에 따라 이를 수정 · 보완해 왔다. 그들의 경영이념에는 이익, 고객, 사업, 기술, 구성원, 경영, 사회책임 등 일곱 가지 목적에 대한 그들의 기본철학이 반영되어 있고, 이것이 실제로 기업경영에 실천됨으로써 HP의 경영과 기업문화를 상징하는 'HP Way'의 근간이 되었다. HP가 정립한 공식 기본가치와 경영이념, 그리고 경영목적은 부록에 요약되어 있는 바와 같다.

2. 경영요건과 공유가치

휴렛 씨와 팩커드 씨는 일곱 가지의 경영이념 및 경영목적과 관련하여 "HP는 결코 엄격한 군대식 조직이 아니라, 구성원들 자신이 스스로 맡은 책임영역에서 선택한 최선의 방법으로 목표를 달성할 수 있는 자유를 보장해 주는 조직"이라는 그들의 기본철학을 밝혔다. 또한, 그들은 "HP의 성과는 실제적인 결과로서 구성원들 모두의 공동목표와 공동노력에 의하여 달성된다"는 그들의 신념을 명백히 하였다. 그리고 두 창업자는 구성원들의 공동목적은 현실적이면서도 기업의 모든 구성원들에게 명확히 이해되어야 하는 동시에 조직의 기본성격과 특성을 반영해야 한다는 점을 강조하였다. 더 나아가서 그들은 일곱 가지의 경영이념과 경영목적을 달성하기 위한 세 가지의 경영요건과 구성원행동에 지침이 되는 열 가지의 공유가치를 설정하였다.

(1) 3대 경영요건

두 창업자가 HP의 경영목적달성을 위하여 설정한 3대 경영요건은 다음과 같다.

① 능력주의와 인력개발 : 사내의 직무를 충원할 때에는 사내에서 가장 유능한 구성원이 선발되어야 한다. 그뿐 아니라, 사내구성원들에게는 계속적인 교육훈련프로그램을 통하여 자신의 기술과 능력을 향상시킬 수 있는 기회가 주어져야 한다. 이러한 인력개발은 특히 발전속도가 빠른 기술분야에서 많이 요구된다. 오늘의 기술은 얼마 못가서 낙후되어 버리므로 사내의 모든 구성원들은 자신의 과업수행에 있어서 보다 새롭고 우수한 방법을 계속 모색하고 개발해야 한다.

② 사기앙양 : 사내의 모든 계층은 항상 높은 사기로 충만되어 있어야 한다. 그뿐 아니라 경영층의 주요 관리자들은 자신의 사기도 높아야 하지만, 또한 동료들과 부하들 사이에서 높은 사기를 유발시킬 수 있는 능력에 따라 선발되어야 한다. 특히 경영에 책임을 맡고 있는 관리자들이 피상적인 관심이나 무성의한 노력을 보인다는 것은 결코 생각조차 할 수 없다.

③ 자율적 공동목표추구 : 비록 기업이 이상의 두 가지 조건을 충족시키는 구성원들로 구성되었다 하더라도, 궁극적으로 기업체 전체의 최대의 효율성과 성과를 달성하려면 모든 계층의 구성원들이 모두 공동목표를 위하여 함께 노력해야 한다. 엄격한 군대식 조직을 만드는 것이 아니

라, 구성원들이 공감하는 전반적인 기업목적을 명백히 하고 그들로 하여금 자신의 책임경영에서 기업목적을 자율적으로 달성하도록 하는 것이 HP의 기본정책이다.

(2) 10대 공유가치

휴렛과 팩커드가 HP 구성원들의 행동지침으로 설정한 10대 공유가치는 다음과 같다(표 Ⅳ－11 참조).

표 Ⅳ－11 HP의 경영목적, 전략, 기본가치 간의 상호연관성*

경영목적	전 략	고객 중심성	기 술	가족적 분위기	개 인	부서간 협조	사업개발 발정신	리더십	HP 긍지	사회적 책무	수익성
이익증대	투자 이익률 재무구조	◓	◓								●
고객 서비스	고객만족 서비스 고객피드백	●	◕			◕	◔			◔	
중점사업	관련다각화 창의력개발	◓	◔				◕			◔	
성 장	기술개발 우수인력 선두적 기업				◓		◔				◕
인적자원	직업안정 인정 이익참여		◔	●	●		◔	◕	◓		
경영관리	목표관리 분권경영 자율적 관리		◔	◕	●		◕	●	◔		
사회책임	사회책무 불우집단지원			◓	◕					●	

*경영목적・전략이 문화가치에 주는 영향 정도 : (대)● ⟶ (소)◔

① 고객중심성(Customer Orientation) : 고객은 HP 전략의 초점이고 시장경쟁에서 HP의 성패를 결정하는 중요요소이다. 따라서, 제품개발과 생산 그리고 영업분야는 물론 HP 구성원들은 모두가 고객을 중요시하고 고객이 무엇을 필요로 하는지에 맞추어서 생각해야 한다.

② 고품질 생산능력(Workmanship) : 고객이 원하는 제품을 생산하는 능력은 모든 기업체가 바라는 문화적 특징으로서, 품질을 희생하지 않으면서 생산성과 능률을 제고하여 적절한 가격으로 고품질의 제품을 생산할 수 있어야 한다.

③ 가족적 분위기(Familial Atmosphere) : 분권화체계하에서 개인의 자유와 사업단위의 자율성을 누리면서 HP 전체의 한 가족으로서 소속감과 공동체의식을 함양해야 한다. 회사가 성장함에 따라서 작은 기업에서와 같은 가족적인 분위기를 조성하기는 어렵다 하더라도 사업단위별 하위문화는 전체 기업체 수준의 상위문화에 결합되어 전체적으로 강한 기업문화를 형성해야 한다.

④ 개인의 중요성(Importance of Individual Employee) : HP의 성과는 구성원 개개인에 달렸다. 따라서, 구성원들은 구성원 각자가 HP의 열의와 솔선력 그리고 노동력의 근간임을 인식하여 그들 개개인을 신뢰하고 개성을 존중함으로써 그들이 HP 문화(HP Way)를 체질화하도록 노력해야 한다.

⑤ 부서간의 협조(Interorganizational Cooperation) : 고도로 다각화된 조직 속에서 부서간의 협조는 회사의 내부기능을 통합하고 고객에게 하나의 기업체와 같은 이미지를 주는 데 매우 중요한 역할을 한다. 따라서, HP는 각 부서의 자율성을 강조하는 동시에, 부서의 자율적인 활동이 HP의 공동목적달성을 위한 부서간의 협조를 조성하도록 이를 아울러 강조한다.

⑥ 사업개발적 정신(Entrepreneurial Spirit) : HP의 기술집중성으로 보아 구성원의 창의력은 필연적으로 강조되어야 할 문화가치이다. 따라서, HP는 구성원들이 그들의 창의력을 발휘할 수 있는 직무환경을 조성해 주는 동시에, 구성원들도 자신의 창의력을 발휘하도록 적극적으로 노력

하는 태도와 소신을 가져야 한다.

⑦ 경영스타일(Management Style) : 경영은 HP Way의 중요한 성공요인이다. 따라서, 관리자들은 구성원들에게 신뢰감을 갖도록 하고 고객을 강조하며 열성을 불러일으켜야 한다. 그러기 위하여 관리자들은 그들과 하위계층간의 괴리감을 제거하고 상호간의 개방적인 분위기를 조성해야 한다.

⑧ HP의 긍지(HP Pride) : HP 구성원들은 각기의 업무수행을 통하여 중요한 역할을 한다는 느낌을 가져야 하고 HP 구성원으로서의 긍지를 가져야 한다. 구성원들이 자기 일에 긍지를 가질 때 고객도 HP에 신뢰를 가지게 되고, 따라서 구성원들은 HP Way에 대해서도 자랑스럽게 느끼게 된다.

⑨ 사회적 책임(Social Neighbor) : HP의 구성원과 고객 그리고 모든 자원은 지역사회를 포함한 사회 전체에서 동원되는 만큼, HP는 사회적 책임을 수행할 의무가 있다.

⑩ 이익(Profit) : HP의 전략은 주로 이익을 목적으로 하고 있기 때문에 이익은 HP 문화에 매우 중요한 역할을 한다. 그러나, HP에서 이익만이 중요한 것이 아니라는 것을 명심해야 한다.

이상 HP의 중요 공유가치를 요약하였다. 이들 공유가치는 각각 독립적으로 작용하지 않고 상호 연결된 관계에서 HP 기업문화의 핵심 부분으로 작용한다. 그뿐 아니라, 이들 가치는 HP의 인적자원관리시스템에도 반영되어 HP의 기업문화를 형성하고 이를 강화시키는 역할을 한다.

3. 공유가치와 인적자원관리

HP의 공유가치는 선발 · 배치와 인사고과 그리고 보상과 교육훈련 등 인적자원관리시스템에 직접 반영되고 있다.

(1) 선발 · 배치 시스템

컴퓨터기술개발의 중심지인 미국 캘리포니아주의 실리콘 밸리(Silicon Valley)의 컴퓨터회사들은 기술인력의 공급부족으로 인하여 다른 경쟁사로부터 보너스를 지급하면서 필요한 인재를 스카우트해 오는 경우가 많이 있다. 그러나, HP는 이러한 스카우트방법을 사용하지 않고 하부 신규사원채용에 전적으로 의존하고 있다. 선발과정에서 HP는 입사시험을 적용하지 않고 구성원들과의 면접결과를 중심으로 신입사원을 선발한다. HP는 매년 수백명의 현업 엔지니어와 관리자들이 명문대학교를 대상으로 직접 신입사원 선발에 참여하여 지원자들과 직접 면접하여 HP에 맞는 지원자들을 선발한다. 이러한 선발방법은 HP 문화 속에서 생활해 왔고, 또 앞으로 함께 일할 동료들에 의하여 이루어지기 때문에 신입사원들에게 HP의 문화를 알려줄 수 있는 것은 물론, 회사와 신입사원 양측이 고용자와 고용대상자로서 HP 문화에 적합한지의 여부에 따라서 서로의 선택을 결정할 수 있는 장점을 지니고 있다.

또한, HP는 전통적으로 권한위양과 자율경영 그리고 경력개발로 널리 알려져 특히 MBA들로부터 많은 인기를 얻고 있다. 그리고 흑인이나 여성 등 소수집단의 고용에 있어서도 평등고용방침을 사용하여 많은 흑인과 여성들을 사내 각층에 고용함으로써 항상 미국 내에서 가장 일하기 좋은 기업체(best companies to work) 중에 포함되고 있다.

인력배치에 있어서도 새로운 사업단위가 설립되는 경우에 신규사업단위를 주로 기존 구성원들로 충원시키는 것을 기본방침으로 적용하고 있다. 이것은 기존 구성원들이 HP 문화의 핵심을 형성하여 신규사업단위에 HP문화를 원만히 이전시킬 수 있기 때문이다. 신규사업단위의 새로운 환경과 사명 그리고 외부로부터의 새로운 구성원들의 대거 영입은 HP의 전통가치를 위협할 위험성을 주는 것이 사실이다. 따라서, 신규사업단위를 기존 사원으로 충원하는 것은 HP Way를 지속시키는 중요한 인력배치방침이다. 그뿐 아니라, HP 문화의 고객중심성을 기르기 위하여 HP는 제품개발기사들을 계산기 소매상점에서 일하도록 하여 HP 제품에 대한 소비자들의 반응을 직접 체험하도록 하고 있다.

(2) 인사고과시스템

HP는 회사의 목표뿐만 아니라 구성원의 개인목표를 인사고과에 적용하고 있다. 단지 개인목표는 회사의 목적과 일관성이 있어야 하고 상사의 승인을 얻어야 한다. 이러한 인사고과제도는 구성원의 자유와 개성 그리고 개발을 중요시하는 HP의 기본가치를 구성원의 실제행동을 통하여 실제로 실현시키는 것이다. 그뿐 아니라, 개인목표를 허용하는 인사고과제도는 구성원들에게 HP의 신뢰와 개인에 대한 존중을 전달하고 적극적이고 창의적인 조직분위기를 조성하는 데에도 도움이 된다. 그리고 HP의 인사고과는 집단수준에도 적용되어 팀들간의 과다경쟁을 지양하고 각기의 업무수행뿐만 아니라 집단성과에 대한 책임도 명백히 하여 팀들간에 HP Way를 조성하고 있다.

(3) 보상시스템

HP는 구성원들에게 대체로 높은 수준의 임금과 복리후생을 지급하는데, 이보다 더 중요한 것은 평등한 보상제도를 적용하고 있는 것이다. HP는 전세계에 걸쳐서 평등한 임금률과 복리후생혜택을 부여하려고 노력하고 있고, 세계 각국에서 일하는 구성원들의 복지혜택은 HP Way와의 일관성을 확인하기 위하여 운영위원회에서 매년 재검토되고 있다. 그리고 급여와 관련된 모든 결정은 완전 공개하고 '우리' 라는 의식을 모두가 가질 수 있도록 계층이나 특정 지위에 따른 차별혜택을 최소화시키고 있다.

또한, HP는 집단보상제도를 적극적으로 활용한다. 회사의 이익은 이에 기여한 구성원들과 공동으로 분배되어야 한다는 이념하에 HP는 세전 이익의 12%를 구성원들에게 분배하는 이윤분배제도를 전세계적으로 적용하고 있다. 구성원들은 이 보너스를 당연한 보수로 생각하지 않고 성과에 따른 보수로 인식하고 있다. 그리고 80%의 구성원들이 지주제도에 참여하고 있는데, 이것 역시 구성원들에게 공동목적과 공동체의식을 함양시키고 그들에게 그들이 중요하다는 것을 알리는 데 많은 도움이 되고 있다.

구성원들의 직업안정을 보장하는 것도 HP의 중요한 복리혜택이다. HP는 IBM과 함께 전통적으로 안정된 직장을 실현시키려고 노력하는 회사로 유명한 데, 1940년대부터 '일단 고용한 사람을 해고시키지 않는다' 라는 당시의 회사 상황으로는 파격적인 결정을 하고 이 방침을 지키기 위하여 많은 노력을 기울여 왔다. HP의 연 이직률은 10% 미만인데 변화가 심한 컴퓨터사업분야의 회사로서는 매우 안정된 인력고용을 유지하고 있는 셈이다.

또한, HP는 근본적으로 경영층의 과오로 인한 구성원의 실직이나 휴직은 용납될 수 없다는 원칙을 지키고 있다. 그러나, 경기침체로 인하여 업무량이 감소되는 경우에는 일부 구성원들을 해고시키지 않고 근로분배(worksharing)를 통하여 구성원들 전체의 공동희생방침을 적용하고 있다. 경기침체가 극도로 심할 때에는 휴렛 씨와 팩커드 씨를 포함한 모든 구성원들의 급여와 업무량을 10%까지 삭감하면서 일부 구성원들의 해고나 휴직을 피해 왔다.

승진제도에 있어서 HP 관리자들의 승진은 업무성과뿐만 아니라 기술관리 · 리더십 등 관리자의 능력을 HP가 추구하는 목적 및 전략방향과 관련시켜 결정함으로써 'HP인' 으로서의 자격을 강조하면서 HP 문화를 강화 · 유지해 나가고 있다. 그 대표적인 예가 1980년대 중반기에 이루어진 부사장급의 인사이동인데, 여기서 두 창업자와 사장은 10여 년 동안에 컴퓨터사업의 고도성장에 공로가 큰 부사장 한 사람을 규모도 작고 이미 성숙기에 들어선 의료 및 화학분석기기분야의 책임자로 발령내렸다. 그리고 컴퓨터사업부문은 모범적 'HP인' 으로 지목받고 있는 다른 부사장에게 맡겨서 장차 사장의 후계자로 삼을 의도를 명백히 나타냈다. 이와 같이 HP는 중요한 승진결정에 HP의 문화가치를 강하게 반영시키고 있다.

(4) 인력개발

HP의 관리자들은 전통적으로 분권화체계하에서 비교적 자율적인 경영을 해 왔기 때문에, 실무경험을 통하여 일반관리자로서의 자질과 능력을 잘 갖추고 있다. 따라서, HP의 관리자들은 다른 경쟁사들의 스카우트대상이 되어 왔다. 근본적으로 HP는 미국 내의 일류 명문대학으로부터 우수한 인력을 항상 많이 확보하고 있고, 또 다른 경쟁회사에 비하여 젊은 구성원들에 중요한 업무를 일찍 맡기는 것으로 널리 알려져 있다. 이것은 젊은 구성원들에게 보람을 줄 뿐 아니라 HP의 기술개발과 인력개발에도 크게 기여하는 요인이 되고 있다.

4. 'HP Way' 기업문화

창업자 휴렛과 팩커드 그리고 그들의 측근자들은 그들의 경영이념과 기본가치를 전략경영과 인적자원관리에 적용하는 과정에서 'HP Way' (HP 방식)라고 불리는 기업문화를 개발하게 되었다. 그들은 HP를 이끌어 나가는 과정에서 그들의 경영이념과 기본가치에 동조하는 경영자들을 많이 채용 또는 승진시키고, 또 그들의 핵심이념과 가치를 구성원들 모두에게 전달하면서 HP Way를 HP의 기업문화로 개발해 나갔다. 따라서, HP Way는 HP의 경영이념과 경영목적을 달성하고 HP의 기본가치를 실천하는 데 적용되는 구체적인 경영스타일과 경영관행 그리고 실제 구성원 행동을 의미한다.

그들은 오랜 기간 동안의 환경변화 속에서 그들의 핵심이념과 기본가치를 실현시키는 데 적합한 HP Way를 꾸준히 개발해 나갔다. 그 결과 좋은 경영성과를 달성하게 되었고, 따라서 그들은 HP Way를 중심으로 회사의 경영전략과 경영스타일을 지속적으로 강화하면서 HP Way를 HP의 기업문화로 정착시키게 된 것이다. 여기에는 창업자 휴렛 씨와 팩커드 씨 이외에 1977년부터 1992년까지 대표이사 사장직을 맡은 영(John Young) 씨가 많은 공헌을 하였다. 따라서, 이들 세 사람은 HP문화의 중심인물이었고, HP를 세계적인 초일류기업으로 발전시킨 주역들이라고 할 수 있다.

(1) HP Way와 경영이념

HP Way는 다른 기업의 기업문화와 마찬가지로 매우 복잡하고, 따라서 이를 설명하기는 매우 어렵다. 그러나, HP Way는 기업에 성실히 종사하려는 사람들에게는 누구에게나 기본가치 관점에서 도움을 준다. 따라서; HP Way가 무엇인지를 설명하기는 어렵지만 이것이 무엇을 의미하는지를 설명하기는 어렵지 않다. 첫째로 HP Way는 기업의 성공적인 결과를 구성원들과 함께 나누면서 그들의 성과를 인정하고, 그들에게 기술과 능력을 향상시킬 수 있는 기회를 부여하며, 그들을 항상 신뢰와 믿음으로 대하는 개인존중을 의미한다. 또한, HP Way는 고객에게 기술적으로 가장 우수하고 좋은 품질의 제품과 서비스를 제공하여 그들의 욕구를 최대로 충족시키고 그들의 문제를 가장 효율적으로 해결해 주는 고객서비스정신을 의미한다.

그뿐 아니라 HP Way는 이익달성을 기업의 우선적인 목적으로 강조하고, 수익측면에서 공헌하지 못할 사업분야에는 진출하지 않는 등 주주에 대한 철저한 봉사정신을 의미한다. 그리고 사회 전반에 걸쳐서 주주 이외의 이해관계자들(stakeholders)에 대한 사회책임을 수행하는 기업시민(corporate citizen)정신을 뜻한다. 또한, HP Way는 장기부채를 지양하고 자기자본투자를 우선적으로 강조하며, 구성원들의 솔선력과 창의력 그리고 구성원들간의 열성과 팀워크를 조성하는 관리자들의 리더십역할을 중시하는 것을 의미한다.

이와 같이 HP Way는 HP의 기업문화를 표현하는 상징어라고도 할 수 있는데, 휴렛 씨는 HP Way와 관련하여 자신의 경영이념을 다음과 같이 말한 적이 있다.

"…기업체의 구성원들은 일반적으로 좋은 일자리뿐만 아니라 창의력을 발휘할 수 있는 기회를 원하고 있습니다. 그래서 우리들이 구성원들에게 그러한 직무조건과 환경을 만들어 주면 그들은 정말로 창의력을 발휘한다고 믿습니다. HP Way와 이에 관련된 모든 방침과 제도는 그러한 생각에서 나온 것입니다. 따라서 HP Way는 모든 구성원들을 중요하게 생각하고 존경하며, 그들의 개인적인 성취를 인정해 주려는 전통 이외에는 다른 아무것도 아닙니다. 이러한 이야기는 누구나 다 할 수 있는 것입니다. 그러나, 팩커드 씨와 나는 여기에 굳은 신념을 가지고 있습니다.…"

"…우리는 오래 전에 출퇴근 기록기를 없애고 시차출퇴근제도(flexible work hour program)를 도입한 것도 바로 이러한 신념에서입니다. 사실상 시차출퇴근제도는 구성원들에 대한 믿음과 확신의 표현 이외에 다른 것이 아닙니다. 또한, 구성원들은 시차출퇴근제도를 통하여 자신의 업무계획을 자기 개인생활에 맞추게 할 수 있었습니다. 우리 회사 방문객들이나 많은 신입사원들은 가끔 우리 회사에서 개방과 비공식성(informality)을 강조하고 모든 사람들에게 존칭을 쓰지 않고 누구나 친구 이름 부르듯이 호칭하는 등 여러 가지 형태의 HP Way에 대하여 깊은 인상을 받는 것 같습니다.…"

"…물론 그 밖에 여러 가지 다른 예를 들 수도 있겠지요. 그러나, 방문객들 중 HP Way의 본질을 실감나게 느끼는 사람들은 많지 않을 것입니다. HP

Way는 어떤 통계적인 수치로 정확하게 표현할 수 있는 것이 아닙니다. HP Way는 하나의 정신(spirit)이며 관점(point of view)입니다. 모두가 HP라는 하나의 힘을 구성원이라고 느끼는 바로 그것입니다. 다시 말해서, 그것은 바로 개개인이 가지고 있는 기본가치입니다. 구성원들은 실제 회사운영에서 그것을 실감하고 있고, 따라서 그들의 그러한 느낌이 HP Way를 강화시키고 유지시켜 나가는 요인이 되고 있는 것입니다.…"

(2) 배회관리

HP의 널리 알려져 있는 가시적 문화특성으로 배회관리(MBWA : Management By Wandering Around)와 개문관리(open-door policy)를 들 수 있다. 특히 배회관리는 HP Way의 핵심이라고까지 불리고 있다. 배회관리란 관리자들이 사전에 계획된 일정표에 의해서가 아니라 일상적으로 항상 구성원들과 친근하게 이야기를 나누고, 구성원들도 언제든지 관리자를 방문할 수 있는 개방적 의사소통에 의한 관리방법을 의미한다. 따라서, 관리자들의 사무실에는 작업대와 의자 그리고 칠판이 구비되어 있고, 이것은 개방적이고 비공식적인 의사소통을 강조하는 HP Way의 문화적 상징물로 널리 알려져 있다(Peters and Waterman, 1982, pp. 122~123). 이러한 개방적 분위기는 구성원들의 창의력 발휘에 도움이 되는 것은 물론이다.

배회관리는 원래 팩커드 씨가 Stanford를 졸업하고 GE에서 몇 년간 일하는 동안 작업현장에서 커뮤니케이션의 중요성을 실감하고 구성원들간의 개방적인 의사소통을 활성화시키려는 동기에서 비롯된 것이다. 그 당시 팩커드 씨는 작업현장에서 빈번하게 일어나는 불량품과 비능률 그리고 생산착오 등 모든 작업실패의 원인을 유심히 관찰한 끝에, 가장 큰 원인이 작업지시나 각종 공식 커뮤니케이션이 구성원들에게 제대로 전달·이해되지 않는 데 있다는 것을 인식하게 되었다. 그리고 계층 및 구성원들간에 의사소통이 활성화되어 있을수록 높은 수준의 작업성과가 달성되는 것을 목격하였다. 그의 이와 같은 경험이 배회관리를 HP Way의 핵심요소로 강조하게 만든 것이다(Packard, 1995, p. 27).

HP는 관리자와 구성원들 사이의 장벽을 없애기 위하여 관리자의 사무실 문을 항시 열어 놓도록 하고 있다. 따라서, 사장을 비롯하여 모든 임원들의 사무실 문도 항상 열려 있다. 그리고 구성원들, 특히 엔지니어들의 기술혁신에 대한 몰입과 상호교류를 제고시켜 주기 위하여 비싼 실험기기와 장치가 설치되어 있는 실험실의 문도 항상 열어 두는 실험실개방(open lab stock) 정책도 적용하고 있다. 이것은 엔지니어들로 하여금 각종 도구와 기기를 마음껏 작동할 수 있도록 해 줄 뿐 아니라, 개인적인 용도로 기기를 반출해 나가는 것도 용인하는 것이기도 하다. 그리고 이것은 엔지니어들이 그 기기를 연구과제나 이에 관련된 작업에 사용하든, 집에서 개인적인 목적으로 사용하든, 또는 사무실에서 어떠한 목적에 사용하든 그 장소와 용도를 막론하고 그 기기를 사용하는 과정에서 무엇인가 배울 것이라는 구성원들에 대한 신뢰를 의미하기도 한다.

이와 관련하여 재미있는 일화가 있는데, 어느 토요일 창업자 휴렛 씨가 한 공장을 방문했다가 실험실 문이 잠겨 있는 것을 보고 즉시 공구실에서 절단기를 가져다가 자물쇠를 잘라 버렸다. 그리고는 월요일 아침에 출근할 엔지니어들에게 메모를 남겼는데, 거기에는 "이 문을 다시는 잠그지 마십시오. 빌 휴렛"이라고 적혀 있었다. 또한, HP는 구성원들의 중요성을 강조하기 때문에 가족적이고 열과 성을 다하는 분위기를 조성하기 위하여 관리자들은 구성원들 모두가 자리를 같이해서 서로의 얼굴을 익힐 수 있도록 정규적인 맥주파티를 열고, 이익을 포함한 사업실적을 때때로 알려주기도 한다. 이러한 비공식적이고 사교적인 모임을 통하여 구성원들간의 친목과 개방적인 의사소통을 조성하는 것도 HP의 가시적 문화특성이다.

배회관리 이외에 HP Way에서 강조되는 구체적인 행동으로 경영층과 구성원들간의 공동협력에 기초한 목표관리(MBO; Management By Objective)를 들 수 있다. 그리고 '소규모 문화'를 통하여 관료화를 탈피하고, 구성원들의 창의력 발휘와 사업 또는 작업단위들 각기의 자율적인 운영도 HP Way에서 강조되는 행동들이다. 또한, HP Way는 개방적인 사무실 공간설계와 쾌적한 근무환경의 조성 그리고 구성원들의 해고를 지양하는 종신고용을 중요시하며, 시장점유의 확대를 위하여 업종이 다른 사업의 매입을 배제하는 것도 강조한다.

HP의 성장과정에서 이와 같은 기업의 기본가치와 운영방식은 HP를 기업환경과 적합한 방향으로 이끌어 나가면서, 구성원들로 하여금 큰 성과를 거둘 수 있도록 그들에게 동기를 부여하였다. 그리하여 HP는 많은 인재들을 유치할 수 있었고, 고객도 늘려 나가면서 이익을 증가시키고 계속 성장하였다. 1950년대와 1960년대에 HP의 순이익은 100배 이상 증가하였고, HP의 시장가치도 다섯 배 이상 올라갔으며, 투자이익률도 연평균 15%에 달하였다. 이와 같은 성과는 1995년에도 계속되어 그 해에 51%의 주당 순이익과 90%의 주가 상승률을 기록하였다. 이와 같은 높은 경영성과에는 여러 가지 요소가 작용하였지만, 무엇보다도 HP의 기업문화(HP Way)가 가장 크게 공헌했다고 경영층은 확신하고 있다(Sheridan, 1994, pp. 26~30). 따라서 HP 구성원들은 모두가 HP 문화를 소중히 여겨 왔고, 어떤 일이 있더라도 HP Way는 존속되어야 한다고 굳게 믿고 있다.

5. 환경변화와 HP 문화

HP의 기업환경은 항상 매우 동태적이다. 1970년대와 1980년대에 HP는 역사상 처음으로 기업환경에 근본적인 변화가 일어나는 것을 경험하였다. 그것은 HP의 기본전략이 계측기와 시험기기분야로부터 컴퓨터분야로 전환되었기 때문이다. 이제 계측기나 시험기기와 같이 개별제품의 시대는 끝나고 컴퓨터와 같이 상호연관된 연결부품시스템의 시대가 시작되면서, 치열한 시장경쟁환경에 접하게 된 것이다. 그럼에도 불구하고 HP는 계속 성장하여 1989년에는 120억 달러의 매출규모를 가진 초대기업으로 성장하였다. 1990년대에는 컴퓨터사업이 총매출액의 3분의 2를 차지하였다. 그리고 HP의 두 창업자들도 1992년에 회사경영에서 은퇴하고 플랏(Lewis Platt) 사장을 포함한 새로운 경영팀에게 경영권을 넘겨 주었다.

(1) 컴퓨터사업문화

1977년 말에 영 씨가 휴렛 씨의 후임으로 대표이사 사장직에 취임하면서 컴퓨터사업을 본격적으로 확대시키는 사명을 맡게 되었다. 컴퓨터사업은 HP의 전통적인 제품라인인 시험 및 측정기기를 보완하는 사업으로 추진되었는데, 경쟁이 치열하고 과거에 RCA와 General Electric 같은 유명회사들이 컴퓨터사업에 뛰어들어 왔다가 철수한 사례를 보아서도 컴퓨터사업을 확장시킨다는 것은 매우 어려운 과제였다. 그러나, HP는 1928년에 시험 및 계측기분야에서는 이미 세계 제일의 위치를 차지하였고, 컴퓨터분야에서도 1980년대에 들어서 프린터 부문에서는 미국 제 1 위, 워크스테이션에서는 제 2 위 그리고 전체적으로 IBM 다음으로 제 2 위의 위치를 장악하는 괄목할 만한 성장을 기록하였다. 특히 1980년대부터는 컴퓨터사업이 외형적으로 시험 및 계측기사업보다 더 커지기 시작하였고, 따라서 HP는 상호 보완적인 이들 두 사업을 중심으로 확고한 성장기반을 구축하는데 성공하였다.

그러나, 이들 두 사업분야가 똑같은 문화특성을 요구하는지는 의심스러웠다. 시험 및 계측기분야는 시장이 확실하고 경쟁도 심하지 않지만, 컴퓨터분야는 그렇지 못하였다. 그래서 전통적으로 시험 및 계측기산업에 적절했던 기업문화는 컴퓨터분야에 적절하지 못한 감도 있었고 또 어떤 면에서 역기능적인 것 같이 보이기도 하였다. 심각한 문제의 하나는 사업부서간의 조성에서 나타났다. HP는 전통적으로 자율적인 분권화체계하에서 창의적이고 사업개발적 정신을 강조하면서 우수한 계측기를 성공적으로 개발해 왔지만, 이러한 체계와 방법은 컴퓨터사업에서 개발활동의 중복과 제품라인의 중복, 신제품개발의 지연, 그리고 비효율적인 영업활동 등의 심각한 문제를 초래하였다.

HP는 시험 및 계측기 사업을 경영하면서 전통적으로 소규모의 사업단위를 중심으로 각기의 자율적인 제품설계와 생산활동을 장려해 왔다. 그리고 판

표 IV-12 환경변화와 HP 문화의 변화

환경변화
시험계측기 제품 ⟶ 컴퓨터 제품
제품간의 통합
시장경쟁 증가
새로운 고객
사업규모의 대형화
창업정신 ⟶ 전문경영

⇨

기업문화의 변화
소규모 자율적 사업단위의 감소
상위계층에서의 전략경영 강화
새로운 유통시스템 개발
고품질의 강조
상위계층의 합의적 의사결정 증가
전문화 · 기능화 · 관료화의 증가
과다한 창업정신 지양
기본가치의 변화보다는 구성원의 행동변화 강조

매활동은 별도의 판매팀에 의존해 왔다. 이러한 경영체계는 사업단위의 동기의욕을 북돋아주는 요인이 되었다. 그러나, 컴퓨터사업은 제품개발과 생산 그리고 영업부서간에 통합된 활동이 필요하고 사내 모든 자원의 공동활용이 요구되므로 부서별 자율적 활동이 컴퓨터사업에는 적절하지 못하였다. 그리고 컴퓨터사업의 또 한 가지의 문제는 HP의 전통적인 문화는 기술중심(engineering-driven)인 데 비하여 컴퓨터사업은 영업중심(market-driven)을 요구하는 것이다. 따라서, 전통적으로 수익성을 강조해 온 HP 문화는 시장점유율을 강조하는 컴퓨터사업에는 적합하지 않았다. 변화가 극심한 컴퓨터사업에서는 시장점유율을 높이는 전략을 전개해야 수익성도 올릴 수 있다는 것이 컴퓨터사업 전략가들의 일반적인 견해였다.

이러한 상황 하에서 영 사장은 이미 컴퓨터사업에서 프로그램관리(program management)라는 개념을 도입하여 컴퓨터사업의 다양한 기능과 활동들을 통합 · 조정하여 중요의사결정을 중앙집권화시켰고, 이에 따라 1984년에는 조직개편도 단행하였다. 이러한 집권화전략은 창의성과 자율적 사업개발을 강조하는 전통적인 가치와 상충되는 것으로서 기존 HP 문화에 큰 충격을 가져오기도 하였다. 그 결과로서 한때 HP의 이직률이 올라가고, 회사를 떠난 사업개발적 구성원들은 각기의 작은 사업체를 설립하여 HP의 경쟁사가 되기도 하였다. 집권화전략은 조직개편뿐만 아니라 교육훈련프로그램에도 연장되어 최고경영층을 포함한 관리자들을 대상으로 집중적인 마케팅 교육을 실시하였다.

컴퓨터산업에서 경쟁이 치열해지고 성장률도 둔화되기 시작하자 1986년에 영 사장은 "…고용안정은 HP의 전통가치로서 계속 고수하겠지만, 변화가 심한 컴퓨터산업에서는 고용안전이 반드시 한 가지의 특정직무나 장소에서 일하는 것을 의미하지 않습니다.…"라고 말하면서 구성원들의 재교육과 배치전환방침을 적극적으로 적용할 것을 밝혔다. 그리고 신축적인 퇴직혜택프로그램을 통하여 연상구성원들의 조기은퇴를 장려하기 시작하였다.

이와 같이 HP는 컴퓨터사업을 확장해 나가는 과정에서 시험 및 계측기에 적합한 전통적인 HP 문화와 다변화환경 속에서 컴퓨터산업에 적합한 문화를 포용할 수 있는 통합적 기업문화가 요구되고 이를 개발하는 데 전력을 기울였다. 기술과 수익성 그리고 분권화체계하에서 소규모 단위의 사업개발과 가족적 분위기를 강조하는 HP 전통문화와, 영업과 시장점유율 그리고 사업부 전체의 집권적 경영 및 고급인력의 개인적 성취욕구를 강조하는 컴퓨터사업의 문화를 통합할 수 있는 메가문화(maga culture)를 개발하는 것은 매우 어려운 과제였다. 그러나, 영 사장은 HP의 전통적인 핵심 경영이념과 기본가치는 보존하면서 컴퓨터사업에도 적합한 HP Way를 개발하는 데 성공함으로써 HP의 고도성장을 지속시켰다.

이러한 변화 속에서 경영전략은 보다 상위계층에서 형성되어 사업부서의 자율성은 제한되었고, 창업활동도 다소 지양되었으며 사무기능도 대폭 통합되는 등 컴퓨터사업조직에 많은 변화를 가져왔다. 마케팅 분야의 권력은 연구개발분야에 비하여 크게 강화되었고, 기존판매인력을 활용하지 않는 새로운 유통경로도 개발되었다. 컴퓨터사업과 관련된 이러한 변화는 전체 변화의 한 부분에 불과했지만, 이들 변화만으로도 1990년대의 HP는 1970년대의 HP에 비하여 상당히 다른 회사로 변모한 것이었다. 그리고 점차 치열해지는 경쟁상황하에서 이제 종전보다도 높은 수준의 품질이 요구되어, 이것이 HP의 규범으로 강조되기 시작하였다. 그 반면에 전통적으로 중요시되어 온 종신고용은 덜 강조되어, 창립이래 처음으로 구성원들에게 조기은퇴를 권장하게 되었고, 1989년에는 Apollo Computer 사의 인수와 더불어 세 차례에 걸쳐서 구성원들을 실제로 해고시키기도 하였다.

(2) 배회관리의 강화

기업규모가 계속 커짐에 따라서 HP 문화는 전문화를 더욱 강화하는 한편, 보다 합리적인 경영방식도 강조하게 되었다. 그리하여 한동안은 관료화의 증상도 나타나서 배회관리가 다소 약화되고, 한때는 각종 위원회가 극도로 많이 활용되는 경향도 보였다. 그러나, 1990년대 들어서 배회관리문화가 다시 회복되었다. 창업자들이 은퇴함에 따라서 새 경영진은 창업자들 만큼의 권한은 없지만 전문경영체계를 강화하여 점차적으로 보다 합리적인 의사결정을 정착시켜 나갔다.

이러한 변화는 결코 쉽게 이루어지지 않았다. 새로운 변화가 추진될 때마다 HP Way에 위배된다는 이유로 새로운 변화에 대한 반발이 특히 일부경영층에서 강하게 나타났고, 경우에 따라서는 오랜 기간 동안의 토의과정을 거쳐야만 하기도 하였다. 그리고 새로운 변화에 대한 일부 장기근속 구성원들의 불만이 오래 계속되기도 하였다. 이들 장기근속 구성원들이 주장하는 바와 같이, 이러한 변화가 모두 바람직하다고는 할 수 없다. 그러나, HP의 새로운 기업문화는 새로운 기업상황에 대한 필연적인 대책이었던 것만은 사실이다. 새로운 기업문화는 HP의 현재 기업환경에 이상적이라고 할 수 없지만, 그래도 종래의 기업문화보다는 새로운 기업환경에 훨씬 더 적합한 것은 분명하다.

(3) 새로운 기업문화의 성공요인

그러면 종래의 기업문화는 왜 새로운 변화에 대하여 더 반항하지 않았고, 종전의 기업문화를 탈피하는 데 반대한 구성원들은 왜 승리하지 못했는가? 이에 대하여 HP의 임원 한 사람은 다음과 같이 말한다.

"…HP 기업문화가 환경변화에 순조롭게 적응할 수 있었던 것은 원래 HP의 핵심문화가치가 기업의 장기적인 성공요인을 중심으로 전반적인 경영이념 수준에서 설정되었기 때문이라고 생각합니다. 즉, 구체적인 성과보다는 고객서비스정신과 이익의 중요성 그리고 쾌적한 작업환경 등 기업환경변화에 관계없이 성공적인 기업경영에 기여하는 기본철학을 HP의 문화가치로 삼았기 때문에, HP는 환경변화 속에서도 잘 적응해 나갈 수 있었던 것이지요.…"

한 사업본부장도 같은 맥락에서 다음과 같이 말한다.

"…전통적으로 HP 문화는 창의성과 창업정신을 중요시해 왔는데, 이것이 그 동안의 기업환경변화에 성공적으로 적응하는 데 큰 원동력이 된 것 같습니다. 창의성과 창업정신은 결국 고객을 위해서가 아닙니까? 그래서 환경변화에 잘 적응할 수 있었던 것이지요. … 예를 들면, 원래 HP 문화는 내부승진을 강조했었습니다. 그런데 컴퓨터사업이 시작되면서 내부승진방침을 다소 변경했습니다. 그것은 컴퓨터사업을 잘 추진하고 고객을 만족시키려면 일을 잘 수행할 수 있는 사람들이 필요한데, 그런 인력은 내부에는 없기 때문에 외부에서 영입해 올 수밖에 없었지요. 우리가 성공할 수 없는 사업에는 절대로 진출하지 않는다는 것도 또한 우리의 강한 신념입니다. 그래서 새로운 사업을 꼭 성공시켜야 했지요. 따라서, 그 때의 필요인력에 대한 외부 영입결정을 모두가 만족하지는 않았지만, 그럴 수밖에 없었던 실정에는 모두 공감했습니다.…"

(4) 적응적 기업문화의 개발

1987년에 HP 문화의 변화가 논의되었을 때, 영 사장은 종래의 HP Way문화를 심층분석하기 위한 프로젝트팀을 형성하였다. 프로젝트팀은 중요관리자 및 구성원들과의 면접을 통하여 사내 구성원들과 특히 새로 영입된 구성원들이 HP Way에 관하여 토의할 수 있는 기초자료를 작성하였다. 이 자료는 HP 문화를 기본가치와 경영목적 그리고 경영전략의 세 가지 부분으로 분류하여 구성원들간의 HP 문화에 관한 토의의 틀을 제공하였다. 다음은 이 프로젝트의 책임자의 말이다.

"…우리는 HP 문화에서 환경변화로부터 비교적 영향을 받지 않는 기본 핵심가치요소와 환경변화로부터 비교적 영향을 많이 받는 문화요소를 분류해 보았습니다. 그결과 창립 이래 대체로 HP 문화의 기본가치(basic values)는 역시 별로 변하지 않았고, 경영목적(corporate objectives)은 매 10년마다 약간 변했으며, 구체적인 경영전략과 사업관행(business practices)은 상당히 변했다는 것을 알게 되었습니다. 이러한 변화는 자주 또는 쉽게 일어나지는 않았지만, 기업의 상황이 변함에 따라 필연적으로 일어났습니다.…"

영 사장은 기업문화 연구프로젝트의 중요성에 대해 다음과 같이 말한 적이 있다.

"…HP Way에 대하여 우리들의 관심이 점차 높아져서 HP 문화에 중요하다고 생각되는 요소들에 대하여 항상 많은 토의가 진행되어 왔습니다. 이와 같이 토론을 전개하다 보면, 우리들의 기본가치를 달성하는 데에도 여러 가지 방법이 있다는 것을 알게 되지요. 예를 들면, 회사 야유회는 우리들의 어떤 기본가치를 충족시키는 방법인데, 사실상 똑같은 기본가치를 더 잘 충족시킬 수 있는 방법들이 많이 있지 않습니까? 그러한 면에서 기업문화 연구프로젝트는 회사의 기본가치를 보다 잘 달성시킬 수 있는 경영전략과 사업관행을 모색하는 데 큰 도움이 되었습니다.…"

이와 같이 HP는 기업환경이 변함에 따라 이에 적극적으로 적응해 나가는 적응적인 기업문화를 개발하였다(표 Ⅳ-13 참조). 창업자 휴렛 씨와 팩커드 씨가 경영 일선에서 물러난 후에도 HP의 경영진은 기업환경이 변함에 따라서 이에 적응하기 위하여 HP 문화도 변해야 한다는 점을 항상 강조해 왔다. 그리고 그들은 모두 HP의 주요 이해관계자들과의 관계에 초점을 맞추어 왔다. 따라서, 이들 이해관계자의 욕구가 변하게 되면, 관리자들은 경영전략과 사업관행을 변경 · 조정하여 이들 이해관계자를 계속 충족시키려고 노력하였고, 그 과정에서 환경변화에 HP 문화를 적응시켜 나가게 된 것이다. 이러한 적응행동이 중간 또는 하위관리층에서 시작되면, 물론 최고경영층은 이를 적극 지원하게 된다. 그러나, 일단 정착된 기업문화는 쉽게 변하지 않는 것이 사실이다. 그리고 고객과 구성원들의 욕구를 충족시키려는 기본가치에 모든 구성원들이 대체로 공감하지만 주주에 대해서는 모두 강하게 공감하지 않는 경우가 많이 있다. 따라서, 적응행동에 대하여 구성원들간에 항상 합의가 이루어지지 않는 것도 사실이다.

궁극적으로, HP는 장기적으로 좋은 성과를 거두었고 단기적으로도 좋은 성과를 거두었다고 할 수 있다. 기업문화의 변화는 일반적으로 오랜 기간을 요구한다. 따라서 그 기간 동안에 새로운 기업문화가 환경변화에 적절히 적응하여 그것이 잘 정착될 때까지는 기업의 성과가 다소 저하될 수 있다. 기업의 장기성과가 환경변화에 대하여 기업문화가 얼마나 잘 적응하는지에 달렸다면 (Kotter and Heskett, 1991, pp. 44~57), HP의 기본가치에 대한 구성원들의 적응행

표 Ⅳ-13 환경변화와 HP Way

불변가치	장기간 불변	환경 · 상황 적응적
기본가치	기업목적	전략, 관행
신뢰 · 인간존중 높은 수준의 성과 정직(integrity) 팀워크 융통성 · 창의성	이익 고객 사업분야 성장 구성원 경영 사회책임	배회관리(MBWA) 목표관리(MBO) 개문방침 혁신기법 등

동이 약화되거나 극도로 과격한 환경변화가 없는 한 HP는 계속 성장을 유지해 나갈 것이 확실하다.

6. 한국기업에 주는 시사점

이 사례는 HP가 세계적인 초일류기업으로서 어떠한 경영이념과 경영목적 그리고 기본가치를 가지고 있고, 이것이 HP의 경영전략과 경영시스템에 어떻게 반영되고 있으며, 핵심이념과 목적 그리고 기본가치를 추구하는 과정에서 HP Way라고 불리는 HP의 기업문화가 어떻게 개발 · 정착되었는지를 설명하였다. HP의 경영이념과 HP Way문화 그리고 이의 성공적인 개발은 무한계(boundaryless)의 환경하에서 초일류기업으로의 발전을 목적으로 경영혁신과 새로운 기업문화의 개발을 강력히 추진하고 있는 우리나라 기업에게 많은 시사점을 제시해 준다.

첫째, HP의 기본가치와 HP Way문화는 HP의 핵심능력(core competence)의 기반으로서(Hamel and Prahalad, 1994, pp. 202~220), HP가 경쟁적 비교우위를 강화하면서 높은 성과를 달성하는 데 결정적인 요인으로 작용하였다. HP Way는 창업 초기부터 HP의 사명(사업)을 중심으로 장기성과달성에 적합한 기본가치와 핵심능력을 HP Way를 통하여 체질화시켰다. 우리나라 기업의 기업문화개발도 현대기업의 전략건축(strategic architecture) 관점에서 그리고 미래기회지향적 관점(future opportunistic approach)에서, 미래 무한계 환경하에서 요구되는 핵심능력의 개발차원에서 전략적으로 추진되어야 할 것이다.

둘째, HP Way는 창립 초기부터 오랜 기간을 통하여 HP사업의 확장과 기업환경에 맞추어 일관성 있게 꾸준히 개발 · 추진되었다. 그 과정에서 HP의 전략과 경영방침은 기업환경과 사업상황에 따라 보완 · 변화되었지만, HP의 기본가치와 핵심능력개발의 초점은 변함 없이 그대로 유지되었다. 이와 같은 가치경영은 HP 이외에도 Johnson & Johnson(고객), 3M(창의성), 소니(연구개발) 등 다른 초일류기업의 기업문화에서도 오랜기간 동안 실천되어 온 특징이다(Collins and Porras, 1994, pp. 115~139). 우리나라 기업의 기업문화개발도 미래환경에 대한 선견(foresight)과 미래사업에 대한 커미트먼트 그리고 미래고객에 대한 가치창조와 이에 필요한 핵심능력의 개발을 중심으로 비전경영과 가치경영의 차원에서 구상되어야 할 것이다.

셋째, HP Way의 핵심인 인간존중의 가치는 HP뿐만 아니라 다른 많은 선진국 우수기업에서도 강조되고 있고, 우리나라의 기업문화개발에서도 흔히 강조되고 있다. 그러나, 이들 우수기업에서의 인간존중의 가치는 기업에 따라 다소 차이를 보인다. IBM의 인간존중은 무엇보다도 가치있는 직무내용을, 모토롤라는 인간의 존엄성을, GE는 업적과 능률을, Johnson & Johnson은 공정 · 정당한 대우를, 그리고 소니는 창의성 발휘를 각각 강조하고 있다. 그리고 HP의 인간존중은 무엇보다도 신뢰와 개방이 가장 중요한 가치로 강조되고 있다. 이들 기업에서의 인간존중가치는 기업경영에 그대로 반영되어 높은 성과요인으로 작용함으로써 계속 강화되어 나가고 있다. 우리나라 기업문화개발에서의 인간존중도 우수한 성과를 거두고 있는 선진국기업들의 기업문화가치를 단순히 모방할 것이 아니라, 자체의 이념과 전통 그리고 강점과 기타 독특한 상황에 맞추어 성과지향적인 차원에서 인간가치의 초점을 명백히 하여 이를 개발해 나가야 할 것이다.

넷째, 기업문화개발에는 오랜 기간이 소요된다. 초일류기업들의 기업문화도 몇 십년 동안의 오랜 기간을 거쳐 개발 · 정착되었다. 그러나, 현대기업은 이제 초일류기업들의 성공적인 기업문화 개발사례와 각종 경영혁신 및 변화 · 조직개발 기법 등 기업문화를 전략적으로, 체계적으로, 계획적으로, 그리고 효율적으로 개발할 수 있는 노하우를 동원할 수 있다. 그리고 변화담당자(change agent)의 활용 등 각종 개입방법도 적용할 수 있다. 이와 같은 현대 변화기법과 노하우는 새로운 기업문화의 개발과정을 크게 효율화시킬 수 있다. 그러나, 기업문화개발은 어느 기간동안의 집중적인 활동이 아니라 HP에서와 같이 영원히 계속되는 연속과정이다. 우리나라의 기업문화도 이와 같은 영구적인 관점에서 꾸준히 계속되어야 할 것이다.

미래환경에 필요한 새로운 기업문화의 개발은 우리나라 기업이 선진기업, 나아가서는 세계적인 우수기업으로 발전하는데 요구되는 필수적인 과정이다. HP의 HP Way문화는 우리나라 기업의 초일류기업으로서의 기업문화개발에 좋은 참고가 될 것이다.

부록 : HP의 기본가치와 경영목적

1. HP의 기본가치

(1) 신뢰와 인간존중(Trust and Respect for the Individual)

우리는 모두 자기가 맡은 일을 훌륭하게 수행하기를 원하고, 올바른 환경이 주어진다면 일을 잘해 나갈 것이라는 굳은 신념을 가지고 있다. 우리는 모두 뛰어난 능력과 창의성을 가진 인재들이고 항상 열심히 일함으로써 회사에 기여하고, 회사는 우리의 노력과 공헌을 인정해 주며 우리가 이룩한 성과를 다 함께 나누어 갖는다.

(2) 성취와 기여(Achievement and Contribution)

우리의 고객들은 우리가 제공하는 제품과 서비스가 최고의 품질이고 영구히 가치 있는 것이기를 바라고 있으므로 우리들은 고객들의 요구사항을 만족시키는 데 최선을 다해야 한다. 특히 관리자들은 모두 고객만족에 열중할 수 있는 분위기를 창출하는 데 주도적 역할을 해야 하고, 남보다 앞서 나가기 위해서 현재의 경영기법과 관리방식에 만족하지 말고 보다 새로운 방법을 끊임없이 모색해 나가야 한다.

(3) 정직(Uncompromising Integrity)

우리는 정직하고 떳떳하게 업무를 처리함으로써 고객들로부터 신뢰와 믿음을 얻어야 하고, 지위고하를 막론하고 우리가 설정한 경영윤리기준을 준수해야 한다. 윤리적 행위는 문서화된 HP 방침과 규정에만 국한되지 않고 우리들 생활의 일부분이 되어 한 세대에서 다음 세대로 끊임없이 이어지는 전통이 되어야 한다.

(4) 팀워크(Teamwork)

우리는 목표를 달성하기 위해서는 부서 내의 협력은 물론 부서간에도 효과적으로 협력해야만 가능하다는 것을 잘 알고 있고, 우리를 주시하고 있는 고객과 주주 그리고 기타 모든 이해관계자들의 기대에 부응하기 위하여 무한계의 범세계적인 하나의 팀으로 일해야 한다. 우리는 모두 서로 책임을 나누고, 거기서 얻어지는 이익 또한 서로 나누어 갖게 된다.

(5) 융통성과 창의성(Flexibility and Innovation)

우리는 각 개인이 서로 다르다는 것을 인정하고, 개개인의 다양한 의견을 존중하는 풍토를 조성하며, 명백히 제시되고 서로 동감하는 회사목표를 달성하기 위해 노력을 경주해야 한다. 우리 스스로 자율적으로 회사를 위하여 최상이라고 생각하는 방법으로 일할 수 있도록 융통성을 부여해야 하고, 자신의 일에 대한 책임을 스스로 지며, 교육과 개발을 통해 자신의 기술과 능력을 끊임없이 향상시켜 나가야 한다.

2. HP의 목적

(1) 이익목적(Profit Objective)

HP는 기업의 지속적인 성장과 기업이 필요로 하는 자원의 조달을 위해서는 충분한 이익을 내야 하고, 그러기 위하여 여러 가지의 기업목적을 달성해야 한다. 이익목적을 달성하기 위해서는 고객으로부터 훌륭한 제품으로 높이 평가받을 수 있으면서 정상 이익을 가져올 수 있는 제품을 설계 · 개발해야 한다. 또한, 시장에서 제품의 경쟁력을 유지하기 위해서는 생산 · 마케팅 · 인적자원관리 등 모든 기능을 가능한 한 경제적으로 수행해야 한다. 이익은 내일로 연기될 수 있는 것이 아니라, 오늘 반드시 달성되어야 한다. 이것은 수많은 직무가 정확하게 그리고 효율적으로 행해져야 함을 뜻하는 것으로서 구성원 개개인의 하루하루 성과가 이익을 증가 또는 감소시킬 수 있다는 것을 의미한다. 한마디로 이익은 HP 구성원들 모두의 책임이다.

(2) 고객에 대한 목적(Customer Objective)

기업의 성공과 번영은 고객들에게 지속적인 가치를 주는 우수한 제품을 제공하여 그들의 욕구를 충족시키는 한편, 항상 다양한 서비스를 제공하여 이를 강화시킴으로써 달성될 수 있다. 따라서, 고객에게 가능한 최대의 가치를 지닌 제품과 서비스를 제공함으로써 고객으로부터 존경과 충성심을 얻고 이를 유지시킬 수 있다. HP는 고객들이 공통정책과 공동서비스를 제공하는 단 하나의 회사와 상대하고 있는 느낌을 주도록 노력해야 한다. 그리고 고객들이 그들의 여러 가지 문제를 적절하게 그리고 효과적으로 해결하는 데에도 HP가 모든 정성을 기울이고 있다는 느낌을 갖도록 노력해야 한다. 또한, 판매팀의 책임을 분명히 하고 판매원들이 굳건한 판단력으로 고객의 요구를 잘 파악하여 판매팀간의 혼돈과 경쟁을 사전에 방지해야 한다.

(3) 사업분야에 대한 목적(Fields of Interest Objective)

HP는 이미 축적된 생산, 마케팅, 그리고 경영기술과 더불어 새로운 아이디어가 새로운 사업분야에서 충분한 수익성을 보장할 수 있을 때에만 그 사업분야에 진출하는 것을 기본목적으로 한다. 새로운 사업으로의 진출은 HP가 새로운 사업분야에 공헌할 수 있는지에 따라 결정된다. 즉, 고객들에게 이미 제공되고 있는 상품들을 상표만을 바꾸는 것이 아니라 고객들이 필요로 하는 새로운 제품을 그들에게 공급하는 것을 기본목적으로 한다. 이러한 목적을 달성하기 위하여 HP는 보다 나은 제품개발을 위한 새로운 아이디어를 창출하도록 노력해야 한다. 또한, 새로운 사업분야로의 진출여부를 최종적으로 결정하기에 앞서서, 제품의 생산과 판매에 관련된 여러 가지 문제를 신중히 검토해야 한다.

(4) 성장목적(Growth Objective)

HP는 이익을 창출하고 고객의 욕구를 충족시키는 제품을 개발 · 생산할 수 있는 능력이 있는 한 계속 성장하는 것을 기본목적으로 한다. HP가 얼마나 성장해야 하는지에 대하여 여러 의견이 있을 수 있다. HP는 급격히 변하고 확대되어 가는 기술사회에서 중요한 역할을 담당하고 있다. 그러므로 단지 현상태를 유지하는 것은 현위치에서 탈락하는 것을 의미한다. 따라서, 성장 없이는 HP가 산업분야에서 경쟁력과 지도력을 유지할 수 없다. 또한, 성장은 유능한 인재를 확보하는 데 매우 중요하다. 유능한 인재는 자신에게 개인적인 발전의 기회를 충분히 제공하는 기업이어야만 자신의 미래를 맡기려고 한다. 따라서, 기업의 지속적인 성장을 통하여 이러한 기회가 제공될 수 있다.

(5) 구성원에 대한 목적(People Objective)

HP는 성공적인 성과의 혜택을 구성원들과 같이 나누고 그들의 성과에 따라 직무의 안정을 제공하며, 그들의 개인적인 성취를 인정해 주고 직무의 성취감으로부터 나오는 개인적 만족감을 그들이 누릴 수 있도록 하는 것을 주요목적으로 한다. 기업성과를 구성원들과 함께 나누고 있는 증거는 평균 이상의 임금수준과 이윤분배 그리고 종업원지주제도와 타회사의 복지프로그램과의 비교에서 나타난다. HP의 직무안정목표는 생산수준을 크게 변동시키지 않고 항상 안정된 생산수준을 유지하려는 경영정책에서 입증된다. HP는 구성원들이 각기 자신의 직무를 충실히 수행하고, 회사와 함께 성장하기를 기대한다. 성장기업에서는 구성원들이 발전할 수 있는 기회가 많이 제공된다. 따라서, HP에서도 구성원들이 이러한 기회를 활용하여 자신의 발전을 추구할 수 있다. HP는 구성원들이 자신의 직무를 즐기고 자신의 업적에 대하여 자부심을 가질 것으로 기대한다. 이것은 구성원들 개개인의 욕구가 제대로 인정받고 있는지를 확인하는 것을 의미한다. 궁극적으로 HP의 힘과 성격은 사내 각계 각층의 모든 구성원들 자신에 의하여 결정된다.

(6) 관리목적(Management Objective)

HP는 구성원들에게 주어진 과업목표를 추구하는 데 있어서 최대한의 자율성을 부여함으로써 솔선력과 창의력을 개발하도록 하는 것을 기본목적으로 한다. HP의 운영활동은 목표관리(Management By Objective)에 크게 의존한다.

목표관리의 성공적인 운영은 경영층과 구성원들 쌍방의 상호작용에 달렸다. 경영층은 구성원들 개개인이 자신의 목적뿐만 아니라 경영방침도 잘 이해하고 있는지를 확인해야 한다. 따라서, 경영층의 기본적인 책임은 커뮤니케이션을 통하여 상호간의 이해를 증진시키는 것이다. 이러한 조직분위기하에서 특히 중요한 것은 구성원들이 기업의 힘은 자신들에게 있다는 것을 인식하고 그들 간의 그리고 부서간의 협조가 기업의 이익과 성장에 결정적인 요소로 작용한다는 것을 이해하는 것이다. 또한, 구성원들이 기업 경영에 있어서 경영방침의 필요성을 인식하는 것도 중요하다. HP는 사내 각계 각층의 구성원들로부터 경영방침에 대한 제안을 환영한다. 그 대신 HP는 구성원들이 경영방침을 준수할 것을 기대한다.

(7) 사회시민목적(Citizenship Objective)

HP는 HP가 활동하고 있는 국가나 지역사회에 대하여 경제적, 지적 그리고 사회적 자신이 됨으로써 사회에 대한 책무를 수행하는 것을 기본목적으로 한다. HP는 전세계에 걸쳐 많은 나라에서 활동하는 기업체로서 우리의 환경을 보호하고 개선하는 책임을 인식하고, HP의 존재가 각 나라에 도움이 되어야 한다고 믿고 있다. 사회는 모두가 각기의 독특한 문제들을 가지고 있다. HP는 이들 문제를 해결하는 데 도움을 주어야 하며, 이의 일환으로 사회적 배경에 관계 없이 모든 사람들에게 가치 있는 고용기회를 제공하도록 노력해야 한다. 특히 불우집단과 장애자집단의 고용을 위하여 적극적으로 노력하고 그들이 모든 지위계층에서 완전한 직장생활을 할 수 있도록 그들을 특별히 격려하고 지도해야 한다. 또한, HP는 사회의 시민으로서 구성원들 개개인이 스스로 또는 종교, 교육, 문화 그리고 자선사업 등 각종 단체집단을 통하여 사회발전에 이바지할 수 있다. HP는 HP가 활동하고 있는 나라의 훌륭한 준법시민(law-abiding citizen)이 되어야 하고, HP의 구성원들도 개인적으로 그 나라의 문제해결에 공헌할 것을 적극적으로 권장한다. 사회발전은 단지 소수 특정인에게만 부여된 책임이 아니라 HP 구성원들 모두가 공유해야 할 책임이다.

사례 #3

삼성의 "질 경영" 문화*

우리나라에서 오랫동안 외형상으로 제일의 위치를 지켜온 삼성은 이제 세계적으로 우수한 기업이 되기 위하여 기업문화에 큰 변화와 개혁을 전개하고 있다. 이 사례는 과거 삼성의 고도성장에 기여한 전통적인 기업문화는 무엇이고, 현재 세계적인 초일류기업을 목적으로 강력히 추구되고 있는 새로운 '질 경영'의 문화란 무엇인지를 자세히 알아본다.

"마누라와 자식만 빼고 모두 바꿔라." 경영혁신의 강한 의지가 담긴 이건희 삼성그룹회장의 말이다. 1938년에 이병철 선대회장의 창업으로 시작된 삼성그룹은 일제의 식민지경제정책과 해방 후의 정치혼란 그리고 6 · 25동란과 5 · 16군사혁명 등 정치 · 경제적 격변 속에서 고도의 성장을 달성하여 외형상으로 우리나라 제일의 기업그룹으로 발전하였다. 2007년 현재 삼성그룹은 전자, 중공업 · 엔지니어링, 금융 · 정보서비스, 소비자제품, 화학 등 산업분야에 64개의 계열사와 254,000명의 구성원 그리고 151.7조 원의 매출규모(2006년도

* 원고개정을 도운 동국대 경영대학 성상현 교수에게 감사한다.

매출 895억 달러, 세계 500대기업 중 제46위)를 가진 포춘(Fortune)지 세계 500대기업의 50위권 내에 들어가는 초대형 기업그룹이다. 이와 같이 삼성그룹은 외형상으로는 세계적인 초대형 기업인 것이 확실하지만, 질적으로도 급진적으로 전개되는 세계화와 무한계의 환경 속에서 선진국의 초우수기업들과 경쟁하면서 계속 성장할 수 있는 국제경쟁력을 가지고 있는지는 확실치 않다.

이 사례는 삼성그룹의 변신과정을 연구한다. 먼저 삼성그룹의 성장과 경영이념을 정리하고 삼성그룹이 경영혁신과 변신을 시도하게 된 동기와 배경을 알아본 다음에, '질 경영'을 중심으로 삼성그룹의 새로운 경영이념과 조직문화 그리고 혁신내용을 살펴본다.

1. 삼성의 성장연혁

삼성의 성장은 1938년에 이병철 선대회장이 삼성상회를 설립하면서 시작되었다. 이병철 회장은 1910년에 경남 의령군에서 출생하여 경남 진주의 지수보통학교와 서울의 수송보통학교 그리고 중동중학교에 편입·전학하여 수학하다가 1930년에 일본 유학에 나서 와세다대학 전문부 전경과에 입학하였다. 그러나 심한 각기병으로 대학을 중퇴하고 고향에 돌아와야만 했던 그는 건강을 회복한 후 28세의 나이에 3만원의 자본금으로 대구에서 40여명의 직원들과 함께 삼성상회를 출범시켰다.

삼성의 "三"은 큰 것, 많은 것, 그리고 강한 것을 상징하는데 이는 우리 민족이 가장 좋아하는 숫자이기도 하다. 그리고 "星"은 밝고, 높고, 영원히, 그리고 깨끗이 빛나는 것을 의미한다. 따라서 이병철 회장은 "크고, 강력하고, 영원하라"는 뜻에서 삼성이라는 상호를 택하였다. 그리고 사업에 있어서는 그 당시 일본의 만주지역진출을 계기로 농수산물(과일, 건어물 등)을 중심으로 무역업을 시작하였고, 제분기와 제면기도 설치하여 소규모의 식량제조업도 겸하였다. 사업이 확장되자 이병철 회장은 1941년에 삼성상회를 (주)삼성상회로 등록하여 근대적인 기업형태를 갖추기 시작하였다. 8·15 해방 후 해외무역이 활발해짐에 따라서 회사를 서울로 옮기고 동남아 지역과 미국을 대상으로 본격적인 국제무역업을 전개하여 1949년에는 국내 543개의 국내 무역업체 중 천부자, 동아상사, 화신산업 등에 이어 7위의 위치를 차지하였다.

이병철 회장은 항상 시장수급을 정확하게 파악하기 위하여 면밀한 시장조사를 강조하는 한편, 자본금을 일정한 수준에 정하지 않고 모든 구성원에게 투자의 기회를 주어 이익배당에 참여하도록 하였다. 그리고 상하 구성원들 모두가 공존공영의 정신으로 일에 몰두하고 능력에 따른 대우와 신상필벌의 기풍을 확립하였다. 이병철 회장의 이와 같은 경영방식은 창업초기에 사업의 급성장에 크게 기여했을 뿐 아니라, 오늘날에 이르기까지 삼성그룹의 전통으로서 그룹성장의 중요 요인으로 작용해 왔다.

6 · 25동란 중 이병철 회장은 부산에서 삼성물산을 설립하여 물자가 극히 부족했던 그 당시 각종 생활필수품을 대상으로 무역업을 계속 확장시켜 나갔다. 1953년에 휴전협정이 조인되자 삼성물산은 본사를 서울로 옮기고 일본 동경에 지점을 설치하여 국제무역활동을 더욱 활발히 전개해 나갔다. 그리하여 무역업에서 축적된 자본으로 제일제당을 설립하고 1954년에는 제일모직을 설립하여 식품과 섬유분야에서도 선도업체로 발전해 나가기 시작하였다. 회사이름을 제일로 정한 것은 알기 쉽고 부르기 쉽다는 이유도 있지만, 무슨 일에서 제일의 정신으로 임하자는 뜻과 항상 산업계의 제일주자로서 국가경제와 국민번영에 기여하겠다는 삼성의 결의를 담은 것이다.

1957년에 삼성은 2,000여 명의 대졸 지원자 중에서 27명을 공채 1기로 선발하여 한 달 동안의 신입사원 교육훈련을 실시하였다. 삼성의 공개채용은 우리나라 기업에서는 최초로 이루어졌고 공채과정에서 이병철 회장이 직접 면접에 참여하였으며, 그의 면접참여는 그 후에도 매년 계속되었다. 1958년에는 안국화재를 인수하여, 제당과 모직 그리고 물산 등 네 개의 다각화된 회사(무역, 식품, 섬유, 보험)가 핵심을 이루는 국내 최대의 기업집단을 형성하게 되었다. 그리고 1959년에는 삼성비서실을 설치하여 그룹공동으로 추진해야 할 사업들을 보다 효율적으로 지원 · 조정 · 관리하기 시작하였다.

1960년대에 삼성은 제지, 전자, 유통, 의료, 언론, 매스컴, 부동산 등 새로운 산업분야에 진출하였다. 그리하여 1960년대 말에는 17개의 계열사로 구성된 대기업그룹으로 성장하여 세계적인 기업그룹으로 도약할 수 있는 기반을 구축하였다. 1970년대에 삼성은 석유화학, 중공업, 건설, 정밀기계 등 새로운

표 Ⅳ-14 삼성의 성장추이

연도	매출액(수출)	순이익	구성원(해외인력)
1953	1억원	–	267명
1960	27억	5억원	1,871
1970	365억(27억)	13억	9,080
1980	2.4조(1.24조)	109억	7.5만
1990	29.7조(12.41조)	2,370억	17.9만
1995	62.3조(30.59조)	2.9조	24.1만
2000	132.0조(312억달러)	7.6조	17.4만
2002	141.0조(38.25조)	11.5조	17.5만(7.48만)
2004	135.5조(65.72조)	15.7조	21.3만(7.80만)
2006	151.7조(73.46조)	12.3조	25.4만(8.81만)
2007			(9.14만)

산업분야로의 진출과 더불어 전자분야를 중심으로 첨단기술산업에 본격적으로 투자함으로써 우리나라의 공업선진화에 큰 역할을 하였다. 1975년에 종합상사법이 제정되면서 삼성물산은 종합무역상사 제 1 호로 지정받았고, 그 후에도 계속 우리나라 수출의 선두위치를 유지함으로써 우리나라의 수출신장에도 크게 기여하였다. 삼성의 매출규모는 1969년의 311억 원에서 1979년에는 1.5조 원으로 크게 증가하였다.

1980년대에 삼성은 점차 심해지는 기술고도화의 기업환경하에서 앞으로 다가올 첨단기술시대에 대비하여 전자, 반도체, 정보기술, 광통신, 유전공학, 의료화학, 신소재, 정밀화학, 우주항공, 로봇 등 첨단분야에서의 기술개발을 본격화하였다. 삼성전자는 컴퓨터, VTR, 전자레인지, 카메라, 오디오 등 여러 분야에서의 기술개발을 가속화시켜 국내 선두주자의 위치를 확고히 하였고, 삼성전관(현재 SDI)은 1986년에 브라운관의 100% 국산화를 달성하였다. 그리고 제일제당은 유전공학과 식품공학분야의 첨단기술 개발에, 제일합섬을 초정밀화학과 엔지니어링 플라스틱 등 새로운 소재개발에 각각 연구활동을 본격화하였다. 그리고 삼성전자는 1987년에 반도체와 신소재, 우주항공과 정보통신분야의 첨단기술개발과 기초과학연구를 담당하는 종합기술원을 설립하였다. 1987년에 삼성그룹의 총 매출은 17.6조 원으로서 1970년대 이래 18년 동안 매출규모가 566배(수출은 2,415배)나 증가하였다.

1987년 11월에 창업자 이병철 회장이 타계하고 이건희 부회장이 삼성그룹을 승계하였다. 이건희 회장의 경영하에서 삼성은 국내시장은 물론, 수출과 해외직접투자 그리고 첨단기술개발을 계속 적극적으로 추진하여 1993년에 43조 원 매출을 기록하여 회장 취임 이후 6년 동안 두 배 이상의 신장을 달성하였다. 특히 삼성전자는 1989년에 4M D램(Dynamic Random Access Memory)을 개발하고 1992년에는 16M D램을 개발 · 판매하였으며, 곧이어 64M D램을 개발하면서 세계 제일의 D램 생산업체로 성장하였다. 그리고 1994년에는 256M D램을 성공적으로 개발하여 세계 제일의 D램 생산업체의 위치를 더욱 확고히 하였다. 삼성전자는 이후 지속적인 성장을 구가하여 메모리 반도체칩뿐 아니라 핸드폰, TFT-LCD, 모니터 등에서도 세계 정상의 위치를 점하며 글로벌 IT기업으로 계속 성장해 나갔다.

삼성은 2003년도 기준 수출액이 377억 달러에 달하여 한국 전체 수출액(1,938억 달러)의 19.4%를 차지하였고, 납세액은 6.5조 원으로 한국 전체 납세액(114조 원)의 5.7%를 차지할 정도로 한국경제에서 차지하는 비중이 커졌다. 삼성의 브랜드 가치는 지난 2000년에 52억 달러로 평가되어 한국 기업으로는 처음 세계 100대 브랜드에 진입하였다. 2004년에는 125억 달러로(일본 20위인 소니와 불과 2억 달러 차이로) 세계 21위를 차지하게 되었다.

2. 삼성의 전통적 경영이념

삼성이 우리나라 제일의 기업그룹으로 그리고 외형상으로 세계적인 기업으로 성장한 데에는 삼성의 경영이념이 큰 역할을 하였다. 삼성은 창업 이래 사업전망에 대한 철저한 사전조사와 구성원 모두의 공존공영 그리고 능력위주의 신상필벌 등 이병철 회장의 경영원칙을 기업경영에 적용해 오다가 1973년에 사업보국, 인재제일, 합리추구를 삼성의 공식적인 3대 경영이념으로 정립하였다.

(1) 사업보국의 이념

사업보국은 기업을 통하여 국가사회와 나아가서는 인류사회에 공헌하고 봉사한다는 경영이념이다. 삼성은 사업보국의 이념에 따라서 국민이 원하고 국민에게 도움을 줄 수 있는 사업을 일으키고 발전시키는 것을 사명으로 알고 이를 실천해 왔다. 6 · 25동란으로 생활필수품이 부족할 때 삼성은 무역업으로 국민생활에 필요한 물품을 수입 · 공급하였고, 1960년대에 국가의 자립경제정책에 따라 수입대체품의 생산을 위하여 제당, 모직, 비료 등 사업에 뛰어들어 갔으며, 그 이후에도 국가경제발전을 위한 수출주도의 경제정책과 산업구조고도화정책 그리고 첨단산업육성정책에 따라 전자와 중화학공업 그리고 첨단기술분야(반도체 · 컴퓨터 · 유전자 · 광통신 · 우주항공 등)로 진출하면서 보국사업의 이념을 실천해 왔다.

(2) 인재제일의 이념

인재제일의 이념은 이병철 회장이 오랫동안 실천해 온 경영신조와 경영지주(經營支柱)로서, 인간을 존중하고 개인의 능력을 최대로 발휘할 수 있는 여건을 만들어 그것이 개인과 사회의 원동력이 되게 하는 정신을 의미한다. 사업보국의 이념을 실천하려면 무엇보다도 우수한 인재의 선발과 육성이 필요하다. 1957년부터 국내 최초로 시작된 공개채용, 신입사원면접에 이병철 회장이 직접 참여해 온 관례, 국내 최대규모의 연수시설, 그리고 교육훈련과 인재육성에 있어서 세계 어느 기업보다 더 많은 시간과 예산을 투입하는 것 등은 삼성이 인재제일의 이념을 실천하는 데 얼마나 노력하는지를 실제로 보여 준다.

(3) 합리추구의 이념

합리추구는 모든 일을 수행함에 있어서 합리를 바탕으로 하여 끊임없는 발전을 추구하는 정신을 의미한다. 사업운영에 있어서 합리는 기업환경과 환경변화를 정확하게 통찰하고, 무모한 과욕이나 요행을 바라는 투기는 절대로 피하며, 직관력을 기르고 항상 제 2 와 제 3 의 대안을 강구하는 접근방법을 뜻한다. 삼성은 시대의 변천과 환경변화에 큰 모험 없이 항상 합리적으로 대응해 왔다. 근래에 삼성이 첨단기술분야에 본격적으로 진출한 것도 자원빈국인 우리나라의 입장에서는 천연자원이 적게 들고 인간의 두뇌와 고도의 기술이 요구되는 첨단산업에서 비교우위를 점하는 것이 우리나라의 경제가 살 수 있는 유일한 길이라는 관점에서 합리추구의 정신이 실천된 전략이라고 할 수 있다.

3. 실천지침과 삼성정신

사업보국과 인재제일 그리고 합리추구의 3대이념을 구현하기 위하여 삼성은 몇 가지의 실천지침과 기본정신을 굳건한 전통으로 전승시켜 왔다.

(1) 경영이념의 실천지침

삼성의 3대 경영이념을 실천하는 데 첫째 지침은 책임경영이다. 기업경영에는 자본과 기술이 중요하지만 그보다 더 중요한 것은 사람이다. 사업은 사람에 의하여 계획되고 진행되며, 그 과정에서 임무가 부여되고 책임이 주어져야 사람의 능력이 발휘된다. 그리하여 사장에서 말단 구성원에 이르기까지 권한이 점진적으로 위양되고 업무가 분담됨으로써 구성원 모두가 명확한 권한과 책임하에서 기업의 주인으로서 경영에 참여할 수 있다. 책임경영의 지침을 제도적으로 구체화시킨 것이 바로 사업부제와 개인별 사업부제로서, 이것이 삼성의 합리적인 조직편성과 관리제도의 설계 그리고 경영행동의 기본적인 틀로 작용해 왔다.

경영이념실천의 둘째 지침은 신용제일주의이다. 책임경영이 대내적인 실천지침이라면 신용은 대외적인 실천지침이다. 삼성에서 신용은 기업윤리의 최우선적인 덕목으로서 거래약속의 신용, 품질의 신용, 그리고 그 밖의 모든 계약이행에서 신용을 포함한다. 생산품에 대한 신용 없이는 판매에 성공할 수 없고 계약의 신용 없이는 사업의 지속성이 이루어질 수 없다. 특히 삼성이 생산하거나 취급하는 제품에 대한 품질제일주의 정신은 철저하여, 품질제일주의는 수입대체산업과 건설 · 중화학 그리고 전자공업 그리고 첨단산업에 이르기까지 꾸준히 이어져 왔다.

(2) 삼성정신

삼성은 경영이념을 구현하는 과정에서 오랜 기간에 걸쳐서 몇 가지의 기본정신을 구성원들에게 체질화 및 생활화시켰다. 삼성정신이라고 불리는 이 전통은 삼성인 모두의 기강과 생활지표로서 다음의 다섯 가지 정신으로 구성되어 있다.

① 새로운 것을 탐구하고 개척하는 창조정신
② 진실되고 바르게 행동하는 도덕정신
③ 모든 면에서 제일을 추구하는 제일정신
④ 확실하고 완벽하게 일하는 완전주의
⑤ 서로 존중하고 돕는 공존공영의 정신

창조정신은 진취적인 기상으로 새로운 것을 배우고 탐구하며 사회에 도움이 되는 최신의 기술과 최고의 제품 및 서비스를 제공하는 정신을 말한다. 창조의 지표는 개인에서 조직으로, 국내에서 세계로, 그리고 현재에서 미래로 지향하는 원대한 기상을 강조한다. 도덕정신은 정직한 마음으로 떳떳하게 행동하고 합리적으로 공정하게 처신함으로써 신의와 성실이 통하는 활기차고 건전한 사풍을 가꾸는 정신을 의미한다. 이병철 회장은 개인의 정직과 사회의 도의를 누누이 강조해 옴으로써 삼성인에게 정직은 첫째의 덕목이고 도덕은 삼성정신의 큰 기둥으로 인식되어 왔다.

제일주의는 '하면 된다' 라는 강한 신념을 가지고 최고의 목표에 도전하되 각자 맡은 분야의 '제일인자' 가 되어 선구자적 사명을 가지고 국가와 인류사회에 적극적으로 이바지하는 정신을 의미한다. 제일주의는 우선 목표설정과 목표를 달성하는 사람 그리고 끝으로 실적에서의 제일주의를 뜻한다. 목표는 의욕적이고 도전적이어야 하며, 최상의 인재에 의하여 목표가 관리 · 추진되어야 한다. 이와 같이 제일의 목표를 제일의 인재들이 추진하여 제일의 실적을 올린다는 것이 삼성정신의 일단이다.

완전주의는 주인의식을 가지고 확실하게 각자의 책임을 다하여 건실한 삼성을 이끄는 정신이다. 완전하다는 것은 계획단계에서부터 그 계획을 철저하고 확실하게 실행하는 것이고, 확실하게 한다는 것은 각자가 맡은 책임을 다한다는 말이다. 권한이란 자기의 책임을 조직 내에서 공식적으로 수행하는 힘을 뜻한다. 따라서 권한과 책임의 원칙은 표리의 관계에서 권한의 위양은 있어도 책임의 위양은 있을 수 없는 책임불변의 원칙을 의미한다. 따라서 책임경영에서 권한은 위양되었다 하더라도 책임은 권한을 위양한 사람에게 그대로 남아있다. 건실경영은 이와 같은 책임원칙하에서 비로소 가능하며, 완전주의의 철저한 실천으로 삼성에서는 부실경영이 있을 수 없다.

공존공영은 내적으로는 구성원들 서로가 인격과 능력을 존중하고 도우며, 외적으로는 고객과 거래선 그리고 주주와 국가사회에 봉사함으로써 신뢰받는 삼성인이 되자는 정신을 의미한다. 따라서 공존공영의 정신은 인간존중과 상호신뢰에서 출발하며, 동료와 상하관계, 사내와 거래선, 기술자와 관리자, 생산자와 소비자 등 삼성과 삼성을 둘러싼 모든 사회 구성요소와 이해관계자들(stakeholders)을 존중하고 신뢰하며 더불어 발전한다는 정신을 뜻한다.

4. 삼성의 성공요인

이와 같은 삼성의 경영이념과 기본정신은 모든 삼성인의 공유가치로서 삼성문화의 핵심을 형성하면서 삼성의 고도성장에 크게 기여해 왔다. 삼성의 경영이념과 기본정신은 환경변화에 따라 사업전략에 적절히 반영되고 성공적인 전략추구에 필요한 경영조직과 행동에 철저히 적용됨으로써 높은 성과를 달성하게 된 것이다.

(1) 합리성의 추구

삼성의 성공요인은 여러 가지 관점에서 분석할 수 있겠지만, 창업 이래 삼성의 성장과정을 볼 때 삼성의 가장 중요한 성공요인은 합리적 경영이라고 할 수 있다. 삼성에서 합리성의 추구는 사업전략으로부터 시작하여 삼성인 개개인의 행동에 이르기까지 모든 경영활동에 지배적인 영향을 주면서 기업성과의 결정요인으로 작용해 왔다. 사업전략에 있어서 삼성은 기업은 반드시 이익을 내야 한다는 합리적인 사고에서 항상 철저한 시장조사를 통하여 시장경제의 합리성에 맞추어 사업을 전개해 왔다. 그리하여 "삼성이 하는 사업은 틀림없다" 또는 "돌다리도 두들겨 보고 남이 건너가는 것을 본 다음에 건너간다"라는 평을 들을 정도로 합리성을 중시해 왔다. 그리고 환경이 변함에 따라서 삼성은 시장경제의 논리에 맞추어 시대가 요구하는 사업을 전개해 왔다.

시장합리성이 삼성의 외적 합리추구라고 하면, 조직합리성이 삼성의 내적 합리추구라 할 수 있다. 삼성에서 합리적인 조직경영은 삼성의 가장 가시화된 특성으로서 합리적인 인적자원관리와 운영제도가 그 핵심을 이루고 있다. 삼성은 국내 어느 기업보다도 먼저 공개채용과 능력위주의 평가제도를 중심으로 합리적이고 공정한 인사제도를 정착시켰다. 그리고 인재제일의 이념하에 지식과 선진기업 그리고 교육훈련을 강조하면서 삼성 개개인의 능력향상은 물론 조직수준에서 학습능력을 배양하는 데 많은 노력을 기울였다. 그리고 "잘못된 경영은 고칠 수 있어도 썩은 정신상태는 어쩔 수 없다"는 사고에서 능력과 더불어 올바른 성품과 정신자세를 강조하면서 대내외적으로 청결풍토를 정착시켰다. 청결풍토는 삼성인 개개인이 사외의 어느 누구에게도 의존하지 않고 최상의 목표를 추구하여 성과지향적 제일주의를 실천하고 높은 성과를 달성하는 데 중요한 요소로 작용하였다.

(2) 통합적 · 시너지적 전략추구

삼성의 또 하나의 성공요인은 그룹차원에서의 통합적이고 시너지적인 사업전략의 추구이다. 삼성은 그룹 내의 자금과 인력, 정보, 기술과 경영노하우(management knowhow) 등 모든 자원을 그룹사 모두가 공유한다는 원칙하에 이를 총괄관리하면서 전략적으로 활용해 왔다. 그룹차원에서의 자원관리는 삼성의 제당, 모직, 섬유화학, 전자, 반도체 등 막대한 자금과 전문기술이 요구되는 새로운 산업진출에서 현저히 나타나고 있다. 삼성은 창립 이후 성공적인 기업경영으로 내부 투자자본을 축적하였고 전문경영인력과 기술인력을 배양하여 신규사업에 진출할 때마다 이를 총동원하여 좋은 성과를 거두었다. 특히 삼성물산은 시장정보를 제공하고 삼성생명과 안국화재는 민간자본을 동원하는 데 중요한 역할을 하였다.

표 Ⅳ-15 삼성문화와 기업성과

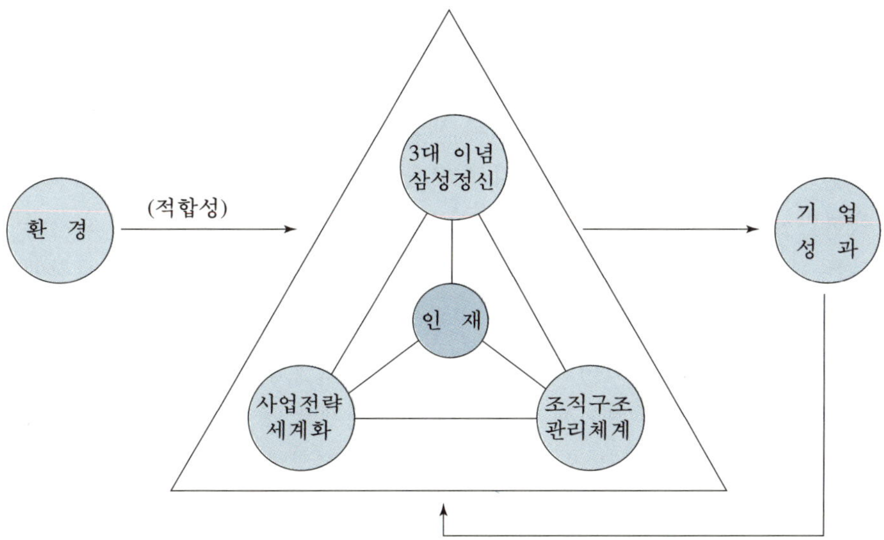

또한 삼성의 사업전략은 식품, 의류, 전자, 석유화학 등의 사업군을 중심으로 계열화를 달성하여 계열사간의 거래를 통하여 그룹 내에 시장을 창출하고 거래비용(transaction cost)을 낮추는 이점을 최대로 활용해 왔다. 제일제당을 중심으로 한 다양한 식품산업으로의 진출, 제일모직을 중심으로 한 기성복 시장으로의 진출, 그리고 전자분야에서 브라운관의 자체생산과 반도체산업으로의 진출을 통한 핵심부품산업으로의 수직적 다각화 등은 모두 삼성이 사업군을 중심으로 경쟁적 비교우위를 향상시키기 위한 그룹차원에서의 시너지전략이다. 그룹차원에서의 이와 같은 통합적이고 시너지적인 경영전략은 삼성의 성공적인 신규사업과 고도성장에 크게 기여하였다.

(3) 분권과 통제의 혼합관리체계

삼성의 합리추구와 통합적 · 시너지적 전략을 가능하게 만든 것은 삼성의 조직과 관리체계이다. 삼성의 관리체계는 사업부중심의 분권화와 비서실의 중앙통제기능이 함께 존재하는 시스템으로서, 삼성의 성장에 많은 도움을 주었다. 삼성은 전통적으로 권한위양과 책임경영을 강조하면서 예외관리(management by exception)를 실천해 오다가 점차 사업부제도를 정착시켰다. 따라서 삼성의 책임경영과 사업부제하에서 유능한 인재와 합리적이고 체계적인 성과관리제도가 높은 성과를 달성하는 데 결정적인 역할을 하였다. 또한 삼성의 회장비서실은 그룹차원에서의 정보수집과 새로운 사업기회의 포착, 경영자원(자금, 인력 등)의 획득 · 배분 · 조정, 그리고 그룹사경영의 감사 및 통제 등의 기능을 수행하면서 그룹 전체적인 차원에서의 전략의 시너지 및 최적화의 효과를 달성하는 데 크게 기여하였다. 회장비서실은 기업환경과 그룹의 내부상황에 따라서 그룹사에 대한 통제와 조정 및 지원의 기능을 적절히 조절해 왔다.

이와 같이 삼성은 합리성의 추구와 그룹차원에서의 통합적 · 시너지적 전략 그리고 분권화와 중앙통제가 혼합된 관리체계를 통하여 고도의 성장을 달성하였다. 이들 세 가지 요소는 서로 밀접히 연결된 관계 속에서 유능한 인재들에 의하여 높은 성과를 달성시켰고, 따라서 삼성의 우수한 인재들이 삼성의 고도성장에 가장 중요한 역할을 했다고 할 수 있다.

5. 새 경영문화의 필요성

삼성그룹은 창설 이래 60여년간에 걸쳐서 환경변화에 잘 적응하면서 외형규모에 있어서 세계적인 기업으로 성장하였다. 삼성의 경영이념과 기본정신 그리고 인재중심의 합리적인 경영은 삼성의 고도성장에 결정적인 요인으로 작용하였다. 그러나 근래에 와서 국내에서의 사회문화발전과 민주화가 가속화되고 전세계적으로 무한계(boundaryless)와 기술고도화의 물결이 거세짐에 따라서 과거에 삼성의 고도성장에 기여한 성공요인들이 점차 한계점에 도달하게 되었다

삼성의 합리주의와 성과지향적 제일주의는 주로 양적인 성장만을 지나치게 강조하는 요인이 되었고, 전통적인 청결성과 윤리도덕성은 안전주의와 보신주의를 지나치게 강조하여 보수적으로 내향적이며 방어적으로 관료적 성향까지 나타내서 조직의 활력을 감소시키는 역기능적 결과를 가져오게 되었다. 따라서 삼성은 개방화와 세계화 그리고 무한경쟁의 새로운 기업환경 속에서

계속 발전할 수 있도록 이에 알맞은 새로운 경영이념과 조직문화를 모색하게 되었다.

삼성은 이제 외형상으로는 세계적인 초대형 기업그룹으로 성장하였다. 그러나 삼성이 질적으로도 세계적인 초일류 기업그룹인지에 대해서는 의심점이 많이 있다. 그것은 새로운 세계화와 무한계화의 기업환경 속에서 삼성이 선진국의 우수기업들과 경쟁하면서 계속 성장할 수 있는 국제경쟁력을 가지고 있는지가 매우 의문시되기 때문이다. 삼성이 세계적인 초일류기업으로 발전하기 위해서는 세계적인 선진기업으로서의 위상과 체질 그리고 경쟁력을 갖추어야 하는 것은 물론이다. 따라서 이건희 회장은 삼성이 전통적으로 추구해 온 제일주의를 세계로 확대하여 세계적인 초우수기업으로서 새로운 위상을 다음과 같이 정립하고 이를 바탕으로 자신의 "제 2 의 창업정신"으로서 삼성의 신경영과 더불어 "질 경영"을 중심으로 새로운 경영이념을 설정하였다.

6. 새로운 삼성문화

삼성이 세계적인 초일류기업으로 발전하기 위해서는 세계적인 선진기업으로서의 위상과 문화 그리고 체질과 경쟁력을 갖추어야 한다. 따라서 삼성은 전통적으로 추구해온 제일주의를 세계로 확대하여 세계적인 초일류기업으로의 새로운 기업문화개발에 착수하였다.

(1) 사회적 기업상

전통적으로 삼성은 국내적으로 사업보국의 이념에 따라 국민이 필요로 하는 사업을 중시하면서 고도의 성장을 달성하였다. 그러나 근래에 와서 재벌기업에 대한 사회적 비판이 높아짐에 따라서 삼성은 우리나라의 대표적인 재벌기업으로서 사회적 역할에 대한 새로운 이념정립이 필요하게 되었다. 그리고 국외적으로 삼성은 과거의 단순한 수출형태의 해외사업에서 벗어나 이제 선진국은 물론 후진국과 북방국 등 세계 각국에 해외직접투자를 통한 다국적기업으로서 현지의 국민들이 기대하는 사회적 역할에 대해서도 새로운 이념정립이 필요하게 되었다. 그리하여 삼성은 좋은 제품을 만들어 소비자의 경제적 욕구를 충족시키는 것은 물론, 보다 적극적인 공익활동과 협력기업들과의 협조증진 그리고 국제화과정에서 현지화의 촉진 등 여러 이해관계자들과의 관계개념을 전세계로 확대시키어 세계사회로부터 인정을 받고 사랑을 받는 사회적 기업으로 발전하는 데 많은 노력을 기울이기 시작하였다.

(2) 새로운 가치관

급속히 세계화 · 무한계화되는 세계시장에서는 삼성은 이제 새로운 사업기회를 신속히 포착하고 점점 치열해지는 국제경쟁 속에서 경쟁적 비교우위를 장악해야 하며, 급진적으로 전개되는 기술고도화의 환경하에서 혁신과 기술개발을 강력히 추진하고 보다 과감하고 신속한 의사결정으로 급변하는 기업환경에 대응하지 않으면 안 되게 되었다. 따라서 삼성은 새로운 기업환경하에서 세계를 한 시장으로 보고, 기술을 경쟁력의 바탕으로 그리고 인간을 성과의 주체로 각각 강조하면서, 세계 제일주의와 기술을 중시하는 경영 그리고 인간존중의 경영을 새로운 경영가치로 설정하여 이건희 회장의 제 2 의 창업이념으로 정립하였다.

1993년에 이건희 회장은 제 2 의 창업이념을 좀더 분명히 하여 '인재와 기술을 바탕으로 최고의 제품과 서비스를 창출하여 인류사회에 공헌한다' 를 새

표 Ⅳ-16 경영이념의 변화

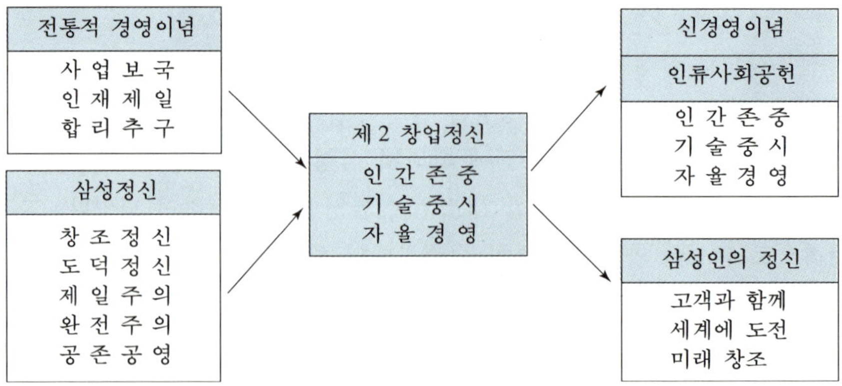

로운 경영이념으로 결정하고, ‘고객과 함께 하고 세계에 도전하며 미래를 창조한다’를 새로운 삼성정신으로 설정하였다(표 Ⅳ-16 참조). 또한, 글로벌화(globalization)된 선진기업과의 치열한 경쟁에서 이기려면 자금과 인력, 기술과 노하우, 그리고 경영정보 등 삼성의 모든 자원을 총동원하여 전략의 시너지 효과를 발휘해야 한다는 전제하에 자원에 대한 공유의식과 계열사간의 결속 및 공동체의식을 강조하기 시작하였다.

(3) 새로운 인재상

가치관의 변화는 자연적으로 삼성의 인재상에 변화를 가져온다. 전통적으로 제일주의는 삼성인들로 하여금 자부심과 책임감을 갖게 하고 성실히 그리고 열심히 일하는 동기를 부여하였다. 그러나 치열한 경쟁과 기술전쟁 속에서 세계적인 초일류기업으로 발전하려면 땀과 노력만으로는 불충분한 것이 사실이다. 더구나 삼성은 그룹규모가 커짐에 따라서 관료화의 현상과 더불어 조직의 기동성이 둔화되었고, 게다가 전통적인 합리주의는 모험을 회피하는 안전제일의 소극적 조직풍토를 조성하였다. 따라서 삼성은 성실성과 정직성 등 과거에 강조해 온 특성보다는 창의력과 자율성, 도전성과 공격성, 그리고 기술지향성과 국제감각 등의 특성을 새로운 인재상으로 강조하기 시작하였다.

새로운 인재상은 신입사원의 선정기준에 직접 반영되어, 이에 과거의 중앙집권적인 체계에서 벗어나 각 계열사 단위로 분권화된 체계하에서 사업성격에 적합한 인재가 공개채용되고 있다. 공채과정에서 특히 면접시험은 특정 주제에 대한 면접생들간의 토론형식을 적용하여 발표력과 설득력 그리고 임기응변력 등 그들의 실제능력을 측정하는 데 역점을 두고 있다. 그리고 교육훈련에 있어서도 중앙에서 편성한 획일적인 교육프로그램에서 벗어나 수강생들이 교육프로그램편성에 참여하는 자율권을 부여하고 있다. 그뿐 아니라 업적평가에 있어서도 단기 업적위주에서 중장기 업적위주의 평가로, 감점위주에서 가점위주로, 결과중심에서 과정중심으로, 그리고 양적 평가에서 질적 평가로 각각 평가의 방향을 점차적으로 조절해 나감으로써 창의적이고 자율적인 인재양성을 강조해 나가고 있다.

또한, 기술을 중시하는 새로운 경영이념은 임원구성에 현저히 나타나서 과거와는 달리 이제 이공계 출신이 상경 · 인문계 출신을 수적으로 압도하고 있고, 특히 상무급 이하의 비교적 젊은 임원층에서 이공계 출신의 비중이 더욱 증가하는 추세를 보이고 있다. 외국으로부터의 이공계 석 · 박사급 기술인력의 영입도 1990년대에 들어 크게 증가하기 시작하여 기술중시의 이념을 강력히 추진해 나가고 있다.

그뿐 아니라 삼성은 국내 관리자들의 국제감각을 증진시키고 국제경영 전문인력을 양성하는 데에도 많은 노력을 기울이고 있다. 전문국제인력을 집중적으로 개발하기 위하여 삼성은 지역전문가제도를 마련하여 입사차 3년의 사원 중 10%를 선발하여 1년간 해외에 파견시켜 현지에서 어학연수와 문화습득을 통하여 현지전문가를 양성해 왔고, 간부사원의 국제경영능력을 배양하기 위하여 6개월 동안의 21세기 리더교육과정도 신설하였다. 또한 현지에 고용된 현지인력(2007년 현재 91,400명)에 대해서도 우수한 현지고용사원들은 6박 7일에 걸친 한국 내에서의 초청교육을 실시하여 현지사업장에서 삼성문화의 전파역할을 담당하도록 하였다.

7. 질 경영, 신경영, 디지털 경영

1990년대에 들어서 삼성의 신경영과 경영혁신전략은 삼성인의 의식구조와 내부경영에 많은 변화를 가지고 왔다. 그러나 국내외의 기업환경은 개방화와 세계화의 물결을 타고 삼성의 변화보다도 더 빠른 속도로 변하고 있었다. 1993년에 삼성은 그룹의 로고(logo)를 영문글자로 바꾸어 세계기업으로의 상징을 강하게 표출시켰고, 경영에 있어서도 현장중심으로 바꾸어 특히 임원들이 생산현장에서 많은 시간을 보냈으며, 변신을 위한 교육훈련도 더욱 활발히 실시하였다. 그러나 수십년간에 걸쳐서 굳게 뿌리내린 안전제일의 내부지향적(inward-looking) 문화는 공격적이고 외부지향적(outward-looking) 문화로 쉽게 변하지 않았고, 삼성인들 상호간의 불신과 책임회피 그리고 개인과 집단수준에서의 이기주의도 여전히 만연하여 경영혁신의 큰 장애요소로 작용하고 있었다.

삼성의 경영혁신 진행상황에 불만족한 이건희 회장은 삼성이 세계적인 초일류기업으로 발전하려면 진행 중인 경영혁신이 보다 강력하게 그리고 훨씬 더 빠른 속도로 이루어져야 한다는 전제하에, 1993년 6월에 '질 경영'을 선포하면서 삼성의 급진적인 개혁을 선도하기 시작하였다. 그리하여 그는 6월부터 8월까지 2개월간에 걸쳐서 독일 프랑크푸르트와 런던 그리고 오사카 등 외국 주요도시에서 850명의 임원들을 20~40명 단위로 소집하여 '질 경영'에 관하여 총 250시간에 달하는 강의와 심층토론을 실시하였다.

해외에서의 이와 같은 임원회의는 국제시장에서 삼성의 경쟁적 위치와 품질 그리고 마케팅능력 등을 실감있게 분석할 수 있는 계기가 되었다. 그리고 국제경쟁에서 이기려면 우선 자신을 알고 경쟁자를 알아야 한다는 전제하에, 이건희 회장은 삼성임원들을 대상으로 6개월간의 사장교육프로그램을 개설하여 그중 3개월은 해외에서 현지문화를 연수하고 직접 체험하도록 하였다. 그

표 Ⅳ-17 신경영과 '질 경영'

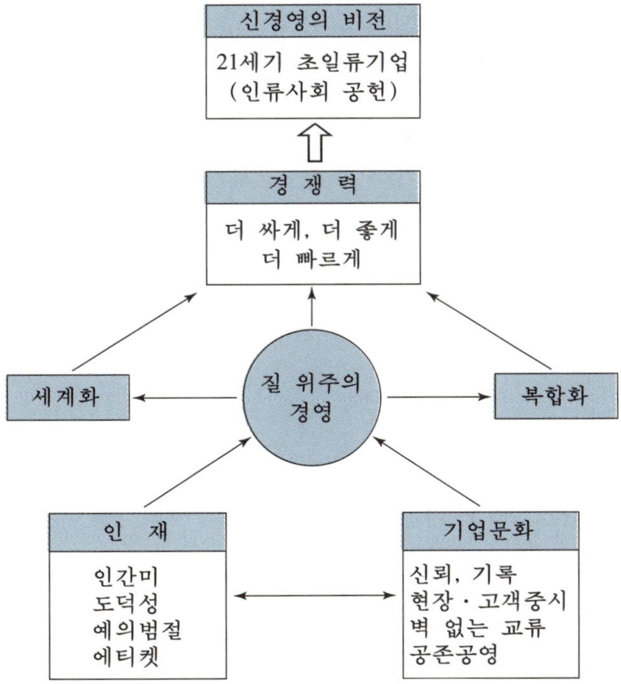

뿐 아니라 삼성은 국내 재벌기업으로는 처음으로 조기출퇴근제도(7-4근무제도)를 실시하여 삼성인들의 직장생활은 물론 가정생활에까지도 큰 변화를 가져왔다.

이건희 회장의 '질 경영'은 삼성이 세계적인 초일류기업으로 발전하는 데 필수적인 요건으로서, 근본적으로 상품의 질과 상품을 만드는 사람의 질 그리고 경영과정의 질을 경영의 최우선가치로 강조하는 개념이다. 삼성인들이 인간미와 도덕성을 갖추고 한국인으로서의 예의범절과 국제인으로서의 에티켓을 지키면서, 세계를 바라보고 크게 생각하고, 개인 인생의 질로부터 시작하여 상품의 질, 조직의 질, 회사의 질, 국가의 질을 높이는 데 주력하고, 시장경쟁과 환경변화를 이해하면서 가장 좋게, 가장 싸게, 가장 빠르게, 최상의 서비스로 소비자에게 제품을 공급할 수 있을 때 삼성은 초일류기업이 된다는 것이 이건희 회장의 '질 경영' 개념이다(전영욱 · 한정화, 1994, 356면). 따라서 '질 경영'은 이건희 회장의 취임 이래 삼성이 추구해 온 신경영과 변신전략의 연장으로서 질을 최상의 가치로 하여 모든 개혁을 추진하겠다는 것이다.

이와 같이 '질 경영'은 세계적인 초일류기업으로 발전하겠다는 이건희 회장의 비전과 그의 굳은 의지가 담긴 경영이념으로서 삼성의 변신전략에 기본적인 틀 역할을 한다. 이건희 회장의 비전은 근본적으로 삼성을 초일류기업으로 만들어서 인류사회에 공헌하여 고객으로부터 사랑을 받고 삼성인에게 삶의 질과 직장생활의 질을 제공하는 것이다. 삼성의 초일류화는 삼성인 자신의 질과 삼성문화의 질이 일류화되지 않고서는 달성할 수 없는 만큼, 도덕성과 인간미 그리고 예의범절과 에티켓을 갖춘 인재, 신뢰와 공존공영의 가치관에 바탕을 둔 기업문화가 그가 추구하는 초일류기업의 모습이다. 이와 같이 과거의 양적 성장에서 야기된 도덕적 불감증과 집단 및 개인 이기주의에서 벗어나 도덕성과 인간성을 회복하고 동양적 예의범절과 국제적 에티켓을 갖추는 것이 '질 경영'의 핵심이다. 그리고 과거의 업적위주의 경쟁적 분위기에서 탈피하여 서로를 믿고 실패를 재산화하여(기록문화) 모든 이해관계자들과 공존공영하는 신뢰적이고 상호협조적인 문화도 '질 경영'에서 강조되는 필수요건이다.

세계화전략에 있어서도 '질 경영'은 과거의 외형적인 수출확대에서 벗어나 기술과 품질 그리고 마케팅 등 삼성의 경영을 선진 일류기업의 수준으로 끌어울리고, 그러기 위하여 그룹의 모든 자원을 총동원하여 시너지 효과를 달성하여 성과의 질을 높이는 복합화전략을 강조한다. 따라서 삼성인들이 자기의 기능이나 사업영역 그리고 상하계층에 구애받지 않고 오로지 의미있는 목표달성을 위하여 서로 개방적이고 그리고 유기적으로 장벽 없이(boundaryless) 자유롭게 상호작용할 수 있는 가치의식과 행동자세를 기르는 것도 또한 '질 경영'의 중요한 측면이다.

이와 같이 '질 경영'은 삼성의 공유가치를 과거의 양적 개념에서 질적 개념으로 전환시키고 사람과 제품 그리고 전략, 조직, 관리 등 모든 경영과정에서 질을 최우선으로 강조하면서 삼성의 신경영과 변신전략의 방향과 초점을 명백히 하고 삼성의 초일류기업화 노력을 한층 더 가속화시켜 왔다.

IMF 외환위기를 맞아 삼성도 창업 이래 최대의 위기를 맞았다. 삼성은 유동성 위기 극복을 위해 뼈를 깎는 구조조정을 단행하였다. 그 과정에서 삼성은 과감한 사업구조조정을 통하여 경쟁력을 보유한 핵심사업 위주로 사업구조을 재편하였으며, 불가피하게 고용감축도 추진하였다. 1998년에는 성과주의 인사정책을 더욱 강화하고 간부직원을 대상으로 연봉제를 도입하였으며, 사업별 책임경영체제를 더욱 확고히 하였다. 이러한 구조조정의 결과, 1999년부터는 연평균 40%를 넘는 부가가치 생산성 증가율을 기록하며 비약적인 경영성과 향상을 달성하였다.

8. 2000년대의 삼성

2000년대에 들어서 삼성은 21세기를 디지털(digital) 혁명을 통한 디지털 기술과 문화의 시대로 규명하고 아날로그 시대와는 근본적으로 다른 경영패러다임을 강조하기 시작하였다. 이건희 회장은 신년사에서 2000년을 삼성 디지털 경영원년으로 선언하고 이를 제 2 의 신경영으로 선포하면서 사업구조, 경영시스템, 조직문화 등 모든 경영분야에서의 디지털화를 강력히 주장하였다. 그리하여 디지털 경영은 이제 삼성의 2000년대 경영혁신의 핵심으로 공식화되었다.

삼성의 디지털 신경영은 기존의 신경영과 구조조정을 발전적으로 계승하되 새로운 차원의 경영혁신을 추구하려는 경영이념으로서 디지털 기술경영, 네트워크 경영, 소프트 가치경영 등이 기본방향이다. 디지털 기술경영은 디지털 기술을 활용하여 사업, 시스템, 조직문화의 개혁을 통하여 경쟁력을 선취하는 벤처정신의 함양을 그 내용으로 한다. 네트워크 경영은 조직 내부와 협력회사 그리고 사회와의 네트워크를 통하여 경쟁력을 강화하는 데 초점을 맞추며, 소프트 가치경영은 지식, 정보, 브랜드, 디자인 등 산업시대와는 다른 소프트차원의 경쟁력을 강화하는 것을 의미한다. 삼성은 이들 세 가지 측면의 디지털 경영을 제품과 인적자원 그리고 프로세스에 적용하여 신경영을 추진해 나갔다.

특히 인적자원관리 측면에서는 불확실한 미래에 대비하기 위한 준비경영의 일환으로 세계적 수준의 핵심인력 확보와 유지에 전력을 기울이고 있다. 2001년 이후부터는 모든 사업영역을 글로벌 일류수준으로 끌어올리기 위하여 매년 400~500명 정도의 핵심인력의 영입을 추진하고 있다. 2000년에는 IMF 외환위기 이후 강화된 개인별 성과주의의 단점을 보완하기 위하여 조직단위의 성과에 따라 보상하는 이익분배제(profit sharing)를 도입하였으며, 주주 중시의 경영을 유도하기 위하여 경영자 보상으로서 스톡옵션도 본격적으로 시행하였다.

IMF 외환위기 이후 과감한 구조조정과 급변하는 경영환경에 대한 신속한 대응을 통하여 삼성은 21세기에 들어와 비약적인 성장을 구가하였다. 특히 삼성전자는 다수의 세계 1위 제품을 보유하고 당기순이익 10조를 넘어서는 등 외형상으로는 세계적 기업으로 자리매김하기 시작하였다. 2004년에는 '글로벌 일류기업 구현' 을 경영방침으로 정하고 세계시장을 리드하는 1등 제품을 확대하고 사업의 부가가치를 높이는 한편, 미래에 지속적 성장을 위해 글로벌 인재의 육성과 첨단기술의 개발에 한층 더 활발히 매진하기 시작하였다. 그리고 비약적 성장과 이익증가에 안주하지 않도록 내부경영과 구조조정 활동을 적극적으로 추진해 나갔다. 또한, 사회로부터 존경받는 기업이 되기 위하여 사회적 책임을 다하고 나눔경영을 실천하는 데에도 많은 노력을 계속하였다.

2007년 이건희 회장 취임 20년을 맞아 삼성은 우리나라 제일의 기업으로서 고도의 성장을 계속해 나갔다. 글로벌 무대에서의 위상도 계속 상승하여 반도체 메모리, LCD패널, 디지털 평판 등 분야에서 세계 제 1위, 휴대폰 세계 2위 등 전 세계에서 우수한 정보기술(IT)회사로 인정받게 되었다. 2006년에 삼성은 세계 500대 기업에 전자(매출 895억 달러; 제 46위)와 생명(매출 286억 달러; 제229위), 그리고 물산(매출 168억 달러; 제 436위) 등 3개사를 올려 놓으면서 151.7조 원의 그룹 매출액을 기록하였다. 이건희 회장 취임 후 20년간에 삼성의 총자산은 11.5조 원에서 261조 원으로 23배, 매출은 17조 원에서 151.7조 원으로 9배, 그리고 수출액은 11억 달러에서 663억 달러로 60배나 각각 증가하였다. 2006년 삼성의 총매출액은 국내 총생산(GDP)의 6분의 1에 달했고, 삼성의 총수출액도 우리나라 총수출액의 21%나 되어 국내경제에서 삼성이 차지하는 비중도 매우 높은 수준을 계속 유지해 나갔다.

그러나 삼성이 이와 같이 국내 독보적인 제 1 위 기업으로 성장하는 과정에서 사회적 영향력도 커지고, 이에 따라 사회 일각에서 삼성에 대한 견제심도 강하게 나타나기 시작하였다. 특히 2007년 김용철 변호사의 "삼성 비리의혹" 폭로는 큰 사회적 이슈로 부각되어 삼성의 비자금, 편법 경영승계 등을 조사하기 위한 특별검사제까지 발동되어 삼성은 큰 논란의 대상이 되었다. 삼성에 대한 특별검사의 조사는 조사결과에 따라 삼성에 치명적인 결과를 가져올 수 있다. 막대한 경제적 손실은 물론 삼성의 국내외 이미지와 신인도에도 큰 상처를 가져올 수 있다. 따라서 삼성은 세계적인 초우수기업이 되기 위하여 이건희 회장 취임 20년간의 그리고 특히 1993년 이후 "질 경영문화"를 통하여 달성한 높은 성과와 강한 경쟁력을 지속시켜 나가는 동시에 당면한 '비리의혹' 위기에서 벗어나야 할 어려운 과제도 맞게 되었다.

기업문화관점에서 삼성이 세계적인 초우수기업이 되기 위해서는 우선적으로 사회로부터 사랑과 존경 그리고 신뢰를 받는 기업이 되어야 하고, 그래야만 세계시장에서 삼성의 경쟁력도 지속될 수 있다. 따라서 삼성은 제기된 비리의혹을 반드시 해결해야 함은 물론, 앞으로 투명경영과 윤리경영을 보다 철저히 그리고 충실히 실천하며 사회적 이슈가 되고 있는 지배구조에도 획일적인 개혁을 가져오는 등 세계적인 초우수기업으로서의 기업문화요건을 갖추는 데 한층 더 많은 노력을 기울여야 할 것이다.

사례 #4

도요다의 가이젠 문화

2000년대에 들어서 도요다자동차는 계속 높은 성과와 고도의 성장을 달성하면서 2007년도 포춘(Forturne)지의 '가장 존경받는 세계기업'에서 제 6 위로, 그리고 포브스(Forbes)지의 2008년도 '우수 글로벌 기업'에서 제 8 위로 각각 평가되는 영예를 안았다. 도요다는 이제 세계적인 초우수 기업으로 인정받으면서 전세계의 많은 기업으로부터 모방의 대상이 되고 있다. 이 사례는 도요다의 가이젠 문화를 중심으로 도요다의 고도성장과 막강한 경쟁력에 기여하고 있는 요인들을 분석한다.

일본의 도요다자동차회사(Toyota Motor Co.)는 2007년에 9,497,754대의 자동차를 생산하여 세계 최대의 자동차 생산업체가 되었다. 1957년에 처음으로 미국시장에 진출한 후, 50년 만에, 그리고 세계 최초의 상업용 하이브리드 Prius를 출시한 후 10년 만에 달성한 성과이다. 그 과정에서 도요다는 미국의 Ford와 DaimlerChrysler는 물론 1931년 이후 계속 세계 자동차 시장의 제 1 위 자리를 지켜온 General Motors를 제치고 그 자리를 차지하게 된 것이다. 2007년 현재 도요다에는 약 30만 명의 구성원들이(일본 10만, 해외 20만 명) 세계 27개국의 52개 생산기지와 140여개국의 영업망에서 활동하고 있다.

도요다는 이제 생산 및 매출규모와 더불어 제품의 질과 신뢰도에 있어서도 세계 최고의 평가를 받고 있다. 수익면에도 도요다는 2007년 재무회계년도에 137억 달러의 순이익을 달성하였고, 시장자본가치도 1,867억 달러로 평가되어 2006년도 GM, Ford, DaimlerChrysler의 시장자본가치를 모두 포함한 1,140.7억 달러의 1.6배나 되었다.

이 사례는 70여 년 전 일본 나고야 시외의 작은 직조회사로 시작한 도요다가 어떻게 세계 자동차 산업에서 최강의 경쟁력을 가진 초우수 기업으로 성장했는지를 도요다의 기업문화와 근래 도요다 성장에 기여한 도요다 경영방식(Toyota Way), 도요다 생산시스템, 그리고 가이젠 문화를 중심으로 알아본다.

표 Ⅳ-18 세계 10대 자동차제조업체(2006년)

순위	회사명	매출액(100만 달러)	순이익(100만 달러)
1	General Motors	207,349.0	-1,978.0
2	Toyota Motor	204,746.4	14,055.8
3	DaimlerChrysler	190,191.4	4,048.8
4	Ford Motor	160,126.0	-12,613.0
5	Volkswagen	132,323.1	3,449.0
6	Honda Motor	94,790.5	5,064.1
7	Nissan Motor	89,502.1	3,939.6
8	Peugeot	71,005.7	220.8
9	Hyundai Motor	66,666.0	1,319.0
10	Fiat	65,031.1	1,336.2

1. 도요다문화 창조의 주역

도요다자동차회사가 세계적인 초우수기업으로 성장하는 데에는 도요다의 독특한 기업문화가 크게 기여하였다. 도요다의 기업문화는 회사 창립 이후 70년간에 걸쳐서 도요다 가문의 전통적인 경영이념과 이를 일관적으로 꾸준히 지켜온 그들의 리더십에 의하여 보존되어 왔다.

(1) 회사설립

도요다자동차회사는 1937년 도요다 기이지로(豊田 喜一郞)에 의하여 설립되었다. 회사설립에는 도요다 기이지로의 아버지 도요다 사기치가 큰 역할을 하였다. 도요다 사기치는 일본의 발명왕이라고 불릴 정도로 발명에 탁월한 재능을 가진 엔지니어이며 성공적인 기업인으로서 도요다자동차의 회사설립과 회사 경영이념 설정에 주도적인 역할을 하였다.

(2) 도요다 사기치(豊田 佐吉)

설립자 기이지로의 아버지 사기치는 나고야시 외곽의 작은 농장에서 태어나 일찍이 마을의 소규모 직조공장에서 종사하고 있었는데, 그 당시의 직조작업이 너무나 원시적이고 힘들어서 어떻게 하면 낭비를 없애고 힘든 작업을 줄여서 작업의 효율을 높일 수 있을지를 연구해 오다가 독자적인 노력으로 목제 방적기를 발명하였다. 그리고는 이러서 방적기의 동력산출을 위한 증기엔진을 만들었고 결국에는 자동 방적기를 발명하는 데 성공하였다. 1920년대에 사기치의 자동 방적기는 일본정부로부터 특허를 받으면서 나고야 지역의 방직공장에 급격히 확산되어 그 지역의 방직산업진흥에 크게 기여하였다. 그리고 사기치는 기타 각종 발명으로 100여개의 특허를 취득하여 이미 일본 전역에 유명한 발명가로 알려짐은 물론 국제적으로도 T. Edison과 H. Ford 대열의 세계적인 발명가로 명성을 올리게 되었다.

1926년에 사기치는 도쿄자동차회사의 모체인 도요타자동직조회사(Toyota Automative Works)를 설립하여, 이를 나고야 지역에서 가장 성공적인 방직회사로 성장시켜 나갔다. 그러나 사기치의 직조기는 서구의 직조기술에 크게 미달하여 작업도중에 실이 자주 끊겨 작업흐름의 중단과 더불어 많은 시간이 손실됨은 물론 기계 자체의 설계도 표준화되지 않아서 부품의 교환도 어려워 전반적으로 효율성 증대에 많은 어려움이 있었다. 따라서 사기치는 방적기술이 앞선 서구의 생산 및 경영방식을 학습하고 이를 도입하기 시작하였다. 그리하여 그는 영국의 유명 제조업체인 Platt회사에 가서 선진경영방식을 배웠고, 그 당시 일본에서 교육활동을 하고 있던 미국인 엔지니어 Charles Francis의 도움을 받아 도요다자동직조공장의 생산방법과 시설을 선진화시켰다. 특히, 영국에서의 견학시절에 그는 Samuel Smiles 교수의 저서 *Self-Help*에서 크게 감명받아 근면, 절약, 집념, 자기혁신, 수련(discipline), 사회공헌이 그의 기본적인 경영철학에 많은 영향을 주었다.

사기치는 자동직조기를 발명하는 과정에서 그리고 자신의 직조회사를 이끌어 나가는 데 힘겨운 고난을 많이 겪었고, 그의 경험은 그의 아들 기이지로의 경영철학과 도요다자동차의 공식 경영이념에 지배적인 영향을 주었다. 사기치는 자동직조기를 발명할 때까지 오랜 기간에 걸쳐서 수많은 실험의 실패와 절망을 체험하였고, 그 과정에서 작업현장에서 땀 흘리고 손에 기름을 묻히며 시행착오도 범하면서 직접 작업을 수행하고 문제를 풀어나가는 것이 실제 성과달성에 얼마나 중요한 지를 절실히 느꼈다. 이것이 도요다 경영방식의 하나인 '겐지겐부츠'(現地人物)의 근간이 되었다. 이것은 HP회사의 창업자 D. Packard가 GE에서 일할 때 작업현장에서의 직접적인 실제 문제파악과 문제해결의 중요성을 느껴 이것을 HP 경영방식에 그대로 반영시킨 배회관리(MBWA)와 똑같은 개념이다(HP사례 참조).

또한, 사기치는 자동 직조기 발명과정에서 실이 끊어지는 고난을 수없이 겪었고, 작업의 효율화과정에서 작업을 아무리 자동화시킨다 하더라도 항상 근로자와 자동화시스템(기계)간에 조화가 있어야 하고, 근로자가 항상 이를 조정할 수 있어야 한다는 것을 느꼈다. 이것이 바로 도요다 방식의 '지도카'(自働化)의 원리가 되었다. 그리고 무엇보다도 사기치의 자동 직조기 발명은 작업을 개선하여 효율을 높이기 위한 그의 끊임없는 개혁과 개선 노력의 결과로서 이것 역시 도요다의 '가이젠'(改善) 문화의 기초가 되었다.

(3) 도요다 기이지로(豊田 喜一郎)

도요다자동차회사의 설립과 기이지로는 소년 때부터 신체적으로 연약하여 한 회사를 창설하고 이를 성공적으로 이끌어 나갈 수 있는 충분한 역량을 가졌는지가 의심스러웠다. 그러나 그의 아버지 사기치는 자신의 직조업체를 그대로 물려주어 편안한 기업인 생활을 하도록 하기 보다는 앞으로 다가올 자동차시대를 예감하고 기이지로가 새 시대에 더 큰 일을 할 기회를 개척하여 사회에 기여할 수 있기를 바랬다. 영국의 Smile 교수의 영향을 그대로 반영한 것이다. 그리하여 방적회사에서 실무경험을 쌓아온 기이지로를 동경대학에 입학시켜 기계공학과 특히 엔진공학을 전공하도록 하였으며, 기이지로로 하여금 자신의 발명특허를 Platt회사에 매각하여 받은 100만 엔(현재 약 2,000만 달러가치)으로 도요다자동차회사를 설립하여 새 시대의 자동차 기술개발을 통하여 자신이 시작한 발명의 정신을 계승해 사회에 공헌하기를 원하였다.

기이지로는 아버지의 사망 후 자동차회사를 설립하고 아버지의 경영철학을 계승하여 다음 다섯 가지를 도요다의 공식 경영원칙으로 설정하였다.

① 구성원은 각기의 임무를 충실히 이행하면서 국가의 발전과 복지향상에 기여한다.
② 끊임없는 창의력 발휘와 혁신의 추구로 시대에 앞서 나간다.
③ 실용적이지만 경박함은 피한다.
④ 관대하고 인정을 베풀며 온화한 분위기를 조성한다.
⑤ 매사에 공손하고 감사한다.

도요다자동차의 최초제품 AA모델은 그 당시 Chrysler 자동차보다 10% 저렴했지만 성능이 좋지 않아 7년간에 1,500대 밖에 팔리지 않는 부진을 겪다가, 1947년에 대중 자동차 Toyopet이 연 10만 대의 판매를 기록하면서 큰 성공을 거두었다. 그러나 그후 곧 다가온 경제불황은 도요다의 재정난을 극도로 악화시켜 종업원의 감봉과 강제 조기은퇴를 초래하여 전례 없던 심각한 노사분규와 파업까지 야기시켰다. 도요다는 파산지경에 이르렀고 결국 기이지로는 자신이 책임을 지고 사장직에서 자진 사퇴하였다. 그의 사퇴로 노사분규는 종결되어 회사운영이 정상화되었으며, 그 이후 도요다는 한 차례의 파업도 경험하지 않았고, 한 해도 적자를 기록하지 않았다. 기이지로의 자진 사퇴와 개인적인 희생은 문제에 대한 책임감과 더불어, 자기 자신보다는 회사의 장기적인 혜택을 앞세우는 자기 희생정신을 도요다의 영원한 기본가치로 확립시키는 계기가 되었다.

(4) 도요다 에이지(豊田 英二)

도요다자동차의 성장초기에 큰 역할을 한 또 한명의 도요다 가문은 도요다 에이지이다. 에이지는 사기치의 조카이고 설립자 기이지로의 사촌동생으로서 그도 동경대학에서 기계 공학을 전공하였다. 대학을 졸업하자 기이지로는 그에게 시바우라에 있는 "자동차호텔"(Car Hotel)에 연구소를 독자적으로 설립하여 도요다 제품의 수리와 애프터서비스를 제공하고, 도요다의 부품제조업체와 도요다공장 완공에 필요한 부품제조업체에 대한 연구조사 과제를 맡겼다. 그리하여 그의 삼촌과 사촌형처럼 그도 어떤 일도 스스로 직접하고 땀을 흘리고 손에 기름을 묻히면서 작업현장에서의 실천과 학습을 통하여 '도요다맨'으로서의 경력을 시작하였다.

결국 에이지는 기이지로의 뒤를 이어 도요다의 창립정신과 끊임없는 혁신 및 개선의 노력을 계속해 나갔다. 특히 그는 제 2차 세계대전 후 공장장 오노다이이지(大野 耐一)와 함께 미국의 포드 생산공장(River Rouge 공단 등)을 여러차례 견학하면서 도요다를 포드의 생산성수준으로 끌어올리는 데 전력을 퍼부었다. 포드 공장 견학에서 그는 포드공장의 대량생산규모가 생산성의 주요 원인이기는 했지만, 그 반면에 생산효율성에 많은 결함이 있는 것을 발견하였다. 첫째로, 포드공장에는 대량의 원자재 및 부품의 재고와 생산장비 그리고 완제품의 재고 등 엄청난 각종의 물질적 자원이 창고에 보관되어 있었고, 이들 재고 때문에 공장 자체가 마치 거대한 창고처럼 보일 정도였다. 그리고 공정단계 사이에 발생하는 생산흐름의 중단은 이와 같은 엄청난 양의 재고를 필요로 하고 있었다.

둘째로, 포드의 대량생산 시스템은 주로 거대한 미국시장을 대상으로 T-

모델의 대량생산을 위하여 설계되어 있어서 이것은 소규모 소비자시장을 대상으로 한 생산조립라인에서 다양한 모델을 소량 생산해야 하는 도요다의 상황에는 그리 적합하지 않았다. 게다가 그 당시의 도요다는 자본도 넉넉하지 않아 적은 자원으로 주문에서 수급까지 빠른 현금흐름이 필요했고, 자재와 부품의 공급시스템도 갖추지 못하고 있었다. 따라서 에이지는 도요다의 생산성을 올리기 위하여 포드생산시스템을 모방하여 규모경제에 의한 대량생산시스템을 구축하기보다는 포드생산시스템에서 발견된 모든 낭비를 없애면서 저비용과 고품질 그리고 지속적인 재료의 흐름에 의한 짧은 리드타임과 생산유연성을 높이는 것이 더 중요하다는 것을 느꼈다.

포드공장견학을 통하여 에이지는 도요다가 포드의 생산성 수준을 능히 따라갈 수 있다고 확신하고 생산, 마케팅, 제품개발 등 중요분야에 유능한 인재와 리더들을 발굴하여 포드의 대량생산시스템을 능가하는 도요다 고유의 생산시스템을 개발하기 시작하였다. 그리하여 그는 오노와 함께 포드의 대량생산시스템을 개선하여 기이지로가 이미 시작한 풀시스템(Pull System), '간반'(Kanban) 그리고 JIT시스템을 개발 · 완료하고, 나아가서 여기에 E. Deming, J. Juran, K. Ishikawa 등의 품질개념을 접목시켜 지속적인 개선('Kaizen')으로 모든 낭비를 제거하고 부가가치를 최대화하는 도요다 고유의 린(lean)생산시스템을 구축하였다.

이와 같이 에이지는 회사 설립자 기이지로의 뒤를 이어 제2차세계대전 후 가장 어려웠던 시기에 회사를 이끌어 나갔을 뿐만 아니라, 도요다 경쟁력의 중요요소인 도요다생산시스템을 구축함으로써 도요다가 세계적인 기업으로 성장하는데 핵심역할을 하였다.

(5) 도요다 쇼이지로(豊田 章一郎)

에이지의 뒤를 이은 쇼이지로는 설립자 기이지로의 아들로서 선대 도요다 가문이 확립한 학습과 끊임없는 개선 그리고 사회공헌의 정신을 승계하여 도요다의 지속적인 성장에 기여하였다. 1957년에 처음으로 Toyopet Crown 모델로 미국시장에 진출한 도요다는 초기의 판매부진으로 고난을 겪다가 1965년부터 Corona 모델의 성공으로 희망을 얻었고, 1970년대부터 점진적인 판매증가

추세를 보여 1980년대에는 Kentucky주 Georgetown에 생산공장을 설립하였다. Camry와 Lexus 등 모델의 큰 성공으로 1990년대와 2000년대의 도요다 미국 시장점유율은 각각 8%와 9%로 그리고 2006년에는 13%로 크게 증가하였다(당시 GM의 미국 시장점유율 26%).

근래에 쇼이지로는 명예회장으로서 오쿠다 히로시(奥田 碩), 조 후지오(張富士夫), 와다나베 가쓰아키(渡邊 捷昭) 등 전문경영인들이 도요다의 성장을 주도하여 도요다에 새로운 공기가 주입되는 감도 있다. 그러나 2005년의 새 경영체계인사에서 쇼이지로의 장남 도요다 아키오(豊田 章男)가 부사장으로 승진되어 차기 사장으로 유력시 되면서 앞으로 경영이 창업자가문에 되돌아가는 소위 "大政奉還"이 기대되기도 한다.

2. 도요다생산시스템과 도요다 경영방식

도요다가 세계적인 초우수기업으로 성장한 것은 도요다의 막강한 경쟁력 때문이고, 도요다의 막강한 경쟁력의 주요 원천은 도요다생산시스템(Toyota Production System)이다. 그리고 도요다의 생산시스템은 Toyota Way라고 불리는 도요다 고유의 경영방식과 기업문화에 의하여 그 효력이 발휘되고 강화되고 있다. 도요다생산시스템과 도요다방식의 주요 내용과 원리를 간단히 알아본다.

(1) 낭비제거와 부가가치의 최대화

도요다생산시스템(TPS)은 도요다 가문의 끊임없는 경영개선과 학습노력의 결과이고 최고의 생산성과 품질 등 도요다 경쟁력의 엔진으로서, 모든 작업이나 업무에서 낭비를 제거하고 부가가치를 최대화하는 것을 기본목적으로 한다. 도요다는 전통적으로 다음 일곱 가지 분야의 낭비를 제거하는 데 노력해 왔다.

① 과잉생산(Overproduction) : 주문하지 않은 품목의 생산으로 인한 불필요한 인력고용, 물량운송, 과잉재고유지 등의 낭비.

② 작업대기(Waiting) : 자동화된 기계를 지켜보거나, 다음 단계 공정, 기

자재 · 부품 공급에의 대기, 재고부족, 작업지연 · 중단, 시설 · 장비의 고장, 병목현상(bottleneck) 등으로 인한 시간낭비.

③ 불필요한 수송 · 운반 : 재공품의 운송, 자재 · 부품 · 완제품의 공정간 또는 창고에 입 · 출고하는 데에서 발생하는 낭비.

④ 과도한 공정처리 또는 부정확한 공정 : 부품의 불필요한 가공, 조잡한 도구의 사용과 비효율적인 가공으로 인한 불필요한 동작과 불량품의 생산, 필요이상의 고품질의 제품생산 등에 따른 낭비.

⑤ 과잉재고(Excess Inventory) : 긴 리드타임(long lead time), 진부화(obsolescence), 수송 및 창고비용 등을 초래하는 과잉 원자재, 재공품, 완제품 등. 그리고 과잉재고로 인한 생산불균형, 부품업체로부터의 공급지연, 불량제품, 장비고장, 재가동 준비기간 등 보이지 않는 낭비.

⑥ 불필요한 동작 : 작업수행과정에서 부품 · 도구 등을 찾거나, 부품을 쌓거나 등의 소모적인 동작낭비.

⑦ 결함(Defects) : 불량품의 생산, 수리, 재작업, 폐기, 교체 등에 따른 시간과 노력의 낭비.

여기에 최근에는 구성원이 작업에 몰입하지 않거나 주의를 기울이지 않음으로써 구성원의 창의력과 능력을 활용하지 않고 개혁과 학습의 기회를 놓치는 것도 추가하여 이제 모두 여덟 개 분야의 낭비를 제거하는 데 노력해 왔다(Liker, 2004, pp. 28~29).

(2) 일체형 흐름의 린 생산시스템

적시생산(Just-in-Time), 지도카(自働化), 헤이준카(平準化) 등의 기법은 낭비제거와 고부가가치화에 많은 도움을 주면서 TPS의 생산성을 크게 향상시켜 왔다. 그리고 모든 낭비를 제거한 도요다의 린 생산시스템(Lean Production System)은 고객가치를 중심으로 고객으로부터 생산시점까지의 가치흐름(value stream)을 끌어당기면서, 끊기지 않고 연속적인 일체형 흐름 속에서 부가가치를 최대화하는 풀(pull)시스템에 의하여 그 효력이 더욱 높이 발휘되고 있다.

또한, 도요다가 미국과 같이 큰 시장을 대상으로 대량생산을 목적으로 한

Ford와는 달리 처음부터 일본에 제한된 시장을 목적으로 한 생산라인에서 여러 모델을 생산할 수 있는 신축적인 생산시스템을 구축해 온 것도 TPS의 생산효율성을 높여주고 있다. 한 예로 일본 도요다시의 쓰쓰미 공장에서는 두 개의 생산라인에서 여섯가지 모델이 동시에 생산되어 나온다. 한 라인에서는 위시, 프리모, 싸이온tc, 에리온 등의 모델이 그리고 또 다른 라인에서는 프리우스와 캠리 모델들이 각각 조립되어 나온다. 차종에는 순서가 없지만, 1분에 두 대씩 생산되어 나온다.

(3) 도요다 경영방식

TPS는 Toyota Way라고 불리는 도요다 경영방식에 의하여 실천되고 강화되어 나간다. 도요다 방식과 TPS는 서로 이중 나선구조의 관계를 가지고 도요다 문화의 DNA를 형성하고 있다해도 과언이 아니다. 도요다 경영방식은 다음

표 Ⅳ-19 도요다 방식의 4P모델

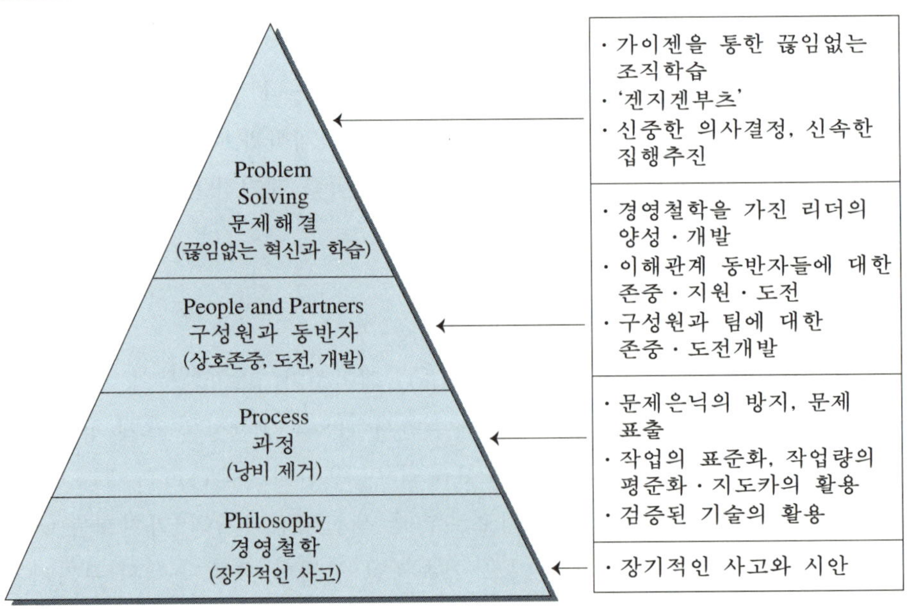

자료: Liker, 2004, p.6.

네 가지 분야로 분류하여 간단히 설명할 수 있다.

① 경영철학(Philosophy) : 단기적인 재무성과를 희생하더라도 장기적인 관점을 강조하는 경영 가치관
② 경영과정(Process) : 도요다 14원칙을 실천하는 경영방식
③ 구성원과 이해관계 동반자와의 관계(People and Partners) : 도요다 경영 가치관을 실천하는 리더를 양성하고, 구성원과 팀을 존중하고 개발하며, 이해관계 동반자들을 존중하고 지원하는 경영방식
④ 문제해결(Problem Solving) : 가이젠을 통한 끊임없는 조직학습과 '겐지겐부츠'(現地人物), 그리고 '네마와시'(根回し)에 의한 의사결정과 결정사항의 신속한 실행 · 추진

(4) 도요다 경영방식의 14원칙

도요다 경영방식은 네 가지 분야에 모두 14개의 핵심원칙이 구체적인 실천가이드로 제시되고 있다. 이들 원칙을 부문별로 간단히 요약한다.

부문 1 : 장기적인 경영철학

① 기본 가치관에 관한 원칙 : 단기적인 재무적 목표를 희생하더라도 장기적인 경영관점에서 의사결정을 하라.
· 단기시안을 초월하여 장기 목적의식을 가지고 돈보다 더 큰 공통목적을 위하여 일하고 성장하며 전체 조직을 연계시켜라. 회사의 역사 속에서 자신의 위치를 이해하고, 회사를 다음 높은 단계로 끌어올리도록 노력하라. 자신의 철학적 사명은 다른 모든 원칙의 기초가 된다.
· 고객과 사회 그리고 국가경제를 위하여 부가가치를 창출하라. 이것이 자신의 출발점이다. 이 부가가치의 창출능력 관점에서 회사의 모든 기능을 평가하라.
· 책임감을 갖고, 자신의 운명을 결정하려고 노력하며, 자신의 능력을 믿고 자신있게 행동하라. 자신의 행동에 책임을 지고, 부가가치 창출

능력을 기르고 유지하라.

부문 2 : 올바른 결과를 위한 올바른 경영과정

② 지속적인 업무흐름의 원칙 : 문제를 표면화시키기 위하여 지속적인 업무과정흐름을 만들어라

· 고부가가치를 달성할 수 있도록 지속적인 업무과정을 재설계하라.

· 문제가 곧바로 드러날 수 있도록 작업과정과 구성원을 연계시키고, 자재와 정보자료의 흐름을 가속화시켜라.

· 업무흐름을 분명히 하고 조직문화화하라. 그것이 진정한 지속적인 개선과정이고 인재개발의 핵심이다.

③ 풀시스템의 원칙 : 과잉생산을 피하기 위하여 풀시스템을 사용하라.

· 생산공정의 다음 단계 고객들이 원하는 것을 필요할 때 원하는 만큼 제공하라. 소비에 의하여 이루어지는 자재보충이 바로 적시생산(JIT)의 기본 원칙이다.

· 제품마다 최저 소량만 재고로 보관하고 고객에게 실제로 출고되는 양만큼 자주 재고를 보충하여 재고관리업무를 최소화하라.

· 재고추적을 위한 낭비적인 컴퓨터 스케줄과 시스템에 의존하지 말고 고객 수요의 일일 변화추이에 따라 신속히 반응하라.

④ '헤이준카' (平準化)의 원칙 : 생산량을 평준화(level out)하라.

· 인력과 장비에 과중한 부담을 제거하고 생산 스케줄의 기복을 없애는 것은 린 생산시스템을 3분의 1 성공시킬 만큼 중요하다.

⑤ '지도카' (自働化)의 원칙 : 문제해결과 품질 최우선을 위하여 스톱문화(stop culture)를 구축하라.

· 고객을 위한 품질이 가치있는 제안을 만들어낸다.

· 이용가능한 모든 최신의 품질보증방법을 적용한다.

· 기계 자체가 문제를 발견하고 기계를 정지시킬 수 있는 기능을 갖추도록하라. 기계나 업무과정에 문제를 감지 · 예견할 수 있는 가시적 시스템을 만들고, 문제를 조속히 해결할 지원시스템을 구축하라.

· 장기적인 생산성향상을 위하여 처음부터 품질을 올바르게 유지하고 언제라도 작업을 중단하는 조직문화를 정착시켜라.

⑥ 업무표준화의 원칙 : 업무의 표준화는 끊임없는 혁신(가이젠)과 권한이양(자율적 업무수행)의 기초이다.

· 업무과정의 예측성, 정규시간, 일정한 생산량을 유지하기 위하여 안정적이고 반복적인 업무수행방법을 설계하라. 이것은 정상적인 업무흐름과 풀시스템의 기본이다.

· 학습을 통하여 오늘날의 최선의 업무수행방법을 표준화하고, 여기에 창조적인 방법으로 이를 개선한 다음에, 보다 새롭고 높은 수준의 방법을 적용하여 다음 후계자에게 학습이 전가되도록 하라.

⑦ 문제표출의 원칙 : 어떤 문제도 숨겨지지 않도록 시각적 관리기법을 사용하라.

· 업무상황이 정상적인지 아닌지를 쉽게 판단할 수 있는 단순하고 가시적인 지표를 사용하라.

· 업무현장에서 근로자의 시선을 방해하는 컴퓨터 스크린의 사용을 피하고, 근로자의 업무흐름과 풀시스템에 도움이 되도록 간단한 시각적 시스템을 사용하라.

· 모든 보고서를 되도록 한 페이지로 요약하라. 가장 중요한 재무결정을 위해서도 마찬가지이다.

⑧ 검증된 기술활용의 원칙 : 구성원과 업무과정에 도움이 되는 신뢰할 수있고 철저히 검증된 기술만을 사용하라.

· 구성원을 대체하기 위해서가 아니라 지원하기 위하여 기술을 사용하라. 업무과정에 기술을 도입하기 전에 수동적으로 업무를 직접 해결해 보는 것이 바람직할 때가 많이 있다.

· 새로운 기술은 신빙성이 부족하고 표준화가 어려워서 업무흐름을 해칠 수 있다. 새로운 검증되지 않은 기술보다 일반적으로 검증된 기술을 우선적으로 사용하라.

· 업무과정, 생산시스템, 제품 등에 새 기술을 적용할 때는 실제로 실험을 실시하라.

· 회사의 문화에 맞지 않거나 업무의 안정성, 신뢰성, 예측가능성 등을 훼손시킬 염려가 있는 기술은 배제하거나 수정하라.
· 그러나 업무에 새로운 접근방법을 추구할 때는 구성원들이 새로운 기술을 활용할 것을 적극 권장하라. 그리고 그들의 새 기술이 실험에서 철저히 검증되어 업무흐름을 개선할 수 있다면 이를 신속히 적용하라.

부문 3 : 인적자원과 이해관계 동반자

⑨ 인재개발의 원칙 : 업무를 철저히 이해하고, 철학을 가지고 살며, 그것을 다른 구성원에게 가르치는 리더를 개발 · 육성하라.
· 리더를 사외보다는 사내에서 키워라.
· 리더의 할 일은 단순히 주어진 과업을 완수하고 부하를 잘 다루는 것으로만 보지말고, 회사의 경영철학과 도요다방식의 역할 모델이 되어야 한다.
· 우수한 리더는 일상적인 과업을 자세히 알고 회사 철학에 대하여 최고의 선생님이어야 한다.

⑩ 회사의 철학을 실천하는 뛰어난 인재와 팀을 개발하라.
· 회사의 가치와 신념을 널리 공유하고 영원히 존속할 수 있는 강하고 안정된 문화를 창달하라.
· 회사의 경영이념 속에서 뛰어난 성과를 달성할 수 있는 탁월한 인재와 팀을 기르고, 기업문화를 지속적으로 강화시켜 나가라.
· 품질개선과 생산성향상을 위하여 복합기능팀을 활용하고 어려운 기술문제를 해결하여 업무의 흐름을 촉진시켜라. 구성원들 자신이 경영수단과 기법을 활용할 때 자율경영이 이루어진다.
· 구성원들에게 항상 공동목표를 위하여 팀으로 함께 일하는 방법을 가르쳐라. 팀워크는 배워서 습득되는 것이다.

⑪ 이해관계 동반자 및 협력업체들과의 연장 네트워크를 존중하고, 그들을 자극하는 동시에 그들의 개선노력을 적극 지원하라.
· 이해관계 동반자와 부품업자들을 존경하고 그들을 우리 사업의 연장으

로 생각하라.

· 외부 이해관계 동반자들이 성장하고 발전할 수 있도록 그들을 자극하고, 그들의 가치를 이해해주며, 도전적인 목표를 설정하고 그들이 이를 달성하도록 적극 지원하라.

부문 4 : 문제해결과 조직학습

⑫ '겐지겐부츠'(現地人物)의 원칙 : 자신이 현장에 직접 가서 상황을 정확히 파악하라.

· 듣는 이야기나 컴퓨터 스크린에 나타난 정보에만 의존하지 말고, 현장에 직접 가서 문제의 원천을 이해하고 상황을 정확히 파악하여 문제를 해결하라.

· 자신이 직접 확인한 정보자료를 가지고, 생각하고 문제를 분석하라.

· 고위 관리자나 임원이라도 자신이 직접 현장에 가봐야 상황을 정확히 이해할 수 있다.

⑬ 합의경영의 원칙 : 모든 대안을 철저히 검토하고 천천히, 신중히 합의에 의하여 결정하라. 그러나 실행은 신속히 하라.

· 모든 대안을 철저히 검토할 때까지 어느 한 방향에만 치중하지 마라. 그러나 일단 결정이 나면, 정해진 결정은 신속하지만 조심스럽게 진행시켜라.

· '네마와시'는 모든 구성원들의 아이디어를 수집하고 함께 합의점을 찾는 과정으로서, 시간은 걸리지만 다양한 문제해결방안을 모색하는데 도움을 주고 일단 합의가 이루어지면 신속한 실행에도 도움이 된다.

⑭ 가이젠과 조직학습의 원칙 : 냉정한 '한세이'(反省)와 끊임없는 개혁(가이젠)을 통하여 학습조직을 만들어라.

· 안정된 업무과정을 설정한 다음에는 비효율의 근본원인을 규명하고 이에 대한 효과있는 대응책을 적용하도록 지속적인 개선방법을 적용하라.

· 재고가 불필요하도록 업무과정을 설계하여 시간과 자원낭비를 가시화시켜라. 그리고 낭비하는 경우에는 가이젠을 통하여 이를 제거하도록

하라.

· 안정된 인력구성과 신중한 승진정책 및 계승시스템으로 조직의 지식기반을 유지하라.

· 중요한 프로젝트를 완료한 다음에는 반성('한세이')을 통하여 모든 경험을 공개하고, 같은 과오를 범하지 않도록 조치를 취하라.

· 새로운 프로젝트나 새로운 관리자마다 새로운 방법을 만들려 하지 말고 최선의 방법을 표준화하고 학습하도록 하라.

3. 도요다문화와 가이젠

TPS에는 JIT, '지도카', 풀 시스템 등 여러 가지의 경영기법과 운영방법들이 사용되고 있다. TPS는 이들 기법과 방법의 단순한 집합체가 아니라 뚜렷한 목적달성을 위한 하나의 구조체계이고 끊임없이 목적달성을 추구해 나가는 문화체계이다.

(1) 집의 개념

에이지의 제자로 알려져 있는 조 후지오 사장(1999~2005)은 TPS를 집(house)의 개념으로 간단히 설명한다. 집은 지붕, 기둥, 그리고 토대가 모두 강건하고 서로 단단하게 연결되어 있어야 전체적으로 강하고 튼튼하다. TPS의 목표인 최고의 품질, 최저의 비용 그리고 최단의 리드타임은 지붕에 해당하고, 적시생산(Just-in-Time)시스템과 '지도카'(자동화)는 두 개의 중요한 기둥에 해당한다. JIT는 적시, 적량, 적소개념으로 물량관리를 최적화하고, '지도카'는 결함을 다음 부서에 떠넘기지 않고 근로자를 기계로부터 해방하여 시스템 중심에 놓는다. 그리고 안정된, 표준화된, 검증된 업무과정, 그리고 안정적이고 균일한 생산스케줄과 최소의 재고를 위한 평준화('헤이준카') 등이 집 개념의 토대에 해당한다.

기둥과 토대의 각 기법들은 서로 상호 보강되고 강화되어야 집 자체도 튼튼한 상태를 유지해 나갈 수 있다. 이렇게 설계된 집안에서 근로자들은 끊임없는 개선과 혁신의 노력(가이젠)으로 집의 목표(지붕)를 달성해 나간다(표 Ⅳ-20

표 Ⅳ-20 도요다 생산시스템 - 집(House)개념

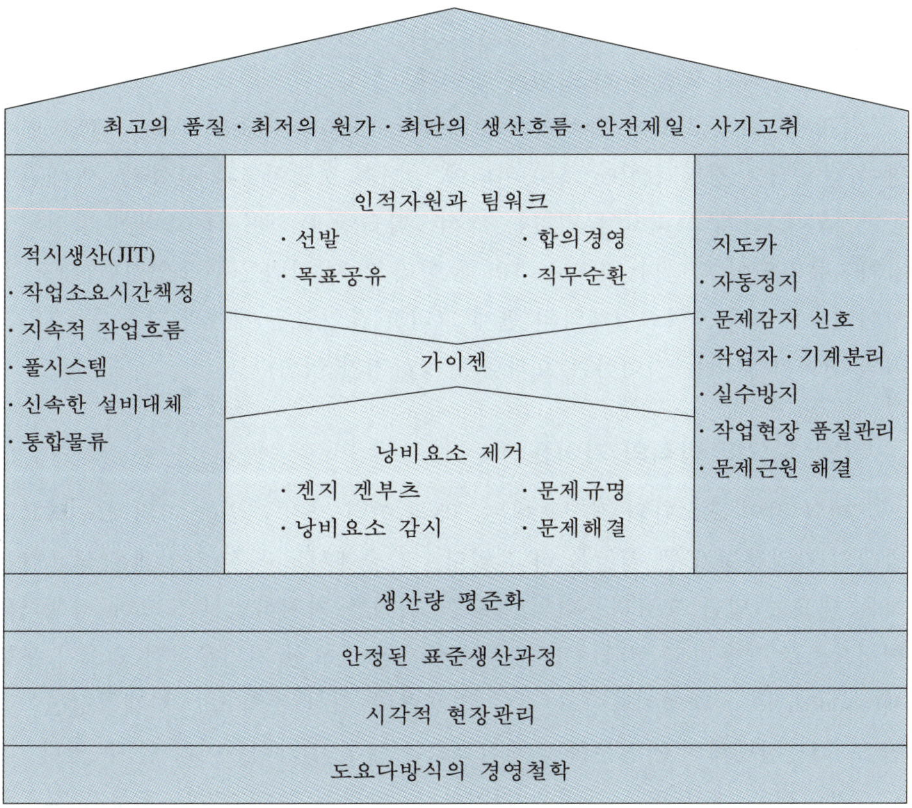

자료: Liker, 2004, p. 33.

참조).

(2) 문화적 요소

TPS의 효력으로 도요다의 경쟁력이 강해지고 세계적인 우수기업으로 인정받게 되자 전세계의 많은 기업들이 TPS와 린 생산시스템의 기법들을 도입하여 낭비제거와 생산성향상에 많은 노력을 기울였다. 그러나 이들 기업의 대부분이 기대한 만큼의 만족스러운 결과를 얻지 못하였다. 사실상 TPS와 린 생산시스템의 기본개념과 구체적인 기법들은 대부분 서구 특히 미국에서 학습 · 도

입되었지만, 미국의 3대 자동차 제조업체들을 포함한 많은 서구의 기업들이 만족스러운 결과를 얻지 못하고 있다. 따라서 TPS의 효력은 기법 자체 이외에 다른 기업문화적 요인들이 작용하고 있고, 여기에 도요다의 경영방식(Toyota Way)이 결정적인 역할을 하고 있는 것이다.

〈표 Ⅳ-19〉 도요다 방식의 4-P모형에서 볼 수 있듯이 TPS는 TPS기법이 많이 적용되는 경영과정(Process) 이외에 장기적 경영이념과 구성원 · 이해관계 동반자와의 관계 그리고 끊임없는 개선 · 학습에 의하여 그 효력이 발휘되고 강화 · 유지되어 나간다. 따라서 TPS의 여러 가지 기법들을 도입한다 해도 경영이념과 구성원 · 협력업체와의 관계 그리고 끊임없는 개혁과 학습 등 기업문화의 변화가 없이는 기대하는 효과를 달성하기가 어렵다.

(3) 도요다 방식의 가이젠

이와 같이 도요다의 경쟁력에는 TPS의 여러 가지 기법들 이외에도 도요다 방식의 기업문화가 큰 역할을 하고 있다. 그 중에서도 특히 가이젠은 도요다문화를 대표할 만큼 도요다문화의 중요한 위치를 차지하면서 도요다 경쟁력의 핵심요소로 작용하고 있다. GE 경쟁력의 가장 중요한 기업문화적 요소가 무한계(boundaryless) 경영이념이고 소니 경쟁력의 핵심 문화요소가 개척정신이라면 도요다 경쟁력의 기업문화적 핵심요소는 당연히 가이젠이라 할 수 있다.

가이젠은 개선 또는 개혁을 의미한다. 따라서 현대기업은 모두가 경영의 개선을 중요시하면서 이를 실천하려고 노력한다. 그리고 많은 기업들이 개선의 노력으로 실제로 크고 작은 효과를 얻고 있다. 그러나 도요다와 같이 가이젠에 기업경쟁력 강화에 핵심적인 역할을 하여 세계적인 우수기업으로 성장시키는 데 크게 기여한 경우는 극히 드물다. 도요다 방식의 가이젠을 간단히 설명한다.

첫째로, 도요다의 가이젠은 도요다 구성원들 모두의 공유가치로 강하게 정착되어 그들의 DNA라고 할 정도로 그들의 마음가짐(mindset)에 깊숙이 박혀 항상 그들의 사고방식과 행동의 가이드로 작용하고 있다. 도요다에서 가이젠은 창업자의 아버지 사기치로부터 시작하여 창업자 기이지로에 이어 에이지 그리고 쇼이지로 등 역대 도요다 가문을 통하여 그리고 근래에는 전문경영자들에게 승계되어 도요다의 혼으로 그리고 전통적 기업문화 가치로 보존되어 왔다.

둘째로, 가이젠은 도요다생산시스템과 도요다경영방식을 결합하여 상호간에 조화를 이루어, 조 후지오의 말대로 '집'을 항상 튼튼하게 만들어 생산시스템의 효력이 최대로 발휘되도록 한다. '집'은 시간이 경과하면 망가지고 수리가 필요한 것과 마찬가지로 도요다생산시스템의 여러 가지 기법도 항상 보완과 조정이 필요하고, 여기에 가이젠이 보완 · 조정에 나서는 중심역할을 함으로써 도요다의 경쟁력을 항상 발휘하도록 한다.

셋째로, 가이젠은 도요다의 강한 공유가치로서 생산현장뿐만 아니라 전사적으로 각계 각층의 모든 구성원들의 직장문화로 생활화되어 그들의 모든 업무에 우선적으로 반영되고 있다. 도요다 공장 방문객들은 공장의 개선분위기에 놀라지 않을 수 없다. 회사 내외 곳곳에 가이젠의 실제 결과가 나타나 있고, 점심식사 중에도 으레 가이젠이 구성원들의 공통된 이야기꺼리이다. 제안제도도 물론 어느 회사보다도 적극적으로 실천되어 성공적인 결과를 보이고 있다. 2005년만 보더라도 그 해에 일본에서만 60만권 이상의 제안이 접수 · 검토되어 99%가 채택되었다. 제안제도도 역시 에이지가 1950년에 Ford에서 도입하여 운영해온 시스템이다.

넷째로, 도요다의 가이젠은 끊임없는 지속적이고 꾸준한 개선을 의미한다. 그리고 이를 뒷받침하는 집념과 희생 그리고 점진적인 '죠죠'(천천히)식의 접근을 의미한다. 바로 이것이 도요다 방식의 가이젠이 서구 다른 문화의 많은 기업에서의 가이젠과 다른 점이기도 하다. 도요다의 끊임없는 끈질긴 노력은 도요다가 세계최대의 자동차제조업체로 성장하는 과정에서 뚜렷하게 보여준다. 도요다는 1950년대에 해외수출을 시작하여 1970년대부터서야 미국시장에서 두각을 나타내기 시작하였고, 1980년대부터는 'Global 10'이라는 세계시장 10% 달성을 목표로 세계시장에 도전하였으며, 미국의 3대 자동차업체를 벤치마킹하여 끈질긴 집념과 노력으로 그야말로 '죠죠'방식으로 2000년대에 DaimlerChrysler와 Ford를 따라잡고 2007년에 드디어 GM을 제치고 세계최대의 자동차 제조업체가 되었다. 그 과정에서 도요다는 꾸준한 가이젠 노력으로 세계 최우수품질의 자동차와 효율적인 생산시스템을 만들어 내는 데 성공하였다. 50년간에 걸친 긴 과정은 도요다방식의 가이젠 없이는 가능하지 않았을 것이다.

도요다가 세계적인 초우수기업으로서 막강한 경쟁력을 발휘하는 데에는 TPS의 선진 경영기법과 도요다 경영방식이 기업문화적 요소가 큰 역할을 하고 있다. 그 중에서도 가이젠은 모든 요소들을 통합 · 보완 · 조정하여 도요다의 경쟁력이 최대로 발휘 · 유지 · 강화되도록 하는 중심적인 역할을 한다. 끊임없는 지속적인 가이젠은 어느 상황에서나 그리고 어느 기업에게도 필요한 것은 사실이다. 경영환경의 변화가 점점 가속화되는 상황하에서 점진적이고 '쬬쬬'식의 도요다 방식의 가이젠이 얼마나 계속 유효할지는 의문이다. 그리고 역시 가속화되는 세계화 속에서 도요다의 다국적 문화의 효율적인 관리도 기업문화 관점에서 점점 복잡 · 다난해지고 있다. 이미 도요다 내부에서도 보다 혁신적이고 혁명적인 방식의 가이젠과 점점 어려워지는 다국적 인력에 대한 도요다 문화의 교육문제가 점차 중요한 과제로 논의되고 있다. 앞으로 도요다가 이러한 변화압력에 어떻게 대처해 나가고 그 과정에서 도요다방식의 가이젠 문화가 어떻게 변할지가 주목된다.

사례 #5

마쓰시다전기의 마쓰시다 정신문화

마쓰시다전기는 1950년대 이후 일본경제의 놀라운 성장을 상징하는, 그리고 기업문화에 있어서도 일본의 사회문화를 기업경영에 잘 반영시키고 있는 대표적인 우수기업이다. 이 사례는 마쓰시다전기의 정신문화가 어떻게 경쟁적 비교우위로 작용하면서 마쓰시다의 고도성장에 기여했는지, 그리고 근래의 무한계 환경에 기업문화적으로 어떻게 적응해 나가고 있는지를 설명한다. 특히 마쓰시다의 정신문화개발에 있어서 창업자의 이념과 역할은 새로운 기업문화의 개발을 추진하고 있는 많은 우리나라 기업에 좋은 참고가 된다.

마쓰시다(松下)전기회사는 외형상으로 세계 제일의 가전기기 제조업체(2006년도 매출규모 779억 달러; 세계 제 59 위, 일본 제 6 위)일 뿐만 아니라, 효율적인 기업경영에 있어서도 세계적인 기업으로 널리 알려져 있다. 특히 창업자 마쓰시다 고노스케(松下 幸之助) 회장의 경영이념과 경영기법은 우수한 기업으로의 발전을 추구하는 세계의 많은 기업체들에게 귀감이 되어 왔다. 이 사례는 마쓰시다전기가 어떻게 세계적인 우수기업으로 발전했고, 그 과정에서 창업자 마쓰시다 고노스케 회장은 어떠한 역할을 했으며, 마쓰시다전기의 기업문화는 어떻게 강화 · 유지되어 나가는지를 기업문화의 7S개념(제 1 장 제 3 절 표 1-4 참조)을 적용하여 분석한다(제 1 장 표 1-8 참조).

마쓰시다전기는 전통적으로 General Electric, Siemens, ITT, Philips 그리고 Hitachi 등의 회사들과 함께 세계 톱 전기기기 제조업체에 속하는 거대한 기업체이다. 마쓰시다전기의 제품은 National, Panasonic, Victor(JVC), Quasar 그리고 Technics 등의 상표로 전세계에 알려져 있다. 마쓰시다전기는 지속적인 매출증가로 대기업이 되었고, 앞으로도 계속 수익성 있는 초대기업으로 성장할 것이 기대된다. 왜냐하면 마쓰시다전기는 일본사회와 소비자 그리고 경영자와 구성원의 욕구를 충족시켜 주는 기업체가 되어 왔으며, 앞으로 닥칠지도 모를 변화에 적절히 적응할 수 있도록 기업문화가 이미 강하게 체질화되어 있기 때문이다. 이러한 업적은 단순히 단기적인 성과만을 노리는 경영주에게는 도저히 있을 수 없는 일이다. 하나의 거대한 기업체를 세우기 위해서는 오랜 시간과 많은 인간집단의 욕구를 충족시키는 다양한 목적을 추구해야 하며, 사회와 기업구성원들의 문화가치도 소중히 여겨야 한다. 마쓰시다전기의 기업문화에 대하여 7S요소를 중심으로 살펴본다.

1. 공유가치

마쓰시다전기가 일본의 선두기업으로서 현재의 위치까지 성장해 오는 과정에서 이에 기여해 온 여러 요소들을 분석해 보면, 마쓰시다전기의 성장은 합의적 의사결정(consensus decision making)과 상향적 의사소통(bottom-up communication) 등 일본기업의 일반적인 문화특성에 의해서만 이루어지지 않았다는 것을 알 수 있다. 그리고 마쓰시다전기는 결코 소위 '주식회사 일본'(Japan, Inc.)과 동일시 될 수 없고, 재벌(zaibatsu)로부터 재정적인 협조를 받아본 적이 없으며, 소비자제품의 생산업체로서 일본정부로부터 특별한 보호와 우선적인 경제지원도 받아 본 적이 없다. 사실상 마쓰시다전기의 성공적인 기업경영은 원래 서구 각국에서 창안된 경영기법들을 기초로 하여 자체의 기업문화를 개발한 데에 그 근원을 찾아볼 수 있다.

(1) 창업자의 사업보국이념

창업자 마쓰시다 고노스케 회장은 공식교육도 제대로 받지 못하고 어릴 때부터 자기 아버지의 자전거 가게에서 하루에 25센트를 버는 조수로 일을 시작한 그저 평범한 사람이었다. 그 당시 미국으로부터 토마스 에디슨(T. Edison)의 뛰어난 발명에 대한 소식이 일본에 전해졌을 때, 마쓰시다 고노스케 회장은 이에 감동하여 자기 자신도 새로운 발명과 창업의 기회에 큰 관심을 갖게 되었다. 그의 첫 발명품은 복수전기 어댑터(double outlet adapter)로서 그 당시 한 개의 전기회선에 한 개의 전구만을 사용하던 일본 가정의 전구사용을 두 배로 증가시키게 되어 각 가정에 큰 편의를 제공할 수 있었다. 그 때가 1918년이었는데(그의 나이 22세), 10년 내에 마쓰시다전기는 당시 경제적으로 허덕이던 가전제품산업의 선두주자로 떠올랐다.

마쓰시다 고노스케 회장이 자기의 사업을 설립하고 복수전기 어댑터를 만들기 시작하게 된 동기에는 그의 이념과 가치관을 말해 주는 유명한 일화가 있다. 그가 창업당시 업종과 제품에 대하여 골몰하고 있던 어느 몹시 더운 여름날에 오사카 시내 거리에서 거지 한 사람이 길가에서 수도물을 아주 맛있게 먹고 있는 것을 보았는데, 이것이 그 유명한 복수전기 어댑터를 발명하게 된 동기라고 한다. 거지가 물을 맛있게 마시는 것과 복수전기 어댑터와의 연관성을 언뜻 이해하기는 어렵지만, 마쓰시다 고노스케 회장은 거지가 물을 맛있게 마시는 것을 보고 모든 사람들이 아주 긴요하게 사용할 수 있는 값싸고 질좋은 상품을 만들어야 되겠다는 것을 느꼈다는 것이다. 이것이 바로 마쓰시다 기업문화의 핵심인 사업보국 이념이다.

(2) 마쓰시다정신

마쓰시다전기를 방문한 사람들은 모두 회사의 분위기와 구성원들의 일하는 자세에 크게 놀라게 된다. 사내의 모든 환경이 깨끗하고 질서정연하며, 아침 조회로부터 저녁 퇴근 때까지 모든 일이 조직적이고 체계적으로 이루어진다. 구석구석까지 규율이 엄하게 지켜지고 옷차림과 머리차림도 단정하며 마쓰시다전기의 구성원이라기보다는 마쓰시다敎의 신도와 같은 인상을 준다. 그리하여 한 가닥 철선을 팽팽하게 당긴 듯한 분위기 속에서 모든 사람들이 함께 무엇인가를 만들고 있는 공동체분위기를 느끼게 만든다. 이러한 가시적 특성이 바로 마쓰시다전기 고유의 기업문화인 마쓰시다정신이다.

마쓰시다정신은 사업보국, 공명정대, 화친일치, 역투향상, 예절겸양, 순응동화, 보은감사의 일곱 가지 가치관으로 구성되어 있다. 이들 일곱 가지 요소는 마쓰시다전기의 경영이념이고 구성원들 행동의 강령으로서 마쓰시다전기 구성원들 모두의 기본 공유가치이다. 그리하여 마쓰시다 구성원들은 매일 아침에 일과가 시작되기 전에 국기와 사기(社旗)를 게양하고 사가(社歌)를 부르며 일곱 가지의 마쓰시다정신을 제창하는 의례 · 예식을 거쳐 나가면서 마쓰시다정신을 철저히 체질화하고 강화시켜 나간다.

마쓰시다정신은 사업보국의 이념하에 사회에 대한 봉사와 의미있는 직장생활을 강조한다. 창업자 마쓰시다 고노스케 회장의 말과 같이, “기업은 사회에 제공하는 서비스에 기초해서 자립능력을 갖추어야 합니다. 이익은 기업의 욕심을 반영하는 것이 아니라, 기업이 사회에 제공한 서비스가치에 대한 사회의 신임투표입니다. 기업이 이익을 내지 못했을 때, 기업은 사회에 대한 자원의 낭비이기 때문에 사라져야 합니다.… 이념을 떠나서 상식적으로 생각해 볼 때, 사회는 사회의 욕구충족을 위해 봉사하는 조직을 탄생시키고 이러한 봉사에 대한 보상을 해 준다고 할 수 있습니다.… 기업에게는 인간적 성장에 피할 수 없는 책임이 있고, 이러한 책임은 기업이 단순히 이익을 위하여 인적자원을 착취할 것이 아니라 기업과 사회 그리고 개인을 연결시키면서 개인의 생산적인 삶이 사회에 대한 공헌으로 이어질 때 비로소 기업의 책임이 실현되는 것입니다. 따라서 기업은 구성원들에게 훈련자로서 그리고 성격개발자로서의 책임이 있습니다.”

(3) 마쓰시다정신의 체질화

마쓰시다정신은 마쓰시다전기의 제품이나 서비스를 초월하여 어떤 중요한 의미를 제공해 준다. 마쓰시다전기는 일본에서 사가와 가치규약(codes of ethics)을 가진 최초의 기업이었다. 매일 아침 8시에 일본 전역에서 함께 가치규약을 암송하고 노래를 부르는 것은 외국인들에게는 이상하게 보일지도 모르지만, 이것은 마쓰시다 구성원들의 공동체의식을 체질화하는 중요한 과정이다. 마쓰시다 고노스케 회장은 구성원들이 한평생 조직에서 경험을 쌓고 이를 통해 좀처럼 지워지지 않는 성격을 형성하게 된다고 생각하였다. 최소한 우리가 실제로 생활하는 시간의 반을 차지하는 직장생활의 중요성을 인식하지 못한다는 것은 그에게는 생각할 수도 없는 일이었다. 따라서 그는 구성원들로 하여금 직장관과 사회봉사관 그리고 생활관을 가지고 직장생활을 하도록 하는 것은 기업의 중요한 책임이라고 믿었다.

이러한 관점에서 마쓰시다정신은 구성원들의 올바른 가치관과 직업관을 반영한 것으로서 그들 직장생활의 행동지침이 되고 있다. 그러기 위하여 마쓰시다전기는 마쓰시다정신을 구성원들에게 의식화시키는 데 많은 노력을 기울인다. 마쓰시다정신에 대한 교육훈련은 구성원들이 입사시기부터 시작하여 경력을 쌓아가는 과정에서 오랜 기간을 통하여 이루어진다. 특히 신입사원들은 마쓰시다전기의 문화가치에 대한 지속적인 사회화과정(socialization process)을 거쳐 나간다. 그리고 그 이후에도 적어도 두 달에 한 번씩 회사의 기본가치와 사회와의 관계에 대하여 자기 작업집단에게 10분 정도의 발표를 하도록 한다. 자기의 제안이 아무리 좋다 해도 다른 사람들을 설득할 수 있어야 자기 자신에 확신을 가질 수 있는 것이다.

마쓰시다전기는 이와 같은 자기 자신의 의식화방법(self-indoctrination)을 오랫동안 사용해 왔다. 그리고 구성원들이 발표한 제안은 마쓰시다전기의 문화가치에 비추어 고려하도록 하고 있다. 그리고 마쓰시다전기의 모든 구성원들은 창업자 마쓰시다 고노스케 회장의 유명한 말을 계속해서 들어 왔다. "정직한 실수는 매우 관대하게 받아들여서 많은 것을 배웠다는 관점에서 그것을 교육훈련비용으로 여길 것입니다. 그러나 회사의 기본원칙에서 벗어나는 경우에는 호된 비난을 면치 못할 것입니다."

2. 경영전략

마쓰시다전기의 경영전략은 마쓰시다정신과 밀접한 관계를 맺고 있다. 그리고 마쓰시다전기의 전략은 일본기업들의 전통적이고 일반적인 전략들을 어기고 미국식의 전략경영방법을 많이 적용하였다. 마쓰시다전기의 전통적인 경영전략 몇 가지를 요약해 본다.

(1) 시장점유전략

마쓰시다전기의 첫째 전략요소는 시장점유율의 중요성에 대한 명백한 인식이다. 이 전략은 마쓰시다정신의 사업보국과 밀접한 관계가 있다. 소비자에게 저가격의 제품을 제공하려면 원가를 낮추어야 하고 원가를 낮추려면 생산량을 증가시켜야 하며, 따라서 시장점유율을 높여야 한다. 시장점유율의 개념은 원래 마쓰시다 고노스케 회장이 헨리 포드(Henry Ford) 회장의 T형 자동차에 대한 가격정책으로부터 영향을 받아 규모경제를 기반으로 저가격정책을 전개하여 자신의 사업보국의 이념을 실현시켰고, 현재에도 이러한 접근방법이 기본전략으로 강조되고 있다.

(2) 추종자전략

마쓰시다전기의 두 번째 전략요소는 추종자(followership)개념이다. 마쓰시다전기는 무엇이든 선두에 나서는 것보다는 사업보국을 목적으로 남보다 더 착실히 그리고 더 잘 하는 것을 강조한다. 여기에 공명정대와 화친일치, 역투향상과 예절겸양 그리고 순응동화의 마쓰시다정신이 적용되는 것이다. 선두에 나서지 않더라도, 이러한 마쓰시다정신이 실현되면 자연히 선두를 강조하는 기업들을 능가할 수 있다는 것이 마쓰시다 고노스케 회장의 신념이다.

추종자개념의 대표적인 예로 치열한 경쟁이 있었던 비디오테이프 녹음기의 기술개발과 시장경쟁전략을 들 수 있다. Sony회사는 이 기술을 처음으로 개발하여 비디오테이프 녹음기인 Betamax를 판매하기 시작하여 이 시장에서 선두적 위치를 차지하였다. 그러나 마쓰시다전기는 시장조사결과를 토대로 하여, 2시간 사용가능한 Betamax보다 4~6시간 사용할 수 있는 소형 비디오테이프 녹음기를 10~15% 더 싸게 개발하여 결국 비디오테이프 녹음기 시장에서 우위를 장악하게 되었다.

추종자전략의 핵심은 제조기술이다. 마쓰시다전기의 한 임원의 말과 같이, “우리들의 자원이 어디에 투입되고 있는지를 관찰해 보면 우리들의 추종자전략이 왜 성공하고 있는지를 잘 알 수 있습니다. 우리는 이용가능한 최신기술이 장치된 수많은 생산연구실험실를 가지고 있고, 우리들의 연구개발에 대한 개념은 경쟁사의 제품을 분석하여 보다 좋은 제품의 제조방법을 알아내는 것입니다."

3. 조직구조

마쓰시다 고노스케 회장은 창업초기부터 미국기업의 조직경영방법을 도입하여 일본기업으로서는 혁신적인 조직구조의 설계를 시도해 왔다. 마쓰시다전기의 조직구조상의 특성 몇 가지를 요약해 본다.

(1) 분권적 조직구조

1930년대에 미국의 듀퐁(Dupont)회사가 분권조직을 개발하고 있을 때, 마쓰시다 고노스케 회장과 그의 재무담당임원인 다까하시(高橋) 아라다로 회장은 일본에서 이와 비슷한 개념을 발전시키고 있었다. 당시 단지 1,600명의 구성원을 가지고 있던 마쓰시다전기는 분권경영을 소규모 단위를 중심으로 사업을 활성화시킬 수 있는 수단으로 생각하였다. 그 당시 마쓰시다 고노스케 회장은 라디오와 몇 가지의 소형 소비자제품을 생산해 내는 데 주력하고 있었는데, 그가 분권경영에 관심을 갖게 된 이유는 조직과 통제를 명확하게 하는 이점뿐만 아니라 각 사업단위의 관리자들 자신이 자율적으로 시장경쟁에 집중하여 그들의 동기를 유발시킬 수 있기 때문이었다. 분권조직의 이러한 이점은 듀퐁(Pierre Dupont) 회장의 마음에도 들었고, 나중에는 General Motors회사의 슬로운(Alfred Sloan) 회장의 관심도 끌게 되었다.

마쓰시다 고노스케 회장에 의하면 1930년대의 조직혁신에는 네 가지 요소가 작용하였다. 첫째로 그는 경영자에게 특정제품에 관한 모든 권한과 책임을 배정하여 그의 업적을 분명하게 측정할 수 있도록 했으며, 둘째로 이와 같이 그들에게 부여된 자율성으로 인하여 경영자들은 강한 고객중심성을 발휘하게 되었다. 셋째로 이러한 자율적인 책임경영을 통하여 마쓰시다 고노스케 회장은 소규모 기업의 이점, 특히 조직의 탄력성을 얻고자 하였다. 그리고 마지막으로 그는 이러한 분권조직을 통하여 전문경영자의 양성은 물론, 일반경영자의 능력을 훨씬 더 신속하게 개발할 수 있을 것으로 보았다.

(2) 집권적 자원통제조직

마쓰시다 고노스케 회장은 분권조직에 내재된 단점도 인식하고 있었다. 즉, 사업단위들이 독립됨에 따라서 사업부들은 본부의 통제로부터 벗어나려 하고, 사업부들간의 협조가 등한시되며, 결국 고도로 전문화된 사업부에 전체적으로 가해지는 위협에 대처할 식견이나 능력을 갖추지 못할 것을 우려하였다. 따라서 그는 분권화를 어느 정도 희생시키고 네 가지의 중요 기능을 통합시켰는데, 이러한 조직체계는 지금까지도 계속해서 활용되고 있다.

첫째로 그는 사업부의 관리스태프로 하여금 본사에 보고하도록 하고, 회사 전반에 걸친 포괄적인 중앙집중적 회계시스템을 구축하였다. 둘째로 그는 회사 내의 자금을 관리하는 '은행'을 두어 사업부의 이익자금을 이곳에 유입시키고 사업부의 투자를 위한 자금조달을 관리하도록 하였다. 셋째로 그는 인력을 기업의 중요자원으로 강조하고 인적자원관리기능을 중앙집권화하였다. 그리하여 오늘날까지도 중학교졸업 이상의 학력을 가진 구성원이면 누구나 본사 인적자원관리부서의 심사를 거쳐 고용되며, 모든 관리자들의 승진도 본사에서 검토되고 있다. 마지막으로 교육훈련을 중앙집중화하여 모든 구성원들은 마쓰시다전기의 구성원들로서 공유가치를 포함한 집중적인 기본교육훈련과정을 거쳐 나가게 하였다.

(3) 전사적 연구개발조직

마쓰시다전기의 조직이 성장함에 따라서 마쓰시다 고노스케 회장은 중앙연구소와 생산기술연구소와 같은 전사적인 연구개발센터를 설립하였다. 기업이 성장함에 따라 그는 제품그룹별 사업부조직을 형성하여 사업부들로 하여금 수직적으로 사장에게 보고하도록 하고, 수평적으로는 주요제품그룹을 관장하는 그룹부사장에게 보고하도록 하였다. 두 명의 상사에 보고하는 이러한 개념은 그 당시 경영자들에게는 금지사항으로 인식되어 있었다. 그러나 마쓰시다 고노스케 회장은 우리가 두 명의 어른, 즉 어머니와 아버지 밑에서 자라났고,

복잡한 문제를 이러한 방법으로 풀어나가는 것이 삶의 본질이라고 생각하였다.

(4) 집권화와 분권화의 결합구조

마쓰시다 고노스케 회장은 집권화와 분권화의 관계를 근본적으로 해결되지 않는 갈등으로 보고 거대한 조직은 두 가지를 모두 가져야만 한다는 것을 인식한 최초의 경영자 중의 한 사람이었다. 그러므로 마쓰시다전기의 분권화된 시스템이 나름대로 그 효력을 발휘하는 데에도 불구하고 조직에 활력을 불어넣는 방법을 찾아 계속해서 이를 보완해 나갔다. 마쓰시다전기의 경영전문가에 의하면, “마쓰시다전기 조직구조의 전반적인 특징을 살펴보면 분권화와 집권화가 일종의 나선형으로 회전하고 있는 듯한 느낌을 줍니다. 즉, 분권화가 집권화를 대체한 다음에, 다시 집권화가 분권화를 대체하는 것이 아니라 조직의 두 형태가 좀더 복잡한 형태로 결합되어 변동하고 있습니다.”

집권화와 분권화의 적절한 결합 이외에 마쓰시다 고노스케 회장은 환경변화에 충분히 대처할 수 있도록 조직구조를 항상 조정해 나갔다. 그의 조직에 대한 개념은 항상 유동적이었다. 그는 자신의 조직도표를 그대로 운영하지 않고, 조직의 인간적인 면을 살려서 안전장치를 만들었다. 예를 들면, 그는 관리스태프들이나 다른 본사스태프들을 항상 조정자(coordinators)라고 불렀다. 라인과 스태프간의 긴장을 완화시키기 위하여 스태프관리자들을 본사에 따로 두지 않고 공장 내에 두어야 한다고 주장하였다. 조직이 발전함에 따라 마쓰시다 고노스케 회장은 후계자를 위하여 회사를 정비하기 시작하였다. 그는 65세가 되자 세 명으로 구성된 운영위원회(Executive Council)를 구성하여 회사의 중요문제를 다루기 시작하였다. 그 위원 중의 한 사람은 단기전략과 사업전략의 책임을 맡았고, 다른 한 사람은 다까하시 씨로서 재무 · 회계와 국제업무를 맡았다. 그리고 자기 자신은 장기전략에 대한 책임과 최종의사결정자로서의 권한을 가졌다.

4. 기획 · 통제시스템

조직구조는 한 조직의 골격에 불과하고, 근육과 생명은 다른 데에서 나온다. 조직 내에서 정보를 유통시키고 의사결정을 하며, 변화를 관리하는 시스템이야말로 조직이 추구하는 목적과 목적달성방법을 표현하는 가장 강력한 도구라 할 수 있다. 시스템에는 말과 숫자로 표시된 자료나 컴퓨터 보고서 등 물리적 문서가 있는가 하면, 모임이나 정보교환, 갈등해소, 의사결정 등과 같은 일상업무수행에 관련된 시스템들도 있다. 인체의 동맥과도 같은 조직의 시스템들은 일상적인 업무처리과정과 사소한 업무절차들로 구성되어 있다. 시스템은 흥미를 가질 만큼 재미있거나 보기가 좋은 것은 아니지만, 매우 강력한 것만은 사실이다.

(1) 기획 및 목표관리시스템

마쓰시다 고노스케 회장은 효과적인 재무통제시스템을 개발한 후, 네덜란드의 전자제조업체인 Philips회사의 기획시스템을 도입하였다. 이 두 시스템은 함께 작용하여 마쓰시다전기라는 거대한 조직에 일관성과 방향감각을 가져다 주었다. 마쓰시다전기의 기획시스템은 간단하지만 막강하다. 사업본부장들은 6개월마다 세 가지의 계획을 세워야 하는데, 하나는 5년간의 장기계획으로 새로운 기술과 환경변화에 따라 계획을 재조정해 나가는 것이며, 또 하나는 2년간의 중기계획으로 회사의 장기전략을 구체적으로 생산시설과 신제품개발에 반영시키는 것이다. 이 두 가지 계획은 행렬조직계층의 제품그룹으로부터 상당한 관심을 받기는 하지만, 최고경영층의 검토대상이 되지는 않는다.

기획조정에서 사업본부장들이 가장 중요하게 여기는 것은 향후 6개월간의 프로그램이다. 이 계획에서 각 사업단위는 생산, 판매, 이익, 재고, 외상매출금, 인력, 품질목표 그리고 자본투자 등에 관한 월별계획을 세우고 이 계획에 차질이 발생했을 때에는 관리스태프들로 구성된 태스크 포스팀이 신속하게 문제진단에 나서게 된다. 여러 회사에서 활동계획이 실패하는 경우가 많은데, 그 이유는 목표가 뚜렷하지 않고 성과측정이 불가능하기 때문이다.

설정된 목표와 성과가 측정가능하더라도 이것이 주요전략들과 의미있는 관련을 맺지 못하는 것도 또한 실패의 원인이다. 그러나 마쓰시다전기 시스템에서는 이러한 문제를 볼 수 없다. IBM 회사에서 일했던 한 임원이 말하듯이 “마쓰시다전기의 기획시스템은 매우 상세하고 실용적으로 설계되어 있어서 최소한 IBM회사의 수준이라 할 수 있습니다. 6개월간의 운영계획에서 관리자가 X단위까지의 생산용량증가와 연간 Y달러의 매출증가를 원할 때, 이를 위한 모든 세부계획이 동시에 구체화됩니다. 즉, 판매원의 고용시기와 재훈련, 추가생산설비의 발주, 조립선조정에 소요되는 시간 등이 사전에 결정됩니다. 여기에는 무모한 주장이 없이 매우 신중히 결정됩니다."

사업단위들간에 사업의욕을 키우려고 하는 마쓰시다전기의 강한 열망을 고려할 때, 이와 같이 구조화된 계획체계와 계획에 대한 결과의 대비자료가 즉각적으로 나올 수 있는 상세한 회계제도가 지나치게 부담스럽지 않은지를 의심할 수 있다. 그러나 이에 대하여 마쓰시다전기 전자레인지사업부의 한 임원은 이렇게 말한다. "일본 경영자들은 미국 경영자들에 비하여 숫자에 훨씬 밝다는 것을 알아야 합니다. 일본어에는 아주 모호한 말이 많아서 우리들은 숫자언어에 대한 능력을 기르는 데 많은 신경을 씁니다. 마쓰시다 시스템은 분명히 일종의 엄격한 시스템입니다. 우리들이 믿는 바로는 우리들의 사업단위는 우리들 자신이 운영해야 하기 때문에 매일 아침운동이 싫더라도 이를 강행하듯이 통제시스템을 꾸준히 그리고 엄격히 이끌어 나가야 합니다. 사실 그렇게 하기는 어렵지만 그것은 우리들을 더욱 강하게 만들어 줍니다."

(2) 목표설정과 성과관리시스템

마쓰시다 스타일에 내재된 여러 요소와 기본가치 그리고 구성원들에 대한 교육방식 등에서 창업정신(entrepreneurial spirit)을 찾아볼 수 있다. 이와 같이 마쓰시다전기가 창업정신을 간직해 나가는 것이 바로 마쓰시다전기를 우수한 기업체로 만든 핵심요소이다. 마쓰시다전기는 자율성을 키우며 집단성과와 개인성과에 막대한 인센티브를 제공해 준다. 그러나 이러한 창업정신을 보존하기 위한 요소들과 더불어 마쓰시다전기는 몇 가지의 엄격한 통제를 실시하고 있다. 첫째로 마쓰시다전기는 6개월 업무계획을 매우 신중하게 다루는데, 특히 마케팅관리자는 구성원들이 의욕적인 매출목표를 설정하도록 영향력을 행사한다. 그리고 마쓰시다전기의 비교우위의 하나인 제조기술에 있어서도 마쓰시다전기는 사업본부장들에게 효율적인 공장운영을 위한 첨단기술을 보유하는 것은 물론, 의욕적인 생산목표와 엄격한 품질관리목표를 설정하도록 압력을 가한다. 이러한 압력이 결코 지나치게 강한 것은 아니지만, 그 대신 분명하고 끈질기며 강력한 동기부여의 역할을 한다.

모든 사원들은 자기의 업적이 매달 계획과 비교되고, 목표와의 차이가 신중히 검토된다는 것을 잘 알고 있다. 그들의 성과는 모두 평가되고 그에 따라 적절한 보상이 주어진다. 냉장고 사업부의 한 임원은 미국의 경쟁자들에게 다음과 같이 말을 한 적이 있다. “우리 회사에서의 일은 당신 나라의 미식축구팀에서 일어나는 활동과 같습니다. 당신은 거기에서도 역시 공격팀코치와 방어팀코치 그리고 팀의사와 트레이너 등 여러 상관의 지시를 받지요. 또한 매번 경기를 마친 후, 영상을 통해 의도했던 플레이와 실제 경기와의 차이에 대해서 조심스럽게 검토하지 않습니까? 운동선수들은 이러한 상황하에서 그들의 목표인 승리를 위해 열심히 노력하지요. 우리는 마쓰시다전기에서 비슷한 분위기를 느낍니다. 물론 때로는 어떤 일에 대해서는 반대가 있기는 하지만, 당신의 축구팀과 마찬가지로 갈등이 생길 경우에는 조정이나 화해를 도모하게 됩니다. 이와 같은 과정을 통해서 보다 나은 축구팀이 되지 않겠습니까?”

(3) 이익중심점개념과 재무통제시스템

마쓰시다전기의 기획과정, 특히 상세한 6개월 업무계획은 성과측정이 가능한 목표를 세우고, 목표달성과정에서 성과를 실제로 측정하여 사전에 문제를 발견하도록 하는 정교한 시스템이다. 마쓰시다 고노스케 회장은 회사를 창설하자마자, 곧 자신의 마케팅과 일반관리기술을 보완하기 위하여 재무와 회계분야에 뛰어난 재능을 가진 경영자를 뽑았는데, 다까하시 씨가 바로 그 인물이다. 두 사람은 함께 세계에서 처음으로 이익중심점(profit center)개념을 개발해 냈다.

마쓰시다전기의 관리중심적 경영정보시스템은 매달 각 사업부별 성과를 12개의 지표를 통하여 제시해 주는데, 다까하시 회장은 컴퓨터가 활용되기 전에도 각 사업부의 월말업적보고서를 불과 며칠 이내에 작성하는 데 성공하였다. 이러한 신속한 정보시스템을 통하여 본사와 사업부들은 조직의 규모가 커짐에도 불구하고 계획과 성과 사이의 차이를 사전에 알아내고 이에 적절한 조치를 취할 수 있었다. 마쓰시다전기의 정보시스템을 통하여 각 사업부는 외부에서 더 유리한 가격으로 물품을 구입할 수 있다면 외부에서 구입하도록 하는 이전가격(transfer pricing)방침을 가능하게 하였다. 이러한 자유시장경쟁정책은 오늘날까지 마쓰시다전기 재무시스템의 초석이 되어 왔다. 마쓰시다전기는 모든 사업부가 창립 이후 5년 이내에 충분한 자생력을 가질 것으로 기대하고 영업손실에 대한 구제지원을 강력히 거부하는 것을 원칙으로 하고 있다.

마쓰시다 고노스케 회장은 자율적으로 운영되는 각 사업부로 하여금 세전이익의 60%를 본사에 지불하여 그룹 전체를 위한 재무관리와 생산관리 그리고 연구개발과 신규사업 개발업무를 지원하도록 하였다. 본사에 출연하고 남은 각 사업부의 이익(약 40%)은 각 사업부에 속하게 되고, 각 사업부는 설비투자와 제조기술의 향상 그리고 신제품개발 등 혁신사업에 사용된다. 그리고 그는 항상 현장실무(라인)부서를 중요시하고 본사에는 최소의 스태프인력만을 유지하는 것을 고집하였다.

미국의 한 자회사를 관리하고 있는 어떤 미국인 경영자는 다음과 같은 흥미 있는 말을 한다. "마쓰시다전기가 수십 년 동안 자체의 창업적인 경영풍토를 계속 유지할 수 있었던 커다란 요인은 사업부들로 하여금 자신의 이익의 대부분을 재투자할 수 있도록 한 데 있습니다. 경영자가 자신의 운명에 대해서 스스로 책임을 져야 한다는 사실을 알 때 상상조차 할 수 없을 정도로 열심히 일하게 됩니다."

(4) 컨트롤러시스템

재무통제시스템의 최전선에는 컨트롤러(controller : 회계, 예산, 총무를 총괄 담당하는 관리자)들이 있다. 그들은 각기 전세계에 흩어져 있는 거의 100개에 달하는 사업부 중의 하나를 전담하는데, 100명의 컨트롤러만이 본사에 주재하고, 대부분의 컨트롤러들은 준독립적인 입장에서 그들이 맡은 사업부 내에서 일하고 있다. 이와 같이 두 명의 상관으로부터 신임을 받으면서 좋은 성과를 올려야 하는 어려운 일을 성실하게 잘 수행하기 위해서는 능력 있는 핵심요원들이 필요하다. 그들은 사업본부장에게 충고나 기타 다른 행동을 통하여 압력을 가하지 않고 사실만으로 납득시킬 수 있도록 훈련이 되어 있다. 그리고 컨트롤러들은 월별업적평가에서 성과지표를 초월하여 사업부의 근본문제를 진단하는 데 명수인 본사의 최고경영자층의 도움을 받기도 한다.

컨트롤러들은 일반관리자로서의 훈련을 받고, 따라서 그들이 평소에 이러한 전체적인 경영관점을 실무에 적용할 것이 기대되고 있다. 그리고 컨트롤러들은 매년 선발되는 신입사원 중에서도 엄격히 선정되어 특수한 훈련을 받게 된다. 한 노련한 컨트롤러가 말하듯이 “컨트롤러는 청렴결백하면서도 꼿꼿한 마음과 온정적인 성격을 가져야만 합니다. 그리고 마쓰시다전기의 포괄적인 시스템이 매우 공개된 운영을 권장하기 때문에 우리는 단순히 경비견(watch dog)으로만 간주되지 않습니다. 즉, 마쓰시다전기에서는 월별성과보고서와 사업본부장회의 그리고 본사의 생산기술관리자의 참여를 통하여 항상 공개적인 정보교환 분위기가 조성되고 있습니다.” 이와 같이 컨트롤러는 정보를 누출시키는 본사의 스파이와 같은 역할이 아니라, 일본의 전통적인 가정주부와 같이 집단에서 남의 눈에 보이지 않게 가계부를 정리하며 사업본부장들에게 운영상황을 지적해 주는 역할을 한다.

(5) 인간중심적, 성과지향적 통제시스템

마쓰시다전기의 통제시스템은 단순히 숫자와 컨트롤러에만 의존하고 있지 않다. 마쓰시다전기의 주요 자회사 사장이 말하듯이, “우리는 회사운영에 있어서 수치에 의존하지 않고 사람에 의존하고 있습니다. 물론 수치가 사람의 성과를 측정하고 문제를 밝혀내는 데에 도움을 주는 것이 사실입니다. 즉, 효과적인 운영을 해 나가기 위해서는 그러한 통제가 필요합니다. 그러나 마쓰시다전기는 사람을 신뢰합니다. 우리의 통제시스템은 큰 잘못을 방지하기 위한 지침을 제공해 줍니다. 고속도로에는 차들이 차선에서 벗어나지 않도록 중앙분리대와 도로변에 울타리가 있지 않습니까? 마쓰시다전기의 통제시스템도 마치 이러한 울타리와 같은 역할을 하고 있는 것입니다.”

마쓰시다전기 재무통제시스템의 다른 특징으로서 두 가지를 더 들 수 있다. 첫째는 신규사업자본(venture capital)이고, 둘째는 성과심사제도이다. 앞에서 설명한 바와 같이 본사는 각 사업부의 출연금(이익금의 60%)을 ‘마쓰시다은행’에 보관해 두었다가 신규사업개발에 사용하거나 각 사업부들에 대출해 준다. 각 사업부는 일상적인 거래를 제외하고는 자체의 은행계정을 가질 수 없다. 사업부가 보유한 나머지 40%의 이익조차 사업부가 투자하기를 원할 때까지 본사가 보유한다. 그리고 본사는 사업부를 위하여 이자를 번다. 만일 사업부가 본사로부터 유동자본을 빌린다면, 그 달 말까지는 모든 계산을 치뤄야 한다. 마찬가지로 사업부는 30일 이상의 외상매입금을 가지고 있으면 안 되고, 외상매출금의 회수도 30일 내에 이루어져야 한다. 사업부가 본사로부터 대출을 받는 경우에는 우대금리보다 2%가 높은 이자비용을 지불하게 된다. 만일 사업부의 실적이 부진하고 그 이유가 경영층에 있다면, 더 높은 이자비용이 부과될 수도 있다.

(6) 사업부별 업적평가시스템

재무통제의 내부운영은 월별 그리고 분기별 업적평가에서 철저히 나타난다. 여기서 우리는 마쓰시다전기 시스템이 지나치게 양적인 측면만을 강조하지 않는다는 것을 알 수 있고, 또한 그 스타일을 알 수 있다. 매월 말에 각 사업부의 성과(업적)자료는 6개월 업무계획을 기준으로 업적상 나타난 차이에 대한 설명과 함께 재무담당 부사장에게 제출된다. 그 후 사업본부장과 그의 팀은 본사에서 며칠 동안에 걸쳐서 각 항목들을 상세히 검토한 다음에, 최고경영층과 만나서 6개월 업무계획을 다시 검토하게 된다.

마쓰시다전기에서 사업부의 경영효율성을 평가하는 주요 기준은 계획추진능력, 매출과 시장점유율의 증가, 외상매출금의 회수, 그리고 재고회전율 등이다. 마쓰시다전기는 장기평가로 널리 알려져 있는데, 만일 성과가 별로 좋지 않을 경우에는 최고경영층이 직접 성과에 대한 질책을 하게 될지 모르지만, 사실상 중요한 것은 사업부가 경쟁자에 못지않게 최선을 다하고 있다는 사실이다. 그러나 마쓰시다전기는 그렇게 부드럽게만 대하지는 않는다. 성과가 저조한 관리자들은 그들의 재능에 맞는 적합한 조직으로 전직시키겠다고 회장은 공공연하게 말하고, 이러한 방침이 의미심장하게 자주 사용되어서, 성과를 내지 못하는 사업부의 관리자들은 실제로 자기의 위치에 오래 머무르지 못하게 된다.

또한 사업본부장들은 분기별 사업부 업적평가회의에 참가하여 업무성과자료를 교환한다. 각 사업부는 업적별로 A, B, C, D의 등급으로 분류되어 A(우수한 성과를 거둔 사업부)를 받은 사업부들이 먼저 업적보고를 하고, D(낮은 성과를 거둔 사업부)를 받은 사업부들이 마지막으로 보고한다. 참석한 사람의 말에 따르면, "사람들을 공개적으로 노출시킬 필요는 없지요. 사업부의 위치가 서열상으로 어디에 있고 그 순위가 올라갔는지 또는 떨어졌는지 그 자체가 강렬한 동기부여요인이니까요. 어느 개인이나 사업부를 무자비하게 문책하거나 공개적으로 창피를 주지 않습니다. 그러나 분기별 성과가 저조한 사업부들은 암암리에 다시는 창피를 당하지 않겠다는 결심을 하게 됩니다."

5. 인적자원관리 시스템

마쓰시다전기의 정신적 가치는 마쓰시다전기를 우수한 기업으로 만든 구성원들에게 체질화되어 있다. 처음부터 마쓰시다 고노스케 회장은 기업은 기업을 구성하고 있는 구성원들 자체를 더 능가할 수 없다는 신념을 갖고 있었다. 그는 조직의 역할을 원통 둘레의 테로 비유해 보았다. 테가 없으면 원통의 크기가 모두 약간씩 다르기 때문에 원통에 틈이 생겨서 물이 샐 수밖에 없다. 그는 테의 역할을 통해서 개별분야는 각기 추구하는 목적을 달성하기 위하여 함께 결합할 수 있다고 보았다. 이러한 철학하에 설계된 마쓰시다전기의 인적자원관리시스템을 요약하면 다음과 같다.

(1) 충원 및 교육훈련 시스템

마쓰시다전기의 충원정책에는 몇 가지 주목할 만한 면이 있다. 첫째는 철저한 교육훈련과 지도를 통하여 신입사원들을 키워내는 것이다. 마쓰시다전기의 철저한 교육훈련은 매우 일본적인 성격을 지니고 있다. 마쓰시다전기 그룹과 관련회사에서 일하는 20만 명 이상의 구성원들은 모두가 이러한 교육훈련을 거쳐 나갔다. 기사(engineer)와 회계사 그리고 판매요원 등을 포함한 마쓰시다전기의 모든 전문인력들도 아주 기초적인 업무에서부터 일을 배우기 시작한다. 그들은 각기 6개월 동안 직접 소매점에 나가 판매를 하거나 그 곳에서 직접 일을 한다. 그리고 그들은 조립공장에서도 일상적인 업무를 수행하고, 특히 신입사원들은 약간의 오차도 허용하지 않는 '마쓰시다 방식'(Matsushita Way)

을 배운다.

우리는 여기에서 의식화교육과 유사한 마쓰시다전기의 접근방식이 미국의 여러 유명기업의 방식과 다르지 않다는 점을 유의해야 할 것이다. 맥킨지 컨설팅(McKinsey & Company)의 크라우스(Paul Kraus) 회장은 말하기를 "P&G, Sears 그리고 IBM 등과 같은 기업들은 사실 군대식으로 시스템을 운영합니다. 회사원칙에 벗어난 행동을 하는 구성원들은 계속 치밀한 감시를 받게 됩니다. 이들 회사는 개방적이고 유순한 20대 초의 젊은이를 채용하여, 밑에서부터 기르기 시작합니다. 그리고 그들에게 시스템에 대한 믿음을 갖게 하고 기업의 규칙을 준수하게 합니다. 정말로 이들 기업의 독특성은 이러한 상세한 일에 지나칠 정도의 관심을 기울인다는 것입니다. 일정 기간이 지난 후, 계속해서 일하는 사람들은 기업의 목적달성에서 훌륭한 촉진자(facilitator)로서 사려깊은 행동을 함께 하는 문화의 일부분이 되는 것입니다."

이미 설명한 바와 같이, 마쓰시다전기의 교육훈련시스템은 젊은이들을 철저하게 의식화시킨다. 그 과정에서 마쓰시다전기의 조직구조와 재무시스템 그리고 마쓰시다 고노스케 회장의 경영철학 등을 가르친다. 교육은 입사초기부터 시작되며, 그 내용은 분명하다. 판매 및 공장현장에서 실감 있는 직장훈련을 실시함으로써 사원으로 하여금 실력과 능력이 어디에 기초해야 되는지를 명확히 해준다. 그리고 사원들은 고객을 파악하고 시장성 있는 제품을 최소의 비용으로 판매시점까지 가져가는 것이 중요하다는 사실도 명백히 해준다. 승진과정에서 관리자들은 승진단계마다 마쓰시다전기의 경영철학과 새로운 직무에 대한 추가적인 교육훈련을 받는다.

(2) 직무순환시스템

성장초기에 조직을 자율적인 사업부구조로 만들 때 마쓰시다 고노스케 회장은 제품라인의 차별화와 전체 회사수준에서 사업부간의 통합이 어려울 것으로 예측하였다. 그래서 그는 회사 전체의 통합적 관점을 키우기 위하여 매우 중요한 아이디어를 창안했는데, 이것이 바로 마쓰시다전기의 직무순환제도이다. 매년마다 마쓰시다전기 사원의 5%(경영자와 감독자, 구성원 각각의 1/3로 구성)는 한 사업부에서 다른 사업부로 이동하여, 다음 번 승진이 있을 때까지 그

사업부에서 일하게 된다.

일반적으로 마쓰시다전기는 지난 60여년 동안 공격적 전략과 기업가치를 지속적으로 유지해 나가는 데 놀라운 능력을 발휘했다고 볼 수 있다. 이 중 일부분은 마쓰시다 고노스케 회장의 강한 경영스타일에서 비롯된 것이고, 일부분은 마쓰시다정신에서 비롯된 것인데, 이 정신은 구성원들로 하여금 공동체의식을 가지고 같은 방향으로 나아가도록 하는 일종의 특이한 '종교시스템'(religious system)을 제공한다. 20만 명 이상의 대규모 조직으로서 기업의 기본가치에 대한 마쓰시다전기 구성원들의 공통된 인식과 이해는 매우 높다. 그리고 일부분은 방금 설명한 교육훈련 프로그램에서 비롯된 것이다.

(3) 고용관리시스템

앞에서 언급한 바와 같이 마쓰시다전기의 인적자원관리부서는 중학교 수준 이상의 모든 사원을 대상으로 사업부의 고용결정을 심사한다. 또한 각 사업부에서 2~3명의 상위경영자를 신중히 관찰하여, 그들에게 표준화된 6개월 성과에 대한 업적평가를 실시한다. 이들은 대단한 잠재능력을 가진 인재로 간주된다. 마쓰시다전기는 '평범한 사람으로부터 탁월한 성과' 를 강조하는 마쓰시다전기의 전통적인 이념에 의거하여 명문대학교에서 훌륭한 인재들을 끌어들이려고 하지만, 미국의 IBM이나 P&G 등 많은 기업들이 미국의 명문대학에서 우수한 인재를 확보하기 위하여 노력하는 것 이상의 특별한 노력을 기울이지는 않는다. 왜냐하면 사회화과정에 더욱 수용적인 유순한 신입사원들이 소위 '유능한 인재' 들보다는 더 유망하다고 생각되기 때문이다.

(4) 인력배치시스템

마쓰시다전기의 경영자들은 각 조직계층에서 유능하고 잠재능력이 있는 구성원들을 탐색하여 그들에게 알맞은 직무를 배정하는 적재적소의 원칙을 철저히 실천하고 있다. 마쓰시다 고노스케 회장의 말과 같이 "성과 이외에 사람의 성격을 가지고 어떤 판단을 내리지는 마시오. 경영자는 부하의 잠재능력을 가장 효과적으로 발휘시키기 위하여 여러 방향에서 부하의 잠재능력을 파악하고 있어야 합니다." 다른 기업의 경우에는 이러한 말이 형식적일는지 모르지만, 이것을 실제로 실천해 온 마쓰시다전기에서는 사원들을 진실로 훈련시키고 개발하겠다는(평범한 사람으로부터의 탁월한 성과) 의미심장한 기본가치이다.

이와 같이 구성원들의 자아실현(self-actualizing)을 강조하는 마쓰시다전기는 상당히 성과지향적이라고 할 수 있다. 마쓰시다전기는 구성원들을 해고하지 않는 대신 문제가 있는 구성원들을 정기적으로 다른 직무로 이동시킨다. 잘못이 있는 경영자에게는 자기반성을 권유하고 어디에서 일하는 것이 가장 적합한지에 대하여 제안을 하도록 한다. 그리하여 자기의 잠재력을 최대한으로 발휘할 수 있는 곳을 찾을 때까지 계속 이동시킨다. 한 임원의 말에 의하면 "마쓰시다전기의 경영은 단순히 적극적인 강화만을 강조하는 것은 아닙니다. 성과가 부진한 관리자가 많은 때에는 아주 철저하게 관리를 합니다." 가끔 고함도 지르지만 근본목적은 장래를 위한 능력개발에 있다. 이와 같이 마쓰시다전기의 교육훈련은 결코 형식적이 아니며, 마쓰시다전기에서의 철저한 비판은 그 자체가 인력개발의 부분으로 인식되고 있다.

(5) 승진시스템

마쓰시다전기에서 성과는 연공(seniority)에 의하여 희생되는 일이 거의 없다. 15년의 재직기간이면 모든 사람이 기업에 굳건히 사회화되었다는 것을 확신하기에 충분한 기간이라고 할 수 있는데, 마쓰시다전기의 승진기준은 연공과 성과를 함께 고려한다. 그러나 15년의 근속기간 이후에는 마쓰시다전기는 높은 직책에 젊은이를 승진시키는 데 주저하지 않는다. "적합하지 않은 사람을 적합하지 않은 직무에 배치하는 것은 성공적인 기업에 장애가 됩니다"라는 자신의 말대로, 마쓰시다 고노스케 회장은 능력과 업적에 의하여 임원들을 임명하고 운영위원회의 요직에도 나이에 관계없이 능력과 업적을 기준으로 적임자를 임명하여 능력 · 업적중심의 승진제도를 정착시켰다.

(6) 제안제도

인력개발에 있어서 마쓰시다 고노스케 회장의 신념은 근로자계층에게도 마찬가지이다. 그는 방문객들과 함께 공장 시찰하기를 좋아했는데, 근로자들을 "나의 가장 훌륭한 경영자들"이라고 방문객들에게 말하면서 근로자들을 칭

찬하였다. 그는 조직을 잘 운영하려면 소수의 '유능한' 사람들보다는 수많은 평범한 사람들이 더 필요하다는 신념을 가지고 있었다. 그리고 그는 구성원들의 아이디어나 건의는 공장의 생산관리와 마케팅에 많은 개선을 가져온다는 생각으로 구성원들의 제안제도를 활성화시켰다. 그는 작업장에서 일상업무를 개선하는 데 관심을 가진 수많은 평범한 근로자들이 생산기술과 업무계획을 전담하는 본사의 전문가보다는 훨씬 많은 일을 성취해낼 수 있다고 믿었다.

(7) 노사관계

구성원들은 경영에 직접 참여하지 않는 것으로 간주되지만 그들의 의견은 항상 반영되고 있다. 기업의 운영사항은 항상 노동조합에 공개되어 있고, 사업부들은 6개월 업무계획을 준비할 때 노동조합과 직접적인 협의를 하게 된다. 마쓰시다전기의 미국 TV조립공장의 한 전기기술자는 다음과 같이 말한다. "이 회사는 훌륭합니다. 그들이 처음 이곳에 왔을 때, 우리는 처음으로 그들이 생산통제시스템과 성과만을 중요시한다는 사실을 알고는 적지 않게 놀랐습니다. 그러나 그들은 100명의 근로자들을 일본에 보내서, 그 곳 공장의 운영방법을 보게 함으로써 기업을 일신하는 데 도움을 주었습니다. 그 모든 것이 처음에는 막연했지만 점차적으로 이 곳에서도 개선이 이루어졌습니다. 제품설계의 개선을 통한 작업의 단순화로 품질문제를 해결하였고, 개문정책(open door policy)을 통하여 근로자들이 진심으로 제안을 할 수 있도록 하였습니다. 매일 아침에 우리는 조회를 갖고 마쓰시다전기의 일곱 가지 기본가치를 암송하는데, 처음에는 그런 행동이 어리석어 보였지만 이 회사의 철학을 이해하면 비로소 왜 그와 같은 일을 하는지를 알게 될 것입니다. 우리 조립회사는 경영이 엉성해서 그들이 인수하기 전에는 적자회사였습니다. 그들이 이 곳에 왔을 때 3년 내에 흑자회사로 만들겠다고 했는데 정말로 그것을 해냈습니다. 그들은 그야말로 우리의 믿음을 뒷받침해 주고 있습니다."

6. 경영스타일

마쓰시다전기의 기업문화를 이해하려면 창업자의 경영스타일로부터 시작하여 일상경영방식을 이해할 필요가 있다.

(1) 창업자의 경영스타일

마쓰시다 고노스케 회장의 스타일에는 몇 가지의 뚜렷한 특성이 있는데, 첫째는 그의 완전한 상황파악이다. 조직체 내에 기업가적 정신을 주입시키기 위하여 마쓰시다 고노스케 회장과 다까하시 회장은 여러 면에서 소기업적인 경영스타일을 만들어냈다. 그리고 두 사람은 정보수집을 대단히 좋아해서, 긴 보고서와 방대한 통계자료로부터 중요한 정보자료를 추려내서 정독하는 소질을 가지고 있었다.

두 사람은 항상 현장에 있는 경영자와 밤낮 없이 전화통화를 하는 것으로 유명했다. 그리고 만약 그들이 각 사업본부장과 매일 또는 이틀마다 전화나 사람을 통해 대화를 갖지 않으면 이상하게 생각할 정도였다. 따라서 어쩔 수 없이 최고경영자들은 주요 사업영역에 대한 정보를 제공하거나 앞으로 전망이 좋은 시장에 주의를 기울이게 되었다고 한다. 두 사람은 공장과 실무현장을 방문하고, 외부에서 고객을 만나는 경영방식을 사용하였다. 마쓰시다전기의 경영자들은 사무실에 있는 시간이 적은 것으로 알려져 있는데, 마쓰시다 고노스케 회장은 시장에서 고객들과 많은 시간을 보내는 것이 중요하다는 것을 항상 강조하였다.

일본의 이상적인 지도자는 싸움을 초월하여 굳건하고 냉철한 자세를 취하는 반면에, 미국의 이상적인 지도자는 비교적 젊고 활동적인 투쟁가라 할 수 있다. 마쓰시다 고노스케 회장의 스타일에는 이 두 가지가 모두 섞여 있다. 한 번은 그가 다음과 같은 말을 한 적이 있다. "100명의 사원을 고용할 때에는 최전선에 서서 비록 그들에게 소리를 지르고 때리더라도 그들은 따라옵니다. 그러나 1,000명을 고용할 때에는 최전선에 있지 말고 중간에 머물러 있어야 합니다. 그리고 10,000명을 고용할 때에는 경외롭게 뒤에 머물면서 그들을 칭찬해 주어야 합니다."

(2) 문화가치의 전달

마쓰시다 고노스케 회장은 경영자의 행동, 그 자체가 부하 구성원들에게 그가 정말로 무엇을 원하는지를 알려주는 강력한 상징적 의사전달이라고 믿었다. 그리하여 그는 일곱 계층 아래에서 일하는 말단 구성원들로 하여금 정력적이고 창의적으로 조직의 목적달성을 추구하도록 그들에게 강력한 동기를 부여하였다. 마쓰시다전기의 강력한 경영스타일은 특히 경제불황이나 경영위기에 당면했을 때, 경영자들이 이를 어떻게 극복했는지에 대한 여러 가지의 일화를 통하여 강화되고 있다.

이들 일화에는 공통적인 특징이 있는데, 그것은 마쓰시다의 경영스타일이 강건하고 실용적이며 정력적이라는 것이다. 한 경영자는 말하기를, "우리 마쓰시다전기의 스타일은 그야말로 문제에 부딪혀서 그 문제를 풀고마는 것입니다. 문제는 발생시점에 국한시켜 그곳에서 풀어야 합니다. 우리 마쓰시다전기의 문화는 강력한 주도력을 행사하는 관리자들을 장려합니다. 최고경영자의 행동도 이러한 관리자의 강력한 솔선력을 강화해 주고 있습니다. 이러한 행동규범은 사업본부장의 일상적인 사고방식에 대한 하나의 모형이고, 따라서 우리 회사는 상세한 문제해결방법이 위에서 아래로 내려오는 그런 기업이 아닙니다."

(3) 점진적 동화

마쓰시다전기 스타일의 또 다른 특징은 갈등에 대처하는 실용적인 접근방법이다. 역시 일본의 전형적인 유형과는 달리, 마쓰시다전기에는 특히 라디오, 테이프 녹음기와 같은 사업부간에 서로의 영역을 침범하는 제품개발을 위해 치열한 경쟁과 갈등이 존재하고 있다. 따라서 회사의 신규사업심사위원회(Venture Capital Committee)는 경쟁사업부들이 자기들의 신제품개발에 대한 지원을 요청하는 경우 많은 의견 차이를 목격하게 되는데, 여기에서도 서양식 접근방법과 동양식 접근방법의 적절한 결합형태를 볼 수 있다. 마쓰시다 고노스케 회장과 다까하시 씨 두 사람은 모두 직설적이기 때문에 그들의 접근방법은 쉽게 마쓰시다전기의 문화로 동화될 수 있었다. 비록 논의는 열성적이고 치열하지만, 이것이 공개적인 갈등으로 표출되지는 않는다. 마쓰시다전기의 경영자들은 우리가 '사업부들간의 싸움' 에 대하여 질문을 하면 당황해 한다. 한 경영자는 이와 같이 설명한다. "우리는 의견의 차이를 보일 때도 있지만, 우리의 기본적인 전제는 건전한 결혼생활을 하고 있는 남편과 아내처럼 또는 오랫동안 함께 일해 온 사업파트너들처럼 살아가면서 서로 적응을 한다는 것입니다. 그리고 상호간의 조정을 통하여 근본적으로 서로를 배척하기보다는 함께 협동하기 위해 노력한다는 것을 먼저 인정합니다."

사업그룹의 본부장 한 사람이 말하기를 "두 사업부가 동일한 신제품을 만들기 위하여 서로 경쟁할 때, 그들 사업부의 이야기를 들어 보면 어느 한 사업부가 유리한 입장에 있게 되는 것이 보통입니다. 우리는 모두 공개적으로 이와 같은 사실을 알아내려고 노력하고, 순리대로 서로 이해할 수 있는 기회를 주지요. 이를 위하여 우리는 수락시간(acceptance time)이라는 개념을 적용하는데, 이것은 사람들이 새로운 사고방식에 익숙해지도록 시간적 여유를 주는 것입니다. 우리는 그들에게 생각을 바꾸도록 압력을 가하지만, 항상 그들 나름대로 자신의 관점을 갖도록 노력합니다."

수락시간은 일본 기업체 내에서 일어나는 갈등을 해소할 수 있는 강력한 해독제이다. 인간의 신념은 물질적인 소유품보다 더 중요하다. 사람들은 그들이 소중하게 여기는 물건뿐만 아니라 신념 때문에 목숨을 버리기도 한다. 그리 강하지 않은 신념도 개인의 과거와 미래행동에 영향을 준다. 새로운 아이디어나 생각이 떠올랐을 때, 아무리 그것들이 강력하다고 하더라도 사람들은 새 것을 받아들이기 전에 옛 것을 없앨 시간이 필요하게 된다. 압력과 긴장에도 불구하고 수락시간은 마쓰시다전기의 운영방식으로 체질화되어 있다.

"우리는 사람들로 하여금 새로운 기술을 받아들일 수 있는 적절한 분위기를 만들어야 합니다"라고 제조기술 담당임원은 말한다. "사람들에게 어떠한 아이디어를 받아들이도록 강요할 수는 없습니다. 그래서 우리는 가능한 한 그들을 점진적으로 새로운 아이디어에 노출시키어 결국 그들이 새로운 아이디어를 점진적으로 받아들이도록 하지요." 이러한 말은 마쓰시다 고노스케 회장의 말과 일치한다. "나는 경영자들을 공식적으로 만나는 적이 별로 없습니다. 우리는 서로 맞대고 긴밀한 의사소통을 하는데, 중요한 것은 그들의 독립성입니다. 그래서 나는 직접적인 질문을 하고 암시를 주기도 하지만, 지시는 하지 않습니다. 우리는 서로 개인의 자존심을 존경해야 하고 그들 나름대로의 전통을 인정해 주어야 합니다."

7. 경영기술

일본조직에서는 개인과 조직을 분리하기가 어렵다. 그러나 우리는 지금까지 마쓰시다전기가 발전해 온 과정과 방식을 연구하면서 창업자 마쓰시다 고노스케 회장의 경영기술에 대해서도 어느 정도 이해할 수 있다. 아마도 그의 경영기술 중 두드러지게 나타나는 것은 그의 다재다능함과 때로는 치밀하게 상황을 파악하고 직접적으로 관여하다가도, 또 때로는 경영일선에서 물러서서 초연하게 할아버지와 같이 행동을 하는 것 등일 것이다. 그리고 우리는 그의 상황파악에 대한 열성적인 추구와 계량적 분석에 대한 다재다능함 그리고 그의 컨트롤러로서 다까하시 씨를 기용한 결단성도 볼 수 있다.

또한 우리는 마쓰시다전기의 정신문화에서 그의 깊은 흔적을 보게 되고, 마쓰시다전기의 성패를 결정하는 중요한 의사결정에서 자신의 본능적인 감각을 믿고 과감한 결정을 했다는 증거를 많이 찾아 볼 수 있다. 마쓰시다 고노스케 회장은 여러 천재적 인간의 재능을 결합한 능력을 지닌 것 같기도 하다. 이러한 자질을 가진 경영자를 찾기는 물론 어렵다. 아마도 일본이 세계적으로 인정받는 경영의 천재로서 마쓰시다 고노스케 씨를 내놓을 수 있다는 것은 지나치게 과장된 표현은 아닐 것이다. 마쓰시다 고노스케 회장은 General Motors의 슬로운(Alfred Sloan) 회장의 경영재능과 Sears의 우드(Robert E. Wood) 회장의 마케팅감각을 모두 가지고 있는 것으로 평가되고 있다.

지금까지 설명한 여러 요소들은 마쓰시다전기가 세계적인 우수기업으로 성장하는 데 크게 기여하였다. 마쓰시다전기의 경영기술은 마쓰시다전기 조직에서 이들 요소들이 특수하게 그리고 일관성 있게 결합되어 그 부산물로 나타났다. 마쓰시다전기의 조직구조는 관리시스템에 의하여 강화되고, 조직구조와 관리시스템은 경영스타일과 정신적 가치 그리고 충원정책과 인력개발로부터 강화되고 유지되어 나간다(제 1 장 표 1-8 참조). 이와 같이 마쓰시다전기는 마쓰시다정신이라는 기업문화를 통하여 인간의 가치와 합리주의적 능률을 결합하여 놀랄 만큼 탄력성 있고 활기에 찬 조직을 만드는 데 성공하였다.

8. 근래의 마쓰시다 정신문화

1990년대에 들어서 마쓰시다 고노스케 회장의 경영이념과 그가 창조한 마쓰시다의 정신문화는 그가 타계한 이후에도 마쓰시다전기의 계속적인 성장에 크게 기여하였다. 그러나 시장환경이 변하고 엔화의 강세로 인한 일본 경제의 침체가 장기화됨에 따라서 마쓰시다전기의 성장과 이익은 점차 둔화되기 시작하였고, 따라서 점점 심해지는 시장경쟁과 기술고도화의 환경하에서 마쓰시다전기의 전통적인 기업문화와 '마쓰시다 방식'(Matsushita Way)이 계속 적합한지에 대한 의심이 커지기 시작하였다.

(1) 신규사업 진출

과거 10여년 동안 점차 심화되는 환경변화에 적응해 나가는 과정에서 마쓰시다전기의 제품믹스에는 상당한 변화가 일어났다. 오랫동안 전체매출의 50% 이상을 차지해 온 비디오와 가전제품은 1990년대에 들어서 33%로 감소되는 반면에, 통신과 전자분야 제품의 비중은 24%에서 37%로 크게 증가하여 제품의 기술고도화와 고부가가치화의 추세가 점차 심하게 나타났다.

1990년에 마쓰시다전기는 미국의 영화제작회사 MCA, Inc.를 61억 달러에 매입하여 오락(entertainment)산업에 진출하였다. MCA의 소프트웨어기술을 마쓰시다전기의 하드웨어 제품에 연결시키어 시너지 효과를 달성하려는 것이 기본목적이었다. 그리고 1993년에는 미국 실리콘 밸리의 신진 멀티미디어 회사인 3DO Company의 지분에 투자하여 멀티미디어 소프트웨어 개발에도 본격적인 진출을 시도하였다.

(2) 경영혁신

그러나 마쓰시다전기의 신규사업은 기대한 만큼의 성과를 거두지 못하였다. 구성원의 창의성과 조직의 유연성을 요구하는 영화 및 오락 소프트웨어의 개발은 조직적이고 '군대식' 마쓰시다 전통문화 속에서 높은 성과를 달성하기 어려웠고, 따라서 마쓰시다전기는 1995년에 MCA를 Seagram회사에 72억 달러에 매각처분하였다. 그리고 3DO 회사와의 기술제휴하의 컴퓨터 게임과 기타 오락 소프트웨어 개발도 예상 이외로 부진하여 멀티미디어 소프트웨어 개발사업에 큰 차질을 보게 되었다.

이러한 상황하에서 모리시다 요이찌 사장은 새로운 기업환경에 적합한 기업체질과 경영방식을 개발하기 위하여 획기적인 경영혁신을 전개하기 시작하였다. 소위 4S경영(Simple, Small, Speed, Strategic)을 강조하는 그의 경영혁신은 대대적인 조직의 구조조정을 통하여 조직구조를 간소화 · 소규모화하고 의사결정을 신속화하며 재래식 경영방식에서 탈피하여 급변하는 시장환경에 보다 적절히 적응함으로써 기업의 성과를 높이려는 데 그 목적이 있었다.

마쓰시다전기는 오랜 기간의 성장을 거듭하는 과정에서 조직이 비대해지고 경영이 집권화 · 관료화되어 시장변화에 신속히 대응하는 기동력과 적응능력이 둔화되었다. 따라서 모리시다 사장은 집권화된 경영계층을 축소하여 비용절감과 더불어 경영의 효율성을 향상시키는 데 노력을 기울였다. 특히 비대해진 본사의 관리스태프조직을 대폭 감축시키어 6,000명의 스태프를 생산 및 영업현장으로 전직시킴으로써 본사의 관료조직을 개혁하기 시작하였다. 그리고 본사에 집권화된 권한을 사업부에 대폭 위양하여 신제품 개발로부터 재무관리에 이르기까지 모든 사업부의 경영권한과 책임을 사업부장에게 전적으로 위양하였다.

일본기업의 전통적 경영관행인 종신고용과 연공중심의 보상에서 탈피하여 계약에 의한 고용과 성과중심의 보상제도를 도입하여 인적자원관리에도 큰 변화를 가져오기 시작하였다. 특히 연구개발분야의 과학기술인력에게는 5년 단위의 계약고용을 실시하기 시작하였고, 보상에 있어서도 회사 전체의 성과보다는 개인의 성과에 따라 보상하는 임금제도를 도입하였으며, 사업부서 관리자들로 하여금 각기의 부서를 활성화시켜 둔화된 성장률과 이익률을 높이게 하는 등 급변하는 기업환경 속에서 영원한 세계적인 우수기업으로서의 경쟁력을 계속 유지하기 위하여 강력한 경영혁신을 전개해 나갔다.

(3) 파나소닉으로의 개칭

2000년대에 들어서 세계화의 환경변화가 심화되는 가운데 마쓰시다전기는 2007년 12월 1918년 창설이래 90년 가까이 사용해 온 회사명을 파나소닉으로 변경하기로 결정하였다. 이는 서구나 아시아 시장에서 제품 브랜드 파나소닉이 회사명 마쓰시다 보다 널리 알려져 있는 만큼 회사명도 파나소닉으로 개칭하는 것이 세계화 추세에 유리하다는 전략적 판단에서 내려진 결정이다. 비록 회사명은 바뀌더라도 강하게 정착되어 있는 마쓰시다 정신문화의 근간은 새로운 파나소닉의 문화속에 남아서 파나소닉 경쟁력의 바탕으로 계속 유지되어 나갈 것으로 기대된다.

마쓰시다전기가 일본의 선두기업으로서 현재의 위치에까지 성장해 오는 과정에서 마쓰시다전기의 경쟁력에 기여해 온 여러 요소들을 이해하는 것은 우리나라 기업의 경쟁력 강화와 새 기업문화개발에 참고가 될 수 있다. 마쓰시다전기의 성공사례는 우리들이 흔히 인용하는 일본기업의 전통적인 특징만으로는 설명할 수 없다. 앞에서 언급한 바와 같이 마쓰시다전기는 소위 합의적 의사결정(consensus decision making)과 상향적 의사소통(bottom-up communication)에 특별한 가치를 두지 않았다. 그리고 마쓰시다전기는 결코 소위 '주식회사 일본'(Japan, Inc.)이라고 불릴 수도 없다. 마쓰시다전기는 어느 재벌기업이나 협력업체로부터 재정적인 협조를 받아 본 적이 없고, 소비자제품이나 전략적 수출업체로서 일본정부로부터 특별한 경제지원이나 다른 어떤 특혜를 받아 본 적도 없다. 그리고 마쓰시다전기의 성공의 대부분은 원래 서구 각국에서 창안된 경영기법들을 사용하여 이룩해낸 것들이라는 점도 마쓰시다전기의 전략경영과 경쟁력강화를 이해하는 데 매우 중요한 측면이다.

마쓰시다전기의 성공적인 기업문화개발과 특히 경쟁력강화를 위한 전략경영이 서구 제국의 경영기법에 기인했다는 사실은 마쓰시다전기가 추진해 온 경영혁신에 중요한 의미를 부여한다. 그것은 리스트럭처링과 단기 계약고용 그리고 개인성과중심의 보상제도 등이 모두 서구식 혁신 또는 경영기법이기 때문이다. 여하튼 마쓰시다전기의 경쟁력강화를 위한 기업문화개발과 경영혁신전략은 그 결과에 따라 전체 일본기업은 물론 모든 현대기업의 성공적인 전략경영에 시사하는 바가 크다.

사례 #6

ABB의 글로벌 매트릭스 조직문화

스위스 취리히(Zurich)에 본부를 둔 아세아 브라운 보베리(Asea Broun Boveri; ABB)는 2006년에 세계 140여개국에서 204억 달러규모의 매출을 달성한 경쟁력이 강한 세계적인 우수기업이다. ABB는 1987년에 AB와 BCC의 합병이후 새로운 글로벌 매트릭스(global matrix) 조직문화를 개발하여 경쟁력을 크게 강화시켰다. 이 사례는 ABB의 바르네비크 회장이 어떻게 두 기업의 조직을 통합하면서 거대한 조직을 글로벌 매트릭스(global matrix) 조직으로 재설계하여 새로운 조직문화를 중심으로 작고 기동성있는 기업으로 조직구조를 개혁하여 경쟁력을 강화했는지를 자세히 설명한다.

1. AB와 BBC의 합병

ABB는 1987년에 스웨덴의 아세아 AB와 스위스의 BBC 브라운 보베리가 50대 50의 똑같은 지분으로 합병함으로써 창립되었다. 유럽의 두 거대한 중전기업체인 AB(당시 세계 제조업 제115위)와 BBC(제146위)의 합병으로 이루어진

표 Ⅳ-21 ABB의 창립

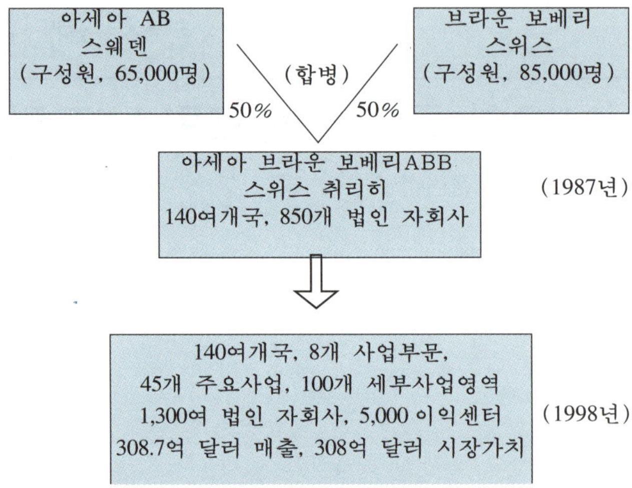

ABB는 유럽국가간 사상 최대의 기업합병일 뿐만 아니라 발전장비, 송전 · 배전시스템, 프로세스 자동화, 로보스틱, 고속기관차, 환경오염제어장비 등 중전기분야에서 미국의 General Electric과 독일의 Siemens에 이어 가장 강력한 경쟁자가 생겼다는 점에서 전세계를 놀라게 하였다.

AB는 스칸디나비아 시장에서 그리고 BBC는 독일과 프랑스 시장에서 각각 선두위치를 확보하고 있었다. 합병 당시 AB의 65,000명의 구성원들은 BBC의 85,000명 구성원들과 합쳐 세계 140여개국에서 850개 법인체를 중심으로 170억 달러 매출규모의 사업을 운영하는 세계 제46위의 거대한 기업체를 탄생시킨 것이다(표 Ⅳ-21 참조). 특히 ABB의 창립은 AB와 BBC 양회사간의 매수합병도 아니고 상호출자도 아닌 새로운 형태의 초국가적 기업통합이라는 점에서도 세계 다국적 기업들의 특별한 관심을 끌었다.

100여년의 오랜 역사를 지닌 AB(1883년 창립)와 BBC(1891년 창립)는 오랫동안 중전기분야에서 치열한 경쟁을 전개하면서 AB는 뛰어난 경영능력과 마케팅능력 그리고 높은 수익성으로 명성을 떨쳐왔고, BBC는 강력한 수주능력과 우수한 기술력 그리고 40억달러의 유동자산(현금, 유가증권)으로 높은 평가를 받아왔다. 따라서 두 기업의 합병은 ABB의 전체적인 경쟁력을 한층 더 강화시킬 것으로 예측되어 이것 역시 다국적 기업들의 큰 관심을 끌었다. 합병소식이 전해지자 AB와 BBC의 주식가격은 각각 15%와 10% 증가하여 ABB의 전망이 투자가들로부터 매우 낙관적인 평가를 받았다.

ABB의 대표이사 회장(CEO)에는 AB의 바르네비크(Percy Barnevik) 사장이 그리고 부대표이사에는 BBC의 가세르(Thomas Gasser) 사장이 선임되었다. 그들은 1988년초부터 출범할 ABB에 대비하여 4개월 동안의 준비작업에 착수하였다. 그들은 합병후 밀월기간은 있을 수 없다고 단정하고, AB와 BBC에서 각각 5명의 핵심경영자를 발굴하여 10명으로 구성된 구조조정위원회를 발족시켰다. 구조조정위원회는 다시 태스크 포스 소위원회로 나뉘어 ABB의 장기사업구조를 계획하고 ABB의 통합 조직구조와 운영체계를 설계하는 작업에 들어갔다. 구조조정위원회는 2개월 동안의 작업 끝에 ABB의 경쟁력강화를 위한 규모경제 확보계획과 더불어 40개 사업영역과 세계 지역을 통합하는 글로벌 매트릭스(행렬) 조직구조의 청사진을 제시하였다.

바르네비크 회장과 가세르 부회장은 새 ABB 조직을 1987년 말까지 가동시킨다는 목적으로 AB와 BBC의 500명의 최고경영층 경영자를 대상으로 AB의 인사담당자는 BBC의 경영자들을 그리고 BBC의 인사담당자는 AB의 경영자들을 각각 심층 면접하여 새 조직을 이끌어갈 300명의 핵심경영자들을 선발하였다. 바르네비크 회장과 가세르 부회장도 각각 100명의 경영자들을 직접 면접하였다. 선발기준으로는 적극적인 행동경향, 전문성, 창업성, 개방성, 그리고 동기부여적이고 팀을 이끌어 나갈 수 있는 리더십능력 등이 강조되었다.

1998년 1월에 ABB가 정식 출범하면서 바르네비크 회장은 새로 선임된 300명의 경영자를 대상으로 자기 자신의 경영이념과 경영방침 그리고 경영목표를 설명하였다. 3박 4일의 일정으로 진행된 이 설명회에서 바르네비크 회장은 198페이지의 OHP 자료를 통하여 ABB의 운영원칙과 우선순위목표를 명백히 하였다. 그리고 미리 작성된 ABB의 운영원칙과 우선순위목표를 명백히 하였다. 그리고 미리 작성된 ABB의 새 조직구조와 분권 책임경영원칙 그리고 조직구조조정의 접근방법을 상세히 설명하는 21페이지의 조직 · 운영요강을 배포하고, 60일이내에 이를 해당지역 언어로 번역하여 세계 각국에서 그들 산하

30,000명 관리자를 대상으로 똑같은 형식의 설명회를 개최할 것을 지시하였다. 그리하여 ABB의 대대적인 조직구조조정과 글로벌 매트릭스 조직문화개발의 막을 올렸다.

2. 바르네비크 회장의 경영이념

바르네비크 회장은 스웨덴의 고텐부르그 경제대학(Gothenburg School of Economics)을 졸업하고 미국 스탠포드 대학에서 2년간의 대학원교육을 받은 후, 스웨덴의 Johnson Group에서 경영정보분야에서 일하다가 Sandvik 기계공업회사에서 재무담당역을 맡았다. 1975년부터 4년간에 걸쳐서 Sandvik 미국지사에서 높은 성과를 달성하자 그의 경영능력을 인정받아 1980년에 39세의 나이에 AB의 사장으로 스카우트되었고, 이어서 1987년에 46세의 젊은 나이에 ABB의 대표이사 회장으로 선임되었다.

겉으로는 겸손하고 온순해 보이지만 내적으로는 강한 개성과 뚜렷한 견해를 가지고 있으며, 약식적(informal)이면서도 때로는 무뚝뚝한 면도 보여 많은 측근자들에게 불가사의한 인물로 알려져 있다. 그러나 바르네비크 회장은 유럽인의 문화적 바탕에 미국식 교육과 경영방식의 영향을 받아 세계경영에 대한 확고한 관점과 더불어 특히 기술개발과 마케팅을 중시하는 경영철학을 가지고 있다. 그는 ABB의 장기비전에 굳은 신념을 가지고 있고 경영진에게 과감한 전략을 전개하여 이를 달성해 나가도록 강력히 권유하지만, 동시에 단기성과도 항상 강조하기 때문에 그를 이해하기 어려운 면도 없지 않다. 그러나 그를 이해하지 못하는 경영자들도 나중에는 그를 존경하게 된다.

세계화와 무한계(boundaryless)의 환경하에서 기업이 경쟁적 우위를 확보하기 위하여 갖추어야 할 가장 중요한 요소로서 바르네비크 회장은 세 가지를 제시한다. 첫째는 스피드로서, 이를 위하여 그는 거대한 조직을 50명 정도의 작은 이익센터(profit center) 또는 이익중심점으로 쪼개서 운영하도록 한다. 둘째는 '군살' 없는 야무진 조직(lean staff)으로서, 본사를 위시한 모든 사업장의 인력을 최소로 줄이는 것이다. 그리고 셋째는 세계화로서, 세계가 하나의 시장이 되고 기술첨단화가 심해지는 환경하에서 규모 및 기술경쟁력은 필수적으로 갖추어야 할 요건이라고 그는 믿고 있다.

또한, 바르네비크 회장의 경영스타일에서 세 가지의 가치를 찾아볼 수 있다. 첫째는 강한 직업의식이고, 둘째는 끊임없는 커뮤니케이션이며, 셋째는 결단력이다. 이들 가치는 ABB의 조직경영에 그대로 반영되고 있다. 바르네비크 회장은 열심히 일하는 것은 물론 항상 높은 수준의 성과를 지향한다. 그는 ABB의 전체적인 전략경영은 물론 세부적인 운영에 대한 상황파악을 중요시한다. 항상 사업단위로 하여금 뚜렷한 목표를 설정하도록 하는 한편 결과에 대한 피드백을 특별히 강조하며, 중요한 이슈와 문제에 대해서는 자신이 직접 예리한 질문을 제기하면서 사업부경영을 지도해 나간다. 그는 연중 200일은 출장으로 각국의 사업부를 방문하면서 현지와의 커뮤니케이션에 많은 시간을 할애한다. 그는 항상 OHP 브리핑자료를 가지고 다니면서 현지 경영자와 직원들에게 회사의 경영이념과 전략목적 그리고 방침을 상기시킨다.

바르네비크 회장이 사업부 현지 관리자에게 항상 강조하는 것 중에 하나가 결단력, 즉 신속한 의사결정이다. 그는 의사결정과정에서 꾸물거리는 행동을 가장 싫어한다. 실수를 두려워하지 말고 신속히 결단을 내리라는 것이 바르네비크 회장의 지시이다. 그의 '7－3공식'은 신속히 결정하여 열 번 중에 일곱 번 올바른 결정을 하는 것이 신중한 결정으로 시간을 낭비하는 것보다 낳다는 의사결정원칙을 의미하며, 무엇보다도 아무 일도 안하는 무사행동주의에 대한 경고이다. 그러나 신속한 의사결정도 철저한 문제분석과 상황파악에 기초해야 하며, 피상적인 문제파악이나 무책임한 의사결정은 허용되지 않는다.

또한, 거대한 다국적 기업을 효율적으로 운영하려면 조직구조를 가능한한 간단하게 그리고 현지에 맞도록 설계해야 한다는 것이 바르네비크 회장의 신념이다. ABB는 위에서 볼 때는 거대하고 복잡하지만, 아래의 개별 사업현장의 입장에서는 설정된 목표를 달성하고 주어진 책임을 완수해야 하며 그러기 위해서는 최대의 자율과 재량이 절대적으로 필요하다고 바르네비크 회장은 믿고 있다. 따라서 그는 분권경영과 책임경영을 ABB의 가장 중요한 조직경영원칙으로 강조한다. 그가 항상 독립된 현지법인의 설립을 주장하고 자체의 자율경영과 더불어 성과에 전적인 책임을 지도록 하는 것도 바로 이와 같은 경영이념에 기초한 것이다.

바르네비크 회장의 경영이념은 무엇보다도 세계 140여개국의 5,000개 소규모 이익센터로 구성된 매트릭스 사업조직구조에서 실제로 나타나고 있다. 바르네비크 회장은 다가오는 유럽시장통합은 유럽기업에 심각한 경영위기를 초래할 것이고, 따라서 유럽대기업의 2/3는 부실기업으로 전락할 가능성이 높다고 믿고 있다. 따라서 그는 AB사장 때부터 AB를 EC통합에서 살아남게 하기 위한 구조조정과 체질개선에 많은 노력을 기울여 왔다. BBC와의 합병도 바르네비크 회장의 이와 같은 관점에서 추진된 것은 물론이지만, 그보다도 세계화와 무한계의 기업환경하에서 경쟁력을 강화하기 위한 바르네비크 회장의 기업경영이념은 한마디로 작은 조직과 야무진 인력구성, 그리고 지식경영(small, lean, leverage through knowledge disseminations)으로서(Peters, 1992, pp. 45~47), 그는 이와 같은 경영이념은 ABB합병 이후의 조직구조조정에 그대로 반영되어 ABB의 경영성과를 향상시키는 데 크게 기여하였다.

3. ABB의 사업구조조정

바르네비크 회장은 ABB가 공식적으로 출범하기 이전에 1987년 하반기부터 구조조정작업을 시작하였고, 1988년부터는 구조조정위원회의 보고서에 따라 규모경쟁력 확충을 위한 사업구조조정과 글로벌 매트릭스 조직설계를 위한 조직구조조정을 본격적으로 추진해 나갔다. 중전기분야에서 강력한 경쟁자가 되려면 주요 사업분야에서 규모경제를 확보해야 한다는 구조조정 태스크 포스팀의 연구결과에 의거하여 ABB는 규모의 확충을 위한 대대적인 기업인수에 나섰다. 합병당시 BBC가 보유하고 있던 40억 달러의 현금과 유가증권은 기업인수에 필요한 자금원으로서 ABB가 기업인수를 자신있게 그리고 전략적으로 전개하는 데 결정적인 역할을 하였다. 독일에서는 AEG의 증기터빈사업을 인수하고 Siemens사와 합작투자로 원자로사업에 들어갔으며, 이탈리아에서는 Finmeccanica와 합작투자를, 그리고 영국에서는 British Rail Engineering을 인수하고 Rolls Royce와의 합작계약을 체결하는 등 1988년말까지 무려 40여개의 기업인수 또는 합작투자체결을 완료하였다.

1989년에는 방대한 미국시장에 눈을 돌려 Westinghouse의 송 · 배전 사업과 Combustion Engineering Group의 인수협상을 시작하여 1990년대 이들 기업의 인수를 끝냈다. 그리하여 유럽과 미국 등지에서 기업 인수에 31억 달러를 투자하여 ABB의 자회사수가 전세계에 1,300개, 구성원 215,000명, 그리고 매출 규모 270억 달러로 크게 증가하였다. 이와 같은 대대적인 기업인수로 바르네비크 회장은 '유럽의 잭 웰치' 라고 불리기도 하였다. 그후 ABB의 기업인수전략은 동유럽과 동독, 그리고 중국, 인도, 베트남, 말레이시아 등 아시아지역으로 확대되어 나갔다.

4. ABB의 조직구조조정

바르네비크 회장은 규모경쟁력을 강화하기 위한 기업인수와 합작투자전략을 추진함과 동시에 구조조정 태스크 포스팀이 제시한 조직구조조정도 강력히 펼쳐나갔다. 태스크 포스팀이 제시한 ABB조직구조 청사진은 근본적으로 사업현장위주의 야무진 인력구성과 조직구조에 있어서 제품과 지역의 두 축을 중심으로 설계된 매트릭스 사업조직으로서, 작고 기동성있는 자율적 이익센터가 이 매트릭스 조직구조의 핵심이다. 이와 같은 글로벌 매트릭스 사업조직구조는 물론 바르네비크 회장의 경영이념과 현대기업의 조직구조구상을 그대로 반영한 것이다.

(1) 사업현장위주의 인력구조조정

바르네비크 회장은 취임 즉시 AB와 BBC의 통합된 조직구조를 형성해 나가는 과정에서 인력을 대폭 감소시키는 한편, 특히 본사구성원들을 사업현장과 이의 지원부서로 대거 재배치함으로써 사업현장위주의 야무진 인력구성을 형성해 나갔다. 그리고 새로 인수한 기업에서도 똑같은 접근방법으로 인력구조를 대대적으로 재조정하였다. 우선 4,000명의 BBC 본사 구성원을 200명으로 줄이고, 독일 만하임(Mannheim)의 한 사업본부에서도 본부 구성원 1,600명을 100명으로 감축시켰다. 미국의 Combustion Engineering을 인수할 때에도 즉시 600여명의 본사 구성원들을 100명 수준으로 줄였다. 이와 같이 바르네비크 회장의 '야무진' 인력구성은 특히 본사에서의 소위 '군살빼기' 를 통하여 이루어졌다. 스위스 취리히에 있는 ABB 본사는 공장에 딸린 6층 부속건물이 전부이며, 총 21만여명을 거느리는 본사이지만 본사에 근무하는 구성원은 170여명에 불과하다.

인수한 기업의 인력을 재조정하는 데 있어서 바르네비크 회장은 거의 공식에 가까울 정도로 똑같은 방법으로 인력을 감축 · 재배치시켰는데, 핀란드의 Stromberg 회사를 인수했을 때 그가 적용한 방식이 그의 인력조정 접근방법을 보여주는 좋은 예이다. 바르네비크 회장은 인수 첫 해에 본사인력의 30%를 사업현장으로 재배치하고 또 다른 30%를 정보 · 고객관리 등 사업지원부서로 이전시켰으며, 나머지 40% 중 30%는 자연감소 또는 해고시킴으로써 총 90%의 본사인력을 감축시키고 10%만을 본사에 남겨주었다. 그후 3~4년에 사업현장으로 배치한 30%의 인력중 1/3을 줄이고, 지원부서로 이전시킨 30%의 인력중 반을 축소시켰으며, 본사에 남겨둔 10%의 인력도 역시 반으로 줄였다. 그리하여 결국 첫 해에 본사인력의 30%를 그리고 3~4년내에 30%를 추가로 각각 감소시키고 35%를 사업현장이나 지원부서로 재배치시켜 본사인력을 95%나 감축시킨 셈이다.

바르네비크 회장의 인력구조조정은 물론 사업현장의 상황에 맞추어 추진되었지만, 본사인력을 사업현장에 재배치하고 사업현장중심의 작고 야무진 인력구성과 정보네트워킹 및 정보 · 지식제공을 통한 비교우위 전략은 어디서나 똑같이 적용되었다.

(2) 하부구조의 조정

ABB의 인력구조조정은 단순히 인력감축에서 끝나지 않고 업무구조와 업무과정 등 하부구조조정으로 이어졌다. 바르네비크 회장은 수주, 설계, 엔지니어링, 생산, 운송 등 ABB운영 전반에 걸쳐서 업무수행주기를 단축시키기 위한 업무과정 리엔지니어링을 강력히 추진하였다. 한 예로서 T-50 프로젝트를 들 수 있다. 바르네비크 회장은 1989년에 하부구조개혁을 위한 태스크 포스팀을 구성하고 태스크 포스팀의 연구보고에 따라 1993년까지 업무수행주기를 50% 단축시키는 것을 목적으로 한 T-50 프로젝트에 착수하였다. 이 프로젝트는 자회사별로 책임자를 두고 본사의 총책임자 지휘하에 추진되어 5억 달러의 이익

효과를 달성하였다.

안전스위치를 생산하는 한 이익센터에서는 T-50 프로젝트를 착수한지 8개월내에 이미 수주에서 배달까지의 주기시간을 15~33일에서 8일로 단축시켰고, 온·타임배달건수도 50%에서 96%로 크게 증가시켰으며 구성원당 스위치 생산량도 20%나 증가시키는 놀라운 성과를 거두었다. 특히 이익센터를 중심으로 모든 관련부서 및 팀간의 정보네트워킹과 정보서비스시스템은 T-50과 같은 업무과정 및 하부구조조정을 성공적으로 추진하는 데 결정적인 역할을 함으로써 결과적으로 ABB의 경쟁력강화에 크게 기여하였다.

5. 글로벌 매트릭스 사업조직구조

사업현장위주의 인력구조조정과 더불어 글로벌 매트릭스 사업조직구조는 바르네비크 회장이 ABB의 통합된 새 조직설계를 달성하는 데 있어서 매우 강력히 추진한 조직구조조정이다. ABB가 세계 140여개국에서 여러 사업분야에서 강한 경쟁력을 발휘하고 있는 것은 물론 규모경제의 비교우위에도 기인하겠지만, 그보다도 세계 각국의 시장과 다양한 제품을 잘 통합시켜 높은 성과를 달성하도록 하는 사업단위중심의 자율적 글로벌 매트릭스 조직구조가 더 중요한 요인인 것으로 널리 알려져 있다.

바르네비크 회장은 ABB의 조직에 대하여 이렇게 말한다. "우리 조직은 내부적으로 세 가지의 모순점을 가지고 있는 것이 특징입니다. 첫째는 세계화적(global)이면서도 현지적(local)이라는 점이고, 둘째는 조직이 크면서도 작다는 점이며, 셋째는 철저히 분권화되어 있지만 집권적으로 통제되고 있다는 점입니다. 우리는 이 모순점을 해결함으로써 세계경영을 최대로 효율화시키고 성과를 최대화할 수 있다고 믿고 있으며, 그러기 위하여 글로벌 매트릭스 조직을 적용하고 있는 것입니다."

ABB는 세계 140여개국에 21만여명의 구성원을 가진 방대한 조직임에도 불구하고 중소기업과 같은 유연성을 발휘한다. 세계 각국에 진출해 있는 자회사들과 이익센터들의 신속성은 현지기업들을 무색하게 할 정도이다. 국내외를 막론하고 거대한 기업들이 조직의 관료화 등으로 소위 '대기업병'을 앓고 있는 것과는 확실히 다르다. 따라서 ABB는 21세기 초국적기업의 모범형이라고 불리기도 한다(「매일경제신문」, 1995. 2. 13).

(1) 사업과 지역의 매트릭스 조직

글로벌 매트릭스 조직은 그룹 이사회 밑에 상호독립적인 사업영역과 지역영역이라는 두 개의 조직을 둠으로써 경쟁 및 협조관계를 이루게 하는 것이다. 한 축에 100여개의 세분화된 사업영역을 두고, 다른 축에는 50여개의 분할된 지역을 두어 이 두 개의 기본 틀 속에 1,300여개의 자회사와 5,000여개의 이익센터 또는 이익중심점이 설계되어 있다. 각 이익센터는 50명 정도의 구성원으로 구성되고, 각 회사는 4개 정도의 이익센터 또는 200명 정도의 구성원으로 형성된다. 이와 같이 ABB의 매트릭스 조직은 지역중심조직과 제품중심조직의 결합으로 이해할 수 있다(표 Ⅳ - 22, Ⅳ - 23 참조).

종축에 놓여있는 제품별 사업부문은 제품이나 기술특성에 따라 기업의 전체 사업활동을 크게 45개, 세분하며 100여개의 주요 사업부로 분할하여 지역에 관계 없이 사업부별로 제품 · 기술의 측면에서 효율성을 제고시키는 총괄역할을 담당한다. 따라서 제품사업부의 관리자는 전세계시장을 상대로한 사업활동 전반과 수익성, 범세계적인 전략의 수립, R&D 및 제품개발, 자원할당 및 자금조달 전략, 각 국가별 가격전략의 수립 및 조정, 기술이전, 인수 및 철수 전략 등에 대한 책임을 진다.

한편, 횡축에 위치한 지역별 사업부문은 크게 유럽, 북미, 아태지역으로 분할되어 있으며 이러한 광역조직아래 50여개의 세부지역조직을 가지고 있다. 이는 140여개의 국가별로 존재하는 뚜렷한 국가별 차이와 그에 따른 현지시장의 요구에 대응하기 위한 것이다. 따라서 지역본부장들은 아예 책임을 맡은 지역에 거주하면서 ABB의 초국적사업활동을 직접 지원하며, ABB의 기술력과 사업여력을 해당지역의 고객요구에 맞게 활용하는 데에 대한 총괄적인 책임을 지는 것이다.

세 명의 광역지역본부장 밑에는 각각의 국가 또는 권역별로 50여명의 지역관리자가 있다. 이들은 1,300여개의 자회사를 총괄한다. 지역관리자가 소속되어 있는 ABB회사는 보통 지주회사의 형태로 설립되어 해당국가에 진출해

표 Ⅳ-22 ABB의 글로벌 매트릭스 조직구조

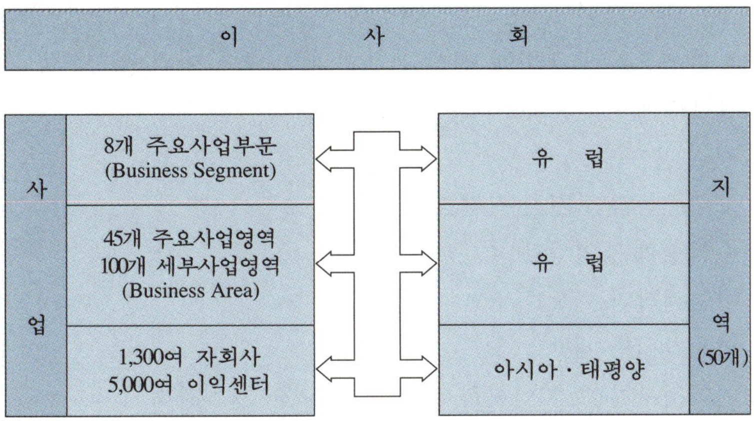

표 Ⅳ-23 ABB의 글로벌 매트릭스 조직

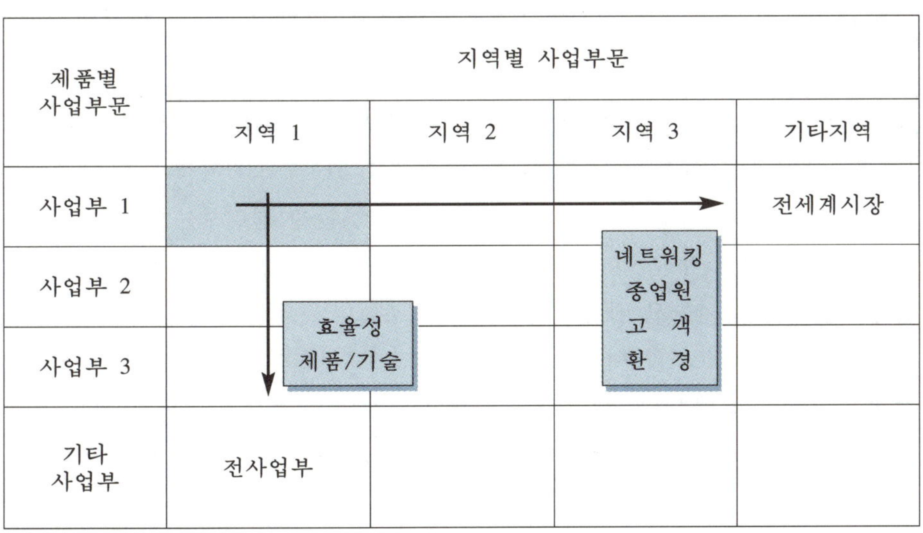

있는 ABB 현지법인을 관리한다. 지역관리자는 해당지역내의 모든 ABB 자회사들의 법적 측면, 일반 영업사항 등에 대하여 최종 책임을 진다.

1,300여개의 자회사들은 각기 사장과 이사회를 가지고 있고, 제품부문 및 지역담당 본부장의 관장하에 전적인 권한과 더불어 아래 경영활동과 결과에 대하여 책임을 진다.

① 고객중심적인 현지 전략경영
② 수익성과 경영성과
③ 이익센터의 일상관리
④ 인적자원의 개발
⑤ 지역정부기관, 지역사회, 노조, 매체와의 관계관리

ABB 자회사간의 시너지를 극대화하는 것도 지역관리자의 몫이다. 따라서 지역관리자의 실적은 ABB그룹의 전체 실적으로 평가되지 않고 지역별 실적에 따라 평가된다. 지역내 매출, 당기순이익, 수주량 등이 종합적으로 고려되기 때문에 지역관리자가 적극적으로 뛰지 않을 수 없다. 그렇다고 지역관리자가 한 지역에만 고정되어 있는 것은 아니다. 지역관리자는 같은 지역에서 최장 5년까지 근무한 후에 본국으로 돌아가거나 새로운 해외근무지로 옮겨간다. 이는 고급인력의 정기적 순환보직을 통하여 초국적전략을 추진하기 위한 의도이다.

이러한 제품별 사업부문과 지역별 사업부문의 양축에 기초하여 전세계 140여개국에서 실질적인 사업활동을 수행하고 있는 5,000여개의 이익센터가 구성된다. ABB의 이익센터는 말 그대로 그룹에 돈을 벌어주는 말단사업단위이다. 이익센터는 각각 50명 안팎으로 구성된 최소 사업단위로서 완전한 분권경영체제를 갖추어놓고 자체적으로 대차대조표와 손익계산서를 작성하는 자율책임경영을 하고 있으며, 개인의 인사고과도 자신이 속해있는 이익센터의 성과에 의하여 좌우된다. 그러나 이익센터의 사업 우선순위는 명확하다. 첫째는 고객, 둘째는 ABB그룹, 셋째가 비로소 이익센터이다. 개별 이익센터들을 ABB그룹과 단단히 결합시키는 매개체는 바로 신속한 의사전달체계이다. 이익센터에서 제기되는 문제는 센터의 장, 자회사의 책임자, 해당지역 및 사업부문

표 Ⅳ-24 송전사업부문의 부분조직

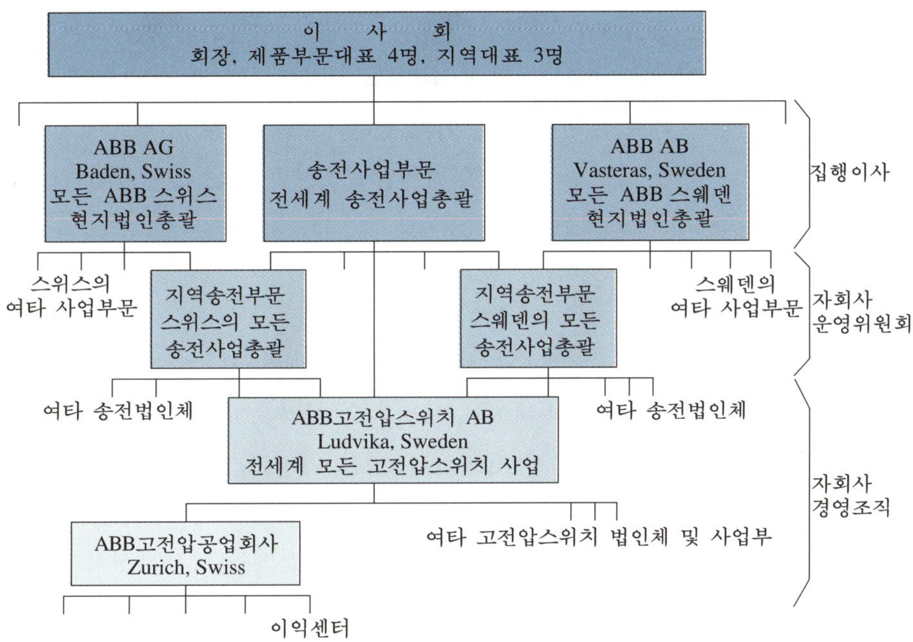

의 본부장, 최고이사회 등 하의상달의 세 단계를 거쳐 해결된다. 경영지침의 하달도 역순으로 신속하게 이루어진다.

ABB의 글로벌 매트릭스 조직은 지역별 사업부문과 제품별 사업부문의 두 축을 중심으로 경영체계를 구성하고 있는 만큼, 모든 관리자는 각기 두 명의 상사에 종속되어 있다. ABB의 주요사업부문의 하나인 송전사업의 매트릭스 조직을 볼 때, 스위스 취리히에서 고전압스위치를 만드는 자회사 사장은 스위스 지역 송전사업본부장에 보고하는 동시에 전세계 고전압스위치 총괄본부장에 보고한다. 스위스지역 송전사업본부장은 스위스의 모든 현지법인 총괄본부장과 전세계 송전사업 총괄본부장에게 보고하고, 고전압스위치 총괄본부장도 스웨덴 송전사업본부장과 전세계 송전사업 총괄본부장에게 보고한다(표 Ⅳ-24 참조).

이와 같이 ABB의 글로벌 매트릭스 조직은 지역별 그리고 제품별 사업부문을 상호독립적으로 동등하게 운영하고, 따라서 사업부문의 관리자와 제품부문의 관리자는 서열상 동등한 지위에 있다. 그러나 최근에는 사업확장을 위하여 지역부문이 다소 중요시되는 경향이 있다. 그리고 이사회에 해당하는 최고경영위원회는 바르네비크 회장 이외에 네 명의 제품별 사업부문 대표와 세 명의 지역별 사업부문 대표로 구성된다. 이와 같은 ABB의 글로벌 매트릭스 조직은 제품별 사업부문을 토대로 그 밑에 지역담당부서를 두는 일반적인 다국적 기업의 조직구조패턴과는 매우 대조적이다.

(2) 한국ABB

한국ABB(ABB Korea)는 1,300여 자회사 중의 하나로서 그 안에 ABB Co., Ltd.와 ABB Industrial Systems를 이익센터로 두고 있다. 그리고 합작투자 관계사로서 효성ABB와 ABB터보차저(Turbocharger)를 가지고 있다가 1999년 효성ABB의 지분을 매입하였다. 한국ABB는 서울에 본부를 두고 인천, 청주, 수원 등지에 엔지니어링 및 제조공장을 가지고 있으며 부산에는 터보차저서비스 공장이 가동되고 있다. 한국ABB의 국내 생산실적은 매입 당시에는 미비한 수준이었지만, 1998년 하반기에 천안공장의 완공과 더불어 생산실적이 크게 향상되기 시작하였다.

한국ABB도 1300여개의 다른 자회사들과 마찬가지로 그룹에서 경영실적을 평가할 때에는 자회사보다는 개별 이익센터를 대상으로 평가가 이루어진다. 이익센터는 독립법인의 형태로 존재하지는 않지만, 각기 완전히 분권화된 독자적인 경영체계를 갖추고 있다. 그리하여 각 이익센터는 독립채산제 아래 자체적으로 손익계산서를 작성하고 독자적인 자산을 소유하며 외부고객과 직접 거래를 하게 된다. 영업투자활동은 물론 인력충원도 이익센터별로 이루어진다. 그룹본사에 대해서는 일정율의 배당만 해주고 나머지는 이익센터의 재량에 따라 사용한다. 이와 같이 업무활동에 대한 성과는 이익센터 구성원들에게 직접적으로 보상되기 때문에 동기부여에 있어서 매우 긍정적인 인센티브로 작용하게 된다.

(3) 캡처팀의 활동

어떻게 보면 글로벌 매트릭스 조직은 상호경쟁을 유발시켜 효율성을 저하시키는 것처럼 보인다. 실제로 그러한 면이 없는 것은 아니다. 사업담당자는 규모의 경제를 추구하며, 때로는 해당지역의 이익을 희생시켜서라도 전사적인 차원에서 해당사업의 이익극대화에 주력하기도 한다. 그 반면에 지역담당자는 사업보다는 지역에 우선적인 노력을 기울인다. 그래서 사업담당자와 지역담당자간에 마찰이 빚어지는 경우도 있다. 그러나 ABB의 글로벌 매트릭스 조직은 단점보다는 장점이 훨씬 많다. 제품별 사업부문의 '규모의 경제'와 지역부분의 '분권화된 효율성'이 적절하게 조화를 이루고 있는 것이다. 예를 들면, 핀란드의 ABB Motors의 경우 생산활동이나 조직관리는 현지의 자회사가 담당하지만 수주 · 판매활동은 본사를 통하여 세계 100여개국에 걸쳐서 구축된 판매망을 활용하여 행해진다. 그리고 한정된 인원으로는 수집이 불가능한 세계 각국의 연구개발정보나 정부발주공사에 대한 정보도 본사의 정보망을 통하여 쉽게 포착할 수 있다.

대형 프로젝트의 경우 ABB그룹내 자회사간에 컨소시엄이 형성되는 것이 다반사이다. 필리핀의 복합사이클 발전소를 건설하는 데에는 ABB 자회사들이 힘을 합쳤고, 중국에 진출할 때는 홍콩, 대만, 싱가포르 등 중국에 가까운 지역 자회사들이 연합하여 이에 참여하였다. 지역사업에서는 자회사의 유연성이 돋보인다. 전자부품사업의 경우 전자왕국 일본에서도 A/S만큼은 최고로 평가된다. 1994년 영 · 불해협에 개통된 해저고속철도의 환기시스템 사업에서도 ABB의 내부역량 결집력은 유감 없이 발휘되었다. 영 · 불해협 해저철도는 총연장 50Km에 달하는 해저터널안에 건설되었기 때문에 환기공사가 중요했을 뿐아니라 고난도의 기술이 요구되었다. 모두 8개가 설치된 ABB 송풍기는 초당 300㎥의 공기를 순환시킬 수 있다.

이와 같이 ABB가 지역간 시너지 효과를 충분히 활용하는 기업으로 손꼽히는 것은 결코 우연이 아니다. ABB는 세계 곳곳에 산재되어 있는 자회사들의 경영역량을 한곳에 결집하는 체계를 이미 구축하였다. 세계 각국에 뿌리를 내린 1,300여개의 자회사를 글로벌 전략에 최대한 활용하고 있는 셈이다. 'Think

표 Ⅳ-25 캡쳐팀 운영체계

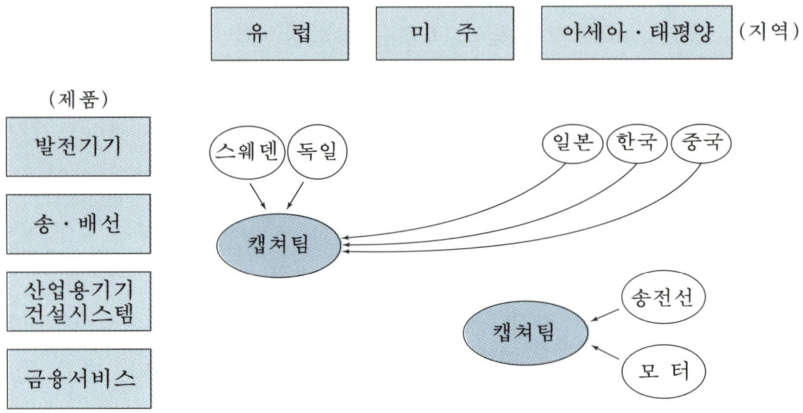

Globally, Act Locally' 는 이러한 ABB의 자세를 함축적으로 나타낸다.

세계화가 심화되고 국경을 초월하는 국제적 프로젝트들이 증가함에 따라서 다국적팀의 중요성은 더욱 커졌고, 따라서 ABB는 다국적팀의 활성화에 주력해 왔다. 1992년부터 이미 50명 단위의 이익센터를 10여 명 정도의 다기능 고성과팀으로 나누어 운영하기 시작하였고(Peters, 1992, p. 45), 이와 같은 이익센터의 유연성은 다국적팀을 활성화시키는 데에도 큰 도움이 되었다. ABB의 다국적팀은 캡쳐팀(Capture Team)의 활동에서 높은 성과를 발휘하고 있다. 캡쳐팀은 세계 곳곳에 그물처럼 깔려있는 자회사들의 막강한 자원을 총동원하여 '고객을 꽉 잡는다' 는 개념에서 명명된 것이다.

캡쳐팀의 구성원은 해당 프로젝트를 관리하는 사업부문의 책임자에 의하여 결정되며, 팀의 목적이 달성되면 해체되는 임시조직의 형태로 운영된다. 예를 들면, 중국의 플랜트 메이커가 발주한 화력발전설비 프로젝트에 ABB가 자사의 기계를 팔기 위하여 각국의 자회사로부터 영업, 발전플랜트, 재무, 기술 등 관련분야의 인력자원을 불러모아 캡쳐팀을 구성하여 프로젝트를 추진한다(표 Ⅳ-25 참조). 캡쳐팀은 주로 앞에서 설명한 컨소시엄과 같은 대형 프로젝트에 적용되지만, 하나의 지역회사 내에서도 여러 사업부문이 결합하여 팀이 형성된다. 이와 같은 캡쳐팀 활동은 ABB의 조직을 한층 더 유연하고 생생한 글로벌 매트릭스 조직으로 발전시켜 나가는 데 기여하고 있다.

6. 자율적 경영

ABB 매트릭스 사업조직의 성공요인은 각 지역회사와 이익센터에 주어진 자율성과 독립성에서 찾아볼 수 있다. 조직운영과 관리에 있어서 권한의 배분은 항상 민감한 사항인데, ABB는 지역회사의 책임자에게 경영의 모든 권한과 책임을 부여하고, 지역회사내에서도 각 직무담당자에게 최대의 권한과 자율을 부여하여 업무에 대한 책임감을 가지고 창의적으로 임할 수 있도록 한다. 단지 예산수립에 있어서만 그룹본사와 각 지역본부 그리고 사업본부의 관여와 결재를 받도록 되어있다. 각국의 지역회사와 이익센터가 예산을 수립할 때에는 지역본부와 사업본부로부터 각각 승인을 받아야 하기 때문에 다소 복잡할 수는 있지만, 예산이 이중으로 점검되기 때문에 정확한 예산수립을 할 수 있다는 장점도 있다.

예산수립은 보통 전년도 8월부터 모든 구성원의 참여로 진행되어 11월말에 확정된다. 구성원 모두가 참여하고, 이중협상을 통하여 결정된 예산은 사실상 모든 업무의 지침이며 연간 사업계획서의 역할을 한다. 그러나 업무의 시행에 있어서는 지역회사 또는 이익센터의 자율에 의하여 추진된다. 예산의 범위내에서 각 사업담당자는 목표달성상에 큰 문제가 없는 한 그룹본사의 관여 없이 자유롭게 의사결정을 하고 업무를 추진한다.

보고체계는 상황에 따라 관련상급자를 대상으로 신축적으로 이루어진다. 의사결정과정은 단순하고 신속하다. 사업의 중요한 결정도 신속히 이루어진다. 사장과 본부장(부사장 또는 임원급) 그리고 사업을 추진하는 구성원간에 세 단계를 거치면 완성된다. 대부분의 결재가 하루안에 끝나기 때문에 계약이 지연되는 경우가 없고, 관리감독을 위하여 중간관리층이 비대해질 가능성도 없다. ABB의 이러한 단순한 결재과정은 정확한 예산수립과 일반 구성원에 대한 대폭적인 권한위임이 선행되었기 때문에 가능하다. 그 대신 구성원 자신의 직무에 대해서는 어디까지나 본인의 책임하에 추진되고 결과에 대해서 철저한 책임을 지도록 되어있다.

이러한 결제제도와 의사결정시스템에는 물론 위험성이 있을 수 있다. 두 세 명의 아이디어보다 여러 사람의 아이디어가 더 폭 넓을 수 있기 때문에 자칫 잘못하면 더 잘 할 수 있는 기회를 놓칠 수도 있다. 그러나 ABB는 앞에서 설명한 바와 같이 의사결정을 잘 하기 위하여 시간을 끄는 것보다는 완벽하지는 않더라도 신속한 의사결정을 통하여 행동을 빨리 취하는 것을 더 강조한다. 어떤 사업이나 프로젝트를 준비하는 과정에서 의사결정의 지연으로 좋은 기회를 놓치는 것이 더 많다는 것이 ABB의 주장이다.

또한, 우리나라의 일반 기업들과는 달리 ABB에는 품의제도가 없다. 예를 들어 교육계획을 수립할 때도 부사장이나 본부장과 구두로 대략적인 의사결정이 이루어지면, 담당자는 곧바로 교육프로그램을 수립하고 부사장에게 최종보고를 한 다음에 바로 교육프로그램을 실시한다. 사업수주에 있어서도 부사장에게 구두로 의사전달을 하고 담당자가 관련업무를 기획하고 곧바로 입찰에 들어가 사업을 추진한다. 구성원의 승진이나 급여조정 그리고 인센티브도 해당 담당자와의 면담을 통하여 결정하며 회의석상에서 사장에게 보고하고 최종결정을 받는다. ABB의 이와 같은 권한위임과 자율권의 보장은 구성원의 동기를 북돋아 줌으로써 ABB의 성공적인 경영성과에 매우 중요한 요인으로 작용하고 있다.

사례 #7

볼보(프랑스)의 시너지적 기업문화

무한계 환경하에서 현대 기업은 점차 다양한 문화와 접하게 되고, 따라서 다양한 문화간의 갈등과 마찰을 줄이고 문화간의 조화는 물론 다양한 문화의 강점과 이점을 최대로 활용하는 문화간의 시너지 관리가 기업성과의 매우 중요한 성과요소로 작용하게 된다. 따라서 이 사례에서 볼보(프랑스)의 카르스텟트 사장이 어떻게 서로 다른 스웨덴(본사)과 프랑스(현지)의 문화간 시너지 효과를 달성했는지는 세계화 및 현지화전략을 전개하고 있는 우리나라 기업에 좋은 참고가 된다.

시스템관점에서 기업체는 사회의 하위시스템인 만큼, 기업문화는 상위시스템인 사회문화와 매우 밀접한 관계를 맺고 있다. 그러므로 해외시장에서 영업활동을 하는 다국적 기업체가 자체의 강한 기업문화를 사회문화환경이 다른 외국에 도입할 때에는 많은 문제가 예상되기 마련이다. 따라서 서로 다른 문화간의 갈등을 해소시키려면 오랜 기간에 걸쳐 많은 변화가 요구될 수 있다. 이 사례는 프랑스에서 스웨덴의 볼보자동차를 판매하는 Volvo(France)회사가 스웨덴 본사의 강한 기업문화를 프랑스에 어떻게 성공적으로 도입하여 좋은 성과를 거두었는지를 살펴본다.

1. 볼보(프랑스)회사와 카르스텟트 사장

볼보(프랑스)회사는 프랑스 자동차시장에서 연간매출량을 1982년의 10,800대에서 1986년의 21,000대로 크게 증가시켰다. 그 기간 동안에 프랑스의 전체 자동차시장이 20%나 감소되었고 볼보자동차회사가 특별히 혁신적인 신제품을 시장에 내놓지 않았는 데도 불구하고, 볼보(프랑스)회사가 이러한 성과를 달성했다는 것은 매우 획기적인 것이었다. 그리하여 볼보(프랑스)회사의 이익은 1980~1982년의 연평균 1,300만 프랑크(약 244.3만 달러)의 적자로부터 1983~1985년의 연평균 1,900만 프랑크(약 357.1만 달러)의 흑자로 돌아섰다. 이러한 결과는 스웨덴의 기업문화를 프랑스의 고객과 판매조직에 성공적으로 주입시킨 카르스텟트(Goran Carstedt) 현지사장에 의해서 달성되었다.

카르스텟트 사장은 스웨덴의 포드자동차 판매상(Ford dealer)의 아들로 태어나서 집안의 자동차 영업을 배경으로 자라났다. 중소기업경영 전공으로 박사학위를 취득한 후, 그는 1974년에 볼보자동차회사에 입사하였다. 그는 당시 37세의 젊은 나이에 볼보자동차회사의 사장으로 취임한 윌른함메르(Pehr Gyllenhammer) 씨의 인간위주의 경영이념에 크게 감동되기도 하였다. 볼보자동차회사에서 그는 기획을 담당하여 부사장에까지 승진하였고, 결국 볼보(프랑스)회사에 고문으로 관여하다가 현지사장직을 맡게 된 것이다. 1960년대에 프랑스에서 유학생활을 하여 원래 프랑스에 대하여 잘 알고 있었다는 것도 그가 볼보(프랑스)회사를 책임지게 된 중요한 요인이었다.

볼보(프랑스)회사는 1978년부터 연매출목표를 연 20,000대로 설정하고 있었다. 그러나 실제 매출은 연 8,000대에 불과했고, 1982년에는 10,000대 수준밖에 되지 않는 매우 저조한 수준의 성과를 거두고 있었다. 그 당시 프랑스의 자동차시장은 침체되었지만 외제자동차 시장점유율은 크게 증가하고 있었다. 그리고 1982년까지 볼보자동차의 시장점유율은 0.5%에 불과하였다. 특히 세계시장에서 볼보자동차의 인기가 높아서 큰 호황을 누리고 있었고 프랑스에서도 볼보트럭은 잘 팔리고 있었지만, 프랑스 내에서 판매가 저조한 승용차영업에 대하여는 획기적인 개선책이 요구되었다.

볼보자동차는 프랑스시장에서 심각한 문제를 안고 있었다. 스타일은 낡았고, 무게는 너무 무거우며, 값도 너무 비싸다는 것이 일반적인 비판이었다. 운전자의 안전만을 위하여 다른 것을 너무 많이 희생했다는 불평이 있었고, 출고 · 배달서비스도 늦고 새 모델도 항상 늦게 나온다는 불평도 많았다. 프랑스는 본래 정열적이고 성미가 급한 라틴(Latin)계통의 민족이기 때문에 스웨덴의 추운 기후환경과 우울한 성격에 맞추어서 개발된 볼보승용차는 근본적으로 프랑스에 맞지 않는다고 생각하는 사람도 많았다. 그러나 카르스텐트 사장은 이러한 부정적인 평가와 견해를 받아들이지 않았다. 그는 같은 라틴계 민족인 이탈리아에서는 볼보승용차가 잘 팔리고 있다는 사실을 염두에 두고, 프랑스에서 볼보승용차에 대한 부정적인 이미지를 하나하나 분석하기 시작하였다.

2. 기업문화혁신

카르스텐트 사장은 프랑스를 매우 좋아했지만 볼보자동차회사의 경영이념과 기업문화를 희생시킬 생각은 전혀 없었다. 프랑스사람들이 볼보승용차를 많이 사지 않는다면, 그것은 프랑스사람들이 볼보문화와 볼보승용차를 잘 이해하지 못하기 때문이라고 그는 믿었다. 그리고 그는 볼보승용차는 프랑스사람들에게는 외래문화를 가진 외제승용차이지만, 볼보승용차 자체가 불특정한 대중시장보다는 특수한 고객을 대상으로 개발되었기 때문에 프랑스에도 충분한 시장이 존재한다고 굳게 믿었다. 그리하여 그는 이들 고객을 물색하여 그들을 설득해야 할 필요성을 느꼈다.

카르스텐트 사장은 본사에서 기획업무를 담당했기 때문에 볼보문화와 전략을 개발하는 데에 직접 관여했었다. 따라서 그는 프랑스사람들에게 볼보문화를 설명하는 데에는 적격인물이었다. 그는 프랑스사람들에게 다음과 같이 말하였다.

"볼보승용차 스타일은 좀 특이한 점도 있겠지만, 1960년대 이래 많은 사람들이 원하는 스타일을 가지고 있습니다. 윌른함메르 사장의 리더십하에서 볼보자동차회사는 최고의 스칸디나비아문화를 실현시켰습니다. 칼마르

(Kalmar)공장에서는 조립선을 원형의 작업구조로 개선하여 근로자들이 한 팀이 되어 승용차를 완전히 조립하는 작업을 수행하고 있고, 유디발라(Uddervalla)공장에서는 15명의 근로자들이 함께 처음부터 끝까지 승용차를 조립하여 승용차에 자기들의 이름까지 사인을 합니다.”

“스웨덴은 매우 개인주의적이면서도 사회민주주의적인 나라입니다. 우리는 개인의 솔선력과 커미트먼트(commitment)를 결합하여 사회윤리를 중심으로 모든 국민의 복지를 위하여 힘써 왔습니다. 이와 같이 개인과 복지관점을 수렴하여 안전한 승용차를 생산할 것을 최우선의 목표로 설정한 것입니다. 그리하여 우리는 충격에 강한 차체와 조각조각 부서지지 않는 유리창 그리고 우리들만이 특허를 가지고 있는 3중 안전벨트 등을 개발하였습니다. 이러한 개발노력은 시장분석에 의해서가 아니라 스웨덴과 볼보문화 자체에서 비롯된 것입니다. 언젠가 우리는 파리에서 우리 아이들을 데리고 스케이팅을 간 적이 있었습니다. 그 때 스케이팅장에는 약 100명의 아이들이 스케이팅을 하고 있었는데, 헬멧을 쓴 아이들은 우리집 아이들뿐이더군요. 이와 같이 스웨덴사람들은 안전에 각별한 신경을 씁니다.”

볼보의 이념은 기업문화에도 직접 반영되고 있다. 구성원들의 능력을 믿고 그들에게 권한을 위양하면 그들로부터 기대 이상의 적극성과 솔선력 그리고 좋은 아이디어를 얻어낼 수 있다는 신념하에, 볼보자동차회사는 획기적인 분권경영을 실시하여 고객과 접하는 일선 현장수준에 권한을 대폭 위양하여 최대의 자율성을 부여해 왔다.

카르스텟트 사장은 볼보(프랑스)회사 구성원들의 기본가치를 이해하기 위하여 아홉 차례의 회의를 개최하여 150명의 판매상(dealer)들과 자유스러운 대화를 나누기 시작하였다. 원탁형 회의형식으로 진행된 회의에서 카르스텟트 사장은 판매상들에게, “우리 볼보자동차회사가 여러분들의 영업활동을 활성화시키기 위하여 해야 할 일이 무엇인지, 그리고 우리가 지금까지 잘못하고 있는 것이 있다면 무엇인지, 그리고 여러분들이 볼보자동차회사로부터 원하는 것이 무엇인지를 솔직히 말해 주십시오”라고 말하고 그들과 진지한 대화를 나누었다. 카르스텟트 사장의 이러한 진지한 접근방법과 그의 경청태도는 프랑스의 판매상들을 놀라게 만들었다.

판매상들의 요청사항들은 대부분 카르스텟트 사장이 예측한 것들이었고, 따라서 그는 곧 볼보(프랑스)회사에 새로운 문화를 개발 · 정착시키는 작업에 들어갔다.

(1) 도전적 목표설정

첫째로 카르스텟트 사장은 판매상들에게 볼보자동차문화를 이해시키고, 그들이 가지고 있는 볼보승용차의 부정적인 이미지와 영업부진의 구실을 그들의 사고방식에서 하나씩 씻어내면서 볼보문화를 긍정적으로 주입시키는 데 힘썼다. 판매상들의 기존가치관을 전환시키려는 카르스텟트 사장의 노력은 매우 적극적이어서 그는 판매상들로부터 '북에서 온 돌풍'이라는 별명을 받기도 했다. 그리고 카르스텟트 사장은 그 당시 프랑스에서 연 4,000~5,000대의 볼보자동차가 기존 고객들의 반복구매(repeat purchase)에 의하여 판매되고 있다는 것을 분석하고, 대체로 반복구매는 총판매의 약 20%정도를 차지하는 것이 정상적이라는 것을 감안하여, 연 20,000대 이상의 매출이 가능하다는 점을 강조하였다. 그리하여 판매목표를 실제판매량의 두 배로 증가시키어 총판매의 70~80%를 새로운 고객들로부터 달성해야 하는 도전적이고 의욕적인 목표를 설정하였다.

또한 카르스텟트 사장은 스웨덴의 볼보자동차회사 본사를 방문하여 볼보(프랑스)회사의 운영상황을 보고하고, 볼보문화를 중심으로 앞으로의 전략방향과 구체적인 운영방안을 자세히 설명하였다. 그 중에는 볼보자동차의 출고 · 배달을 효율화시키고, 판매주문절차를 전산화하며, 외상월부판매의 금융비용을 줄이고, 보다 효과적인 시장조사를 실시하며, 광고 및 판촉활동을 활성화시키고 판매상 선발을 효율화시키는 등 여러 방안과 계획이 포함되었다.

(2) 고객중심적 기업문화

둘째로 카르스텟트 사장은 볼보(프랑스)회사의 관료화된 조직구조를 대폭 개선하여 스웨덴 본사로부터 프랑스시장의 고객에 이르기까지 회사의 판매상과 고객들 사이에 큰 변화를 가져왔다. 전통적으로 볼보(프랑스)회사는 스웨덴 본사에 항상 쩔쩔매는 입장에서 영업계획만을 그럴듯하게 작성하여 보내면서 스웨덴 본사에 잘 보이려고 하는 데에만 급급하였다. 그 반면에, 프랑스내의 판매상들에게는 권위적으로 냉정하게 대하면서, 판매목표만을 설정해 주고 목표에 미달하면 그들을 대체시키기가 일쑤였다.

카르스텟트 사장은 전략경영에 실패하는 가장 확실한 방법은 하위구성원들에게 일방적으로 목표를 설정하고 그들에게 이를 강요하는 것이라는 것을 잘 알고 있었다. 따라서 그는 볼보(프랑스)회사의 조직을 거꾸로 뒤집어서, 제일 위에는 고객을 크게 그려놓고 그 밑에 판매상을 그리고 제일 아래에 볼보(프랑스)회사의 본부와 스웨덴 본사를 그려서, 고객이 왕이고 판매상은 그의 조신(courtier)이며, 볼보(프랑스)본부와 스웨덴 본사는 조신을 도와주는 심부름꾼이라는 것을 보여 줌으로써 판매상의 위치를 강화해 주고 고객을 위하여 공동노력해야 한다는 것을 강조하였다.

또한 카르스텟트 사장은 파리 근교의 큰 회의장소를 빌려서 판매상들과 그들의 부인을 초청하여 그가 직접 주도하여 제작한 볼보자동차문화에 대한 영화를 상영하고 앞으로 선보일 새로운 볼보자동차모델들을 소개하였다. 그리고 현대적인 모델 판매전시장(model showroom)도 보여 주었다. 그뿐 아니라 카르스텟트 사장은 판매상들과 그들의 부인을 스웨덴으로 데리고 가서 스웨덴 본사의 시설을 보여 주고, 판매상들이 볼보자동차의 이미지형성에 얼마나 결정적인 역할을 하고 있고 그들이 이러한 역할에 얼마나 자부심을 가질 수 있는지를 보여 주었다. 토르스란다(Torslanda)공장에서는 볼보자동차회사의 사장과 임원들이 참석한 가운데 모범판매상들을 표창하고, 최신 볼보자동차모델들과 앞으로 개발될 모델들도 보여 주었다.

후에브드(Skovde)공장에서는 볼보자동차의 엔진제조과정을 보여 주고, 특히 많은 젊은 여성근로자들이 선진기술과 전자과학분야에 일하고 있는 모습을 보여 줌으로써 볼보의 첨단기술에 자부심을 갖게 하였다. 그리고 스웨덴의 아름다운 경치와 민속음악 그리고 '바이킹'(Viking)파티 등 관광프로그램을 통하여 스웨덴의 문화를 직접 경험하도록 하였다. 그리하여 판매상들과 그들의 가족으로 하여금 스웨덴의 문화로부터 시작하여 볼보자동차회사의 경영이념과 기업문화 그리고 운영상황에 이르기까지 그들의 이해를 증진시켰다.

볼보문화에 대한 판매상들의 이해는 그들에게 고객중심적 가치를 주입시키는 데에도 많은 도움을 주었다. 볼보자동차의 고객을 위한 첨단기술과 안전도는 판매상들로 하여금 자기들의 판매활동과 고객서비스가 볼보자동차의 우수성에 비하여 얼마나 미흡했는지를 깨닫게 하였다. 특히 판매상들은 그들의 판매전시장이 얼마나 낙후되었는지를 알게 되었고, 따라서 그들 자신이 자발적으로 판매전시장을 현대화시키기 위한 투자를 서슴지 않았다. 그리하여 150명의 판매상 중 130명이 모두 합하여 4억 프랑크(약 7,519만 달러) 가량을 투자하여 그들의 판매전시장을 현대화시켰다. 볼보(프랑스)본부는 자금융자와 기술적인 조언을 제공함으로써 그들의 투자효과를 최대화시키는 데 많은 도움을 주었다. 그리하여 Mercedes, BMW, Alfa-Romeo 등 경쟁업체의 판매전시장에 뒤지지 않는 판매조직을 구축해 나갔다.

(3) 조직개편과 경영혁신

고객중심적 기업문화는 볼보(프랑스)회사의 판매조직과 경영과정에서도 직접 적용되었다. 카르스텟트 사장은 프랑스의 전체시장을 본부에서 관할하기는 너무나 방대하다는 것을 인식하고, 프랑스시장을 네 개의 지역으로 나누어서 지역본부가 각기의 시장에 책임을 맡음으로써 고객과의 관계를 보다 밀접하게 만들었다. 그리고 판매상들 사이와 그들과 지역본부를 연결시키는 정보망을 도입하여 상호간의 커뮤니케이션과 상담, 협조, 조언과정을 크게 활성화시켰다. 제품도 물론 중요하지만, 제품을 빛나게 하는 것은 역시 구성원들의 활동과 서비스라는 관점에서 판매상들의 적극적인 활동과 서비스 그리고 상호작용을 증진시키는 데 역점을 두었다.

카르스텟트 사장은 프랑스문화를 좋아했지만 기업경영에 나타나는 프랑스사람들의 일반적인 특성에 대해서는 다소의 회의감을 가지고 있었다. 특히 프랑스사람들의 권위적이고 독선적인 행동스타일은 보다 효율적인 기업경영에 장애요인으로 작용한다는 것을 느꼈다. 그리하여 그는 파리 근교의 INSEAD 경영대학원 교수들의 자문을 얻어 프랑스사람들의 문화특성을 이해하고 이에 대한 적절한 방안을 강구하였다. 연구결과에 의하면 프랑스사람들은 스웨덴사람들에 비하여 문제해결에 있어서 정확한 답을 원하고 상위관리자로부터 지시받기를 기대하며, 하위구성원에게 일을 맡길 때에는 맡긴 만큼의 통제가 필요하

표 Ⅳ-26 프랑스와 스웨덴 구성원의 행동경향비교

항 목	구성원들의 긍정적 반응(%)	
	프랑스	스웨덴
관리자는 부하의 업무상의 질문에 대하여 정확한 답을 알고 있어야 한다.	53	10
부하에게 권한과 솔선력 그리고 자율성을 부여할 경우에는 그만큼의 강력한 통제가 요구된다.	71	38
상하간의 개인적인 친밀한 관계는 지양되어야 한다.	62	20
직장생활과 사생활은 분명히 분리되는 것이 바람직하다.	68	32

자료 : Laurent(1982).

다고 믿고 있고, 상하간의 친밀한 관계를 꺼리며 직장생활과 사생활을 분리시키기를 원하는 것이 일반적인 경향인 것으로 나타났다(표 Ⅳ-26 참조).

카르스텟트 사장은 프랑스와 스웨덴 기업구성원들의 문화특성을 중심으로 그들의 장점을 살리고 단점을 보완한다면(표 Ⅳ-27 참조) 기업성과를 높일 수 있다고 믿었다. 즉, 고객서비스에 있어서는 스웨덴 기업구성원들의 태도가 훨씬 효과적인 반면에, 프랑스 구성원들에게는 인간적인 존경으로 대하고 개방적인 정보를 제공한다면 보다 적극적인 태도를 보일 것이라고 확신하였다. 젊은 프랑스사람들은 매우 총명하고 호기심이 많으며, 지적 수준이 높고 융통성이 많으며 정력도 좋아서 카르스텟트 사장의 기대가 그대로 이루어졌다. 따라서 프랑스사람들의 문화적 특성을 고치기보다는 이를 그대로 살리고 이를 보완함으로써 큰 성과를 거둔 것이다. 볼보(프랑스)회사에서의 이러한 변화는 너무 빨리 이루어져서, 카르스텟트 사장은 스웨덴 본사에서 이러한 변화에 신속히 적응하지 못하는 관리자들을 볼보(프랑스)회사에 전직시키어 그들을 직접 견학시키기도 하였다.

또한, 카르스텟트 사장은 공식 메모에 의존해 오던 경영스타일을 탈피하고 구성원들간의 직접적인 상호작용을 강력하게 추진시켰다. 공식 메모는 구성원간에 권위와 형식 그리고 문제해결보다는 책임회피만을 조장하여 관료화

표 IV-27 다국적 문화관리의 접근방법

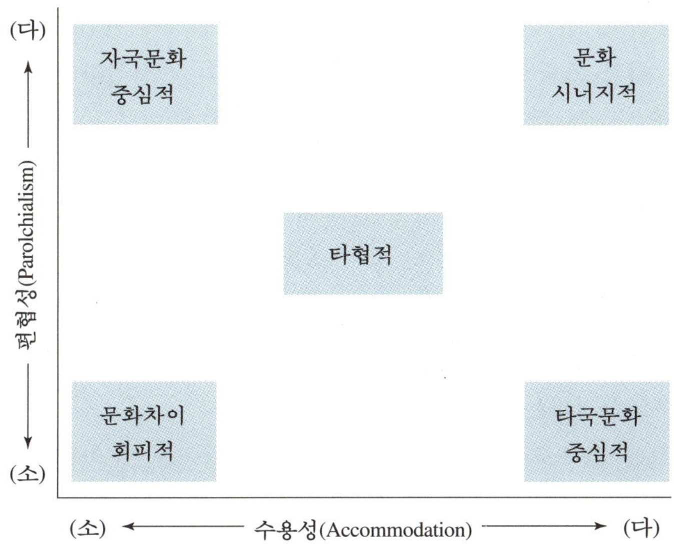

된 조직분위기를 조성했다는 관점에서, 카르스텟트 사장은 구성원들이 직접 만나서 정보를 교환하고 문제를 서로 파악하며 공동으로 문제를 해결함으로써 구성원들간에 정보에 대한 공유감과 문제해결에 대한 공동책임감을 심어 주었다. 그리고 고객중심적 가치를 항상 강조하고 고객들과 밀접한 관계를 유지시키면서 그들의 욕구충족을 위한 창의적 아이디어를 발굴해 내기 시작하였다. 그리하여 볼보자동차의 성능과 안전성을 기반으로 안전운전을 통한 보험료의 절감혜택, 중고차가격혜택, 수거비절감혜택 그리고 새로운 정보시스템을 통한 출고 · 배달의 효율화, 보다 경제적인 할부판매제도, 외상매출관리의 효율화, 보증제도의 개선, 전문가시스템(expert system)을 통한 고객서비스의 향상 등 창의적 아이디어가 끊임없이 활용되기 시작하였다.

(4) 볼보자동차문화의 광고전략

볼보(프랑스)회사는 오랫동안 볼보승용차를 궁전을 배경으로 한 광고를 통하여 왕실의 마차(royal carriage)와 같은 이미지를 강조해 왔다. 카르스텟트 사장은 이러한 광고효과에 의문을 가지고 새로운 광고전략에 나섰다. 그는 프랑스사람들은 볼보승용차의 안전성과 차분함(sober)에 무관심하다는 부정적 견해를 일축하고, 한 연구기관에 프랑스사람들의 취향에 관한 연구조사를 의뢰하였다. 그 결과 프랑스사람들은 사실상 승용차의 안전성과 신뢰성(reliability)을 매우 중요시하는 것으로 나타났고, 그러한 경향은 더욱 증가되고 있는 추세를 보였다. 그리고 사치, 편안, 서비스, 첨단기술, 차분한 신뢰감, 안전, 날씬함, 다양한 용도 등 여러 가지의 승용차 특성에 대하여 연구조사한 결과, 30.6%의 프랑스사람들이 안전을 가장 중요시하였고 41.2%의 프랑스사람들이 차분한 신뢰감(sober reliability)을 가장 또는 그 다음으로 중요시하는 것으로 나타났다. 매년 10,000명의 프랑스사람들이 자동차사고로 사망하는 것으로 보아 이러한 연구조사결과는 결코 놀라운 것이 아니었다.

이와 같은 연구조사결과는 볼보자동차의 전통적인 문화와 일치하는 것이었다. 따라서 카르스텟트 사장은 연구조사결과에 힘입어 볼보승용차의 장기수명과 안전성을 강조하는 광고전략을 대대적으로 전개하였다. 승용차의 진짜 성능은 장기수명에서 알 수 있다는 것을 강조하면서, 볼보승용차가 다른 승용차에 비하여 수명이 얼마나 더 긴지를 크게 강조하였다. 그리고 특히 어린 아이들을 대상으로 자동차의 안전이 얼마나 중요한지를 강조하면서, 볼보승용차가 다른 승용차에 비하여 얼마나 더 안전한지를 광고에서 보여 주었다. 볼보(프랑스)회사의 이와 같은 광고전략은 프랑스의 기업계로부터 호응을 받아 자동차산업부문에서 광고대상을 받기도 하였다.

3. 이론지식과 시너지적 다국적 문화관리

1982년부터 1986년까지 카르스텟트 사장의 임기 동안에 볼보(프랑스)회사의 판매상들은 그들의 판매조직을 현대화하고 활성화시키어 연 10,800대의 판매실적을 그 두 배에 달하는 연 21,000대로 올렸다. 그리고 판매전시장에 전시된 자동차의 수도 80%나 증가시켰고 판매인력도 두 배로 커졌으며, 자동차수리공(mechanics)의 인원수도 80%나 증가하였다. 볼보자동차의 시장점유율은 4년 동안에 0.5%에서 1.5%로 늘어났고, 수입자동차 시장점유율도 1.7%에서

2.9%로 증가하였다. 그리하여 매출액을 4.62억 프랑크(약 8,684만 달러)에서 10.34억 프랑크(약 1억 9,436만 달러)로 크게 증가시켰다. 이익면에 있어서 볼보(프랑스)회사는 1980~1982년의 연평균 1,300만 프랑크(약 244.3만 달러)의 결손으로부터 1983~1985년에는 연평균 1,900만 프랑크(약 357.1만 달러) 순이익으로 전환되었다. 그리고 1982년 초에 볼보(프랑스)회사는 수입자동차업체들 중 14위를 차지하였으나, 1985년에는 Mercedes, Datsun, Mazda, Alfa-Romeo, Toyota 등을 제치고 9위로 상승하였다. 이러한 실적은 프랑스의 자동차시장이 전체적으로 20% 감소하는 상황하에서 달성되었다는 점에서 큰 성과라 아니할 수 없다. 카르스텟트 사장은 자신의 성공적인 리더십 스타일과 관련하여 다음과 같이 말한다.

"대학교육에서 얻은 이론적 사고방식이 큰 도움이 되었습니다. 기업세계에서 일어나는 일들은 이론적 사고가 없이는 상황을 잘 정리할 수 없고 잘 파악할 수도 없습니다. 이론적 지식이 항상 맞다고는 할 수 없지요. 그러나 이론적 지식이 없이는 상황이 어떻게 전개될 것인지에 대한 예측이나 기대를 할 수 없습니다. 어떠한 예측이나 기대가 있음으로써 이를 중심으로 주어진 상황에 대처하게 되고, 또 그 예측이나 기대가 이루어지지 않더라도 거기서 우리는 많은 것을 배울 수 있지 않겠습니까? 우리의 지식기반으로부터 경영전략을 구상할 수 있고 우리의 가설(hypothesis)로부터 정책과 지시 그리고 조언이 가능하며, 상황이 전개됨에 따라서 우리의 가설을 수정해 나가면서 새로운 인식과 더불어 새로운 아이디어가 나올 수 있는 것입니다. 이와 같은 학습과정을 거쳐 나가면서, 우리는 항상 기업에서 일어나는 일을 개념화하고 열심히 일하며, 다른 사람들의 말을 경청하고, 이를 올바르게 해석하고 또 생각하면서 상황에 적절히 대처해 나가야 되겠지요."

카르스텟트 사장의 성과는 문화배경이 다른 경영자에 의하여 외국의 사회문화환경하에서 이루어졌다는 점에서 그의 리더십이 높이 평가된다. 프랑스와 스웨덴의 문화적 차이를 긍정적으로 받아들이고, 양쪽의 문화적 장점을 최대로 활용하고 약점을 보완하여 비교적 짧은 기간 동안에 문화시너지적 관점에서. 볼보(프랑스)회사의 새로운 성과지향적 기업문화를 개발한 그의 리더십은 다국적 기업경영자에게 귀감이 될 수 있다. 특히 그 과정에서 경영이론과 국제경영의 전문지식을 최대한 활용하여 당면한 현실문제를 성공적으로 해결해 나갔다는 것은 경영학을 연구하는 학자들과 이를 전공하는 학생들에게 큰 격려가 되기도 한다.

근래에 세계화의 물결 속에서 우리나라 기업의 해외투자와 현지경영이 점점 활발해지면서 현지문화와의 갈등도 심화되는 경우가 증가하고 있다. 해외 각처에서 우리나라 기업이 노사분규를 겪는가 하면, 현지 근로자들로부터 착취경영의 강한 비난도 받고 심지어는 사업 자체를 철수하는 경우까지도 발생하고 있다. 또한, 우리나라 기업에서 일하는 외국인들도 점점 증가하면서 그들 국가와의 문화적 갈등도 심화되고 있다. 따라서 카르스텐트 사장의 다국적 문화간의 시너지적 리더십은 세계화와 다국화 속에서 점점 다양한 문화와 상호작용을 하는 많은 우리나라 기업에 좋은 참고가 된다.

참 고 문 헌

강철규 · 최정표 · 장지성(1991), 「재벌의 주역인가 탐욕의 화신인가?」(비봉출판사).

공정거래위원회(2007), 「2007년 대규모 기업집단 소유자본구조에 대한 정보공개」, 8월 (공정거래위원회).

곽상경(2005), 「경제로 본 한국역사」,(아름다운 삶).

구자경(1992), 「오직 이 길밖에 없다」(행림출판사).

권태환 · 한완상 · 홍두승(1990), 「전환기의 한국사회: 89 국민의식조사」(서울대학교 인구 및 발전문제연구소).

김경동(1990. 3), "한국인의 근로의식," 「노동관계연구」, 1(1)(서울대학교 경영대학 노사관계연구소).

김경동 외(1990), 「실업교육과 직업: 실업고등학교 교육에 관한 사회학적 연구」(서울대학교 인구 및 발전문제연구소).

김우중(1989), 「세계는 넓고 할 일은 많다」(김영사).

김헌민(1992), "노동자의 불만요소와 대응방식," 「한국근로자 경제사회의식의 형성과 변화에 관한 연구」(전국경제인연합회).

대한상공회의소(1989), 「한국의 산업사회와 노동문화」(한국생산성본부).

대한상공회의소(1991), 「한국기업 근로자의 의식구조」(대한상공회의소 한국경제연구센터).

삼성경제연구소(1989), 「호암의 경영철학」(중앙일보사).

신유근(1989), "기업문화와 조직성과," 이학종 외, 「한국기업의 구조와 전략」(법문사).

이각범(1987), "노사관계 주체들의 문화 · 의식구조상의 특징," 「한국의 노사관계: 현황, 특징 및 개선방향」(서울대학교 사회과학연구소).

이경훈(1993), 「프로비지니스맨 삼성맨」(일터와 사람).

이병철(1986), 「호암자전」(중앙일보사).

이원복(1994), 「나부터 변하자」(21세기북스).

이학종(1982. 3), "원택스시계공업(주)," 「산업과 경영」, 19(1)(연세대 산업경영연구소).

이학종(1989), 「기업문화론: 이론, 기법, 사례연구」(법문사).

이학종(1995), "우수기업 연구방법에 관한 소고," 「연세경영연구」(가을호)(연세대 경영연구소).

이학종(1996), “휴렛트 팩카드의 경영이념과 HP Way문화,”「연세경영연구」, 33(2)(연세대 경영연구소).

이학종(1997), 「무한계 시대의 전략경영」(박영사).

이학종(1997), 「한국기업의 문화적 특성과 새 기업문화개발」(박영사).

이학종(1998), 「정보기술과 현대경영」(박영사).

이학종(2003), 「경영혁신과 조직개발」(법문사).

이학종 · 박헌준(2004), 「조직행동론」(법문사).

이학종 · 양혁승(2005), 「전략적 인적자원관리」(박영사).

「이코노미스트」(1985. 10. 6), “사풍.”

전용옥 · 한정화(1994), 「초일류기업으로 가는 길: 삼성의 성장과 변신」(김영사).

정구현(1987), 「한국기업의 성장전략과 경영구조」(대한상공회의소).

정구현(1991), 「한국기업의 다각화전략과 국제경쟁력」(한국경제연구원).

정구현 외(2008), 「한국의 기업경영 20년」(삼성경제연구소).

정주영(1991), 「시련은 있어도 실패는 없다」(제3기획).

칼 모스코위츠(1989), “한국사기업의 소유와 경영,” 이학종 외, 「한국기업의 구조와 전략」(법문사).

하또리 다미오(1989), “한국과 일본의 대기업그룹비교,” 이학종 외, 「한국기업의 구조와 전략」(법문사).

한국노동연구원(1990), 「노동문제 및 노사관계에 대한 근로자의식조사 연구」(노동경제연구원).

한찬기(1989), “한국기업의 생산전략에 관한 연구,” 이학종 외,「한국기업의 구조와 전략」(법문사).

「현대경영」(1985. 5), “마쓰시다 정신과 혼다이즘.”

Ahn, WA(1996), "The Difference of Masculinity and Femininity in Korea, Japan, and the US," MBA thesis Yonsei Graduate School of International studies.

Ashkenas, R, Ulrich, D, Jick, T and Kerr, S(1995), *The Boundaryless Organization: Breaking the Chain of Organizational Structure*(San Francisco: Jossey-Bass).

Bandura, A(1977), *Social Learning Theory*(Englewood Cliffs, NJ: Prentice-Hall).

Barham, K and Heimer, C(1998), *ABB: The Dancing Giant*(NY: Prentice-Hall).

Bartlett, CA and Ghoshal, S(1995), *Transnational Management,* 2nd ed.(Homewood, IL: Irwin).

Bossidy, L and Charam, R(2002), *Execution: The Discipline of Getting Things Done*(NY: Crown Business).

Brandenburger, AM and Nalebuff, BJ(1996), *Coopetition*(NY: Currency Doubleday).

Burns, T and Stalker, GM(1961), *The Management of Innovation*(London: Tavistock).

Business Week(September 30, 1985), "Life on the Line: Two Auto Workers Who Are Worlds Apart."

Business Week(November 4, 1985), "Frugal, Reclusive Commanders of an Industrial Army."

Business Week(May 4, 1992), "A Big Company That Works."

Business Week(June 8, 1998), "Jack: A Close-up Look at How America' s #1 Manager Run GE."

Cartwright, J(1999), *Cultural Transformation*(London: Prentice-Hall).

Chandler, AD(1962), *Strategy and Structure*(Cambridge, MA: MIT Press).

Chang, CS and NJ(1993), *Korean Management System*(Wetport, CT: Quarum Books).

Chang, SJ(2003), *Financial Crisis and Transformation of Korean Business Groups*(NY: Cambridge Univ. Press).

Chung, KH, Lee, HC, and Jung, KH(1997), *Korea Management: Global Strategy and Cultural Transformation*(Berlin: W. deGruyter).

Collins, JC(2001), *Good to Great: Why Some Companies Leap and Others Don' t*(NY: Harper Business)

Collins, JC and Porras JI(1994), *Built to Last: Successful Habits of Visionary Companies*(NY: Harper Business).

Cummings, LL, Schwab DS and Rosen, M(1971), "Performance and Knowledge of Results as Determinants of Goal Setting," *Journal of Applied Psychology*(December).

Cusmano, MA and Selby, RW(1995), *Microsoft Secrets*(NY: Free Press).

Deal, TE and Kennedy, AA(1982), *Corporate Cultures: The Rites and Rituals od Corporate Life*(Reading, MA: Addison-Wesley).

Eels, R and Walton, C(1961), *The Conceptual Foundation of Business*(Homewood, IL: Richard D. Irwin).

Fortune(August 12, 1991), "GE Keeps Those Ideas Coming."

Freud, S(1949), "The Unconscious," *Collected Papers of Sigmund Freud*, 4.

Friedman, D(1984), "Strategic Appraisal and Development of GE," in Forbrum, N et al., *Strategic Human Resource Management*(NY: Wiley).

Friedman, TL(2005), *The World Is Flat*(Farrar, Strauss and Giroux)

Frost, PJ, Moore, LF, Louis MR, Lundberg, CC, and Martin, J(eds.)(1985), *Organizational Culture*(Beverly Hills, CA: Sage).

Gibson, JL, Ivancevich, MJ, and Donnelly, JH, Jr.(1982), *Organizations: Behavior Structure, Processes*(Plano, TX: Business Publications).

Gittell, JH(2003), *The Southwest Airlines Way*(NY: McGraw-Hill).

Gordon, GC and DiTomasco, N(1992), "Predicting Corporate Performance from Organizational Culture," *Journal of Management Studies*, 29(November).

Gouldner, AW(1957), "Cosmopolitans and Locals; Toward an Analysis of Latent Social Roles," *Administrative Science Quarterly*(December).

Graves, D(1981), "Individual Reactions to a Merger of Two Small Firms of Brokers in the Re-Insurance Industry: A Total Population Survey," *Journal of Management Studies*, 18-1.

Graves, D(1986), *Corporate Culture: Diagnosis and Change*(London: Frances Pinter).

Greising, D(1997), *I' d Like the World to Buy a Coke*(NY: Wiley).

Grove, AS(1996), *Only the Paranoid Survive*(NY: Curreney Doubleday).

Guthrie, E(1952), *The Psychology of Learning*(NY: Harper and Row).

Gruenfeld, LW and MacEachron, AE(1975), "A Cross National Study of Cognitive Style Among Managers and Technicians," *International Journal of Psychology*, 10-1.

Hamel, G and Prahalad, CK(1993), "*Strategy as Stretch and Leverage*," *Harvard Business Review*(March-April).

Hamel, G and Prahalad, CK(1994), *Competing for the Future*(Boston: Harvard Business School Press).

Hammer, M(1996), *Beyond Reengineering*(NY: Harper Business).

Hammer, M and Champy, J(1993), *Reengineering the Corporation*(NY: Harper Business).

Hampden-Turner, C(1992), *Creating Corporate Culture: From Discord to Harmony*(Reading, MA: Addison-Wesley).

Harris, S(1984), "Hewlett Packard: Shaping the Corporate Culture," in Fombrum, N et al., *Strategic Human Resource Management*(NY: Wiley).

Harrison, R(1972), "Understanding Your Organization's Character," *Harvard Business Review*(May-June).

Hewlett, WR and Packard, D(1995), *The HP Way*(NY: Harper Business).

Hofstede, G(1980), *Culture's Consquence: International Differences in Work-Related Values*(Beverly Hills, CA: Sage).

Hofstede, G(1983), "The Culture Relativity of Organizational Practices and Theories," *Journal of International Business Studies*(Fall).

International Management Development-World Economic Forum(1996~2006), *The World Competitiveness Scoreboard*(Switzerland: IMD-WEF).

Jackson, T(1997), *Inside Intel*(NY: Dutton).

James, W(1890), *The Principles of Psychology*, 1 and 2(NY: Henry Holt).

Jones, LP and Sakong, I(1981), *Government, Business, and Entrepreneurship in Economic Development: The Korean Case*(Cambridge, MA: Harvard University Press).

Kearns, DT and Nadler, DA(1992), *Prophets in the Dark*(NY: Harper Business).

Kilmann, RH(1985), *Beyond the Quick Fix*(San Francisco, CA: Jossey-Bass).

Kilmann, RH, Saxton, MJ, Serpa, R, and Associates(1986), *Gaining Control of the Corporate Culture*(San Francisco, CA: Jossey-Bass).

Kim, L(1997), *Imitation to Innovation*(Boston: Harvard Business School Press).

Kirk, D(1994), *Korean Dynasty: Hyundai and Chung Ju Yung*(Armonk, NY: ME Sharpe).

Kotter, JP(1997), *Leading Change*(NY: Harvard Business School Press).

Kotter, JP(1997), *Matsushita Leadership*(NY: Free Press).

Kotter, JP and Heskett, JL(1991), *Corporate Culture and Performance*(NY: Free Press).

Kreitner, R and Luthans, F(1984), "Social Learning Approach to Behavioral Management," *Organigational Dynamics*(Autumn).

Labich, K(1988), "Big Change at Big Brown," *Fortune*(January 18).

Laurent, A(1892), *The Cultural Diversity in Management Conceptions*(INSEAD).

Lawrence, PR and Lorsch, JW(1969), *Developing Organizations: Diagnosis and Action*(Reading, MA: Addison-Wesley).

Lawrence, PR and Lorsch, JW(1969), *Organizational and Environment*(Homewood, IL: Richard D. Irwin).

Lewin, K(1947), "Frontiers in Group Dynamics," *Human Relations*, 1.

Liker, JF(2004), *The Toyota Way*(NY: McGraw-Hill).

Liker, JF and Hoseus, M(2008), *Toyota Culture*(NY: McGraw-Hill).

Locke, EA(1968), "Toward a Theory of Task Performance and Incentives," *Organizational Behavior and Human Performance*, 7(May).

London, M(1988), *Change Agents*(San Francisco, CA: Jossey-Bass Publishers).

Magee, D(2007), *How Toyota Became #1*(NY: Portfolio).

Martin, J(1992), *Cultures in Organization*(NY: Oxford University Press).

Mason, RO and Mitroff, II(1981), *Challenging Strategic Planning Assumptions*(NY: Wiley).

McGregor, DM(1957), "The Human Side of Enterprise," *Management Review*(November).

Mitroff II and Emshoff, JR(1979), "On Strategic Assumption-Making: A Dialectical Approach to Policy Planning," *Academy of Management Review*, 4-1(January).

Morita, A(1986), *Made in Japan*(NY: Dutton).

Naisbitt, J(1982), *Megatrends*(NY: Warner Books).

Nathan, J(1999), *Sony*(Boston: Houghton-Mifflin)

Neff, R(1994), "Traditional be Damned," *Business Week*(October 31).

Nichy, NM and Devanna, MA(1986), *The Transformational Leader*(NY: Wiley).

Ouchi, W(1981), *Theory Z*(Reading, MA: Addison-Wesley).

Perrow, C(1987), "A Framework for the Comparative Analysis," *American Sociological Review*, 32-2(April).

Parsons, T(1973), "Culture and Social System Revisited," in L. Schneider(ed.), *The Idea of Culture in the Social Science*(London: Cambridge University Press).

Pascale, RT and Athos, AG(1981), *The Art of Japanese Management*(NY: Penguin Books).

Pasternack, B and Vascio, AJ(1998), *The Centerless Corporation*(NY: Simon Schuster).

Pavlov, I(1927), *Lectures on Conditioned Reflexes*(NY: International).

Perrow, C(1967), "A Framework for the Comparative Analysis of Organizations," *American Sociological Review*, 32-2(April).

Perot, R(1992), "How I Would Turn Around GM," in Kantor, RM et al, "*The Challenge of Organizational Change*," (NY: Free Press).

Peters, T(1992), *Liberation Management: Necessary Disorganization for Nanosecond Nineties*(NY: Knopf).

Peters, T(1994), *The Tom Peters Seminar*(NY: Vintage Books).

Peters, TJ and Austin, N(1985), *A Passion for Excellence: The Leadership Difference*(NY: Random House).

Peters, TJ and Waterman, RH, Jr.(1982), *In Search of Excellence*(NY: Harper and Row).

Pfeffer, J(1994), *Competition Advantage Through People*(Boston: Harvard Business School Press).

Pinchot, G Ⅲ(1985), *Intrapreneuring*(NY: Harper and Row).

Pinchot, G and E(1993), *The End of Bureaucracy and the Rise of the Intelligent Organization*(San Francisco: Berrelt-Koehler Publisher).

Potts, M(1992), "Toward a Boundaryless Firm at GE," in Kantor, RM et al., *The Challenge of Organizational Change*(NY: Free Press).

Redding, SG and Martyn-Johns, TA(1979), "A Paradigm Differences and Their Relation to Management, with Reference to Southeast Asia" in GA England, AR Negandhi, and B. Wilpert(eds.), *Organizational Functioning in a Cross Cultural Perspective*(Kent, OH: Kent State University Press).

Rodgers, FGB(1986), *The IBM Way*(NY: Harper and Row).

Ronen, S(1986), *Comparative and Multinational Management*(NY: Wiley).

Rowley, C, Sohn, TW, and Bae, JS(2001), *Managing Korean Business*(London: F. Case).

Rumelt, RP(1986), *Strategy, Structure and Economic Performance*(Boston, MA: Harvard Business School Press)

Schein, EH(1968), "Management Development As a Process of Influence" in Hampton, DR(1968), *Behavioral Concepts in Management*(Belmont, CA: Dickinson).

Schein, EH(1984), "Coming to a New Awareness of Organizational Culture," *Sloan Management Review*(Winter).

Schein, EH(1985), *Organizational Culture and Leadership: A Dynamic View*(NY: Jossey-Bass).

Schein, EH(1986), "How Culture Forms, Develops, and Changes" in Kilmann, RH, Serpa, R and Associates, *Gaining Control of the Corporate Culture*(San Francisco, CA: Jossey Bass).

Shultz, M(1995), *On Studying Organizational Cultures*(Berlin: W. deGruyter).

Scott, WR(1973), "The Industrial State: Old Myths and New Realities," *Harvard Business Review*(March-April).

Scott, WR(1992), *Organizations: Rational, Natural and Open Systems*, 3rd ed.(Englewood Cliffs, NJ: Prentice-Hall).

Selznick, P(1957), *Leadership in Administration*(NY: Harper and Row).

Shook, RL(1988), *Honda*(NY: Prentice-Hall).

Simon, H(1996), *Hidden Champions*(Boston: Harvard Business School Press).

Skinner, BF(1938), *The Behavior of Organisms*(NY: Appeton–Century–Crofts).

Skinner, BF(1948), *Walden Two*(NY: Macmillan Company).

Skinner, BF(1953), *Science and Human Behavior*(NY: Macmillan Company).

Slater, R(1998), *Jack Welch and the GE Way*(NY: McGraw–Hill).

Slater, R(2003), *Wal–Mart Decade*(NY: Portfolio).

Smircich, L(1983), "Concepts of Culture and Organizational Analysis," *Administrative Science Quarterly*(28).

Spector, R and McCarthy, PD(1995), *The Nordstrom Way*(NY: John Wiley).

Steinbeck, D(2001), *Nokia Revolution: The Story of an Extraordinary Company*(NY: AMACOM).

Tannenbaum, R and Schmidt, WH(1973), "How to Choose a Leadership Pattern," *Harvard Business Review*, 51 – 3(May–June).

Tapscott, D and Caston, A(1993), *Paradigm Shift: the New Promise of Information Technology*(NY: McGraw–Hill).

Thorndike, EL(1913), *Educational Psychology: The Psychology of Learning, 2*(NY: Columbia University Teachers College).

Tichy, NM and Sherman, S(1993), *Control Your Destiny or Someone Else Will*(NY: Doubleday).

Toffler, A(1980), *The Third Wave*(NY: William Morrow).

Ungson, GR, Steers, RM and Park, SK(1997), *Korean Enterprises*(Boston: Harvard Business Second Press).

Walton, S and Huey, J(1992), *Sam Walton*(NY: Doubleday)

Waterman, RH, Jr.(1987), *The Renewal Factor: How the Best Get and Keep the Competitive Edge*(NY: Bantam Books).

Watson, GH(1993), *Strategic Benchmarking*(NY: Wiley).

Watson, JB(1914), *Behavior: An Introduction to Comparative Psychology*(NY: Holt, Reinhart, and Winston).

Watson, JB and McDougall, W(1929), *The Battle of Behaviorism*(NY: W. W. Norton).

Womack, JP, Jones, DT, and Roos, D(1991), *The Machine that Changed the World: The Story of Lean Production*(NY: Harper Peremial).

Womack, JP and Jones, DT(1996), *Learn Thinking: Banish Waste and Create Wealth in your Corporation*(NY: Simon & Schuster).

색 인

〔저자약력〕

서울대학교 법과대학
와싱턴대학교(St. Louis), 경영학 학사, 석사, 박사
뉴욕주립대학교(Albany), 경영학 교수
전경련 국제경영원 수석고문
한국경영학회 회장, 한국인사·조직학회 회장
연세대학교 상경대학장, 국제학 대학원장
현재 연세대학교 상경대학 금호석좌교수(2001년 정년퇴임)

〔수 상〕

전국경제인연합회, 제4회 자유경제출판문화대상
(「한국의 기업문화」), 1994
한국경영학회, 제2회 상남경영학자상, 1997
성곡학술문화재단, 제15회 성곡학술문화상
(인문사회과학분야), 2000

〔주요저서〕

The Impact of Electronic Data Processing upon the Patterns of Business Organization and Administration (Albany, NY: State University of New York at Albany, 1965).
Human Resources Administration: Problems of Growth and Change(Boston, MA: Houghton Mifflin Company, 1971).
Three Studies of Aging(Albany, NY: N.Y. State Office for Aging, 1975).
「기업문화와 조직개발」, 법문사, 1986.
「한국기업의 구조와 전략」, 법문사, 초판(1986), 개정판(1989).
「기업문화론 : 이론, 기법, 사례연구」, 법문사, 1989.
「조직개발론 : 이론, 기법, 사례연구」, 법문사, 1989.
Korean Managerial Dynamics(NY: Praeger Publishers, 1990).
「전략경영론 : 기업의 경영정책이론과 사례연구」, 박영사, 초판(1987), 개정판(1992).
「MIS와 경영조직」, 박영사, 초판(1986), 개정판(1993).
「한국의 기업문화」, 박영사, 1993.
「기업변신론 : 한국기업의 변신전략과 사례연구」, 법문사, 1994.
「인적자원관리 : 현대기업의 새 인사관리 이론과 사례연구」, 세경사, 초판(1985), 개정판(1990), 제3판(1995).
「무한계시대의 전략경영」, 박영사, 1997.
「조직행동론 : 이론과 사례연구」, 세경사, 초판(1984), 개정판(1987), 제3판(1991), 제4판(1997).
Korean Management : Global Strategy and Cultural Transformation(Berlin: Walter deGruyter, 1997).
「정보기술과 현대경영」, 박영사, 1998.
「한국기업의 구조조정과 새 조직문화 개발」, 박영사, 1998.
「조직개발론 : 현대조직의 전략적 변신과 변화관리」, 법문사, 1999.
「전략적 인적자원관리」, 세경사, 2000.
「경영혁신과 조직개발」, 법문사, 2003.
「조직행동론」, 법문사, 2004.
「전략적 인적자원관리」, 박영사, 2005.

기업문화와 기업경쟁력
−한국의 기업문화와 경쟁력강화를 위한 새 기업문화개발

2008년 5월 30일 초판발행
2021년 3월 10일 중판발행

저 자 이학종
발행인 안종만·안상준
발행처 (주) 박영사
서울특별시 금천구 가산디지털2로 53, 210호(가산동, 한라시그마밸리)
전화 (733)6771 FAX (736)4818
등록 1959. 3. 11. 제300−1959−1호(倫)

저자와의 협의하에 인지를 생략합니다

www.pybook.co.kr e−mail: pys@pybook.co.kr

정 가 28,000원 ISBN 978-89-7189-998-4